D1574095

GESCHICHTE DER
JÜDISCHEN KULTUR
IN BILDERN

GESCHICHTE DER JÜDISCHEN KULTUR IN BILDERN

Herausgegeben von:
DR. BEZALEL NARKISS

In Zusammenarbeit mit:
DR. SAMUEL ABRAMSKY
PROFESSOR DAVID FLUSSER
PROFESSOR ABRAHAM C. SCHALIT
DR. MICHAEL ZIV

VERLAG SCHIBLI-DOPPLER, BIRSFELDEN-BASEL

Aus dem Englischen (Titel der Originalausgabe: Picture History of Jewish Civilization) übersetzt von Luise Kaufmann.

© 1973 by Massada Press Ltd., Jerusalem.

Lizenzausgabe für Verlag Schibli-Doppler, Birsfelden-Basel.

All rights reserved. No part of the contents of this book may be reproduced without written permission of the publishers.

ISBN 3-85 883-012-7

PRINTED IN ISRAEL
by Peli Printing Works Ltd., Givatayim.

INHALTSVERZEICHNIS

1. DIE HEBRÄER ZUR ZEIT DER BIBEL 9

2. DIE ISRAELITISCHE MONARCHIE: VON SAUL BIS ZUM SIEG DER BABYLONIER 25
   - Zeittafel für die Könige von Juda und Israel 40

3. VOM ENDE DER BABYLONISCHEN GEFANGENSCHAFT BIS ZUR ZERSTÖRUNG DES ZWEITEN TEMPELS 41
   - Die Juden der Diaspora 42
   - Palästina in der ptolemäischen Periode 44
   - Die Septuaginta 45
   - Die Herrschaft der Seleukiden in Palästina und der Aufstand der Hasmonäer...................... 46
   - Das Königreich der Hasmonäer 50
   - Pharisäer, Sadduzäer und Essener 52
   - Das Haus des Herodes 54
   - Ein Götzenbild im Heiligtum 55
   - Agrippa I., König von Judäa 56
   - Der grosse Aufstand 56
   - Die jüdische Kunst zur Zeit des Zweiten Tempels 62

4. PALÄSTINA UND BABYLONIEN — DIE SPIRITUELLEN ZENTREN DES JUDENTUMS 64
   - Jawne und seine Weisen....................... 64
   - Der Aufstand Bar Kochbas 65
   - Die zehn Märtyrer 66
   - Palästina am Ende der Zeit der Verfolgung 70
   - Der Aufstieg der nassi und die Redaktion der Mischna.... 70
   - Krise im Römischen Reich 72
   - Die Amoräer, Nachfolger der Tannaiten 75
   - Erneuerung der gärenden messianischen Bewegung 76
   - Die unbeschränkte Herrschaft des Christentums 77

Das babylonische Zentrum	78
Unter byzantinischer Herrschaft	82
Die jüdische Kunst zur Zeit von Mischna und Talmud	82
Daten aus der jüdischen Geschichte von der Rückkehr nach Zion bis zur Redaktion des babylonischen Talmuds	85

5. DIE JUDEN IM OSTRÖMISCHEN REICH

Justinian unterdrückt die Juden	88
Zwangstaufen	88

6. EIN UNABHÄNGIGES JÜDISCHES KÖNIGREICH IN ZENTRALASIEN ... 91

Die Juden Arabiens	91
Jussuf dhu-Nuwas	91
Mohammed, der Begründer des Islams	92
Im Schatten des Islams	92
Die babylonische Judenheit	94
Die Oberhäupter der Lehrhäuser von Sura und Pumbedita	94
Die Chasaren	95
Die Massoreten	96
Die Karäer	96
Schwindende Bedeutung der Exilarchen	98
Der Gaon Saadia	98
Der Niedergang des babylonischen Zentrums	99

7. "KAMMERKNECHTE" DER EUROPÄISCHEN KÖNIGE 100

Die spanischen Juden	101
Das Goldene Zeitalter	101
Jüdische Hofkultur	104
Samuel ha-Nagid	104
Salomo ibn Gabirol	104
Isaak ben Jakob Alfasi	104
Italien	106
Frankreich	108
Die Regierungszeit Ludwigs des Frommen	108
"Kammerknechte"	110
Rabbi Gerschom ben Juda, "Leuchte des Exils"	111
Raschi (Rabbi Salomo ben Isaak)	111
Das Ende einer Periode	112
Jüdische Kunst im Mittelalter	112

8. VIERHUNDERT JAHRE DES SCHRECKENS ... 114

Der erste Kreuzzug	114
Ritualmord-Verleumdung in Blois	115
Die Tossafisten	116
Das Buch der Frommen (Sefer Chassidim)	117

Die englischen Juden im zwölften Jahrhundert	118
Die Verbrennung des Talmuds in Paris	120
Ritualmord-Anklagen in England	123
Die Blütezeit in Spanien	124
Moses ben Maimon (Maimonides)	125
Spanien im dreizehnten Jahrhundert	128
Die Juden Deutschlands und Frankreichs im dreizehnten und vierzehnten Jahrhundert	132
Die Inquisition und die Vertreibung aus Spanien und Portugal	132
Die spanische Haggada	134
Die Synagogen	135

9. ANPASSUNG AN EINE NEUE WELT DER WERTE ... 136

Die Zerstreuung der Juden aus Spanien und Portugal	136
Die Diaspora in der modernen Welt	137
Doña Gracia	138
Das Haus Mendes in der Türkei	139
Don Joseph Nasi	139
Die Wiederbelebung Tiberias'	140
Die jüdischen Gemeinden in Palästina, Italien und den Niederlanden	142
Die Juden in der Kultur der Renaissance	142
Hebräische Buchdruckerkunst	146
Tanz und Musik	146
Hebräische Literatur	146
Jüdische Kunst	148
Der Jude in der christlichen Welt	148

10. EUROPA AM ENDE DER RENAISSANCE ... 152

Polen im fünfzehnten und sechzehnten Jahrhundert	152
Steuereinnehmer und "Diener der königlichen Staatskasse"	155
Der "Vierländerrat"	156
Der Talmud als Lebensbasis	156
Die Schreckenszeit von 1648–1657	160
Die Juden Italiens im sechzehnten Jahrhundert	163
David Rubeni und Salomo Molko	164
Die Inquisition und das Getto in Italien	164
Die Niederlande	166
England	167

11. AUFKLÄRUNG, SABBATIANER, INTELLEKTUELLE, UND CHASSIDIM ... 169

Die Hofjuden	172
Die Türkei im sechzehnten Jahrhundert	174
Die messianische Bewegung Sabbatai Zwis	174
Die Nachwirkungen der sabbatianischen Bewegung	179

Moses Mendelssohn 180
Die polnischen Juden im achtzehnten Jahrhundert 182
Die Frankisten 183
Der Chassidismus 185

12. DAS NEUNZEHNTE JAHRHUNDERT 187
    Die Französische Revolution 187
    Napoleon und die Juden 188
    Die Emanzipation in Deutschland 190
    Das Reformjudentum 191
    Der "neue Jude" 193
    Österreich 194
    1848 und die Folgen 195
    Italien 196
    Die Juden Roms und die nationale Einheit 198
    England 198
    Benjamin Disraeli und Moses Montefiore 201
    Der russische Ansiedlungsbezirk (Pale-Distrikt) 202
    Zar Alexander II., der "Befreier" 203
    Der Pogrom 203
    Die moderne hebräische Literatur 204

13. ZWISCHEN NATIONALISMUS UND ASSIMILATION 205
    Der "neue Antisemitismus" 205
    "Deutsche Staatsbürger jüdischen Glaubens" 206
    Mitteleuropa 208
    Frankreich und der Fall Dreyfus 210
    England 212
    Russland und die Pogrome 212
    Die Vereinigten Staaten 214

14. DIE RÜCKKEHR NACH ZION 218
    Die zionistische Weltbewegung 219
    Der Erste Weltkrieg (1914–1918) 220
    Die Balfour-Erklärung und die Befreiung Palästinas 222
    Europa in der Nachkriegszeit 224
    Die Sowjetunion 225
    Die Rechte der Minderheiten in den Nachfolgestaaten . . . 225
    Die Vereinigten Staaten nach dem Ersten Weltkrieg 226
    Jüdische Gemeinden in anderen aussereuropäischen Ländern 226
    Frankreich, England und Italien 226
    Deutschland nach der Niederlage 228
    Österreich nach dem Krieg 230
    Das Anwachsen der jüdischen Gemeinde in Palästina 230

15. DIE GEGENWART 232
    Israels Aufstieg zu einer Macht im Nahen Osten 239

DIE HEBRÄER
ZUR ZEIT
DER BIBEL

Semitischer Gefangener, gemalt auf Terrakotta. Aus der Periode der XIX. Dynastie. Louvre, Paris

Die Ahnen der alten Hebräer waren semitische Nomaden, die auf der Suche nach Weideland und Wasser aus den von der Sonne verdorrten Ebenen am oberen Euphrat in die Gegend von Haran kamen. Aber sie waren nicht allein. Andere Völker, auf der Suche nach ähnlichen Lebensbedingungen, und kriegerische Stämme drängten sie immer weiter aus ihrem ursprünglichen Gebiet in den Norden des heutigen Zentralsyrien. Der erbarmungslose Lebenskampf im Zweistromland, Mesopotamien, trieb sie weit nach Süden. Schliesslich sahen sie 880 Kilometer südöstlich von Haran Ur, die grosse Stadt der Chaldäer, vor sich. In ihren Zelten am Rande von Ur mit seinen grossen Tempeln und Palästen nahmen diese Wanderer nach und nach die Ansichten und Gewohnheiten dieses mächtigen Zentrums sumerischer Kultur an, und die Ideen und Sitten auch noch anderer grosser mesopotamischer Städte milderten allmählich ihre rauhe nomadische Art. Sie waren durch die Strassen von Mari am mittleren Euphrat und von Haran im Norden gegangen, hatten sich unter ihre Bewohner — Angehörige westlicher semitischer Stämme, ihnen rassisch und kulturell verwandt — gemischt und ihren Verstand in Gesprächen über die Ereignisse, von denen man auf den Marktplätzen sprach, geschult.

In diesen Jahren fanden einige der grössten Völkerwanderungen der Geschichte statt. Vom Kaukasus im Norden bis zu den Sümpfen des Nildeltas zogen ganze Stämme und Völker über die Erde und schleppten ihr Hab und Gut, ihr Vieh und ihre Götter mit sich. In der ersten Hälfte des zweiten Jahrtausends v. Chr. versuchten die Nachkommen, sich an die Überlieferungen zu erinnern, die sie in der Jugend von ihren Vätern gehört hatten. Sie rasteten vielleicht im kühlen Schatten eines Baumes am Wege, um mit den Kriegern des Stammes und gelegentlich einem wissbegierigen weitgereisten Kaufmann über das Für und Wider eines Platzes für den neuen Wohnort ihres Stammes zu sprechen.

Zu dieser Zeit begann der Verfall der Grösse der Stadt Ur. Sie war nicht länger das dynamische Zentrum einer wachsenden Kultur und verlor allmählich die Herrschaft über ihre zahlreichen Einwohner. Zu den Familien, die ihren Besitz zusammenpackten und sich auf den langen Rückweg ins Land ihrer Vorfahren machten, gehörte Terach, Abrahams Vater.

Terach zog wieder nach Hause und nahm natürlich seine Angehörigen mit. In dem Durcheinander der Völker fremder Rassen und verschiedener Sprachen kämpfte er leidenschaftlich um die Erhaltung seiner eigenen und seiner Familie Identität. In einer Zeit ständiger Bewegung von Völkern und Mächten, in der alte Grenzen verändert und neue Reiche gegründet wurden, konnte er niemand zurücklassen. So nahm er seinen Sohn Abraham und seine

Schwiegertochter Sara mit. Nachts lagerte die Familie am Strassenrand gleich vielen anderen Gruppen, wie sie auf dem Weg nach dem heutigen Kleinasien und Nordsyrien. Im Irak, zu dem heute der grösste Teil des alten Zweistromlandes gehört, hat man mit Keilschrift beschriebene Steintafeln ausgegraben, auf denen die Rastplätze entlang den Routen von Südmesopotamien bis in die Gegend des oberen Euphrat eingetragen sind. Briefe aus dem achtzehnten Jahrhundert v. Chr. aus Mari am mittleren Euphrat bestätigen babylonische Aufzeichnungen.

Terach und seine Familien zogen nach der Stadt Haran, aber nur als einer Durchgangsstation auf der Strasse ins Land Kanaan. Haran (Haranu auf syrisch) bedeutet "Weg". Diese Stadt, turbulent, bunt, kosmopolitisch wie später Rom, Paris oder London, lag am Hauptknotenpunkt der Strassen von Mesopotamien nach Kleinasien und den dicht bevölkerten Städten an der Küste des Mittelmeers. Auf ihren Märkten wurden alle Waren aus dem Orient angepriesen; sumerische Musikinstrumente weckten bei den Neuankömmlingen aus Ur Sehnsucht nach der Heimat. Überall bestaunten die Menschen die Bauten der Stadt: es gab da ein halbes Dutzend verschiedene Stilarten, von reich mit Gold bedeckten Säulen aus dem Süden bis zu einfachen, in der Sonne gebrannten Ziegeln aus dem Osten. Hier sangen Männer und Frauen dem Mondgott Hymnen und hielten in dunklen Hainen Gottesdienste ab, wie sie Terach und seine Familie aus Ur gut kannten.

Terachs Familie war in diesem Land fest verwurzelt. Die Städtenamen in der Nachbarschaft von Haran erinnern an die Namen in Terachs Familie, die in der Bibel genannt werden, 1. Mos.: Sage Torahu — die Stadt Terachs; Sage Nahori — die Stadt Nahors (Nahor war Abrahams Bruder, der in Haran blieb); Sarugi — Serug, die Stadt von Terachs Grossvater. Diese Städte trugen die Namen der in ihnen oder in ihrer Nähe wohnenden Stämme. In besonderen Vororten mesopotamischer Städte lebten häufig halbsess-

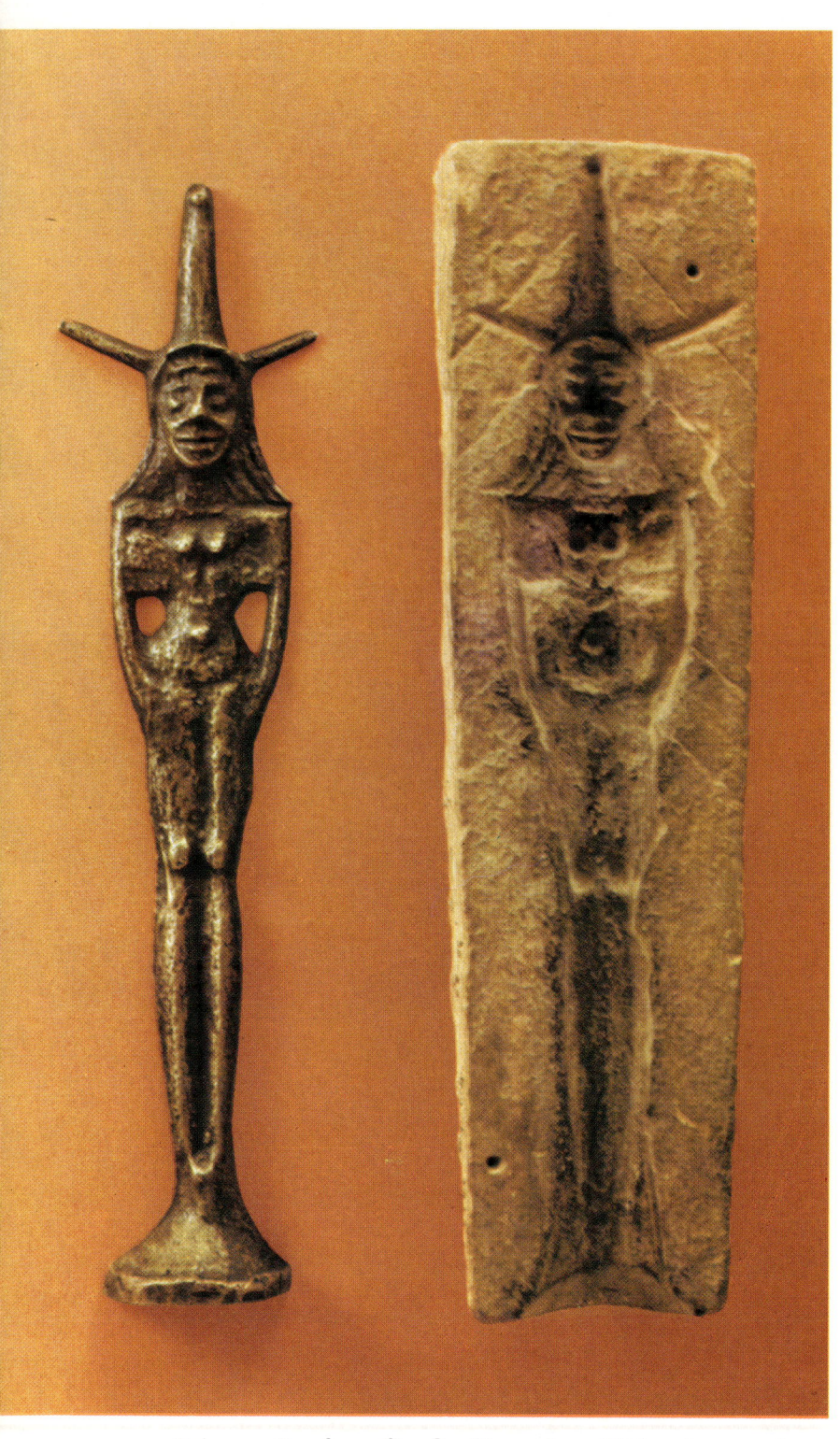

Steinerne Gussform für die Figur einer Göttin, dazu moderner Abguss. Gefunden bei Ausgrabungen (1954–1955) eines kanaanitischen Tempels aus dem 17.–16. Jahrhundert v. Chr. in Naharija, Israel. Ausgrabungen des israelischen Amtes für Altertümer und Museen

Ochsenähnliche Tonfigur. Aus einem Grab in Jerusalem aus der jüngeren Bronzezeit. Israel-Museum, Jerusalem

hafte Nomaden oder nomadenähnliche Stämme. Die angesessenen besitzenden Klassen blickten freilich auf sie herab, trotzdem lebten die Nomaden — die Zigeuner jener Zeit — mit der übrigen Bevölkerung in Frieden.

So weideten Terachs Leute ihr Vieh, bebauten den Boden zu seiner Zeit, übten sogar Handwerk aus und trieben Handel. Der besonders Schlaue, Geschäftstüchtige und Erfolgreiche in dem mörderischen Kampf ums Überleben in einer sich wandelnden Kultur konnte sich beträchtlichen Reichtum erwerben. Mit welcher Befriedigung sahen sie, wie ihre Herden und ihre Vorräte an wertvollen Metallen wuchsen! Nahm doch mit dem Reichtum Respekt und Ansehen zu. Auf diese Weise gelangte die Familie Bethuel im Bezirk von Haran zu Prestige, und im Lande Kanaan sprach man den Namen des Hebräers Abraham mit wachsender Anerkennung und Bewunderung aus. Während sein Bruder sich in Haran in seinem Reichtum sonnte, war Abraham weiter südlich nach Kanaan gezogen. Hier nannte man ihn den "Hebräer" (ha-Ivri), d. h. den Mann, der von jenseits des Euphrats über den Fluss gekommen war.

Skrupulös ehrlich, arbeitsam und mit jedermann gut Freund, verkörperte Abraham den Selfmademan, der in einem neuen Land Erfolg hatte. Mit seinem Wohlstand nahm sein Ruhm zu. Er war reich an Vieh, Kamelen und Eseln, an Gold und Silber, lebte auf grossem Fusse, umsorgt von Dienern und Dienerinnen und galt bei allen, die ihn kannten, als bedeutender Mann. Im Ort redete man ihn mit dem Titel "Mächtiger Fürst" an.

Kanaan war zu Abrahams Zeiten dicht besiedelt. Der hebräische Patriarch zog es vor, mit seinen reichen Gütern und seinen zahlreichen Gefolgsleuten durch die spärlicher bewohnten Gebiete zu ziehen. Anfangs blieb er meistens in den Gebirgsgegenden und den weiten Räumen der Wüste des Negev im Süden. Später schlug er seine Zelte in der Nähe von Städten auf, an deren Rändern örtliche Heiligtümer und heilige Stätten lagen. Gewöhnlich bestand eine

Tonkrug mit Hals in Form eines Affen. Gefunden bei den Ausgrabungen (1954–1955) eines kanaanitischen Tempels aus dem 17.–16. Jahrhundert v. Chr. in Naharija, Israel. Ausgrabungen des israelischen Amtes für Altertümer und Museen

Zwei ägyptische Skarabäen mit Gravierungen der Namen von Hyksoskönigen. Links: Y'q(b)-Har; rechts: Ozer-n-Ra. Britisches Museum, London

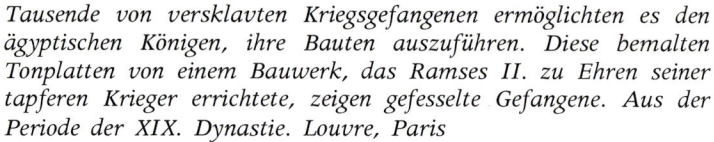

Tausende von versklavten Kriegsgefangenen ermöglichten es den ägyptischen Königen, ihre Bauten auszuführen. Diese bemalten Tonplatten von einem Bauwerk, das Ramses II. zu Ehren seiner tapferen Krieger errichtete, zeigen gefesselte Gefangene. Aus der Periode der XIX. Dynastie. Louvre, Paris

Die obere Reihe des Gemäldes aus dem Grab von Naht in Theben zeigt Arbeiter beim Lesen und Pressen von Trauben. Man verwahrte den Wein in spitz zulaufenden Krügen, an denen Jahrgang, Weinsorte und die Namen des Weingutbesitzers und des Winzers angeschrieben waren. Die untere Reihe zeigt einen Jäger mit einer Schlinge

Verbindung zwischen Göttern und Bäumen, und Abraham lernte die bekanntesten Kultstätten Kanaans kennen. Er besuchte die Terebinthe von More bei Sichem im gebirgigen Mittelland und die Terebinthen von Mamre bei Hebron und von Beersheba. Auf dem hoch gelegenen flachen Vorsprung von Beth El errichtete er Gott einen Altar und sah zu, wie der kühle Nordwind den Rauch seines Opfers empor zum Himmel trug.

Und wenn er des Nachts durch die klare Bergluft zu dem tief herabhängenden Himmel Südwestasiens aufblickte, wo das Licht der Sterne so viel heller und ihre Zahl so viel grösser erscheint, dachte er über seinen Gott und sein eigenes Schicksal nach.

Offen für Geistiges, Geschäftsmann und voll Anteilnahme am Schicksal seiner Mitmenschen, war Abraham auch ein Mann der Tat. Dies alles und mehr musste sein, wer in der sich verändernden Welt des achtzehnten Jahrhunderts v. Chr. überleben und gedeihen wollte.

Aus Mesopotamien flutete durch Transjordanien ein Heer unter der Führung einer Koalition von Königen, die auf Raub und Eroberung aus waren. Es hinterliess seine Spur in Form brennender Zelte und geplünderter Dörfer. Aus der Araba, südlich vom Toten Meer, stiess es durch den Negev über Kadesch Barnea bis in die Sinaihalbinsel vor und trieb die Truppen der Könige von Sodom und Gomorra in schimpfliche Flucht. Dann kehrte es um und drang bis Dan im Norden vor.

An der Spitze seiner "erprobten Leute", die zu seinem grossen Haushalt gehörten, jagte Abraham den Invasoren

Modell eines Kornspeichers. Man bezahlte die Steuern in Produkten. Der so gesammelte Weizen wurde in den über ganz Ägypten verstreuten staatlichen Kornspeichern aufbewahrt. Der Aufseher mit dem Stock in der Hand (rechts) überwacht von oben die Leute bei ihrer Arbeit. Rechts unten trägt ein Schreiber die Zahl der in dem Speicher gelagerten Säcke ein. Nationalmuseum, Kopenhagen

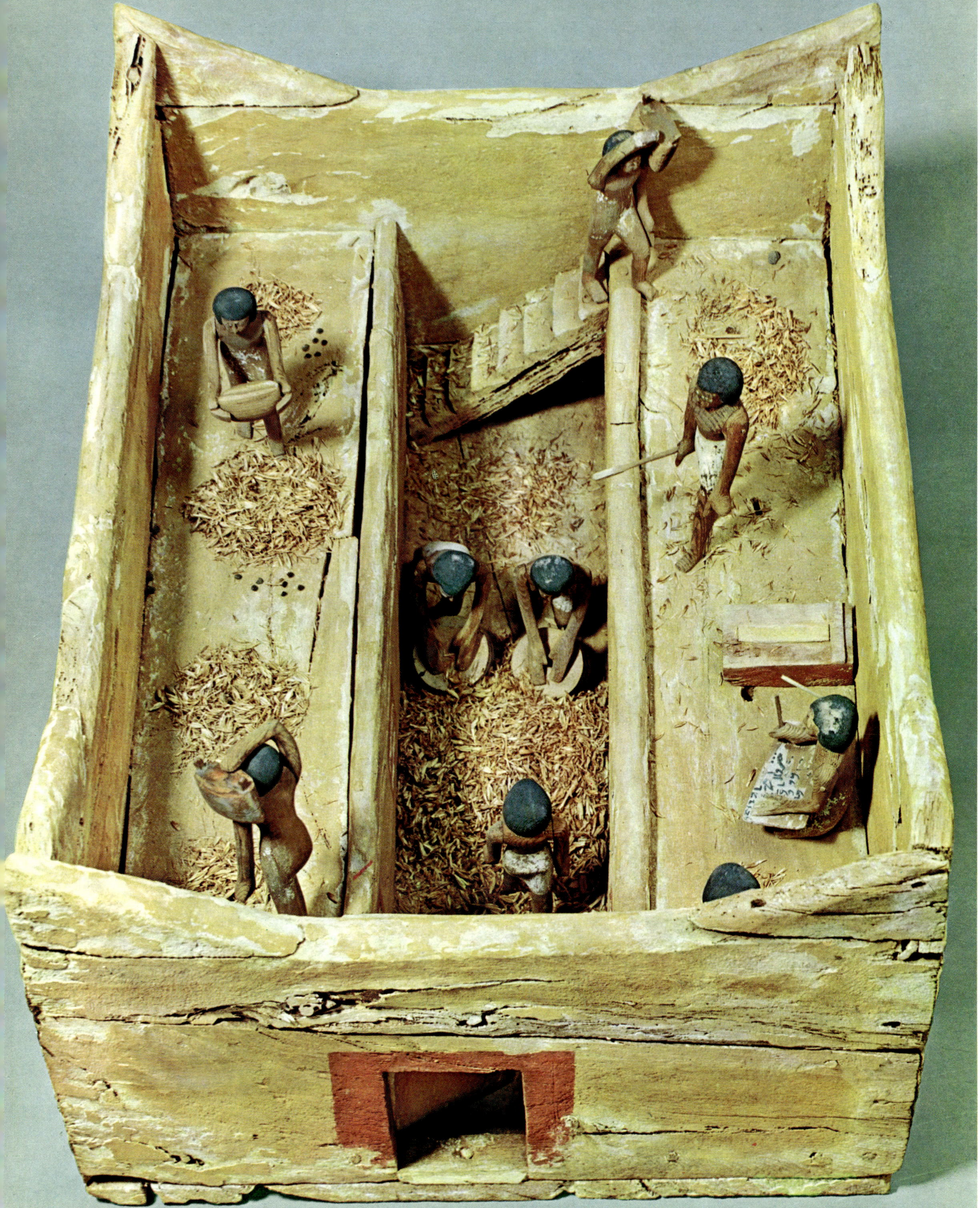

Nach dem Sieg der Hyksos und während der langen Zeit (1730–1580 v. Chr.) der Herrschaft asiatischer Völker im Land der Pharaonen lernten die Ägypter den Umgang mit Pferd und Wagen. Dies Gemälde auf einem Sarg zeigt, wie Tutanchamun von einem Kriegswagen auf seine Feinde schiesst. Aus dem Grab Tutanchamuns. Ägyptisches Museum, Kairo

Gemälde aus einem Grab in Theben aus der Periode der XVIII. Dynastie. Die Hieroglyphen enthalten Anweisungen wie "Beladet ein grosses Schiff... mit Gerste und Weizen". Weiter heisst es, das Getreide sei für einen Tempel bestimmt. Louvre, Paris

nach, holte sie in der Gegend von Damaskus ein und besiegte sie in einer Schlacht. Als die Feinde getötet oder in die Flucht geschlagen waren, sammelte Abraham mit seinen Leuten das erbeutete Eigentum der Könige von Sodom und Gomorra und gab ihnen alles zurück.

Schon zur Zeit Abrahams liess sich das für die geographische Lage Kanaans Charakteristische erkennen. Als Brücke zwischen Asien und Afrika war das Land ein Schlachtfeld für die Heere aus Mesopotamien und Afrika, die versuchten, einander zu überwältigen oder zu vernichten. Feuer und Schwert machten kurzen Prozess mit vielen Städten, wie z. B. den in der Bibel erwähnten Ham und

Aschterot Karnaim, und zu Beginn des zweiten Jahrtausends v. Chr. war die hoch entwickelte materielle Kultur des mittleren Negev zerstört. Eine unheimliche Stille hing über den staubbedeckten Ruinen der Wohnhäuser, Tempel und Brunnen wie über den ausgeplünderten Ständen der Marktplätze.

Aber trotz aller Umwälzungen durch Kriege und feindliche Zusammenstösse und durch Bevölkerungsverschiebungen hielten die Bewohner des Landes ihre Handelsverbindungen mit den Hauptzentren der Alten Welt aufrecht, besonders mit der blühenden, reichen Kultur im Lande der Pharaonen an den Ufern des Nils.

Der Hebräer Abraham, der in seiner Jugend von der hochstehenden mesopotamischen Kultur beeinflusst worden war, beobachtete die Entfaltung der ägyptischen Kultur in Kanaan. Ihn beeindruckten jedoch weder die Militärexpeditionen ins Schwarze Afrika, noch der von einer neu gebildeten Mittelklasse zur Schau getragene Luxus. Vor den vielen Göttern des ägyptischen Königtums der XII. Dynastie empfand er nur Abscheu, und er hatte kein Auge für die Statuen und Wandgemälde, die spätere Generationen mit Bewunderung erfüllten. Seine Wanderungen durch das Schweigen der riesigen Weiten, das selbst die schrillen Schreie der Schakale niemals unterbrachen, stärkten seinen Glauben an die Existenz eines einzigen allmächtigen Gottes noch.

Äusserlich glichen Abraham und sein Haushalt der wohlhabenden Klasse Kanaans. Er trug farbenfrohe Kleidung und Sandalen. Auf seinen gemächlichen Reisen von einem Ort zum andern ritt er einen kleinen, kräftigen Esel, der den Namen "Schiff der Wüste" eher verdient als das Kamel. Gewöhnlich führte ein junger Knecht das kleine Tier an einem Seil, und ein anderer ging hinterher und regulierte sein Tempo mit einem Stock.

Der Stammvater des Volkes der Hebräer, dessen Anschauungen sich so sehr von denen der Bewohner Kanaans und der semitischen Stämme dieser Gegenden unterschieden, bekannte überall furchtlos seinen Glauben. Für jedermann sichtbar errichtete er seinem Gott Altäre und pflanzte damit den Keim der Skepsis in die Herzen mancher Anhänger anderer Kulte.

Zu den ersten der zu Abrahams Glauben Bekehrten gehörte Melchizedek, König von Salem — der Stadt Jerusalem, die in zeitgenössischen ägyptischen Dokumenten als Aschme erwähnt wird. Er hatte von dem Fremden von jenseits des Euphrats gehört, denn bis nach Jerusalem rühmte man Abrahams Gastfreundschaft, seine Grossmut und Liebe zu seinen Mitmenschen und die fromme Hingabe an seinen Gott.

Jerusalem, die Stadt hoch auf den Bergen, bildete einen wichtigen Knotenpunkt auf der Strasse nach Sichem. Im milden Glanz ihrer Sonnenuntergänge, in ihren strahlend hellen Sonnenaufgängen, die den Ölberg mit Gold übergossen, und in ihrer berauschenden, erfrischenden Sommerluft lag etwas, das den Menschen das Gefühl gab, hier wären sie dem Schöpfer des Universums näher. Von allen Punkten der Gegend führten Strassen hinauf zu den Höhen der Stadt, und jeder war in ihren starken Mauern willkommen.

Abraham kam nach seinem Sieg über die eindringenden Könige auf seinem Weg ans Tote Meer nach Jerusalem. Am

Grabgemälde. (Oben): Paviane beten das Sonnenboot an. Die Seele des Toten ist in Gestalt eines Vogels dargestellt. (Unten): Anubis bringt den Toten zu Osiris; Nephthys, Horus und Hator stehen hinter Osiris. Ägyptisches Museum, Turin

Stadtrand begegnete ihm zu seinem Erstaunen eine Gruppe junger Leute, die ihn mit einem Lied begrüssten. An ihrer Spitze ritt der König der Stadt, Melchizedek, auf einem prächtig geschmückten Esel. Er empfing den von der langen Reise ermüdeten, mit Staub bedeckten Abraham mit Brot und Wein. "Gesegnet ist Abram (Abraham) vom höchsten Gott, dem Schöpfer des Himmels und der Erde." Der König nahm den Hebräer als einen Mann auf, der dieselbe Gottheit anbetete wie er selbst, und Abraham schenkte dem König ein Zehntel seiner Kriegsbeute.

In den dunklen, kalten Nächten dachte Abraham über das Universum nach und gewann seinen unerschütterlichen Glauben. In einer solchen Nacht schloss der Stammvater des hebräischen Volkes seinen ersten Bund mit Gott. Tiefer Schlaf fiel auf ihn, und durch den Dunst hörte er aus grosser Entfernung die Stimme seines Gottes, der ihm sagte, seine Nachkommen würden als Fremdlinge vierhundert Jahre in einem fremden Land in Knechtschaft leben. "Erst das vierte Geschlecht wird hierher zurückkehren", versprach Gott und sicherte seiner Nachkommenschaft das Land Kanaan zu.

Das Leben der Hebräer in Kanaan war mit all den Schwierigkeiten belastet, mit denen eine Minderheit bei ihrem Bemühen, sich in einer fremden Umgebung eine neue Heimat zu schaffen, zu kämpfen hat. Brüder wurden oft voneinander getrennt. Menschen, die zusammen aufgewachsen waren und die gleichen Schwierigkeiten bei der Anpassung an ihre neuen Lebensverhältnisse durchgemacht

Modell einer Bäckerei. Brot war in Ägypten eine Handelsware. Es gab Bäckereien, in denen ein Mann das Mehl mahlte, ein zweiter es knetete und ein dritter es zum Ofen trug. Den ganzen Arbeitsprozess leitete im Sitzen der Mann im Hintergrund. Ägyptisches Museum, Turin

In der Sinaiwüste. Die Juden wanderten vierzig Jahre lang durch die Wüste, ehe sie die Grenzen des Landes erreichten, das ihnen seit den Tagen Abrahams verheissen war. Das Volk zog, so sagt die Bibel, so lang durch die Wüste wegen der von Josua ausgesandten Kundschafter, die einen schlechten Bericht über das Land zurückbrachten. Moses, der Führer der Israeliten, sah das gelobte Land nur vom Gipfel des Berges Nebo

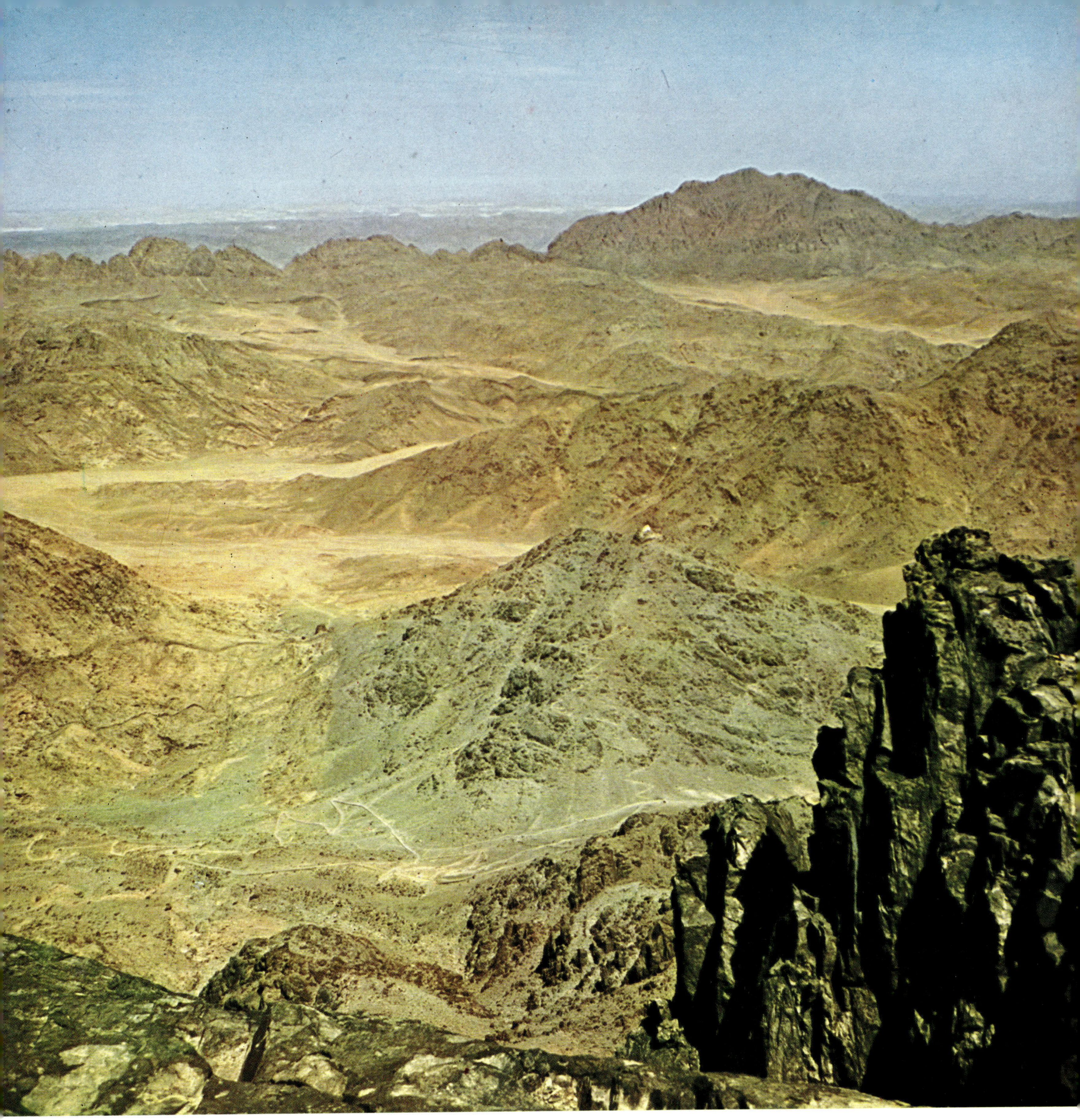

Der Berg Sinai, auf dem nach der jüdischen Überlieferung Gott Moses das Gesetz gab, während das Volk am Fuss des Berges wartete, erhebt sich aus dem unwirtlichen Gelände der Sinaihalbinsel

hatten, gewöhnt, bei ihren Gefährten Gesellschaft und materielle Hilfe zu finden, sahen sich gezwungen, in verschiedenen Gegenden ihres neuen Landes zu leben. Einige liessen sich am Rande der rauhen, rötlich-gelben Wüste nieder, andere schlugen ihre Zelte für längere oder kürzere Zeit in den Bergen des Mittellandes auf. Das harte, mühevolle Leben trennte sie manchmal jahrelang voneinander.

Kanaan war niemals wasserreich. In einer Gegend, in der jeder Tropfen Wasser kostbar war, wurde der Besitz eines Brunnens oder das Recht auf eine Quelle häufig der Anlass zu blutigen Konflikten. Auch die Hebräer mussten ihre Frauen, Kinder und Herden oft in unwirtlichem Gelände hoch oben in den Bergen oder in der Tiefe einer verborgenen Höhle in Sicherheit bringen, während sie ihre Schwerter schärften und gegen die Usurpatoren ihrer Rechte auf einen Brunnen oder ihr Weideland in den Kampf zogen. Mitunter gefiel ihr Lagerplatz anderen Stämmen, die dann versuchten, ihnen ihr Land mit Waffengewalt abzunehmen. In der Frühgeschichte der Hebräer gibt es aber auch Beispiele dafür, dass sie dank kluger Berater in der Lage waren, mit ihren kriegerischen Nachbarn Verträge abzuschliessen.

Die Familienehre stand bei allen Völkern Kanaans im Mittelpunkt des Lebens. Um die Vergewaltigung ihrer Schwester Dina zu rächen, überzogen Jakobs Söhne Simeon und Levi die Stadt Sichem mit Krieg und rächten sich vor allem an Sichem, dem Sohn des Stadtoberhauptes Hemor. Als Jakob davon hörte, ballte er seine Fäuste in ohnmächtiger Wut, rief seine Söhne zu sich und sagte mit zornigem Blick: "Ihr habt mir Unglück zugerichtet und mich stinkend gemacht vor den Einwohnern dieses Landes... und ich bin ein geringer Haufe. Wenn sie sich nun versammeln über mich, so werden sie mich schlagen. Also werde ich vertilgt samt meinem Hause."

Wie alle Fremden, die als Minderheit in einem Land leben, in dem sie von dem fragwürdigen Wohlwollen der eingeborenen Bevölkerung abhängen, blieben die Patriarchen in enger Verbindung mit ihrem "alten Land", mit den Familien in Nahor in Obermesopotamien. Die Hebräer waren aramäischer Abkunft und hielten sich an das strenge Verbot der Eheschliessung mit den Einwohnern des Landes, den Kanaanitern und Hithitern. Stattdessen nahmen sie Frauen aus ihrem eigenen Volk und machten zu diesem Zweck die lange, mühevolle Reise durch Ebene und Tal nach Mesopotamien. Die Erinnerung an seine ursprüngliche Heimat trug das Volk unverlierbar im Herzen. Wann immer in viel späteren Zeiten ein Jude dem Priester im Tempel von Jerusalem die ersten Früchte seines Feldes brachte, leitete er sein Opfer mit der Aussage ein, welche die verschwommene, aber unauslöschliche Erinnerung an die Morgenröte der Geschichte seines Volkes zusammenfasste: "Ein wandernder Aramäer war mein Vater..."

Zu den in der ersten Hälfte des zweiten Jahrtausends v. Chr. in Mesopotamien geübten Gebräuchen, welche die Hebräer mit nach Kanaan brachten, gehörte die Sitte, dass eine kinderlose Ehefrau ihrem Mann ihre Magd gab, damit sie ihm Kinder schenke. Der Gesetzeskodex Hammurabis und verschiedene andere Dokumente, die in der östlich des Euphrats gelegenen Stadt Nuzi entdeckt worden sind, beschreiben diese Vorschrift, die Sara, die Ehefrau Abrahams, erfüllte, als sie ihrem Mann die Hagar zum Weibe gab. Ismael, der Sohn der Hagar, wurde der Ahn einer Sippe von wilden, verschlossenen und misstrauischen Hebräern, die als kriegerische Beduinen in der Wüste lebten.

Das Ansehen, das Abraham genoss, wurde auch auf seinen Sohn Isaak und seinen Enkel Jakob übertragen. Sie waren reich an Vieh und irdischen Gütern, und man erwies ihnen denselben Respekt, den man dem ersten Hebräer entgegengebracht hatte. Auch sie zogen je nach der Jahreszeit durch die Berge von Ephraim und Juda, wanderten durch den Negev und schlugen ihre Zelte in der Küstenebene der Philister und am Südfuss der Berge zwischen Beerscheba und Gerar auf. Nomaden erkannten und grüssten sie als die an den Einen Gott Glaubenden. An ihren Lagerfeuern tauschten die Hebräer ihre Erfahrungen und Meinungen mit Angehörigen anderer semitischer Stämme aus. Sie lauschten aufmerksam, schauten sinnend in die letzte Glut des verflackernden Feuers, das sie vor Müdigkeit nicht wieder nachlegten, und hörten etwas über die grossen Städte in Ägypten, über die Lebensweise in den Kleinstädten des Königsreichs am Nil und über die Wanderungen anderer Stämme.

Viele von ihnen machten die lange, gefahrvolle Reise nach Ägypten und nahmen Erzeugnisse ihres Landes mit — Balsam, Honig, Pistazienkerne und Mandeln —, die sie dort verkauften. Mit dem Erlös kauften sie Getreide und hatten noch Geld übrig für die Vergnügungen der grossen ägyptischen Städte. Einige Semiten entdeckten ihre Begabung für den Handel und machten die Reise häufig, um mit Gewinn zu verkaufen und zu kaufen. Andere fanden Arbeit bei der Errichtung der grossartigen Bauwerke, die bei allen Besuchern Ägyptens ehrfürchtiges Staunen erweckten. So etwas gab es in Kanaan nicht, und Nomaden, die aus dem Land am Nil kamen, wurden nie müde, die riesigen Blöcke zu beschreiben, die hunderte keuchender und schnaufender Männer auf ihren Platz hinaufhoben. Sie versuchten, mit den Fingern im Sand die Gemälde nachzuzeichnen, die die Wände dieser Bauten schmückten. Einige Männer aus "Retenu," wie die Ägypter Kanaan nannten, arbeiteten sogar in den Bergwerken im Sinai.

"Und Männer von unserem Blut haben es auch zu hohen Ämtern im Land am Nil und im Süden Sinais gebracht, und man ehrt sie dort und beugt sich ihrer Meinung" mochte wohl immer wieder einmal jemand stolz ins Gespräch einwerfen. Was veranlasste die Leute aus Kanaan, den mühsamen und manchmal gefahrvollen Treck durch die Weite eines endlos scheinenden unbekannten Gebiets zu unternehmen? Kanaan produzierte zu wenig Nahrung für seine grosse, meist aus Hirten bestehende Bevölkerung. Die Notwendigkeit, neue Nahrungsquellen zu suchen, zwang auch die hebräischen Stämme, sich zu spalten und verschiedene Wege zu gehen. Die Ismaeliten und die "Kinder des Ostens" wurden Wüstenbewohner und siedelten sich im Negev und Sinai an. Brennend vor Neugierde wollten einige von ihnen sehen, was hinter der nächsten Düne, dem nächsten Berg lag. Getrieben von dem Glauben, jenseits der weiten Ebene vor ihnen gäbe es Berge mit besseren Weiden, Menschen, die schmackhaftere Speisen verkauften, und Brunnen mit mehr und reinerem Wasser, stiessen sie bis in die arabische Halbinsel vor. Moab und Ammon, Nachkommen von Lot, dem Sohn Harans, Abrahams Bruder, schlugen ihre Lager in Transjordanien auf. Die Söhne von Jakobs Bruder Essau — die Edomiten oder Idumäer — zogen in das Gebirge Seir, wo die zerklüfteten Felsen südlich des Toten Meeres für sie eine Art Festung bildeten.

Die Angst vor einer anscheinend chronischen Hungersnot trieb die Söhne Jakobs langsam nach Ägypten, wo sie sich bei Gosen ansiedelten. Sie lebten eng zusammen und bewahrten so ihren eigenen Lebensstil. Von der Kultur ihrer Umwelt hielten sie sich fern, blieben dem Glauben ihrer Väter treu, sprachen ihre eigene Sprache und weigerten sich, ägyptische Namen anzunehmen.

Zu jener Zeit genossen semitische Stämme in Ägypten eine Vorzugsstellung. Damals regierten die semitischen Hyksos, die sogenannten Hirtenkönige, die von irgendwo über Syrien nach Süden gestürmt waren, um sich zu Herrschern über das Land am Nil zu machen. Die Hyksos herrschten in Ägypten vom Ende des achzehnten Jahrhunderts v. Chr. bis zum Anfang des vierzehnten Jahrhunderts v. Chr. Siegel aus dieser Zeit tragen ägyptische Inschriften mit den Namen von Herrschern und bedeutenden Persönlichkeiten semitischen Ursprungs. Zu den Semiten, die damals eine hohe Stellung bekleideten, gehörte Joseph, einer der Söhne Jakobs. Als Vizekönig entwarf er ein Wirtschaftsprogramm zur Überwindung der Folgen einer schweren Hungersnot, die Ägypten betroffen hatte, und er führte

Eine der Oasen in der Sinaiwüste. Die Oasen dienten dem Volk auf der langen Reise aus Ägypten als Rastplätze

Massnahmen zur Konsolidierung der gesellschaftlichen Struktur des Landes ein. Als Joseph seinen Brüdern, die ihn viele Jahre zuvor in die Sklaverei verkauft hatten, seine wahre Identität enthüllte, überraschte er sie durch seinen hohen Rang und sagte zu seinen erstaunten Zuhörern: "Gott hat mich Pharao zum Vater gesetzt und zum Herrn über all sein Haus und zum Fürsten in ganz Ägyptenland."

Solang die semitischen Hyksos in Ägypten regierten, erlaubten sie den Hebräern, in Gosen isoliert und nach ihren eigenen Sitten zu leben. Sobald aber die Hyksos nach einer Reihe blutiger Kriege vertrieben waren, wandte sich das Glück aller Semiten in Ägypten. Auch die Hebräer, in denen man eine Fünfte Kolonne und eine Bedrohung der neuen Regierung sah, wurden erbarmungslos unterdrückt und versklavt. Die ägyptischen Pharaonen verwendeten die hebräischen Sklaven auf den Feldern und bei der Errichtung ihrer grossartigen Bauwerke. Sklavenarbeit stand reichlich zur Verfügung, und die Herrscher des Königreichs am Nil benutzten sie verschwenderisch. Ägyptische Inschriften sprechen von einem Volk mit Namen 'Apiru oder Habiru, das sich in Ägypten mühselig abplackte.

Das meist gebrauchte Baumaterial sind in Ägypten seit jeher in der Sonne getrocknete Lehmziegel. Noch heute

Verziertes Gefäss aus einem Grab in Jerusalem aus der jüngeren Bronzezeit. Israel-Museum, Jerusalem

Perlen, gefunden (1954–1955) bei Ausgrabungen eines kanaanitischen Tempels aus dem 17.–16. Jahrhundert v. Chr. in Naharija, Israel. Ausgrabungen des israelischen Amtes für Altertümer und Museen

sind zahllose ägyptische Dörfer aus solchen Ziegeln gebaut, bei denen der Lehm mit Stroh gemischt wird, um ihn zu binden. Als der Pharao erfuhr, dass die Hebräer versuchten, sich zu befreien, bestimmte er, sie müssten von nun an selbst das Stroh für ihre Ziegel sammeln. Dadurch wollte er sie bestrafen und ihnen Zeit und Energie zum Nachdenken über die Freiheit rauben.

Die in den ägyptischen Dokumenten erwähnten Habiru scheinen mit den Hebräern identisch zu sein. Im vierzehnten Jahrhundert bahnten sie sich ihren Weg durch Kanaan und riefen zu Revolten gegen die Ägypter auf, die sich das Land in der zweiten Hälfte des vierzehnten Jahrhunderts v. Chr. unterworfen hatten. Die ägyptischen Statthalter lebten in ständiger Furcht vor den immer zahlreicher werdenden Berichten über neue Überfälle, Revolten und Zusammenstösse in ihren Verwaltungsbezirken. Konfrontiert mit den sich ständig wiederholenden Angriffen der fremden Invasoren, konnten die Beamten ihre Autorität nicht wahren. Sie schickten Briefe mit dringenden Bitten um Hilfe nach Ägypten.

Solche in Tel el-Amarna gefundenen Briefe berichten, die Habiru hätten Dörfer verwüstet, Karawanen geplündert und zu Aufständen gegen die Herrschaft der Pharaonen und ihrer Repräsentanten aufgewiegelt. Anstatt eine gemeinsame Front gegen die Einwanderer von jenseits des Flusses zu bilden, kämpften die kleinen Könige in Kanaan miteinander, versuchten, benachbarte Gebiete zu erobern und schlossen Bündnisse gegeneinander. Jeder von ihnen drängte den Pharao, er möge ihm Hilfe gegen die anderen schicken.

Einer der mächtigen Herrscher jener Zeit, Labaya (Lavi), König von Sichem, schloss sich mit den Habiru zusammen, zettelte eine Verschwörung gegen den Pharao an und machte sich selbst zum Herrn über ausgedehnte Gebiete im Gebirge von Ephraim und dem Tal Jezreel. Es heisst, die Nachkommen Labayas hätten zusammen mit den Habiru den Israeliten — den Habiru, die in Ägypten gelebt hatten — geholfen, Sichem kampflos einzunehmen. In Ägypten hatten die Israeliten Eigenschaften entwickelt, durch die sie sich im Lauf der Zeit von den anderen Habiru oder Hebräern unterschieden, wenn sie ihnen auch in ihrer wirtschaftlichen Stellung und in gewissen sozialen Bräuchen ähnelten. Sie bewahrten ihre rassische Reinheit rigoros und hielten unerschütterlich an ihren eigenen religiösen Überlieferun-

Die Stelle, wo der Jordan ins Tote Meer mündet, der Salzsee der Bibel. Das Tote Meer, 81,6 km lang und 17 km breit, liegt in einer tiefen Senkung. Seine Oberfläche liegt etwa 390 Meter unter dem Meeresspiegel des Mittelmeers. Der hohe Salzgehalt des Wassers macht jede Art von Leben darin unmöglich

gen und ihrem Glauben an den Gott der Patriarchen fest.

Aber die schwache ägyptische Regierung in der Heimat konnte ihren Beamten in Kanaan keine Hilfe schicken. Durch die Schläge, die ihr die Habiru im vierzehnten Jahrhundert zugefügt hatten, begann die Herrschaft der Ägypter in Kanaan zusammenzubrechen. Jetzt erschien eine noch beängstigendere Macht, vor der die Herzen des kanaanitischen Volkes schmolzen wie der Tau der Wüste vor der Sonne. Als die Autorität der Ägypter in Kanaan abzubröckeln begann, hatten die Israeliten Gosen verlassen und tauchten nun aus der Wüste auf, um mit dem unwiderstehlichen Elan eines sendungsbewussten Volkes in das Gelobte Land vorzudringen.

Was hatte diese Gruppe dazu getrieben, den gewaltigen Weiten der Wüste, Feinden und den unerbittlichen Elementen zu trotzen? Was hatte diesen Haufen geknechteter Sklaven zu einer so starken Macht zusammengeschmiedet, dass die blosse Erwähnung ihres Namens die Einwohner Sinais, Transjordaniens und Kanaans vor Schreck erzittern liess?

Man hält Ramses II. für den Pharao, der die in Gosen lebenden Hebräer zu Sklaven machte. Während seiner Regierungszeit wurde die Hauptstadt Ägyptens noch einmal nach Zoan in Unterägypten verlegt und Par-Raamses, das Haus Raamses', genannt. Dies war die von hebräischen Sklaven gebaute Vorratsstadt.

Die hebräischen Sklaven verliessen Ägypten anscheinend um 1280 v. Chr. in der Richtung auf die Sinai-Wüste zu, um dadurch den ägyptischen Garnisonen und plündernden Beduinen aus dem Weg zu gehen. Im Dunkel der Nacht brachen die Hebräer entschlossen in die Freiheit auf. Diese Nacht heisst in der jüdischen Überlieferung "Die Nacht der Wache", und der Auszug aus dem Land am Nil unter der Führung des Gesetzgebers und grössten hebräischen Propheten Moses bedeutet das zentrale Ereignis in der unauslöschlichen Erinnerung des Volkes wie in der jüdischen Geschichte und einen Wendepunkt im kulturellen Bild der ganzen westlichen Welt.

Der israelitische Geist formte sich in den Wüsten des Sinai und des Negev. Die Hebräer schleppten sich Tag ein, Tag aus durch unwegsames Ödland, das sich bis zum Horizont erstreckte, vorbei an massiven Bergketten, die scheinbar den Himmel trugen. Des Nachts legten sie sich erschöpft und mit wunden Füssen unter das klare, schweigende, tief niederhängende Himmelsgewölbe. Diese Umgebung brachte den Hebräern die Vorstellung von der Existenz eines einzigen höchsten Wesens näher.

Im Sinai wurde auch das Fundament ihres Rechtssystems gelegt und eine feste Grundlage für die zwischenmenschlichen Beziehungen geschaffen. Von grösstem Einfluss aber wurde ihre eindeutige Annahme des monotheistischen Glaubens. Jahrhundertelang hatte im alten Orient der Glaube an machtvolle Götter und Göttinnen mit verschiedenen Aufgaben und menschlichen Zügen eine wichtige Rolle im Leben aller Völker gespielt. Bis dahin hatte keine Religion es zur Vorstellung von einem einzigen, unsichtbaren, allgegenwärtigen, allwissenden Gott gebracht — nicht einmal der Glaube des ägyptischen Königs Echnaton, welcher der Sonnenscheibe, Aton, die höchste Macht zuschrieb. Nach der jüdischen Überlieferung hat Gott sich Moses während der Wanderung durch die Wüste verschiedene Male offenbart. Auf dem hohen eindrucksvollen Gipfel des Berges Sinai, heisst es, hat der Gott Israels den Hebräern sein heiliges Gesetz gegeben. Hier hat der Herr der Schöpfung den Juden und der ganzen Welt die Zehn Gebote verkündet. Sie enthalten die ethischen Massstäbe, die überall die Grundlage der Kultur bilden.

Die Reise durch den Sinai, den Negev und die Ebenen von Moab in Transjordanien schien sich endlos hinzuziehen. In der langsam dahinfliessenden Zeit erfuhren die Hebräer eine radikale Verwandlung, sie selbst wurden sich ihrer Veränderung in dem Schmelzofen ihrer einsamen Wanderungen wohl nicht immer bewusst. Nicht nur, dass ihre Haut von Sonne und Wind gebräunt und gegerbt wurde, dass sich ihre an die Schläge der Aufseher gewohnten gebeugten Rücken streckten und sie ihr Haupt aufrichteten, nicht nur, dass ihre Muskeln sehnig, hart und widerstandsfähig wurden — sondern als sie nach ihrem siegreichen Kampf gegen den König der Amoriter und ihrem Marsch durch die Königreiche der Moabiter und Ammoniter das Ufer des Jordan erreichten, da waren sie geistig ebenso zäh, leistungsfähig und diszipliniert wie körperlich. Gilead und die Hänge des Jordantals gehörten ihnen, und ihre Herzen schlugen siegesbewusst. Lang liessen sie ihre Blicke über die grüne, flimmernde Oase von Jericho in der Ferne schweifen. Hinter Jericho lagen zerklüftete Felsen und dahinter die Orte, von denen ihre Väter und deren Väter oft sehnsüchtig gesprochen hatten — die Berge von Juda und Ephraim. Nun war für sie die Zeit gekommen, das Ihre zurückzuerobern.

Auch ihr Führer Moses sah das Gelobte Land von weitem. Seine müden Augen folgten der Linie, die vom Berg Nebo, auf dem er stand, zum fernen blau-grünen Toten Meer, zur Ebene von Jericho und den dahinter liegenden Bergen führte. Im Geist sah er mit erstaunlicher Klarheit über die Weite des Landes bis zur Mittelmeerküste hinab und hinauf zum schneebedeckten Berg Hermon im Norden. Sein Blick ruhte auf der Aussicht zu seinen Füssen und auf seinem Volk, das auf ein Wort von ihm wartete. Er hatte eine schwere Aufgabe erfüllt und durfte mit seiner Leistung zufrieden sein. An der Spitze einer Horde von Sklaven war er aus Ägypten ausgezogen, und als ein Volk hatte er sie ans Tor zu ihrem Land gebracht. Seine Pflicht war erfüllt, jetzt konnte er die Führung einem Mann des Schwertes, seinem treuen Diener Josua, übergeben.

Der junge Josua übernahm seinen Auftrag, über dessen Schwierigkeit er sich klar war, mit Zuversicht. Er wusste, dass die Kanaaniter den fast noch nomadischen Israeliten zivilisatorisch weit überlegen waren. Ihre Städte schützten hohe Mauern und starke Türme, bemannt mit Soldaten, die sich auf die Abwehr heranstürmender zerlumpter Horden verstanden. Die hebräischen Kämpfer konnten die kanaanitischen Städte nicht im direkten Sturm nehmen, und zur Belagerung einer befestigten Stadt fehlte es ihnen sowohl an Ausrüstung als auch an Training. Josuas Leute waren der beweglichen Kavallerie und den sausenden Streitwagen der Kanaaniter natürlich nicht gewachsen.

Als schlauer Stratege benutzte Josua klug die Taktik, die sich immer gegen zweckmässiger ausgerüstete und besser bewaffnete Heere bewährt — Überraschungsangriffe, nächtliche Überfälle, Täuschungsmanöver und Zusammenstösse mit dem Feind im Gebirge, wo Streitwagen, wenn sie überhaupt hinkommen konnten, nichts nützten.

Der Ruhm, den sich Josua durch seine ersten Siege erworben hatte, demoralisierte die Kanaaniter. Seine Truppen drangen in Städte und Festungen in den Bergen von Juda und Ephraim ein und eroberten Galiläa in einer Entscheidungsschlacht bei Hasor, wo sie eine mächtige Koalition von Königen besiegten. Kanaan wurde allerdings nicht in einem einzigen Ansturm erobert. Ruinen zeigen, dass kanaanitische Ortschaften in Juda, der Küstenebene und dem Land Benjamin östlich und westlich von Jerusalem im 13. Jahrhundert v. Chr. in grossen Zeitabständen vernichtet worden sind — Jericho zu Anfang des Jahrhunderts, Beth El in der Mitte, Lachisch im letzten Drittel und Debir am Ende. Die befestigten Städte Megiddo, Beth Schean, Geser und Jaffa gehörten noch nicht zum israelitischen Gebiet. Erst zur Zeit der Richter drangen die Hebräer in die kanaanitischen Enklaven in der Ebene und den Tälern an der Küste ein.

Im Jahr 1220 v. Chr. entsandte der ägyptische König Merneptah eine Militärexpedition, welche die rebellischen Orte in Kanaan zerschmettern sollte. Nach der Rückkehr seiner siegreichen, beutebeladenen Truppen, die lange Reihen aneinander gefesselter Sklaven mit sich schleppten, liess der Pharao zur Erinnerung an diesen Triumph ein Denkmal errichten. Es trug diese Inschrift: "Kanaan ist ausgeplündert; Askalon ist nicht mehr; Geser ist erobert; Janoam ist ausgelöscht; Israel ist vernichtet, sein Same ist nicht mehr; Kharu (Kanaan) ist für Ägypten eine Witwe geworden..."

Hier wird zum ersten Mal der Name Israel in einer nichtisraelitischen Quelle erwähnt. Israel — nach der Inschrift ein Volk, keine geographische Bezeichnung — wird zu den Rebellen in Kanaan gezählt. Kanaan war noch nicht zum Land Israel geworden, aber die israelitischen Stämme besassen genug Macht und Zuversicht, um sich gegen den ägyptischen Pharao zu erheben.

Zur Zeit der Richter kämpften die Hebräer nicht nur hartnäckig um die Herrschaft über das Land, sondern um ihre blosse Existenz dort. Von allen Seiten griffen ihre Feinde sie mit vernichtenden Schlägen an. Aus Jordanien überfielen die Moabiter und Ammoniter die israelitischen Siedlungen. Aus dem Norden stürmten kanaanitische Stämme heran und mordeten, zerstörten und plünderten. Und aus der Wüste drangen die Midianiter und Amelektiter in hebräisches Gebiet ein, um israelitische Dörfer im ganzen Land vom Tal Jesreel bis nach Gasa auszutilgen. Ohne die entschlossenen mutigen Führer, bekannt als die Richter,

Der Jordan schlängelt sich am Fuss eines Riffs entlang und mündet am tiefsten Punkt der Erdoberfläche ins Tote Meer. Die Bibel beschreibt die Überquerung des Jordans durch Josua und die Israeliten als genau so ein Wunder wie den Zug durch das Rote Meer von Moses und den Israeliten auf ihrer Flucht vor den Ägyptern. Nach Ansicht einiger Wissenschaftler hatte eine in den Fluss gefallene Felslawine den Wasserstrom einige Stunden lang unterbrochen

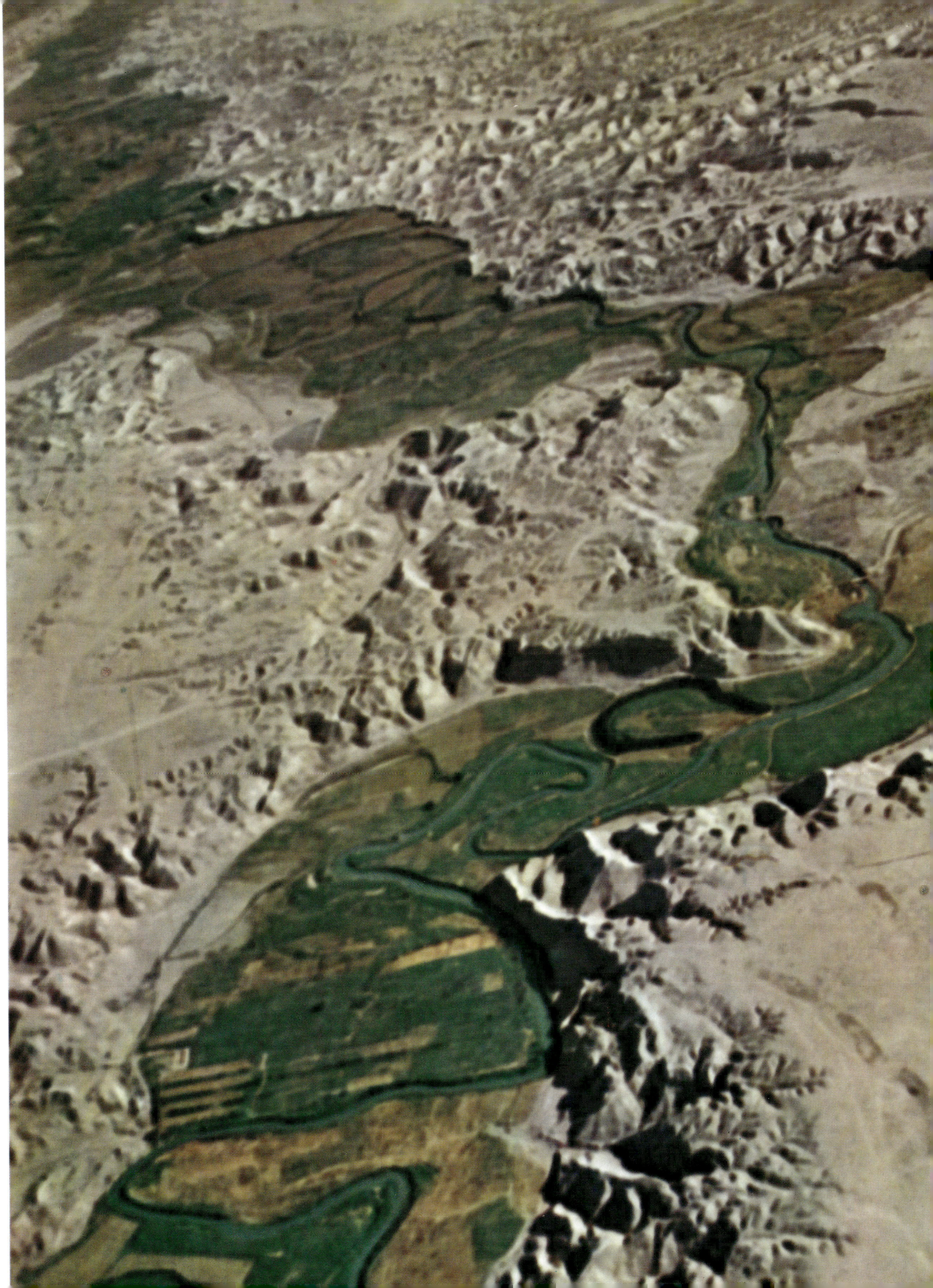

Jericho ist die älteste ummauerte Stadt im Nahen Osten. Aus archäologischen Funden geht hervor, dass sie zehn Jahrtausende lang ununterbrochen besiedelt war. Josua, heisst es in der Bibel, eroberte sie, als ihre Mauern zusammenstürzten, nachdem die Israeliten siebenmal mit der Bundeslade um die Stadt herumgegangen waren.

die in dieser Periode dauernder Unsicherheit auftraten, wären die hebräischen Stämme den erbarmungslosen Angriffen ihrer Feinde erlegen. Diesen Männern und Frauen gelang es durch ihre unermüdlichen Anstrengungen und ihre Inspiration, eine Anzahl von Stämmen zu vereinen und sie dazu anzufeuern, den Feind zu bekämpfen und zum Rückzug zu zwingen.

Um diese Zeit gaben die hebräischen Stämme allmählich ihr Nomadendasein auf und gründeten in verschiedenen Teilen des Landes feste Siedlungen. Ihre soziale Struktur blieb weiter patriarchalisch, aufgebaut auf Familien und in Stämmen vereinigten Sippen. Die verschiedenen Stämme bewahrten ihre eigene Identität und lebten getrennt voneinander, fühlten sich jedoch durch gemeinsame Erinnerungen und Überlieferungen aus der Zeit von Moses und Josua miteinander verbunden. Das in der Mitte des Landes gelegene Silo bildete für die meisten hebräischen Stämme das religiöse Zentrum. Dort verehrten die Israeliten die Bundeslade, welche die Gesetzestafeln enthielt, und opferten dem Gott ihrer Väter.

Die festen Siedlungen der Israeliten lagen hauptsächlich in den Gebirgsgegenden. Dörfer an den Hängen und auf den Gipfeln der Berge boten viel besseren Schutz gegen die Raubüberfälle fremder Eindringlinge. Die Hebräer benutzten zum Bau ihrer neuen Dörfer Steine und anderes Baumaterial älterer, verfallener kanaanitischer Siedlungen. Sie pflügten die Felder an den Hängen und, als sich die Gefahr von Angriffen verminderte, auch in den Tälern. Um mehr Land zum Anbau von Getreide zu gewinnen, holzten die Israeliten auch Wälder auf dem Gebirge Ephraim ab. Da sie Werkzeuge nötig hatten, entwickelte sich der Gebrauch des Eisens schnell. Handwerker fingen an, verschiedene Geräte aus diesem Metall zu benutzen, wenn auch bis in die Zeiten des Königtums während der Regierung Sauls die meisten Waffen und landwirtschaftlichen Geräte noch aus Bronze hergestellt wurden.

Doch die Israeliten durften sich nicht lang den Künsten des Friedens widmen. Die Philister — das "Volk vom Meer", brutale Krieger griechischer Abkunft, die sich an der Küste angesiedelt hatten — zogen von Südwesten gegen sie und bedrohten den Stamm Dan. Simson, der Held des Tages, führte den Kampf gegen die Invasoren, aber es gelang den Philistern, in grosse Teile des Tals an der Küste, ins Gebirge Ephraim und die Berge von Juda einzudringen. Es wurde immer klarer, dass der lose Bund der israelitischen Stämme den Vormarsch der mit Streitwagen und eisernen Waffen ausgerüsteten Krieger nicht länger aufhalten konnte. Es wurde Zeit, die verbündeten Stämme zu einer mächtigen politischen Einheit zu verschmelzen, die imstande war, den Willen eines geeinten Volkes auf ein gemeinsames Ziel zu lenken. Es nahte sich die Periode des israelitischen Königtums.

DIE ISRAELITISCHE MONARCHIE: VON SAUL BIS ZUM SIEG DER BABYLONIER

Proto-äolisches Kapitell (Siebtes Jahrhundert v. Chr.) von der Zitadelle eines Palastes in Ramat Rachel, südlich von Jerusalem. Mit freundlicher Genehmigung von Dr. Jochanan Aharoni

Kein Land war ihnen gewachsen, heisst es auf einer ägyptischen Inschrift aus der Regierungszeit Ramses' III. (1195–1164 v. Chr.). Diese "Völker vom Meer" brausten wie eine Flutwelle über Kleinasien hin und liessen Leichen und Zerstörung hinter sich. Wer waren diese unbesiegbaren Horden, die, so sagten die Ägypter, "hinter einem wütenden Feuer" gegen sie vorrückten? Diese Eroberer des östlichen Mittelmeers kamen von den Inseln des Ägäischen Meers, aus Griechenland und Anatolien. Zu ihnen gehörten die Sikuler, die sich später im heutigen Sizilien ansiedelten, die Danaaniter und die Philister, die nachher die Südwestküste Palästinas kolonisierten.

Dem Heer Ramses' III. gelang es zwar, die Invasoren zurückzuschlagen, aber das ägyptische Königreich erholte sich nie wieder von diesem Schlag, und die politische Struktur aller anderen Länder in diesem fruchtbaren Landstrich änderte sich infolge des wiederholten Eindringens der "Völker vom Meer." Nachdem sie vor den Toren Ägyptens zurückgeworfen waren, schlugen die Philister ihr Lager in der Küstenebene zwischen Jaffa und Gasa auf. Rücksichtslos überrannten sie die Städte Gasa, Askalon und Asdod, setzten sich in der ganzen Gegend fest und verbreiteten Schrecken in Berg und Tal.

Die Philister sprachen griechisch und hatten griechische Sitten, kamen aber vermutlich aus Kreta. Wie andere "Meervölker" waren sie gute Seeleute, Händler und Handwerker, besonders für Metallarbeiten. Vor allem aber zeichneten sie sich als Soldaten aus. Sie trugen federgeschmückte Helme aus glänzendem Kupfer und Kettenpanzer, griffen mit eisernen Waffen — Schwertern, Speeren und Lanzen — an und schützten sich hinter dicken Schilden.

Schon vor der Ankunft der Philister kannte man in Palästina den Gebrauch des Eisens. Man hat in Megiddo einen eisernen Ring und in Madeba in Jordanien Gegenstände aus Eisen gefunden, die aus dem vierzehnten oder dreizehnten Jahrhundert v. Chr. stammen. Nördlich von Jerusalem hat man eine eiserne Pflugschar aus der Zeit der hebräischen Monarchie ausgegraben. Doch zur Zeit der Richter und zu Beginn der Regierung Sauls, selbst noch zur Zeit Davids, benutzten die Handwerker und Bauern vielfach Kupfer und vor allem die Kupferlegierung Bronze.

Die Philister erkannten die Vorzüge dieses harten, schmelzbaren Metalls, und sie machten schon Waffen und später auch Werkzeuge daraus, als andere es noch lediglich für Verzierungen und Schmuck gebrauchten. Erst als man gelernt hatte, das Eisen zu härten und es dehnbar und stark zu machen, ersetzte es allmählich die Bronze. Die Philister kontrollierten zu ihrem wirtschaftlichen und militärischen Vorteil die gesamte Metallverarbeitung in Palästina. Für ihre Geräte und Waffen mussten alle sich an die Philister wenden. Die Hebräer bezahlten gute Preise

Geflügelte Sphinx und kniende Figur vor dem Baum des Lebens. Geschnitzte Elfenbeindose aus dem achten Jahrhundert v. Chr., gefunden bei Ausgrabungen in Hasor. Mit freundlicher Genehmigung der archäologischen Hasor-Expedition.

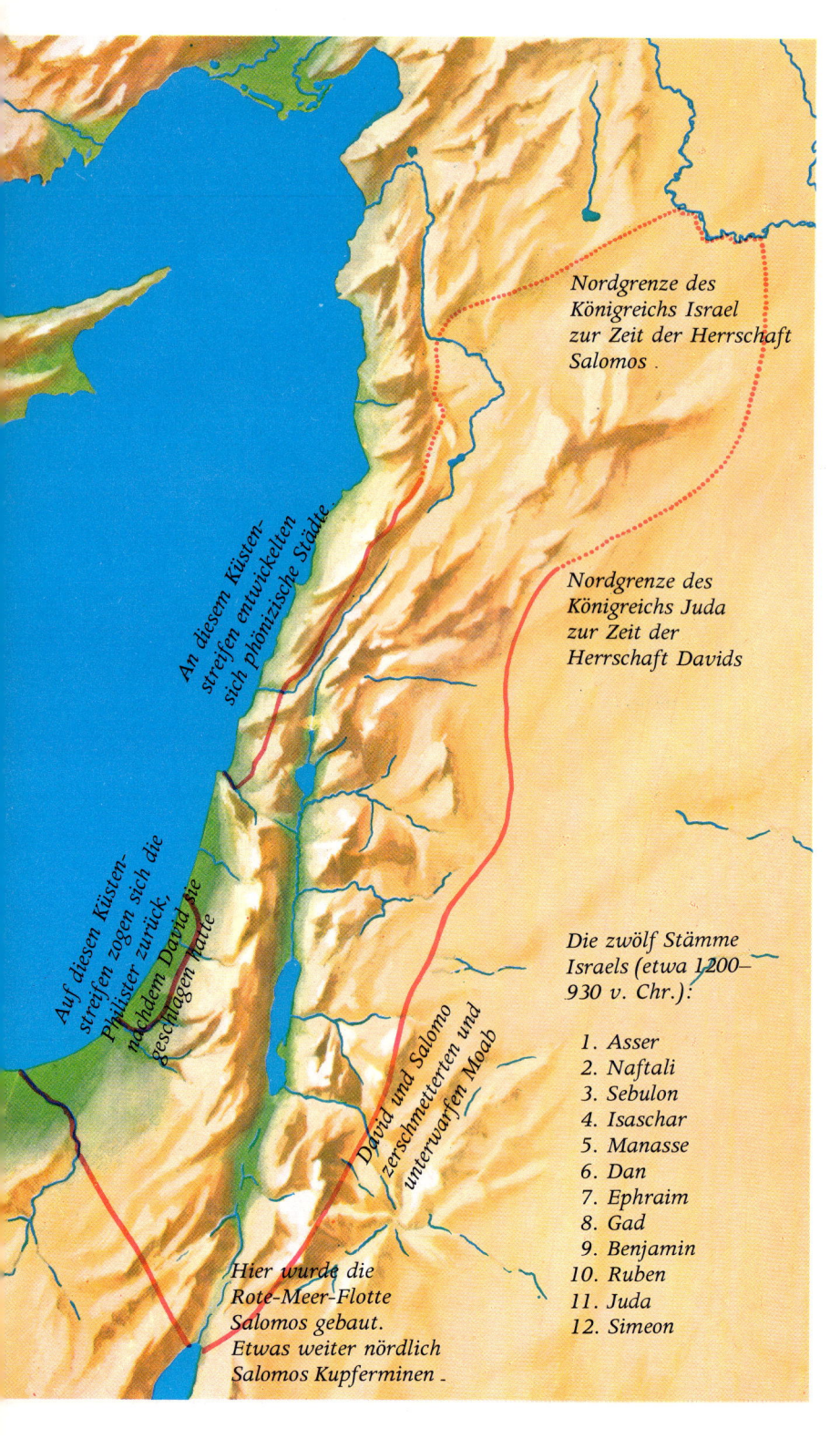

Karte der israelitischen Besiedlung Kanaans von Josua bis Salomo (1200–930 v. Chr.)

Beschriftungen auf der Karte:
- Nordgrenze des Königreichs Israel zur Zeit der Herrschaft Salomos
- Nordgrenze des Königreichs Juda zur Zeit der Herrschaft Davids
- An diesem Küstenstreifen entwickelten sich phönizische Städte
- Auf diesen Küstenstreifen zogen sich die Philister zurück, nachdem David sie geschlagen hatte
- David und Salomo zerschmetterten und unterwarfen Moab
- Hier wurde die Rote-Meer-Flotte Salomos gebaut. Etwas weiter nördlich Salomos Kupferminen

Die zwölf Stämme Israels (etwa 1200–930 v. Chr.):

1. Asser
2. Naftali
3. Sebulon
4. Isaschar
5. Manasse
6. Dan
7. Ephraim
8. Gad
9. Benjamin
10. Ruben
11. Juda
12. Simeon

Gegen die Philister blieb selbst die begeisternde Führung durch den Propheten Samuel machtlos. Es gelang den Israeliten zwar, starken Widerstand gegen Angriffe zu leisten, vernichten konnten sie den mächtigen Feind trotzdem nicht; der hatte sich in der südwestlichen Ebene fest verschanzt. Ihre politische und militärische Organisation blieb weit hinter der der Philister zurück, und so erlitten sie bei dem kanaanitischen Stadtstaat Aphek in der Nähe des Gebirges Ephraim eine vernichtende Niederlage. Die Reihen der israelitischen Streiter lichteten sich, die Überlebenden flohen, und die Bundeslade fiel in die Hand des Feindes. Israel verlor seinen alten Führer, den Priester Eli, und die Philister machten sich zu Herren über einen grossen Teil des Landes und zerstörten das religiöse Zentrum Silo.

Mit der Organisation des Volkes stimmte offenbar etwas nicht. Der Staat musste nach dem Muster anderer Länder des Orients umgebildet werden. Aber der Prophet Samuel wehrte jedesmal, wenn ihm der Wunsch des Volkes nach einem König vorgetragen wurde, ärgerlich ab. Für ihn beschwor das Wort "König" die Vision der kanaanitischen Herrscher herauf, die ihr Volk zu Sklaven des Königreichs machten. Schliesslich gab er dennoch nach.

Der erste König der Juden, Saul, der Sohn des Kis aus dem Stamm Benjamin, war bekannt als guter Krieger, und er traf die Vorbereitungen zu einem Entscheidungskampf mit den Philistern. Freiwillige waren bereit, dem mächtigen Feind entgegenzutreten. So stellte Saul ein vortreffliches Berufsheer auf. Im Gegensatz zu den Philistern erkannte er, dass eine einzige Entscheidungsschlacht nicht genügen würde. Deshalb organisierte er alle Stämme für einen langen Krieg unter seiner Führung.

Obwohl Saul den Philistern eine Reihe schwerer Niederlagen beibrachte, konnte er doch ihr Kriegspotential nicht vernichten und ihren Wunsch, die Israeliten zu besiegen, nicht auslöschen. Es gelang seinen Truppen zwar einmal, das Gebirge Ephraim zu befreien, aber später eroberten die Philister nicht nur dies Gebiet und grosse Teile des Tales Jesreel zurück, sondern sie brachten den Israeliten im Gebirge Gilboa auch schwere Verluste bei und töteten den König und seine Söhne.

König David brach schliesslich die Macht der Philister. Bei Bethlehem und im Tal Rephaim südwestlich von Jerusalem brachen schwere Kämpfe aus. David schlug die Feinde und trieb sie zurück in die Berge und Hügel Judas, wo sie ursprünglich zur Zeit der Richter gelebt hatten. Jetzt war

für ihre neuen Geräte und ungeheure für die Reparaturen ihrer stumpfen Pflüge und Äxte und abgebrochenen Spaten. Aber sie waren wehrlos. Es gab Zeiten, in denen kein einziger Mann in Israel ein Schwert oder einen Speer besass. Daher konnten die Philister die Hebräer bei jedem Zusammenstoss mühelos besiegen.

Israels Existenz nicht länger von den Philistern bedroht. Viel später befreiten die Philister sich von der israelitischen Herrschaft, sie bildeten indessen keine ernsthafte Gefahr mehr.

Eine Anzahl von Faktoren bestimmte den Endsieg. Die Israeliten beherrschten die Gebirgsgegenden, verfügten über die landwirtschaftlichen Versorgungsquellen, und die Errichtung des Königreichs hatte die Bildung eines tüchtigen Heeres ermöglicht. Da die Philister ihre eigene Kultur nicht bewahrten, nahmen sie die Sprache und Religion ihrer Nachbarn an und assimilierten sich ihnen. Ein Grund für ihr Unvermögen, ihre eigenen kulturellen Werte zu betonen, lag in ihrer Verbindung mit fremden Völkern wie den Ägäern, Ägyptern und Kanaänitern. Sie wurden einfach überwältigt von dem in seinem Glauben fest geeinigten Volk, das den Namen seines Gottes in der Schlacht ausrief.

Die weitreichenden Veränderungen, welche die israelitische Gesellschaft nach der Gründung der Monarchie umformten, vollzogen sich allmählich. Schon die Errichtung des Königreichs führte zu einem langen erbitterten Kampf zwischen den Propheten und Priestern. Den Hof Sauls prägte noch das Muster des israelitischen Familienlebens,

27

das auf Geschlechtern beruhte. Die Beamten des Königs waren seine nächsten Verwandten, und sie übten grossen Einfluss auf ihn aus.

Sauls Hauptstadt, Gibeat Benjamin oder Gibeat Saul, lag etwa fünfeinhalb Kilometer nördlich der heutigen Stadt Jerusalem. Sie war während des Bürgerkriegs zwischen dem Stamm Benjamin und den anderen Stämmen niedergebrannt und völlig zerstört worden, wurde aber anscheinend in der zweiten Hälfte des elften Jahrhunderts auf einem Berggipfel wieder aufgebaut. Sie hatte eine rechteckige Zitadelle und war umgeben von einer Mauer aus unbehauenen Steinen mit viereckigen Türmen an jeder Ecke. Nach Ansicht von Archäologen hatten die Philister die Zitadelle gebaut und dort eine Garnison gehabt.

Die kleine Bevölkerung von Gibeat Benjamin lebte vom Ackerbau. Zu jener Zeit war die israelitische städtische Kultur erst im Entstehen. Zu Beginn seiner Regierung hatte Israels erster König neben seinen militärischen Unternehmungen noch Zeit für die Arbeit auf dem Feld: "Siehe, da kam eben Saul vom Felde heim hinter den Rindern her." (1. Sam. 11, 5).

David, der Sohn Isais (1010–970 v. Chr.), errichtete ein grosses Reich zwischen dem Euphrat und dem "Fluss Ägyptens", dem Wadi el Arisch. Von Norden nach Süden erstreckte es sich von Lewo Hamat bis zum Golf von Elat. Der neue König, der den Thron nach langen Auseinandersetzungen mit Saul bestieg, wusste etwaige Zeichen von Schwäche bei den Grossmächten jener Zeit, Assyrien und Ägypten, klug zu seinem Vorteil zu nutzen. Er besiegte die Philister, die Völker Transjordaniens und Syriens und gründete so einen mächtigen Pufferstaat in dem fruchtbaren Landstrich zwischen Mesopotamien und Ägypten.

Ostrakon aus gebranntem Ton mit hebräischer Inschrift aus dem siebten Jahrhundert v. Chr., gefunden bei Ausgrabungen bei Metsad Hascha'jahu. Israelisches Amt für Altertümer und Museen

Ostrakon mit eingeritzter hebräischer Inschrift aus dem neunten–achten Jahrhundert v. Chr. aus Tell Qasila. Die Inschrift lautet "Gold von Ophir vom Hause des Haran, dreissig Schekel". Israelisches Amt für Altertümer und Museen

Die Ostgrenze des Landes wurde bis an den Rand der syrisch-arabischen Wüste vorgeschoben, und die Grenzen des von Israel besiedelten Gebietes schlossen jetzt auch Edom, Moab und Ammon in Transjordanien ein. Das Syrien mit Damaskus und das Syrien mit Zoba wurden Protektorate. David machte sich zum Beherrscher der internationalen Verkehrswege zwischen dem Mittelmeer und Mesopotamien und der länderverbindenen Karawanenstrassen.

Das Volk bewahrte das Bild Davids als eines grossen, gerechten und rechtschaffenen Königs im Herzen. Aber trotzdem er als eine heilige Persönlichkeit galt, sah die Bibel in ihm doch auch den Menschen, und sie machte keinen Versuch, seine dunkleren Seiten zu verbergen. Man achtete David, den Dichter und Mann der Tat, wegen seines Mutes, seines Sinns für militärische Strategie und seiner Grossmut gegenüber einem besiegten Feind, wie er sie Saul, Eschbaal und Abner, dem Sohn Ners, gezeigt hatte. Wenn er seine Leute in die Schlacht führte, teilte er ihre Entbehrungen und Gefahren und war jedem seiner Soldaten ein Kamerad. Jedoch die ausländischen Feinde seines Volkes — so Ammon und Moab — löschte er, wie es damals üblich war, erbarmungslos aus.

In kritischen Augenblicken gab David auch seine Schwächen preis. Er verfing sich hilflos in den Intrigen des Hofes. Sein Sohn Absalom durfte ungehemmt tun, was er wollte, und er wusste, dass sein königlicher Vater seine Missetaten ignorieren würde. Grausam handelte David gegen Joab, seinen besten Freund, und in der Affäre mit der Frau des Hethiters Uria liess er sich von seiner Leidenschaft hinreissen. Aber als er es bereute, suchte der König von Israel demütig den Propheten Nathan auf und sprach: "Ich habe gegen den Herrn gesündigt."

Im achten Jahrhundert wurden die in Juda hergestellten typischen Behälter von der Regierung gekennzeichnet. Die Griffe trugen königliche Siegel. Oben stand das Wort la-melek (vom König), darunter der Name einer der Städte: Hebron, Siph, Socho, Mamschit und anderer. In diesen Städten gab es keramische Werkstätten der Regierung. Hier stellte man vorschriftsmässige einheitliche Behälter für den Handel oder die Zahlung von Steuern her. Die beiden Bilder zeigen zwei Siegel aus dem siebten Jahrhundert, gefunden in Ramat Rachel. Auf dem oberen Bild sind die Wörter la-melek socho eingeritzt; das untere trägt die Inschrift la-melek mamschib. Mit freundlicher Genehmigung von Dr. Jochanan Aharoni

Kopf eines Tonbullen (?) von einem Opferkrug (kernos), gefunden in Asdod. Jüngere Eisenzeit. Ausgrabungen des israelischen Amtes für Altertümer und Museen. Theologisches Seminar und Carnegie-Museum, Pittsburgh

Kopf eines Tonfigürchen aus Aschtoret. Jüngere Eisenzeit. Abteilung für Archäologie, Hebräische Universität, Jerusalem

Im Bewusstsein des jüdischen Volkes blieb David das Symbol des idealen Königs, der eines Tages wiederkommen würde, um es weise und gerecht zu regieren und vor allem Leid zu bewahren.

Davids Sohn Salomo (970–930 v. Chr.) erbte ein grosses und wirtschaftlich gesundes, gefestigtes Königreich, das sich bis zu der riesigen syrisch-arabischen Wüste ausdehnte. Israel besass eine wichtige Position im internationalen Handel mit Pferden und leichten Wagen. Mit Hilfe der Königreiche Sidon und Tyrus baute es eine Handelsflotte auf. Von dem Stützpunkt Ezeon Geber bei der Bucht von Elat am Roten Meer aus segelten Salomos Schiffe zu fernen Häfen und brachten Gold, Silber, Kupfer, wertvolle Steine, Korallen und Elfenbein zurück.

Wie aus archäologischen Entdeckungen hervorgeht, wurden zur Zeit Davids Städte wie Megiddo und Beth Schean zerstört und verbrannt und neue Konstruktionsmethoden entwickelt, die man in der Regierungszeit Salomos vervollkommnete. Die Israeliten benutzten nun zum ersten Mal behauene Steine und errichteten in der Nähe der Hauptstrassen befestigte Städte. Damals wurden z. B. die Stadtmauern von Hasor, Megiddo und Geser gebaut. Die Tore all dieser Städte waren identisch, vielleicht vom gleichen Architekten nach denselben Massen entworfen. Der Durchgang war breit genug für einen Wagen mit Pferd. Viele dieser Städte in Salomos Reich dienten der königlichen Kavallerie als Standquartiere.

Die wichtigsten Bauten aber wurden zur Zeit von David und Salomo in Jerusalem errichtet. Aus geographischen und politischen Gründen hatte David Jerusalem als seine Hauptstadt gewählt. Die einzige Strasse in Juda, die das Jordantal mit der Mittelmeerküste verbindet, führt durch die Hauptstadt. Die Stadt liegt auf der zentralen Hügelkette entlang der Wasserscheide zwischen Sichem und Beersheba. Ausserdem lag Jerusalem in keinem der den Stämmen gehörenden Gebiete und konnte daher den rivalisierenden Gruppen als höchstes Zentrum dienen.

Die Zitadelle auf dem Zionsberg, die "Stadt Davids", war vermutlich das Privateigentum des Königs. Sie lag auf einem Hügel im Südosten der heutigen Altstadt und erstreckte sich zum grössten Teil am östlichen Abhang hinab bis zum Kidron. Damals war Jerusalem dreimal so gross wie jede andere Stadt im Land. Salomo verstärkte ihre Befestigungen und erweiterte ihre Mauern beträchtlich.

Jerusalem wurde auch zum religiösen Zentrum. Auf dem Berg Moria baute Salomo Gott einen Tempel und sich selbst einen Palast und brachte damit den Leitsatz des Hauses David sichtbar zum Ausdruck: Herrschaft im Namen des israelitischen Gottes.

Der Stil des Tempels war kanaanitisch-phönizisch, seine Form hingegen ging auf die alte Stammestradition zurück. Er bestand aus drei Teilen: der Halle, dem Heiligtum und dem inneren Allerheiligsten. Die Halle, eine Art Vorraum, sollte Heiliges und Profanes trennen. Zu Seiten des Eingangs standen zwei grosse Kupfersäulen. Der Hauptgottesdienst wurde im Heiligtum, dem grössten Raum des Tempels (neunzehneinhalb mal neundreiviertel Meter), abgehalten. Das Allerheiligste war fensterlos und hatte einen erhöhten Fussboden; dieser Raum enthielt die Bundeslade. In der Frühzeit wurde die Bundeslade in Silo aufbewahrt und im Krieg unter Gebeten der Israeliten mit an die Front

Seite eines Sockels aus Zypern. Zwölftes Jahrhundert v. Chr. Britisches Museum, London

genommen. Nach der Zerstörung Silos hatte die Lade keinen festen Platz, bis David sie in seiner Stadt in einem Zelt unterbrachte. Später stellte Salomo sie im Tempel auf.

Im südöstlichen Teil des Tempelhofs stand ein riesiger erzener Kessel, den die Figuren von zwölf Bullen trugen. Er soll, so schätzt man, Raum für neunzigtausend Liter und ein Gewicht von dreissig Tonnen gehabt haben. Er diente als Wasserreservoir für die fahrbaren Waschbecken, in denen die Priester sich vor ihrem Dienst die Hände und Füsse wuschen.

Der Tempel bestand aus behauenem Stein; Zedernholz diente als Verzierung für das kassetierte Mauerwerk im Innern, und Blumenreliefs in den damals im ganzen Orient üblichen Stilarten schmückten das Bauwerk. In der Tat ähnelten viele Gegenstände dieses Tempels denen in verschiedenen anderen des alten Orients, in Mesopotamien,

Südarabien, Kanaan, Syrien und auf Zypern.

Wie die Bibel berichtet, halfen Ausländer Salomo bei der Errichtung des Tempels. Sie lieferten nicht nur Material — Holz, Stein und Kupfer —, sondern leisteten auch Arbeit. Hiram aus Tyrus, ein Kupferschmied, war der tüchtigste Handwerker. Sohn eines Mannes aus Tyrus und einer israelitischen Frau aus dem Stamm Naftali war er, so heisst es, "voll Geschick, Verstand und Einsicht für allerlei Arbeiten in Erz."

Von Anfang an unterschied sich der Tempel Salomos von allen anderen Tempeln des Ostens. Er sollte das symbolische Haus für den Herrn des ganzen Universums sein. Der Gottesdienst beschränkte sich nicht auf Opfer. Dies Gotteshaus diente seit seiner Gründung auch dem öffentlichen Gebet, und ausserdem kamen hierher einzelne Gläubige, die, bedroht von Krieg, Dürre oder Krankheit, Gott um Hilfe anflehten.

Mit der Zeit erfüllte der Tempel die Funktion, für alle Völker eine Stätte des Gebets zu sein; er brachte der ganzen Welt eine Botschaft des Friedens und der Brüderlichkeit. Das besagt Jesajas Prophezeiung von den "letzten Tagen": "Da wird der Berg mit dem Hause des Herrn festgegründet stehen an der Spitze der Berge und die Hügel überragen; und alle Völker werden zu ihm hinströmen, und viele Nationen werden sich aufmachen und sprechen: 'Kommt, lasset uns hinaufziehen zum Berge des Herrn, zu dem Hause des Gottes Jakobs, dass er uns seine Wege lehre und wir wandeln auf seinen Pfaden; denn von Zion wird die Weisung ausgehen, und das Wort des Herrn von Jerusalem.' Und er wird Recht sprechen zwischen den Völkern und Weisung geben vielen Nationen; und sie werden ihre Schwerter zu Pflugscharen schmieden und ihre Spiesse zu Rebmessern. Kein Volk wird wider das andre das Schwert erheben, und sie werden den Krieg nicht mehr lernen."

Alte Stollen im Flussbett des Timna, wo man in biblischer Zeit Kupfer gewann. Sie wurden anscheinend auch während der Regierung Salomos ausgebeutet. Entdeckung durch die Araba-Expedition unter Dr. Beno Rothenberg. Diese Stollen befinden sich westlich des Timnatals, ungefähr acht km. westlich der neuen Anlage. Das Erz enthält hauptsächlich Graukupfererz und Kupferspat mit etwa 40% Kupfer. Das Bergwerk umfasst etwa ein Gebiet von zweieinhalb – eineinviertel Quadratkilometern. Man hat dort Basalthämmer und viel Schlagwerkzeug aus Flint und nubischem Sandstein gefunden, ausserdem Ton aus der älteren Eisenzeit. Eine in den Minen entdeckte Inschrift konnte noch nicht entziffert werden. Mit freundlicher Genehmigung von Dr. Beno Rothenberg

Das Allerheiligste eines israelitischen Tempels aus Arad (neuntes Jahrhundert v. Chr.). Im Vordergrund zwei steinerne Altäre mit den Resten von Opfergaben, im Hintergrund drei Denkmäler. Mit freundlicher Genehmigung von Dr. Jochanan Aharoni

Anscheinend blühte das Land, aber trotzdem hatte das Volk an den wachsenden wirtschaftlichen Anforderungen und den zahlreichen Entwicklungsprojekten schwer zu tragen. Die Bevölkerung musste die Bedürfnisse des verschwenderischen königlichen Hofes befriedigen und die Arbeitskräfte für die umfangreichen Bauvorhaben stellen. Die Israeliten fingen an zu murren. Stammesloyalitäten verschärften die Spannung. Jerobeam, der Sohn Nebats aus dem Stamm Ephraim, der die Arbeiter aus den Stämmen Josephs — Ephraim und Manasse — beaufsichtigte, benutzte den Groll der israelitischen Stämme gegen den Stamm Juda, der offenbar einen priviligierten Status hatte, und empörte sich offen gegen Salomo. Aus Furcht vor dem Zorn des Königs floh er dann nach Ägypten.

Die Bevölkerung ärgerte sich auch immer mehr über den heidnischen Götzendienst, den die ausländischen Frauen des Königs am Hof eingeführt hatten. Wirtschaftliche Schwierigkeiten, soziale Unterschiede, starke Bedrückung und Eifersucht unter den Stämmen — dies alles führte zur Spaltung des vereinigten Königreichs. Die Revolte war unvermeidlich. Der Prophet Ahia aus Silo schürte den im geheimen vorbereiteten Aufstand. Als er Jerobeam begegnete, zerriss er seinen Mantel in zwölf Stücke und sagte ihm: "Nimm dir zehn Stücke; denn so spricht der Herr, der Gott Israels: 'Siehe, ich will Salomo das Reich entreissen und dir die zehn Stämme geben — aber den einen Stamm soll er haben ...'"

Der bewaffnete Aufstand gelang, und die zehn nördlichen Stämme fielen vom Königreich Juda (einschliesslich Benjamin) ab und gründeten ein selbständiges Königreich — das Königreich Israel. Die Beziehungen zwischen beiden Staaten reichten von offenem Krieg bis zu engen Bündnissen. Israel war der grössere und reichere der beiden. Seine Landwirtschaft blühte, seine Städte wuchsen, und er stellte enge Beziehungen zu Syrien mit Damaskus und dem phönizischen Königreich her. Doch seine geographische Lage und die Bindungen an das Ausland gefährdeten seine Existenz in den zwei Jahrhunderten seines Bestehens (930–721 v. Chr.). Durch die das Land durchquerende Via Maris, die durch die Scharon-Ebene und das Tal Jesreel führte, lag Israel an den Invasionsrouten einer Anzahl ausländischer Eroberer aus Ägypten, Syrien und Assyrien. Der

Palastfestung aus Ramat Rachel. Siebtes Jahrhundert v. Chr. In der Mitte Tor zum Palast des Jojakim. Mit freundlicher Genehmigung von Dr. Jochanan Aharoni

ägyptische König Scheschonk überfiel 926 v. Chr. das Land mit seinen Truppen und hinterliess eine Liste der Städte, die er angegriffen und dem Boden gleich gemacht hatte. Etwa achzig Jahre später gab Mesa, König von Moab, auf einem Stein einen Bericht über seine Kriege gegen Israel und seine Siege in Transjordanien. Er beschrieb seinen Kampf gegen den König von Israel, Omri, sprach von der grossen Zahl der von seinen Soldaten getöteten Israeliter und von der Zerstörung, die er angerichtet hatte. Er schloss mit den Worten: "Israel ist endgültig vernichtet."

Ein Jahrhundert lang musste Israel sich gegen den Druck von Aram (Syrien) und die Bedrohung durch die assyrischen Truppen wehren. Gelegentlich versuchten die kleinen Staaten, unter ihnen Israel, ein Bündnis gegen Assyrien zu schliessen, aber sie waren nicht fähig, eine stabile, starke Allianz gegen das siegreiche assyrische Heer zu bilden, und nacheinander fielen Aram, Israel und die Städte der Philister. Das Königreich Israel wurde 721 zerstört. Sargon II. rühmte sich, er habe 27.290 Menschen aus Israel verbannt, aus Samaria eine assyrische Statthalterschaft gemacht und von den Überlebenden Tribut gefordert.

Das Königreich Juda konnte sich dank seiner geographischen Lage behaupten. Entfernt von den internationalen Verbindungsstrassen lag es isoliert im judäischen Bergland, und Israel diente als Pufferstaat gegen den Feind im fernen Norden. Im Gegensatz zu Israel war Juda nicht in internationale Staatsangelegenheiten verwickelt. Es machte sich die Konflikte zwischen den Grossmächten zunutze und rettete sich dadurch vor der Beherrschung durch die Assyrer. Aber hundertfünfunddreissig Jahre später, 586 v. Chr., wurde Juda von den bis an den Nil vorstossenden Truppen des babylonischen Königs Nebukadnezar vernichtet.

Die hebräischen Propheten warnten das Volk und seine Führer immer wieder davor, sich in internationale Konflikte hineinziehen zu lassen. Die grössten Propheten, Jesaja und Jeremia, erhoben ihre Stimme gegen ein Bündnis mit Ägypten, "diesem geknickten Rohrstab." Sie sahen in den nördlichen Reichen, Assyrien und Babylonien, die Rute, mit der der erzürnte Gott Völker und Königreiche für ihre Sünden züchtigte. Zu den Völkern, die Gott seinen Zorn spüren liess, gehörten auch Israel und Juda; wegen ihrer Missachtung der göttlichen Gebote waren sie zur Zerstörung und Verbannung verurteilt. Manchmal wählten die Propheten auch andere Themen und riefen zum Aufruhr gegen die Herrscher des Ostens auf. Assyrien werde fallen,

(Oben): Harfenspieler. Tonfigur aus einem Tempel der jüngeren Eisenzeit, Asdod. Ausgrabungen des israelischen Amtes für Altertümer und Museen. Theologisches Seminar und Carnegie-Museum, Pittsburgh

(Oben links): Tonmaske aus Maos. Ältere Steinzeit. Israelisches Amt für Altertümer und Museen

(Unten links): Tonmaske aus einem phönizischen Friedhof von Achzib. Siebtes Jahrhundert v. Chr. Ausgrabungen des israelischen Amtes für Altertümer und Museen

und die Völker würden über seine Vernichtung jubeln. Bald danach jedoch werde ein anderes Reich, das der Chaldäer, seinen Platz einnehmen und sich zum Herrn der Welt machen wollen.

Der Prophet Habakuk, einer der grossen geistigen Führer der Alten Welt, predigte leidenschaftlich gegen diesen Wechsel der Herrscher. Er forderte Gerechtigkeit für die unterworfenen Völker, protestierte gegen den Gebrauch der Gewalt in den zwischenstaatlichen Beziehungen und beklagte die Machtlosigkeit des Menschen gegenüber den Stärkeren. "Wie lange schon rufe ich, Herr, und du hörst nicht!... Deine Augen sind zu rein, als dass sie das Böse ansehen könnten, und dem Argen vermagst du nicht zuzuschauen. Warum siehst du denn den Treulosen zu und schweigst, wenn der Gottlose den Gerechten verschlingt, wenn er den Menschen tut wie den Fischen im Meer, wie dem Gewürm, das keinen Herrscher hat?"

Die israelitische Monarchie räumte dem König zwar grosse Machtbefugnisse über das Heer und die Regierung ein, doch selbst die tyrannischsten Könige wie Ahab, Jehu, Ahas und Manasse übten keine Diktatur im Stil der orientalischen Potentaten aus. Sie rühmten sich ihrer Pracht, ihrer Frauen, ihrer Schätze und vor allem ihrer grausamen Taten, aber in religiösen Dingen besassen sie keine unbegrenzte Autorität.

Die Bevölkerung bestand aus Klassen, und die Lage des Fremdlings, der Witwen und Waisen und der weder Land noch anderes Eigentum Besitzenden war besonders schlecht. In Zeiten der Prosperität wuchsen die Güter der Grundbesitzer, während viele Leute von ihrem Land vertrieben und andere versklavt wurden. Die hebräischen Propheten forderten Gerechtigkeit für die Schwachen. Sie verurteilten die soziale Ungerechtigkeit scharf und liessen sich nicht davon abschrecken, die oberen Klassen, königliche Beamte und sogar den König öffentlich zu rügen. Jesajas zornige Anklagen rollten wie Donner durch das Land: "Deine Führer sind Aufrührer und Gesellen der Diebe. Sie alle lieben Bestechung und jagen Geschenken nach. Der Waise helfen sie nicht zum Recht, und die Sache der Witwe kommt nicht vor sie."

Die israelitischen Städte lagen wie die der Kanaaniter auf Hügeln in der Nähe von Quellen. Eine typisch israelitische Architektur gab es erst seit der Zeit der Monarchie. Zweifache parallele Mauern umgaben die Städte; der Zwischenraum zwischen der Aussen- und der dünneren Innenmauer war zur Verstärkung mit Erde ausgefüllt. Streitwagen und Lastwagen kamen durch das Haupttor, ein zweites war für Fussgänger und Eselreiter bestimmt. Öffentliche Versammlungen fanden auf einem Platz gegenüber dem Tor statt, und dort wurden auch Geschäfte abgeschlossen.

In den Städten betrug die Einwohnerzahl im allgemeinen nicht mehr als siebentausend. Als der Raum zu eng wurde, begann man, auf den Befestigungen zu bauen. Das Erdgeschoss benutzte man zur Aufbewahrung des Getreides, der Behälter mit Öl und Wein und der Haushaltsgeräte; auch die Backöfen standen hier. Das obere Stockwerk

Assyrisches Relief. Es zeigt die Hebräer beim Verlassen von Lachisch, das Sennacherib in seinem Krieg gegen Hesekia erobert hatte. Britisches Museum, London

Assyrisches Relief. Es zeigt ein phönizisches Kriegsschiff aus der Flotte des assyrischen Königs. Die Kriegsschiffe hatten einen spitzen Bug und zwei Reihen Ruderer. Britisches Museum, London

diente der Entspannung und der Ruhe. Zur Zeit der Monarchie stellte man für die königlichen Beamten viele Wohnungen aus öffentlichen Mitteln her. Ihre Einrichtung, wie auch die der königlichen Paläste, war ähnlich wie in anderen Ländern des alten Orients: sie bestand aus Stühlen, Tischen und Betten. In einem gewöhnlichen israelitischen Haus fehlten diese Möbel.

Seit der Zeit Salomos baute man öffentliche Getreidespeicher, das waren möglicherweise die in der Bibel erwähnten Speicherstädte.

Palästina lebte hauptsächlich von der Landwirtschaft. Die bäuerlichen Betriebe produzierten vor allem Weizen und Gerste. Seit dem zweiten Jahrtausend v. Chr. war das Land wegen seiner Viehzucht und seines Saatguts berühmt. Die Bibel nennt es "ein Land, wo Milch und Honig fliesst." Ein ägyptischer Schriftsteller vom Anfang des zweiten Jahrtausends v. Chr., Schenhat, preist Palästina in einem Stil, der an die Bibel erinnert: "Ein gutes Land mit Feigen und Trauben und so viel Wein wie Wasser. Es ist reich an Honig und Öl. Seine Bäume tragen alle möglichen Früchte, es gibt dort Gerste und Weizen und Vieh sonder Zahl."

Die Stadtbewohner waren meistens Bauern, die dort zusammen wohnten, um sich vor Nomaden und Räubern zu schützen. Selbst entferntere Vororte lagen nicht zu weit von einer zentral gelegenen Stadt fort, die ihnen notfalls Schutz gewähren konnte.

Mehrere Städte bildeten Mittelpunkte für verschiedene Handwerkszweige. Die Bibel erwähnt Familien von Webern, Töpfern und Schreibern. Reste von Färbereien und Geräte von Webern hat man in Tel Bet Mirsim, vermutlich dem alten Debir, gefunden. Die Handwerkerfamilien wohnten in besonderen Stadtvierteln, und ihr Beruf vererbte sich vermutlich vom Vater auf den Sohn. Spinnen und Weben scheint im Land schon weit verbreitet gewesen zu sein, ehe die Israeliten es eroberten. Sie setzten die Tradition fort und befriedigten die Bedürfnisse der ganzen Gegend.

Das israelitische Handwerk erreichte zwar nicht die hohe künstlerische Entwicklungsstufe der grossen Kulturzentren der Alten Welt, war aber berühmt wegen seiner hervorragenden Qualität und handwerklichen Vollkommenheit. Das alte Israel gewann auch Erze. In den Bergen von Edom in Jordanien und an den Hängen der Araba hat man Schmelztiegel, Schlackenhaufen und Minen aus dieser Periode gefunden. Wohnungen für die Bergleute, Brunnen und Befestigungen in der Nähe der Bergwerke lassen darauf schliessen, dass hier über längere Zeiträume dauernd gearbeitet wurde. Anzeichen für die Kupfergewinnung zur Zeit der israelitischen Monarchie und besonders während der Regierung Salomos findet man verstreut über das ganze Gebiet südlich des Toten Meers bis nach Elat. In der Bibel (1. Kön. 7, 46) erwähnt ein einziger Vers die Verarbeitung von Erz: "In der Jordanaue liess der König giessen in [Formen von] Tonerde, zwischen Sukkoth und Zarthan." Den Abbau besorgten Sklaven, die in besonders für diesen Zweck errichteten Lagern wohnten. Voraussetzung für die Metallverarbeitung unter den schwierigen Lebensbedin-

Bekannt als "moabitischer Stein", ungefähres Datum 840 v. Chr. In der eingeritzten alten phönizischen Schrift berichtet der König von Moab von seiner Befreiung aus der Herrschaft Israels. Die Stele wurde 1868 in Dibon in Transjordanien gefunden. Sie besteht aus Basalt und ist neunzig Zentimeter hoch und über sechzig Zentimeter breit. Louvre, Paris

Das Relief stellt Frauen bei der Zubereitung einer Salbe aus Lilienblüten dar. Wie sie aus einem Sack herausgepresst wird, zeigen die Frauen rechts. Turiner Museum

gungen der Wüste waren eine entwickelte Organisation der Technik, regelmässige Wasserzufuhr und Lebensmittelversorgung und ständige Überwachung. Nur starke Könige mit absoluter Macht wie Salomo konnten der Schwierigkeiten, die mit der Gewinnung und Verarbeitung des Erzes verbunden waren, Herr werden. Die Arbeit leisteten nicht nur Sklaven sondern auch Handwerker, die wussten, wie man Metall schmilzt, reinigt und feint.

Es ist ungewiss, ob diese Handwerker aus dem nahen Edom oder dem fernen Tyrus kamen. Sie waren die Aufseher, Planer und leitenden Beamten. Wie die Ägypter die Kupfergewinnung von semitischen Nomaden lernten, so die Israeliten von ihren Nachbarn im Süden und Norden. Die Kupfergewinnung in der Araba und in Edom übertraf zwar die im Sinai, konnte sich aber doch nicht messen mit der von Zypern, dem führenden Lieferanten von Metallen an die Länder des alten Orients.

Über die Eisengewinnung in Israel in der Zeit der Bibel fehlt es an klaren Informationen. Es gibt in den Hügeln von Gilead und in der Nähe des Jabboks zahlreiche Eisenerzlager und Anzeichen dafür, dass man schon zur Zeit der israelitischen Monarchie aus Erz Eisen gewonnen hat.

Das arme Land Israel war kein grossartiger Staat wie Mesopotamien und Ägypten mit ihrer hohen Kultur. Seine Könige waren und repräsentierten keine Götter. Seine Priester herrschten nicht über riesige Besitzungen, und seine Beamten und einflussreichen Männer häuften keine ungemessenen Reichtümer auf. Hier errichtete man weder ungeheure Bauwerke, herrliche Grabmäler, noch dauernde Monumente. Die israelitische Religion predigte Einfachheit und Genügsamkeit. Die hebräischen Propheten verachteten Reichtum und Luxus und beugten ihr Haupt auch nicht vor den Herrschern. Sie machten sich über die königlichen Paläste lustig und werteten kompromisslose Moral höher als alles Andere.

Das Wesen Israels drückte sich nicht in künstlerischen Denkmälern, Kunstwerken, politischer Macht oder Krieg aus, sondern in Geistigem. Die hebräischen Propheten haben die ethischen Fundamente für die menschliche Kultur gelegt. Von Sacharja stammt das Wort: "Nicht durch Macht und nicht durch Kraft, sondern durch meinen Geist! spricht der Herr der Heerscharen."

Die Gabe des biblischen Judentums an die Menschheit besteht in seinem Glauben an einen einzigen Gott. Ausdruck fand dieser Glaube in dem moralischen Eifer der Propheten, in dem System der biblischen Geschichtsschreibung, der Anweisung zu einem weisen Leben in den Büchern Sprüche und Prediger und in dem Aufschrei des vom Unglück geschlagenen Menschen im Buch Hiob.

Die alten Juden leisteten einen bedeutenden Beitrag zur

Tonfigürchen einer schwangeren Frau aus dem phönizischen Friedhof in Achzib. Siebtes Jahrhundert v. Chr. Ausgrabungen des israelischen Amtes für Altertümer und Museen

Der Gott Baal, Herr der Stadt Sidon, wurde als behelmter Krieger beschrieben, der seine Feinde mit einem Blitzstrahl in der Hand niederstreckte. In allen Ländern des Ostens war der Baalkult weit verbreitet. Louvre, Paris

Kunst der Erzählung, in der sie es zur Meisterschaft brachten. Es gibt Tausende von Dokumenten aus dem alten Orient — aus Sumer, Assyrien, Babylonien, dem Reich der Hethiter, Phönizien, Kanaan und Ägypten — aber keins davon erreicht das künstlerische Niveau der Bibelerzählung etwa der Bücher Genesis, Richter, Samuel, der Berichte über die Propheten und der Geschichte Ruths. Für ihre Nuancen, Schattierungen des Ausdrucks, ihre Tonfülle, Zurückhaltung in der Sprache und die ihr eigene Harmonie gibt es in der Literatur des alten Orients keine Parallele. Sie geht auch dem modernen Menschen noch zu Herzen.

ZEITTAFEL FÜR DIE KÖNIGE VON JUDA UND ISRAEL

(nach der Encyclopaedia Hebraica, Bd. VI)

Regierungszeit	Könige von Juda	Propheten der Periode	Zeit v. Chr.	Könige von Israel	Propheten der Periode	Regierungszeit
17 Jahre	Rehabeam	Schemaja	930	Jerobeam, Sohn des Nebat	Ahia,	22 Jahre
3	Abia	Iddo	914			
41	Asa	Asarja, Sohn des Oded, Hanani	912			
			909	Nadab		2
			908	Baesa	Jehu, Sohn des Hanani	24
			885	Ela		2
			884	Simri		7 Tage
			881	Omri		12 Jahre
			873	Ahab	Elija (?)	22
25	Joschafat	Jehu, Sohn des Hanani, Ezekiel, Sohn des Sacharja, Elieser, Sohn des Dodawahu	872		Elija, Michaja, Sohn des Imla	
			853	Ahasja	Elija	2
			852	Elischa	Jehoram, (Joram)	12
8	Joram		849			
1	Ahasja		842			
6	Atalja		841	Jehu	Elischa	28
40	Joas	Sacharja, Sohn des Jehohaja	836			
			814	Joahas	Elischa, Jona	17
			798	Joas	Jona	16
29	Amazja	Mehrere Propheten, deren Namen nicht bekannt sind	797			
			793	Jerobeam II	Hosea, Amos	41
52	Asarja	Sacharja (II Chron. 26, 5), Jesaja, Hosea, Amos	789			
			752	Sacharja	Amos	6 Monate
			751	Sallum	Amos	1 Monat
			751	Menahem		10 Jahre
			740	Pekachja		2 Jahre
			739	Pekach	Oded	20
16	Jotam	Jesaja, Micha, Hosea	738			
16	Ahas	Jesaja, Micha, Hosea, Oded	734			
			732	Hosea, Sohn des Ela		9
29	Hiskia	Nahum, Hosea	728			
			721	Zerstörung von Samaria		
55	Manasse		699			
2	Amon		643			
31	Josia	Jeremia	641			
3 Monate	Joahas	Jeremia, Zephanja	609			
11 Jahre	Jojakim	Jeremia, Zephania, Ezekiel	609			
3 Monate	Jojachin	Jeremia, Zephania, Ezekiel	598			
11	Zedekia	Jeremia, Ezekiel, Obadja	598			
			586	Zerstörung von Jerusalem		

VOM ENDE DER BABYLONISCHEN GEFANGENSCHAFT BIS ZUR ZERSTÖRUNG DES ZWEITEN TEMPELS

Eine Bronzemünze aus der Periode Hyrkanos' II. Auf der einen Seite sind zwei durch ein Band verbundene Füllhörner, dazwischen ist eine Mohnblume. Auf der anderen Seite steht in alter hebräischer Schrift: "Jonathan, der Hohepriester, und die Vereinigung der Juden". Ob der Ausdruck "Vereinigung der Juden" sich auf das Sanhedrin oder auf einen ähnlichen höchsten Rat bezieht, ist ungewiss. Haaretzmuseum, Tel Aviv

Die Zerstörung des Ersten Tempels und die babylonische Gefangenschaft bildeten entscheidende Wendepunkte im Leben des jüdischen Volkes. Die hebräischen Propheten sagten nicht nur die dem Land bevorstehende Verwüstung voraus, sondern auch die Rückkehr der Juden aus ihrem Exil in Babylonien. Mit Ausnahme von Ezechiel wiesen all diese Männer wiederholt mit allem Nachdruck auf den Zusammenhang zwischen Sünde und Erlösung hin. Ezechiel, dessen Prophezeiungen in den Anfang der Verbannung Judas nach Babylon fallen — er hatte allerdings einige seiner ersten Visionen schon, als der Erste Tempel noch stand — unterschied als erster zwischen der Geschichte des Volkes und der Belohnung und Strafe, die jedes Menschen Los ist. Er betonte den direkten Zusammenhang zwischen der Sünde und der Bestrafung des einzelnen, machte jedoch die Erlösung des Volkes nicht abhängig von seiner Busse: "So spricht Gott, der Herr: 'Nicht um euretwillen schreite ich ein, Haus Israel, sondern für meinen heiligen Namen, den ihr entweiht habt unter den Völkern... Ich werde euch aus den Völkern herausholen und aus allen Ländern sammeln und euch heimbringen in euer Land... Und ich werde euch ein neues Herz geben und einen neuen Geist in euer Inneres legen'" (Ez. 36).

Die Befreiung kam bald. Ungefähr ein halbes Jahrhundert nach der Zerstörung Jerusalems eroberte der Perserkönig Kyros das Königreich Babylon. Er erlaubte den jüdischen Verbannten, nach Jerusalem zurückzukehren und ihren Tempel wieder aufzubauen.

"Wer immer unter euch zu seinem Volke gehört, mit dem sei sein Gott, und er ziehe hinauf nach Jerusalem... und baue das Haus des Herrn, des Gottes Israels." (Esra 1, 3). In allen Dörfern der Verbannten wurde Kyros' Proklama-

41

tion mit Jubel begrüsst. Über vierzigtausend Menschen — anscheinend die Hälfte aller Verbannten — machten sich auf die lange, mühevolle Reise nach Jerusalem. Von den Zurückbleibenden hatten sich einige den Babyloniern assimiliert, die anderen fühlten sich in ihrer neuen Heimat verwurzelt. Aber auch sie halfen den nach Jerusalem ziehenden Juden, und manche folgten ihnen später.

Das trübe tägliche Leben entsprach nicht den Träumen der Propheten, und die ersten Siedler standen vor zahlreichen Hindernissen und grossen Schwierigkeiten. Zuerst mussten sie ein verwüstetes Land bewohnbar machen und den Tempel und den Gottesdienst wiederherstellen. Im zweiten Jahr nach ihrer Rückkehr begannen sie, ihr Leben neu zu organisieren und den Tempel wieder aufzubauen. Doch in ihrem Land hatten sich inzwischen Fremde niedergelassen. Das Gebiet nördlich von Jerusalem bewohnten die Samaritaner, die Sanherib, der König von Assyrien, nach Samaria gebracht hatte. Sie wollten sich den aus dem Exil zurückgekehrten Einwohnern Judas anschliessen, vielleicht, um sich zum Herrn über die kleine jüdische Gemeinde in der Hauptstadt zu machen. Die benachbarten Völker, erfüllt von Hass gegen die Juden, hatten die Grenzen ihrer Länder auf Kosten des verwüsteten Juda ausgedehnt und machten den Heimgekehrten bald Schwierigkeiten.

Die Samaritaner boten ihre Hilfe beim Aufbau des Tempels an; sie wurde aber von Serubbabel und Jesua, den Führern der Juden, zurückgewiesen, da sie aus spirituellen Gründen Bedenken gegen diese Zusammenarbeit hatten.

Die Samaritaner nahmen diese Entscheidung nicht an. Sie verleumdeten die Juden Jerusalems und Judas in Briefen an den persischen König. Daraufhin untersagte Kyros den Aufbau des Tempels. Erst fünfzehn Jahre später nahm man die Bauarbeiten wieder auf, als Darius II. im zweiten Jahr seiner Regierung befahl, Kyros' erste Anordnung zu befolgen. Im sechsten Jahr seiner Regierung wurde der Bau des Tempels vollendet.

Zu den politischen Schwierigkeiten kam das Problem der spirituellen Individualität des Volkes hinzu. Mit der Rückkehr der Verbannten in ihr eigenes Land verschwand nämlich die Gefahr der Assimilation nicht. Viele der Neuankömmlinge, die ja eine kleine Minderheit unter ihren nichtjüdischen oder halbjüdischen Nachbarn bildeten, assimilierten sich schnell der bäuerlichen Bevölkerung ihrer Umgebung. Wie Nehemia berichtet, hatten Juden "asdoditische, ammonitische oder moabitische Frauen geheiratet." "Von ihren Kindern redete die Hälfte asdoditisch... aber jüdisch konnten sie nicht..." Hätte man diese Neigung der Juden, sich ihren Nachbarn zu assimilieren, nicht bekämpft, dann wäre die kleine Gemeinde, die zum Wiederaufbau Jerusalems zurückgekommen war, von der fremden Umgebung absorbiert worden.

Das erklärt den Eifer des Schriftgelehrten Esra, der bei seiner Rückkehr mit den Verbannten die gefährliche Entwicklung mit eigenen Augen sah, und Nehemia, des Mundschenks am Hofe des persischen Königs, der den Monarchen bat, ihn nach Juda zu senden, "dass ich die Stadt wieder aufbaue, wo meine Väter begraben sind."

Zuerst veröffentlichte Esra den vollständigen Text des Pentateuchs. Dann stellte er Lehrer zur Unterweisung in der Tora an und Richter, die das Volk nach den in ihr enthaltenen Vorschriften richten sollten. So schuf er die Basis für die Charta, die den Pentateuch zur Grundlage der religiösen und politischen Gesetzgebung des Landes und des Volkes erklärte. Ausserdem führte er einen energischen Kampf gegen die Mischehen.

Esra und Nehemia sahen keinen anderen Weg, als alle fremden Völker mit Gewalt aus der Gegend von Jerusalem zu vertreiben. Nehemia erhielt ausserordentlich grosse Machtbefugnisse, ja, sogar materiellen und militärischen Beistand vom König und brach den Widerstand der feindlichen Samaritaner, Ammoniten und Araber, die den Wiederaufbau der Stadtmauer gewaltsam vereiteln wollten. Er zog mehr Einwohner nach Jerusalem und stärkte die Einigkeit des Volkes durch einen Schuldenerlass.

DIE JUDEN DER DIASPORA

In Jerusalem und Juda lebte indessen nur ein sehr kleiner Teil der jüdischen Bevölkerung. Die meisten hatten in der Diaspora Wurzel gefasst und sie zu ihrem dauernden Wohnsitz gemacht. In Babylonien gab es ganze von Juden dicht

Ein israelitischer Schekel aus dem dritten Jahr des ersten Freiheitskrieges. Die Unterdrückungsmassnahmen der römischen Prokuratoren in Judäa führten im Jahr 66 n. Chr. zu offener Revolte. Im Anfang gelang es den Juden, die Römer fast ganz aus dem Land zu vertreiben, und erst 67 schickte der Senat Vespasian, um den Aufstand niederzuwerfen. Eine der ersten Taten der Aufständischen bestand in der Prägung von Münzen zum Zeichen ihrer Unabhängigkeit. Auf der einen Seite der Silbermünze ist ein Stiel mit drei Granatäpfeln und die Inschrift: Jeruschalajim ha-Kedoscha (Jerusalem, das heilige). Auf der anderen Seite stehen über einem Becher die alten hebräischen Buchstaben: sch und g für schana gimel, d.h. Jahr drei, als Hinweis auf das dritte Jahr des Aufstands. Die obere Inschrift lautet: Schekel Jisroel (Schekel Israels). Diese Silbermünzen aus dem ersten Freiheitskrieg sind die feinsten und charakteristischsten jüdischen Münzen der hellenistischen und römischen Periode. Haaretzmuseum, Tel Aviv

Jerusalem ist seit der Zeit der Jebusiter von einer Mauer umgeben. Das Bild zeigt einen Teil der Ostmauer mit einem verschlossenen Tor, dem "Gnadentor" aus der Zeit der Osmanenherrschaft. Der untere Teil der Mauer, hier von Grabsteinen verdeckt, besteht aus Steinen aus der Zeit des Herodes

bevölkerte Gebiete, wo sie anscheinend sogar Autonomie genossen. Die Juden betätigten sich in allen Wirtschaftszweigen und bekleideten wichtige Regierungsstellen, wie z. B. Nehemia, Mordechai, Esther und Daniel.

Auch in Ägypten hatten Juden schon seit altersher gelebt. Zur Zeit des Ersten Tempels zogen viele mit der Regierung Unzufriedene aus dem Land fort und liessen sich in Ägypten nieder. Diese Gemeinden vergrösserten sich durch die Ankunft der Juden, die vor und nach der Zerstörung Jerusalems aus Juda flohen.

Die ägyptischen Juden pflegten enge Beziehungen zu dem spirituellen Zentrum des Volkes, ob es nun in Jerusalem oder in Babylonien war. In einem Brief vom Ende des fünften Jahrhunderts v. Chr. gibt Hanania, ein Beamter des Perserkönigs Darius II., den Juden von Jeb (Elephantine), einem fernen Dorf an der Südgrenze Ägyptens, Anweisungen, wie sie das Pessachfest am richtigen Datum und entsprechend dem jüdischen Gesetz feiern sollten. In Jeb, in der Nähe des heutigen Assuan, hat man zahlreiche, grösstenteils juristische Papyri gefunden. Aus ihnen erfährt man etwas über die Siedlung jüdischer Soldaten in der örtlichen Garnison. Die Namen der in diesen Dokumenten genannten Juden lassen erkennen, dass mindestens ein Teil von ihnen aus Persien oder Babylonien gekommen war, entweder mit dem siegreichen persischen Heer oder später. Und nicht zufällig fand man in den Archiven der Juden Jebs die aramäische Übersetzung von einem Teil des Buches Ahikar, eines historischen Romans, der die Abenteuer eines Höflings des assyrischen Königs schildert.

In seiner Vision spricht Daniel von den Veränderungen, die sich zu seiner Zeit vollzogen. Als Alexander der Grosse erschien, fiel das Persische Reich dem Welteroberer zu wie eine reife Frucht. Das Buch Esther beschreibt die Korruption am Hof des Königreichs der Meder und Perser und auch die Leichtfertigkeit, mit der die Staatsgeschäfte geführt wurden. Die verschiedenen Völker im Persischen

Der See von Galiläa, in den das Wasser des oberen Jordans fliesst, liegt in einem ausserordentlich fruchtbaren Tal, in dem es zur Zeit des Zweiten Tempels und nach der Zerstörung Jerusalems zahlreiche jüdische Gemeinden gab. In Hammat in der Nähe des heutigen Tiberias hat man eine alte Synagoge mit einem prachtvollen Mosaikboden entdeckt

Reich, kulturell nur unvollkommen verbunden, konnten sich der geeinten, dynamischen Armee Alexanders gegenüber nicht behaupten, und so endete das Königreich Persien in einer heissen Schlacht.

Alexander der Grosse lebte nicht lange. Ihm folgten die griechischen Generäle (Diadochoi). Die griechisch sprechenden Soldaten, die damals alle Länder vom Fernen Osten bis nach Westen und Süden hin beherrschten, hielten sich für die Angehörigen eines höheren Volkes und ihre Kultur für die einzig menschliche. Wenn sich die Nachfolger Alexanders auch ständig gegenseitig bekämpften, so bildeten doch ihre Welt und deren Kultur eine Einheit — die hellenistische Lebensform. Die griechische Sprache und Kultur kennzeichneten die Zugehörigkeit zu den herrschenden Klassen. Ihren Einfluss zu stärken, sparten die hellenistischen Könige keine Mühe: sie gründeten überall griechische Städte, konsolidierten die Herrschaft der Diadochen und bahnten der Sprache und Kultur Griechenlands den Weg.

Die Juden jener Zeit zeichneten sich durch ihr hohes spirituelles und kulturelles Niveau und ihre militärische Tüchtigkeit aus. Infolgedessen waren die hellenistischen Könige, vor allem Alexander, den Juden, die sich in den von ihnen erbauten Städten niederliessen, wohlgesinnt. Juden gehörten zu den Einwohnern vieler hellenistischer Städte in Syrien und Kleinasien, sogar Alexandrias, das in Ägypten das wichtigste Zentrum der hellenistischen Kultur bildete. In fast jeder grossen Stadt gab es jüdische Gemeinden, und die Juden bemühten sich um eine Synthese zwischen dem Geist des Judentums und dem des Hellenismus. Aristoteles begegnete mitten in Kleinasien einem Juden, der "war nicht nur in seiner Sprache, sondern auch seiner geistigen Bildung nach fast ein Grieche geworden... Übrigens teilte er in dem vertrauten Verkehr, den er mit vielen Gebildeten unterhielt, mehr mit, als er empfing." (Josephus, Gegen Apion, I, 22). Trotz dieser Begabung der Juden, sich die Sprache und Kultur Griechenlands anzueignen und die Achtung als Bürger zu gewinnen, gelang es den jüdischen Gemeinden in der hellenistischen Diaspora gleichzeitig, ihre jüdische Individualität zu bewahren und sogar Originalwerke zu schaffen. Überdies zogen diese weit ab von jüdischen Zentren zwischen Nichtjuden verstreuten Gemeinden Zehntausende von Fremden an, die ihren Glauben annahmen.

PALÄSTINA IN DER PTOLEMAISCHEN PERIODE

Damals gehörte Palästina zu Syrien und Phönizien und hatte also eine gewisse Bedeutung. Alexanders Nachfolger kämpften um dies Gebiet, und das Land ging mehrmals von einer Hand in die andere, bis es schliesslich im Jahr 301 v. Chr. Ptolemaios, dem König von Ägypten, gelang, sich dort festzusetzen. Von da an bis 198 v. Chr. gedieh und blühte Palästina unter der Herrschaft der ägyptischen Ptolemaier. Die palästinensischen Juden waren nicht in griechischen, der polis ähnlichen Städten organisiert, sonst wäre es für die Hellenisierer der folgenden Generation zur Zeit von Judas Makkabäus nicht nötig gewesen, den Bau eines Gymnasiums in Jerusalem zu fordern und den Namen der Stadt in Antiochia zu ändern. Die Juden hatten weder eine Stammesorganisation, noch eine dem hellenistischen König dienstbare königliche Landesdynastie. In Judäa war der Hohepriester der ägyptischen Zentralregierung verantwortlich, und seine Hauptpflicht bestand in der Erhebung von Steuern. Er besass anscheinend auch Autorität in den inneren Angelegenheiten des Landes und war der höchste Schiedsrichter bei allen Fragen im Zusammenhang mit der Befolgung der Tora, dem Zivilrecht und den Strafen, die den palästinensischen Juden auferlegt wurden. Diese Form der Verwaltung stammte schon aus der Zeit der Perser und existierte in verschiedenen Teilen Kleinasiens und Syriens. Dort stützte sich die Autorität der Regierung in vielen Gebieten auf einen grossen Tempel.

Die Sozialstruktur jener Periode unterschied sich nicht wesentlich von der zur Zeit von Esra und Nehemia. Sie bestand aus drei Elementen: dem Volk als Ganzem, dem Rat der Ältesten, der über dem Volk stand und sich aus den Vertretern der bedeutenden Familien zusammensetzte, und dem Vorsitzenden des Rats der Ältesten, dem Führer des Volkes. In dem alten Fajum in Ägypten hat man Papyri aus den Archiven des ägyptischen Offiziers Zeno, der während der Regierung Ptolemaios' II. Philadelphos in Palästina diente, gefunden. Aus ihnen geht hervor, dass es damals das System der grossen Güter, unter dem die Armen zur

Der Jordan fliesst ins Tote Meer. Zu den Purifikationssekten des ersten und zweiten Jahrhunderts n. Chr. gehörten die Täufer mit ihrem Führer Johannes dem Täufer. In dieser Gegend taufte Johannes seine Anhänger

Zeit Esras und Nehemias so gelitten hatten, noch immer gab. In den Papyri findet man auch Angaben über die Fortschritte, die der Handel in Palästina zu dieser Zeit machte. Ausser Sklavenhandel gab es den Export von landwirtschaftlichen Produkten, darunter Weizen, Wein und Öl. Palästina war damals auch ein Durchfuhrland für Gewürze. Die mit der Überwachung des Handels beauftragten und auch die anderen Beamten stammten nicht aus dem Lande, sondern wurden von den ägyptischen Ptolemaiern entsandt. Die Papyri Zenos erwähnen nichts von einer Selbstverwaltung in Palästina.

Wie zur Zeit der Rückkehr aus Babylonien lebten ausser den jüdischen Gemeinden auch viele Nichtjuden in Palästina. Diese bewohnten weiter einen grossen Teil des Landes und spielten in seiner Regierung eine wichtige Rolle. Sie überlagerten mit einer fremdartigen, deutlich hellenistischen Kultur die Kultur der Juden der oberen Klassen. Zu dieser Oberschicht gehörte Joseph, der Sohn des Tobias, ein Steuereinnehmer für Ptolemaios IV. in Palästina und Syrien. Ihm wurde ein Sonderkommando Soldaten zur Verfügung gestellt, und er fing an, die Leute auszupressen. Seine Methoden verschärften die sozialen Gegensätze in Judäa und liessen eine Klasse von Begüterten aufkommen. Diese sozialen Unterschiede wurden bald identisch mit kulturellen, da Joseph und sein Kreis den Behörden nahestanden und den Geist der hellenistischen Kultur in Jerusalem verbreiteten.

Die Beziehungen zwischen den aus Babylonien zurückgekehrten Führern des Volkes und der nichtjüdischen Aristokratie des Landes begünstigten einen Prozess, der schon zur Zeit Esras und Nehemias begonnen hatte. Es wurden weiter viele Mischehen geschlossen, und die energischen Bemühungen, sie zu verhindern, blieben nur teil- und zeitweise erfolgreich.

Der Misserfolg bei der Unterbindung der Mischehen trug wesentlich zu der schliesslichen Degenerierung der Dynastie der Hohenpriester bei. Langsam ging die Saat des spirituellen Niedergangs auf, die in dieser Periode in der Familie des Hohenpriesters und anderen vornehmen Familien gesät worden war. Sie führte in den folgenden Generationen zu all jenen Erscheinungen, die den Aufstand der Hasmonäer hervorriefen.

DIE SEPTUAGINTA

Die Septuaginta ist der grosse Schatz, den die Zeit der Ptolemaierherrschaft in Palästina der Nachwelt hinterlassen hat. Die Übersetzung der Bibel sei, so die Legende, für die Bibliothek des Ptolemaios Philadelphios in seinem Museum in Alexandria gemacht worden. Aristeas, ein griechischer Beamter am Hofe des Ptolemaios, habe dem König vorgeschlagen, man solle für diese Aufgabe jüdische Gelehrte wählen. Der Talmud berichtet, Ptolemaios habe zweiundsiebzig Älteste in zweiundsiebzig Häusern versammelt, ohne ihnen den Grund dafür zu sagen. Er habe dann jedem einzelnen aufgetragen, das Gesetz Moses' für ihn aufzuschreiben. Und Gott habe jedem Weisheit gegeben, und alle seien einer Meinung gewesen. Septuaginta ist das lateinische Wort für siebzig, aber die Übersetzung ist griechisch.

In einem Brief an seinen Freund Philokrates beschreibt Aristeas seinen Auftrag und was er in Jerusalem sah, unter anderm den Tempel und den Gottesdienst mit dem Hohenpriester Eleasar in seinem herrlichen Gewand. Nach der Ankunft der zweiundsiebzig Ältesten in Ägypten gab ihnen der König ein dem jüdischen Speisegesetz entsprechendes Festmahl und stellte ihnen viele Fragen über philosophische und religiöse Themen. Eine Woche später versammelte er die Ältesten auf der Insel Pharos bei Alexandria und liess jeden einen Abschnitt übersetzen. Als die Gelehrten dann ihre Übersetzungen verglichen, waren, heisst es in der Überlieferung, all ihre Texte identisch. Philo von Alexandria, der im ersten Jahrhundert n. Chr. lebte, berichtet, zu seiner Zeit hätten Juden und Nichtjuden die Übersetzung der Bibel jedes Jahr auf der Insel Pharos an einem bestimmten Tag gefeiert.

Für die Juden der Diaspora, die das Hebräische schon vergessen hatten, war eine Übersetzung der Tora nötig. Sie beweist gleichzeitig, zu welch kultureller Bedeutung es die Juden in der hellenistischen Welt bereits in den ersten Generationen unter griechischer Herrschaft gebracht hatten. Diese ursprünglich nur für eine Generation gedachte Bibelübersetzung hat auf die Geistesgeschichte der Menschheit grossen Einfluss gehabt.

DIE HERRSCHAFT DER SELEUKIDEN IN PALÄSTINA UND DER AUFSTAND DER HASMONÄER

Gegen Ende der Regierung der Ptolemaier in Palästina kam es in Jerusalem zu bedenklichen Ereignissen.

Hyrkanos, der Sohn Josephs und Enkel des Tobias, verdrängte seinen Vater aus dem Amt des Steuereinnehmers. Als Joseph Widerstand leistete, belagerte Hyrkanos Jerusalem. Unter der Führung des Hohenpriesters Simeon II. schlugen die Einwohner der Stadt den Angriff ab und zwangen Hyrkanos zum Rückzug nach Transjordanien. Joseph und seine Söhne gingen zu den Seleukiden über, die Palästina den Ptolemaiern 198 v. Chr. entrissen. Wie überall bemühten sich die Eroberer auch in Palästina darum, ihre Herrschaft auf die Klasse der griechischen Städter zu stützen, auf die gleichen Kräfte, mit denen sie die ländliche Aristokratie niederhielten.

Es überrascht daher nicht, dass die hellenistischen jüdischen Kreise den König um die Erlaubnis baten, aus Jerusalem eine polis, d.h. eine griechische Stadt zu machen. Der König erfüllte ihre Bitte. Die Seleukiden begünstigten diese Änderung der städtischen Verfassung nicht so sehr, weil sie Jerusalem nach griechischem Muster regieren wollten, als vielmehr, weil diese Umbildung praktischen Wert und grosse Bedeutung auf dem Gebiet der internationalen Politik hatte: sie schaffte die frühere Regierungsform ab.

Bis dahin hatte an der Spitze des theokratischen Staates Judäa der Hohenpriester gestanden, der mit Unterstützung eines Rates der Ältesten aus allen Teilen des Landes regierte. Nun wurde aus dem Land ein Staat, in dem die Stadt und ihre Einwohner die ländliche Bevölkerung beherrschten. Die Klasse der Städter hatte sich der hellenistischen Kultur assimiliert, währen die Landbevölkerung dem Erbe ihrer Väter treu blieb.

Eine kanaanitische Öllampe mit sieben Öffnungen. Ebenso hatte der jüdische Leuchter im Tempel sieben Arme. Im ganzen Osten galt die Zahl sieben als heilig. Louvre, Paris

"Jerusalem, die du gebaut bist wie eine wohlgefügte Stadt". Die Jerusalemer Altstadt, die wie eine einheitliche Masse von Gebäuden aussieht, ist eine Konglomeration von Stilen und Bauten aus der langen Geschichte der Stadt. Auf dem Tempelberg in der südöstlichen Ecke, wo der Tempel stand, erhebt sich jetzt der Felsendom. Ein Teil der Ostmauer wurde in der Regierungszeit des Herodes erbaut. Blick vom Ölberg

Der seleukidische Monarch Antiochus IV. Epiphanes, nicht zufrieden mit dem natürlichen Fortgang der Hellenisierung, versuchte sie zu beschleunigen, und das führte zu einer Krise. Er befahl dem Volk, nicht nur die Herrschaft des Monarchen, sondern auch die seines Gottes anzunehmen, und die Söhne des Tobias unterstützten ihn. Diese Männer schlossen sich der Familie der rivalisierenden Priester an. Die Priesterschaft wurde an den Meistbietenden verkauft. Bald endeten die friedlichen Beziehungen zwischen dem Haus des Tobias und dem des Onias, und bitterer Kampf brach zwischen beiden Familien aus. Die eine Familie hielt zu den Seleukiden, die andere zu den Ptolemaiern. Antiochus beschloss, die Anhänger seiner Feinde zu vernichten, und auf seinem Rückzug aus Ägypten stürmte er Jerusalem und tötete viele seiner Einwohner. Seine Macht im Lande wurde jedoch, das erkannte er bald, nicht von den Anhängern der Ptolemaier bedroht, sondern von der jüdischen Religion. Er sandte Briefe durch sein ganzes Königreich (erstes Buch der Makkabäer, I, 44–68) "alle sollten zu einem einzigen Volke werden und jeder seine Gebräuche aufgeben... und wer dem Gebote des Königs nicht nachleben würde, der sollte sterben." Man errichtete "den Greuel der Verwüstung auf dem Brandopferaltar, und auch ringsum in den Städten Judas erbaute man [heidnische] Altäre. Vor den Haustüren und auf den Strassen brachte man Rauchopfer dar. Die Bücher des Gesetzes, die man auffand, zerriss und verbrannte man... und wenn jemand im Einklang mit dem Gesetz lebte, so überlieferte ihn der Erlass des Königs dem Tode... Am 25. des Monats Kislew brachten sie das Opfer dar auf dem Altare, der sich gegenüber dem Brandopferaltar befand. Die Frauen, die ihre Knaben hatten beschneiden lassen, töteten sie dem Befehl gemäss — wobei sie ihnen die Kindlein an den Hals hängten — samt ihren Familien... Und ein grosser Zorn [Gottes] lastete schwer auf Israel."

Die Beamten des Antiochus durchstreiften die Städte und Dörfer, und viele Leute unterwarfen sich den Befehlen des Königs, andere aber weigerten sich, ihren Glauben aufzugeben. Zahlreiche Juden verliessen Haus und Hof und flohen in die Berge und Wüsten. "Lieber wollten sie sterben, um sich nicht mit Speisen zu verunreinigen und den heiligen Bund zu entweihen." Doch Mattathias, der Sohn des Johannes aus dem priesterlichen Geschlecht Joaribs, rief zum Aufstand auf.

Als die Leute des Königs nach Modein kamen — so heisst es im zweiten Kapitel des ersten Buches der Makkabäer — und die Leute versammelten, forderten sie Mattathias auf, als erster auf ihrem Altar zu opfern. Seinem Beispiel würden dann die anderen folgen. Aber der Jude weigerte sich: "Wenn auch alle Völker im Herrschaftsgebiet des Königs ihm gehorcht haben, sodass ein jeder von der Religion seiner Väter abfiel und alle des Königs Gebote annahmen,

Die "Gräberstrasse" im Tal Kidron. Auf beiden Seiten der Strasse, die vom Norden her nach Jerusalem führt, lagen zur Zeit des Zweiten Tempels im Flussbett des Kidron mehrere Kilometer lang dicht nebeneinander Familiengräber. Sie waren aus dem weichen Kalkstein Jerusalems herausgehauen, und an ihren Eingängen standen grossartige Gedächtnisbauten in hellenistischem Stil. "Jad Abschalom" (Absaloms Grab) hat nichts zu tun mit Davids Sohn Absalom, der sich angeblich schon zu Lebzeiten ein Denkmal errichtet haben soll. Das Denkmal mit dem konischen Dach gehört zu dem hellenistisch-römischen Baustil des ersten Jahrhunderts. Daneben ist eine Grabhöhle, genannt "Höhle des Jechochaphat". Wie Absalom nicht in "Absaloms Grab", ruht auch der Prophet Sacharja, Sohn des Ido, nicht im "Grab des Sacharjas", das mit seinem pyramidenförmigen Dach ein ägyptisch beeinflusstes hellenistisches Denkmal mit griechischen Kapitellen ist. Die Inschrift auf dem links von dem "Grab des Sacharjas" aus dem Felsen herausgehauenen Grab lautet: "Dies ist das Grab und Denkmal für Eleasar, Chanaja, Joeser, Juda, Simon, Jochanan, Söhne des Joseph, Sohn des Obed, Joseph, und Eleasar, Söhne des Chanaja, Priester der Familie Chesir". Das Grab der Priester der Familie Chesir ist das älteste im Tal Kidron; seine dorischen Säulen und der Architrav zeigen keinen römischen Einfluss

so wollen doch ich und meine Söhne und meine Brüder nach dem Bunde unserer Väter leben. Gott behüte uns davor, dass wir Gesetz und [heilige] Bräuche verlassen. Dem Befehl des Königs werden wir nicht gehorchen." Als er ausgeredet hatte, opferte ein Jude vor aller Augen auf dem Götzenaltar, wie es der König geboten hatte. Da stürzte sich Mattathias auf ihn und tötete ihn an dem Altar. Dann erschlug er auch den Beamten des Königs und warf den Altar um. "Dann rief Mattathias mit lauter Stimme in der Stadt aus: 'Jeder, der für das Gesetz eifert und den Bund aufrechthalten will, ziehe aus, mir nach'!" (I. Mak. 2, 19–27). So begann im Jahr 167 v. Chr. Judäas Freiheitskrieg gegen die Seleukiden.

Zuerst weigerten sich die Soldaten des Mattathias, am Sabbat zu kämpfen und erlitten ausserordentlich hohe Verluste. Schliesslich entschied Mattathias, in einer Notlage könne das so nicht weitergehen, und er verfügte, ein Krieg für heilige Prinzipien dürfe auch am Sabbat geführt werden. Von da an wurde diese Neuerung Gesetz bei den Juden. Die Rebellen beschnitten die aus Furcht vor den Behörden noch unbeschnittenen Kinder, zerstörten die Götzenaltäre und rächten sich an den Hellenisierten. Sie machten schliesslich der Fremdherrschaft im Land ein Ende und legten den Grund für das hasmonäische Königreich.

Der Aufstand hatte zweifellos auch soziale, wirtschaftliche und sogar politische Ursachen. Zwischen den Klassen der Stadt- und der Landbevölkerung bestanden Gegensätze; es gab auch Armut und soziale Ungerechtigkeit in Palästina, und die ausserordentlich hohe Besteuerung durch die Seleukiden erdrückte den kleinen Bauern. Der erste Funke indessen, der den Aufstand entflammte, entsprang der Verbundenheit mit der Tradition und der Bereitschaft, für die jüdische Religion zu den Waffen zu greifen.

Nach Mattathias' Tod übernahmen seine fünf Söhne, Jochanan, Simon, Judas, Jonathan und Eleasar, die Führung im Freiheitskrieg. Judas befehligte die Streitkräfte. Er schlug die grossen Generäle Apollonius und Siron und stellte eine reguläre Armee auf. Antiochus, der im Osten seines Reiches Rebellionen unterdrücken musste, entsandte den General Gorgias, um den Aufstand in Judäa niederzuwerfen. Doch dessen Plan, die aufständischen Truppen zu vernichten, scheiterte. Judas' Leute überfielen das seleukidische Lager in Emmaus, versetzten den Feinden einen harten Schlag und zogen sich in die judäischen Berge zurück.

Lysias, der mit einer neuen Armee gegen Judas marschierte, wurde ebenfalls geschlagen, und seine Truppen erlitten bei Beth Sur schwere Verluste. Angeblich schlossen beide Seiten nach dieser Schlacht einen Friedensvertrag, oder es kam mindestens zu einer Art Kompromiss, denn Judas konnte Jerusalem betreten und den Tempel reinigen. Aber da stiess er mit den Hellenisierten zusammen, die sich auf einem der Hügel Jerusalems verschanzt hatten und ihn bei seiner Arbeit störten. Er überwand sie und befreite den Tempel von allen Spuren des Götzendienstes, indem er den hellenistischen Altar zerstörte und an seiner Stelle einen anderen aufrichtete. Zur Erinnerung an dies Ereignis wurde der Tag dieser Altarweihe (Chanukka) zu einem dauernden Feiertag erklärt. In den folgenden achtzehn Monaten der Jahre 165 und 164 v. Chr. befestigte Judas Jerusalem, reorganisierte seine Armee, tötete viele der Hellenisten und vertrieb die anderen. Im Laufe seines totalen Krieges gegen das Heidentum marschierte Judas weit über die engen Grenzen Judäas hinaus, um die in Galiläa und Transjordanien lebenden Juden zu schützen.

Beim Tod von Antiochus IV. brach der Kampf zwischen Lysias und Judas wieder aus, wurde indessen bald infolge der mit den Streitigkeiten um den Thron in Syrien verbundenen Ereignisse zu Judas' Gunsten entschieden. So war Judäa vom Joch der bösartigen Politik der seleukidischen Könige befreit.

Die inneren Kämpfe in Syrien dauerten an. Im Jahr 162 v. Chr. kam Demetrius I. Soter auf den seleukidischen Thron. Um die Wünsche der jüdischen Gegner der Hasmonäer zu erfüllen, machte dieser Herrscher Alcimus zum Hohenpriester und schickte den General Bacchides nach Judäa. Anfänglich unterstützten die gesetzestreuen Chassidäer (die Frommen) den neuen Hohenpriester. Nachdem der jedoch sechzig von ihnen ermordet hatte, gingen sie zu Judas über. Jetzt schickte Demetrius den General Nicanor, um das Volk von Judäa zu unterwerfen, aber die hasmonäische Armee rieb seine Truppen auf, und sein Todestag wurde zum Festtag. Daraufhin entsandte Demetrius noch einmal Bacchides, um den Aufstand niederzuschlagen.

In Cäsarea, dem kleinen phönizischen Hafen, den Herodes zu Ehren des Kaisers Augustus erweiterte und neu ausbaute, hat man auf einem Stein den Namen Pontius Pilatus gefunden und damit den einzigen konkreten Beweis für dessen Amtsführung als Prokurator Judäas. Man entdeckte den Stein bei der Ausgrabung des grossartigen Amphitheaters südlich des Hafens von Cäsarea. Bis dahin kannte man den Namen des Prokurators, der Jesus verurteilte, nur aus den Evangelien und den Briefen Josephus'. Abteilung für Altertümer, Nationalmuseum, Jerusalem

den achtzehn Jahren seiner Regierung unterstützte er bald die eine, bald die andere Seite im Kampf um die Vorherrschaft in Syrien. Schliesslich wurde er im Jahr 143 von dem Thronanwärter Diodotus Tryphon nach Akko gelockt und dort ermordet.

DAS KÖNIGREICH DER HASMONÄER

In den acht Jahren (143–135), in denen Simon als Jonathans Nachfolger regierte, wurden die Grenzen Judäas noch weiter ausgedehnt. Die Eroberung von Geser und der Hafenstadt Jaffa gaben den Hasmonäern einen Zugang zum Meer. Nach der Besetzung von Akra bestätigte eine Massenversammlung der jüdischen Bevölkerung Simon als Hohenpriester, General und Statthalter.

Simon erneuerte den Vertrag, den Judas und Jonathan mit dem römischen Senat geschlossen hatten. Der Senat wies alle Nachbarvölker Judäas an, den Juden nichts zu Leide zu tun. Als sich aber ein Jahr später (138) die inneren Verhältnisse in Syrien änderten, wurde der Friede gebrochen. Die Parther nahmen Demetrius II. gefangen, und Antiochus VII. Sidetes wurde König. Der neue Herrscher gewann Simons Unterstützung mit verschiedenen Versprechen, aber er brach sie, sobald seine Macht gefestigt war.

Simon wurde von seinem Schwiegersohn Ptolemaios ermordet, und seine Söhne Judas und Mattathias und später seine Mutter wurden ebenfalls erschlagen. Simons dritter Sohn, Jochanan Hyrkanos, folgte dem Beispiel der ersten Hasmonäer und erweiterte die Landesgrenzen. Seine Eroberungen reichten von einem südlich des Sees von Galiläa gelegenen Punkt im Norden bis nach Beersheba im Süden. Er vergrösserte auch das unter jüdischer Kontrolle stehende Küstengebiet und eroberte Madeba in Transjordanien. Während seiner Regierung wurde der Vertrag mit Rom wieder erneuert, und das mächtige Römische Reich befahl noch einmal, Judäa all jene Städte zurückzugeben, die ihm Antiochus Sidetes abgenommen hatte.

Jochanans Herrschaft im Innern beruhte auf zwei Institutionen: auf dem Amt des Hohenpriesters und der "Vereinigung der Juden," zu der die Priester, die Führer

Judas konnte ihm nur dreitausend Mann entgegenstellen. In einer Schlacht zwischen beiden Heeren fiel Judas bei Elasa im Frühling des Jahres 161 v. Chr.

Bacchides machte sich selbst zum Herrn des Landes und verfolgte die Gegner der Hellenisierer, die Jonathan anstelle von Judas zum Führer gewählt hatten. Doch Jonathan nutzte die Zwietracht innerhalb der seleukidischen königlichen Familie aus, ergriff die Macht in Judäa, die die Hellenisierer zwei Jahre lang beherrscht hatten, und führte in seinen Beziehungen zu den rivalisierenden syrischen Königen eine unzuverlässige Politik durch. Er erweiterte die Grenzen Judäas im Osten, Süden und Nordwesten. In

"Die Westmauer", bekannt als ein Rest des Tempels, ist anscheinend ein Teil der Mauer, die den Tempelberg zur Zeit von Herodes umgab. Die Mauer war sehr hoch und nur im Osten etwas tiefer, damit der Priester, der das Opfertier verbrannte, beim Versprengen des Blutes den Tempeleingang sehen konnte. Nur die unteren fünf Schichten gehören zur Mauer des Herodes; die oberen Lagen baute der türkische Pascha Ibrahim. Die unteren Steine weisen die für Herodes charakteristische Bautechnik auf. Noch mindestens achtzehn Meter dieser Mauer sind verschüttet

Die Synagoge von Kapernaum. Die Synagoge von Kapernaum, eine der ältesten Synagogen in Galiläa aus dem zweiten oder dritten Jahrhundert, war in der Form einer Basilika gebaut mit zwei Säulenlangschiffen und einem Querschiff. Im Gegensatz zu späteren Synagogen (Unten rechts): Zeigte die Front nach Jerusalem. (Oben links): Rest eines korinthischen Kapitells mit Akanthusblättern. (Oben rechts): Säulenquerschiff an der Hinterseite des Gebäudes. (Unten rechts): Relief von Ziersäulen

des Volkes und die Gemeindeältesten gehörten. Damals begannen die Pharisäer, Jochanans Anhänger, eine politische Bewegung zu bilden. Extremisten unter ihnen forderten schon eine Beschränkung der Rechte der hasmonäischen Familie, die ihrer Meinung nach zu viel Politik trieb und die religiösen Aspekte vernachlässigte, die zur Zeit von Mattathias den Aufstand ausgelöst hatten. Der Bruch zwischen den Pharisäern und der königlichen Familie entstand höchstwahrscheinlich durch die sozialen Verhältnisse und dadurch, dass die Reichen, um deren Unterstützung sich die Hasmonäer bemühten, Sympathie für die griechische Kultur zeigten.

Nach Jonathans Tod ergriff sein ältester Sohn, Judas Aristobolos, die Macht, und in dem einen Jahr seiner Herrschaft (104–103) eroberte er fast ganz Galiläa und einen Teil des Landes der Ituräer, und er erzwang ihren Übertritt zum Judentum und ihre Beschneidung.

Sein Bruder Alexander Jannai folgte ihm auf dem Thron. Während seiner Regierung entwickelten die Hasmonäer sich langsam zu Monarchen, und die Dynastie bekam immer mehr Ähnlichkeit mit einer hellenistischen königlichen Familie. Schon früher, unter Jochanan Hyrkanos, hatten fremde Soldaten in der Armee gedient, denn der König war zur Erhaltung seiner Macht und für seine Kriegführung auf sie angewiesen. Um diese Söldner bezahlen zu können, musste er die Bevölkerung hart bedrücken. In ihrem Bestreben, den nichtjüdischen Monarchen zu gleichen, unterstellten diese Könige die Priesterschaft der Krone. Das Volk konnte diese Entwicklung nicht mit Gleichmut hinnehmen.

PHARISÄER, SADDUZÄER UND ESSENER

Charakteristisch für diese Periode, die mit der Befreiung der Juden vom Joch eines fremden Herrschers und ihrer Unterwerfung unter einen anderen — das römische Imperium — begann, sind die fortdauernden Kriege zur Erweiterung der Grenzen. Die meisten davon hatten Erfolg, und das Territorium des Landes vergrösserte sich unter Jochanan Hyrkanos und besonders unter Alexander Jannai. Nachdem er Gasa ein ganzes Jahr lang belagert hatte, eroberte Jannai die Südküste des Landes und dehnte seine Grenzen bis zur Ebene Sebulon aus. Akko konnte er allerdings nicht nehmen. Auch in Transjordanien erweiterte er die Grenzen und überrannte Moab, Gilead und einen Teil von Basan.

Natürlich freute sich das Volk seiner Freiheit von fremder Herrschaft und politischer Unrast, aber es hatte einen sehr hohen Preis für die Machterweiterung der Hasmonäer zu zahlen, und viele waren nicht bereit, die Kosten dafür aufzubringen. Die Gegner der Hasmonäer kamen aus den gleichen Kreisen, die in der ersten Generation zu ihren Anhängern gehört hatten. Sie waren nicht gewillt, die Gebote, welche die Beziehungen des Menschen zu seinen Mitmenschen und zu Gott bestimmen, auf dem Altar politischer Eroberungen zu opfern. Diese Kreise, offenbar Nachkommen der Pietisten aus der ersten Zeit des Aufstands, hiessen Pharisäer, d.h. "die sich Absondernden" — entweder durch ihre Haltung zum jüdischen Gesetz oder zu den politischen Verhältnissen. Ihr wichtigstes Machtzentrum war die höchste gesetzgebende und richterliche Instanz — das Sanhedrin. Die meisten Leute schlossen sich, laut Josephus, dieser Partei an, und die Pharisäer prägten das jüdische Leben in Judäa. Auf der anderen Seite standen die Sadduzäer. Wegen ihrer engen Verbindung mit den Mitgliedern der Priesterschaft und den Kreisen der Regierung schätzten sie das Priesteramt vor allem wegen seiner politischen Bedeutung und der sehr einflussreichen Stellung seiner Amtsinhaber, nicht jedoch wegen seiner spirituellen und religiösen Bedeutung.

Im Gegenteil, bei mehreren Gelegenheiten verletzten sie die religiösen Gefühle der Massen. Der grosse Respekt der Mehrzahl der Bevölkerung vor dem Amt des Hohenpriesters, ihr blinder Glaube an die Heiligkeit des Tempels und alles, was dazu gehörte, ja, selbst die Furcht vor der Regierung schützte die königlichen Priester aus der hasmonäischen Dynastie nicht vor dem Zorn des Volkes, wenn sie ihr Amt im Stil der Sadduzäer ausübten.

In die Regierungszeit der Salome Alexandra, der Witwe Jannais (76–67), fiel ein Versuch, eine Versöhnung zwischen den Führern der Pharisäer und der königlichen Familie zustande zu bringen. Die Königin ernannte ihren Sohn Hyrkanos II., den Kandidaten der Pharisäer, zum Hohenpriester. Jetzt beherrschten die Pharisäer das Land unbeschränkt. Aber die Agitation und der Streit zwischen den Sadduzäern und den Pharisäern dauerten an. An der Spitze der Gegner der Pharisäer stand Aristobolos II., der Bruder Hyrkanos' II.

Beim Tod der Salome Alexandra brach ein Kampf um die Macht zwischen den beiden Brüdern aus, den erst die Intervention Roms beendete.

Pharisäer und Sadduzäer bildeten die wichtigsten Parteien im politischen Leben. Mit der Zeit verschärften sich die Gegensätze zwischen ihnen so sehr, dass sie weder auf der politischen noch der ideologischen Ebene die gleiche Sprache redeten.

Dies ständige Ärgernis und die grossen Entbehrungen, die das einfache Volk infolge der drückenden Steuern zu tragen hatte, vergifteten die Atmosphäre. Deshalb flohen jetzt, wie schon zur Zeit Antiochus' IV. Epiphanes, viele Menschen in die Wüste.

So entstanden in den Wüsten Palästinas verschiedene Sekten. In ihrer Weltanschauung und Lebensweise standen sie den Pharisäern nahe, ohne sich indessen mit ihnen zu identifizieren. Von diesen unterschieden sie sich dadurch, dass sie es ablehnten, am Leben des Landes, so wie es war, teilzunehmen, während die Doktrin der Pharisäer vom gegenwärtigen Leben der Bevölkerung und vor allem vom Gedanken an den Frieden ausging.

Einige dieser Gruppen bildeten geschlossene Gemeinschaften. Ganze Gemeinden beschäftigten sich, abgesehen von der Arbeit zur Sicherung ihrer Existenz, hauptsächlich mit der Reinhaltung ihres Körpers und der Läuterung ihrer Seele, um sich auf das Kommen des Messias vorzubereiten. Andere Gruppen zogen sich ebenfalls von der Autorität eines von Menschen errichteten Königreichs, nicht aber aus der Politik zurück. Sie organisierten sich militärisch und wollten in ihrer brennenden Leidenschaft für Freiheit und Befreiung von einer fremden Macht die Erlösung durch das Schwert herbeiführen.

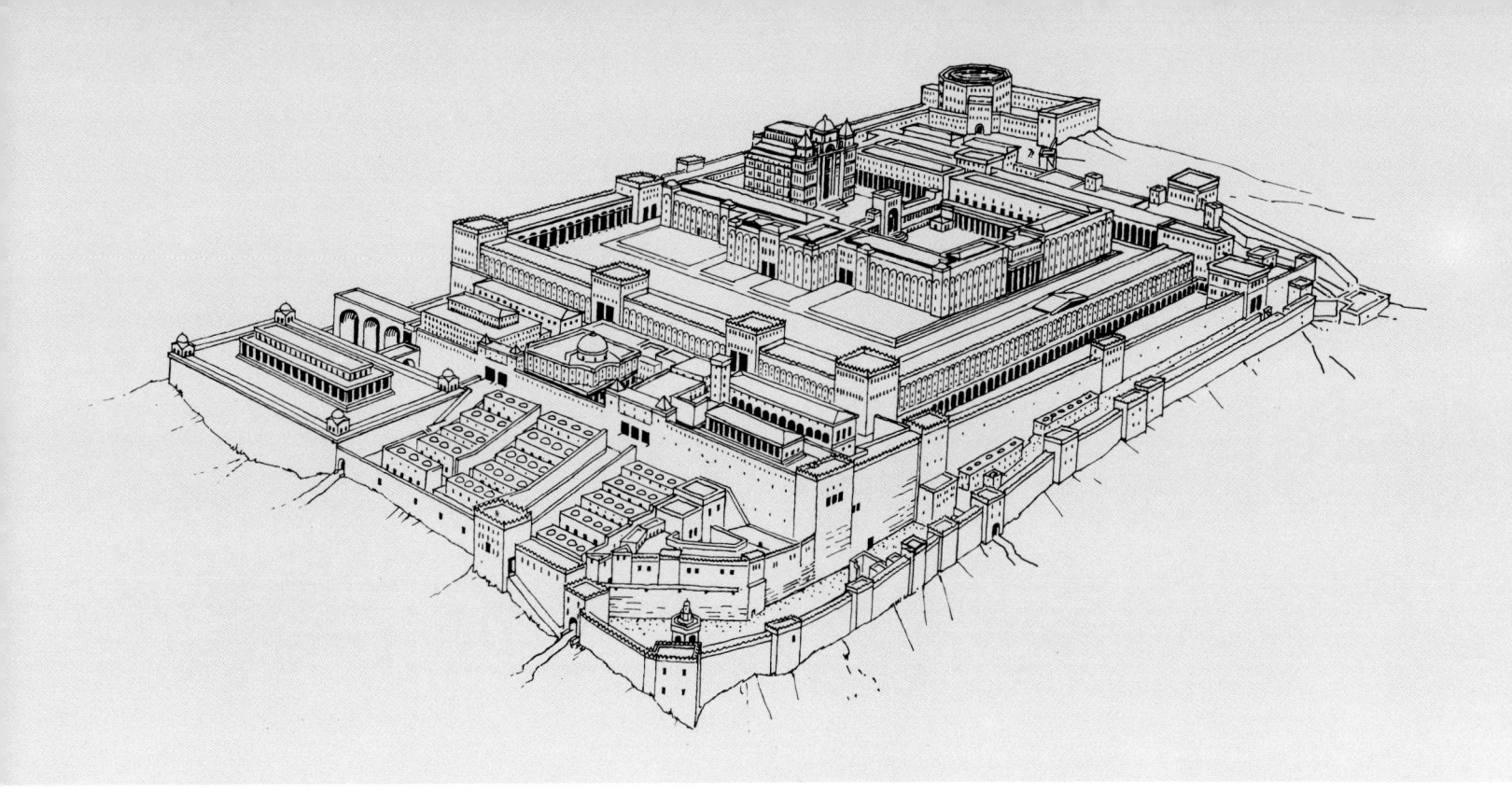

Den Ersten Tempel, erbaut in sieben Jahren während der Regierung Salomos, (Rekonstruktion oben) zerstörte der babylonische König Nebukadnezar 586 v. Chr. Darüber sah man am Horizont den Palast Salomos. Der Zweite Tempel wurde siebzig Jahre später nach einem anspruchslosen Plan gebaut, dann im ersten Jahrhundert v. Chr. mit ungewöhnlicher Pracht von Herodes neu errichtet (Rekonstruktion unten). Die Soldaten des Titus zerstörten ihn 70 n. Chr. Heute steht der Felsendom am Ort des Tempels

Die Zahlen auf der unteren Zeichnung bedeuten: 1. Eingang zum Heiligtum. 2. Altar für Brandopfer und die zu ihm führende Treppe und Rampe im Hof der Israeliten. 3. Nikanortor, durch das man über zwölf Stufen aus dem Hof der Israeliten in den Frauenhof kam. 4. Frauenhof. 5. Osttor zum Hof, auf jeder Seite ein Fenster. 6. Raum zum Aufbewahren des Öls für den siebenarmigen Leuchter und der rituellen Geräte. 7. Die Umfassung, die den Tempelberg auf vier Seiten umschloss, eine Art niedriger Zaun mit griechischen und lateinischen Zeichen, die Nichtjuden vor dem Betreten des Tempelgebiets warnten. Zwischen dem Zaun und der Tempelmauer war ein etwa viereinhalb Meter breiter Raum, in den man über vierzehn Stufen hinabstieg. 8. Der Tempelhof, den die Nichtjuden betreten durften. 9. Die königliche Säulenallee im Süden, die mit der Oberstadt und dem Palast des Herodes durch eine Brücke verbunden war. Im Süden konnte man durch die Huldatore (das "dreifache Tor" und das "doppelte Tor") auf das Gebiet des Tempelbergs gelangen, d.h. durch tunnelartige Zugänge von der Unterstadt her. 10. Das von einer weiteren Mauer umgebene Gebiet des Tempelbergs. 11. Das Osttor, durch das der Priester hinausging, um die Asche des Opfertiers einzugraben. Es hiess das "Schuschantor", weil darauf die persische Stadt Schuschan (Susa) zur Erinnerung an die Zeit der persischen Besetzung dargestellt war. 12. Das Taditor im Norden, das nicht benutzt wurde

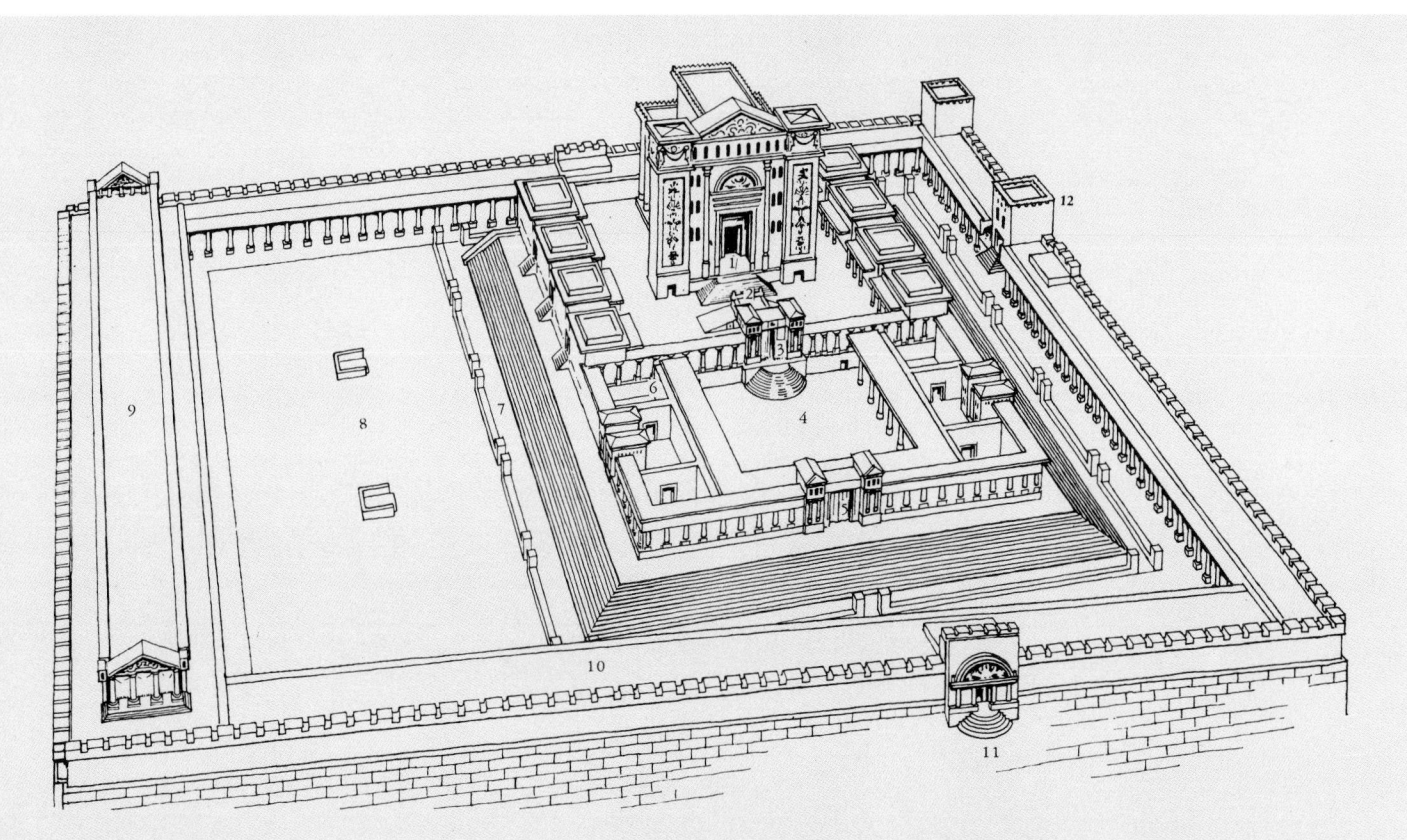

Eine Bundeslade in Form des Tempels. Dies Bruchstück aus dem Balustradenfries der Synagoge von Kapernaum stellt die Bundeslade auf Rädern dar. Der Schrein mit dem monumentalen Tor und dem auf Säulen ruhenden Dach erinnert an die Bauten hellenistischer Tempel und ist anscheinend eine Nachbildung der Tempelhalle

Bei den Rollen, die man in den letzten Jahren in Höhlen der Wüste Juda gefunden hat, handelt es sich offenbar um die Schriften einer dieser Sekten. Diese, es dürften wohl die Essener sein, lebte in einer geschlossenen, militärisch organisierten Gemeinschaft, und wer sich ihr anschliessen wollte, hatte sich einer langen, schweren Probezeit zu unterwerfen. Die Essener sahen im Handel eine Quelle der Korruption. Die meisten von ihnen arbeiteten auf dem Land, einige übten ein Handwerk aus. Sie vermieden allen Luxus, ihre Nahrung war karg und ihre Kleidung höchst einfach. Die Sklaverei lehnten sie ab. Um ihrem Gott ungestört dienen zu können, heirateten sie im allgemeinen nicht, adoptierten aber Waisen, die sie im Geist ihres Glaubens erzogen. Sie verpönten Blutopfer, und im Tempel opferten sie nur ein Gemisch aus feinem Mehl und Öl.

Der durch dies Sektierertum entfachte vernichtende Bruderhass führte schliesslich zur völligen Zerstörung der Nation. Immerhin sollte man die positiven Seiten der verschiedenen Sekten nicht übersehen. Den Sadduzäern lag daran, dem Volk Anteil an der Weltkultur zu verschaffen, und sie machten Judäa mit den Leistungen der zeitgenössischen Aussenwelt bekannt. Die Essener dagegen sehnten sich danach, die Herrschaft Gottes auf Erden in Gestalt eines geläuterten Volkes Israel zu errichten, und sie waren entschlossen, das messianische Zeitalter herbeizuführen. Anscheinend ging das Christentum aus diesen Kreisen hervor, und andere Gruppen haben vielleicht die Männer hervorgebracht, die später, im Jahre 66 n. Chr., den grossen Aufstand gegen Rom führten. Die Pharisäer entwickelten die Mittel, mit deren Hilfe das jüdische Volk sich nach der Zerstörung des Tempels und Jerusalems vor der Vernichtung rettete. Auch ihnen kam es auf das "gute Leben" an, aber im Gegensatz zu den Sadduzäern sorgten sie sich nicht nur um den Körper, und im Gegensatz zu den Essenern nicht nur um die Seele. Ihre Ideologie war politisch und sozial. Sie setzten sich für ein System ein, das den materiellen und spirituellen Bedürfnissen der jüdischen Gesellschaft Rechnung trug. Offenbar blieb dies Ziel kein blosser Wunsch. Die Pharisäer konnten zwar die Gesamtstruktur der Gesellschaft nicht beeinflussen, aber sie fassten immerhin festen Fuss im Sanhedrin, der gesetzgebenden und richterlichen höchsten Instanz.

DAS HAUS DES HERODES

Roms Einmischung in die Angelegenheiten Syriens und Palästinas wurden schon lange Zeit vor den tragischen Ereignissen, die mit der Zerstörung des Tempels endeten, sichtbar. Kein Wunder also, dass Judas Makkabäus und später seine Nachfolger Boten zum römischen Senat sandten, um mit dem mächtigen Reich, das nach Willkür in die Angelegenheiten dieser Gegend eingreifen konnte, einen Vertrag zu schliessen und ihre freundschaftlichen Beziehungen zu ihm zu erneuern.

Während indessen die ersten Hasmonäer in Rom eine Stütze in ihrem politischen Kampf gegen auswärtige Mächte sahen, riefen die späteren Mitglieder der Dynastie diesen Riesen zur Hilfe, um die Freiheit des eigenen Volkes und alles, was ihm heilig war, rücksichtslos zu zerstören. Zum ersten Mal betraten römische Legionen den Boden Palästinas im Jahr 63 v. Chr., während des Streites der hasmonäischen Brüder um den Thron. Hyrkanos und Aristobolos, die Söhne von Alexander Jannai und Salome Alexandra, baten Pompeius, der damals zufällig in Syrien war, ihren Streit zu schlichten. Eine Delegation von Pharisäern begleitete sie. Pompeius entschied zu Gunsten von Hyrkanos, dem älteren der beiden.

Aristobolos musste sich gegen Pompeius' Truppen verteidigen, die ihre Kampagne gegen die Nabatäer unterbrachen und nach Jerusalem marschierten. Nach einem dreimonatigen Kampf wurde Aristobolos gefangen genommen und mit seiner Familie nach Rom gebracht. Auf Geheiss von Pompeius wurde Hyrkanos der Königstitel aberkannt; er erhielt den Titel nassi (Fürst und Hoherpriester). Faktisch unterstand er seinem Ratgeber, dem Idumäer Antipater, einem römischen Sklaven, und seitdem hing die Autorität des hasmonäischen Führers vollständig von der ausländischen Grossmacht ab.

Jetzt kletterte eine fremde Dynastie auf den Trümmern der hasmonäischen Familie hoch. Mit Erfolg beutete der Idumäer Antipater die inneren Zwistigkeiten aus, um sich von innen her seine Macht über den Thron zu sichern. Er verschaffte sich das römische Bürgerrecht und wurde in seiner Stellung als Verwalter Judäas bestätigt.

Im Jahr 47 v. Chr. wurde Antipaters Sohn Herodes als Statthalter von Galiläa eingesetzt. Eine seiner ersten Taten war die Niederwerfung eines Aufstands und die Tötung der Rebellen. Wegen der Hinrichtungen sollte er sich vor dem Sanhedrin verantworten. Er erschien mit einer bewaffneten Eskorte und konnte dank der Unentschiedenheit der Richter entkommen. In Syrien wurde Herodes zum strategos (General) in Samaria ernannt. Dann eilte er nach Jerusalem, um sich an seinen Richtern zu rächen. Aber sein Vater riet ihm, den Plan aufzugeben.

Sechs Jahre später bestach Herodes den römischen Herrscher Marcus Antonius, der gerade aus dem Osten zurückgekehrt war. Auf den Rat von Antonius und Augustus hin erklärte der Senat Herodes zum König von Judäa. Zunächst musste Herodes gegen einen der überlebenden Hasmonäer, Mattathias Antigonus, kämpfen. Dann eroberte er Jerusalem mit Hilfe des syrischen Statthalters Gaius Sosius. Um seine Macht zu konsolidieren, ermordete Herodes die jüdischen Würdenträger in der Hauptstadt. Er löste das Sanhedrin als Regierungsinstitution auf und setzte Hohepriester ab oder ein, um die Hasmonäer aus dem Amt zu entfernen.

Herodes war ein unternehmungslustiger, kühner Tyrann. Während das Volk bisher nur ohne Verständnis für die Sucht der Hasmonäerkönige, andere hellenistische Monarchen zu imitieren, gewesen war, hassten jetzt fast alle Klassen den Usurpator.

Er versuchte, die Gunst des Volkes dadurch zu gewinnen, dass er die Hasmonäerin Mariamne, die Enkelin von Hyrkanos und Aristobolos, heiratete. Er glaubte auch, er könne sich durch grossartige Umbauten am Tempel von bisher unerreichter Pracht bei der Bevölkerung beliebt machen. In den griechischen Städten Palästinas, in Asien und Europa errichtete er Prachtbauten. Er gab grosse Summen für öffentliche Gebäude aus — eine kluge innerpolitische Massnahme —, knüpfte eheliche Verbindungen zu den Herrscherhäusern der Gegend an und machte so aus Judäa eine bedeutende internationale Macht. Er erweiterte die Landesgrenzen, annektierte Trachonitis und Hauran im Nordosten und stiess bis an die ägyptische Grenze vor.

Alles, was Herodes unternahm, tat er im eigenen Interesse. Der Ruhm und das Ansehen, mit dem er Judäa umgab, brachte den Einwohnern keinen Nutzen, war er doch im Grunde ein hellenistischer Monarch, kein jüdischer König. Das Volk, das er regierte, lehnte ihn ab. Da er die Hasmonäer fürchtete, liess er seine Frau Mariamne und ihre Mutter Alexandra hinrichten. Als zehn Jahre nach seinem Tode seinem Sohn Archelaos die Regierungsgewalt genommen und den römischen Prokuratoren übertragen wurde, akzeptierte das Volk die Änderung ruhig, ja, sogar mit einer Spur Befriedigung.

Balustradenfries des oberen Stockwerks der Synagoge von Kapernaum mit der Darstellung eines Feigenbaums

EIN GÖTZENBILD IM HEILIGTUM

Vor seinem Tode setzte Herodes seine Söhne zu Herrschern über die verschiedenen Teile seines Reichs ein. Archelaos wurde König von Judäa, Idumäa und Samaria, Antipas regierte in Galiläa und dem westlichen Transjordanien, und Philipp wurde der Tetrarch des nördlichen Transjordanien. Die Juden und die Samaritaner beklagten sich über die Grausamkeit des Archelaos bei Augustus, der ihn daraufhin abberief. Judäa wurde nun Teil einer von Prokuratoren verwalteten römischen Provinz.

Die Regierung der Prokuratoren verursachte einen Streit zwischen den römischen Behörden und den Juden. Die Prokuratoren sahen ihr Mandat nicht darin, das Land gerecht zu verwalten, vielmehr betrachteten sie die Provinz, in die sie gesandt waren, als das Gebiet, in dem sie, die Beamten des weltbeherrschenden Römischen Reichs, ungestraft Gewalt und Raub ausüben durften. Das weckte natürlich überall im Land den Hass gegen die Römer.

Am Ende der Regierungszeit des Kaisers Gaius Caligula erreichte die Spannung ihren Höhepunkt. Seit den Tagen des Augustus hatten alle Einwohner des Römischen Reichs mit Ausnahme der Juden die Kaiser als Götter angebetet. Die Juden hingegen durften anstelle der Opfer und der Gebete zu dem göttlichen Kaiser ihrem Gott Opfer bringen und zu ihm für die Gesundheit des Kaisers beten. Caligula hob in seinem Wahnsinn diese Sondererlaubnis auf und liess seine Statue in allen Synagogen in der Diaspora und in der Tempelhalle aufstellen.

Das löste im ganzen Land eine heftige Empörung aus. Agrippa, der Enkel des Idumäers und der hasmonäischen Mariamne und ein Jugendfreund Caligulas, versuchte vergeblich, den Kaiser von der Ausführung dieses Plans abzubringen. Auch die Juden von Alexandria in Ägypten entsandten unter der Führung des berühmten Philosophen Philo eine Delegation nach Rom, um Caligula zur Aufhebung seiner grausamen Verordnung zu veranlassen, aber auch sie erreichte nichts. Der für die Durchführung des kaiserlichen Dekrets verantwortliche Statthalter von Syrien, Petronius, zögerte jedoch mit seiner Vollstreckung, trotzdem mit diesem Ungehorsam gegen Caligula für ihn persönlich ein grosses Risiko verbunden war. Weil Petronius die Statue Caligulas nicht im Tempel aufgestellt hatte, verurteilte der Kaiser ihn zum Tode. Aber Petronius hatte Glück: das Schiff mit dem Todesurteil kam wegen eines Sturms erst mit mehreren Wochen Verspätung an, und die Nachricht von Caligulas Tod erreichte den Hafen vorher.

AGRIPPA I., KÖNIG VON JUDÄA

In den Jahren von 41–44 n. Chr. hatte die Bevölkerung eine kurze Atempause. In dieser Zeit fügte Claudius, der Nachfolger Caligulas, Judäa zu dem Territorium, das Caligula dem Agrippa als Teil seines Königreichs gegeben hatte. Trotz der Tradition seines Hauses und seiner römischen Erziehung zeigte Agrippa warmes Interesse an seinem Volk. Es sehnte sich danach, den früheren Ruhm seines Landes wieder erstehen zu sehen und akzeptierte Agrippa, der den heiligen Institutionen der Juden Respekt erwies, freudig als Nachkommen der hasmonäischen Dynastie.

Agrippa bemühte sich, Jerusalem zu befestigen und begann mit der Errichtung einer dritten Mauer. Aber der Statthalter von Syrien zwang ihn, diese Arbeit zu unterbrechen und verbot ihm, das Treffen der Könige des Ostens einzuberufen, das auf Anregung Agrippas in Tiberias stattfinden sollte. Mit dem Tode Agrippas (44 n. Chr.) endete diese kurze, politisch glückliche Periode. Die Römer erneuerten das Experiment nicht mehr, sondern unterstellten Judäa wieder römischen Prokuratoren.

Der periodisch immer wieder aufflackernde Geist des Aufruhrs schwelte schon in der Zeit vor der Herrschaft Agrippas. In den Bergen von Galiläa nahm man Judas, den Sohn des Galiläers Hesekia, gefangen und richtete ihn hin, weil er sich beim Tode Herodes' im Aufstand erhob, genau wie man seinen Vater am Anfang der Regierung des Königs getötet hatte. Auch ein gewisser Simon rief an der Spitze einer Gruppe von Männern aus dem Gebiet von Perisa zur Revolte auf, und Josephus spricht von einem Mann Ethronges, der mit seinen Brüdern die Römer mit Waffen angriff.

Zwar ging nicht jede messianische Bewegung auf politische Gärungen zurück, und nicht jeder Prediger rief zu bewaffnetem Aufstand auf, doch die römischen Behörden sahen den Unterschied nicht. In ihren Augen bedeutete jede messianische Bewegung eine Bedrohung der stabilen Regierung, und nicht ganz ohne Grund. Kein Wunder also, dass die Römer in einem dieser messianischen Prediger, Jesus von Nazareth, der Versammlungen abhielt und dem die Massen zuhörten, eine Gefahr sahen. Er war der Sohn einer einfachen Handwerkerfamilie, die ihre Herkunft bis zum Hause Davids zurückverfolgte. Die Behörden mussten diesen Nachkommen der Dynastie Davids, der von der nahen Erlösung predigte, für einen potentiellen Thronprätendenten halten. Infolgedessen erlitt er dasselbe Schicksal wie die anderen Pseudo-Messiasse und wurde im Alter von dreiunddreissig Jahren (29 n. Chr.) hingerichtet. Den Befehl dazu gab der römische Prokurator Pontius Pilatus, der für feindseliger galt als seine Vorgänger.

Aber der Hass gegen Rom, der vor der Regierung in den Herzen des Volkes gebrannt hatte, flammte verstärkt auf, nachdem es eine gewisse Freiheit und Unabhängigkeit genossen hatte und nun wieder gezwungen wurde, sich vor den römischen Tyrannen zu beugen. Es traten noch andere Pseudo-Messiasse auf. Josephus erwähnt einen namens Theudas, der viele Menschen zum Jordan hinabführte und ihnen versprach, er werde dort Wunder vollbringen. Römische Soldaten stürzten sich auf ihn, trieben die Leute auseinander und töteten ihn.

DER GROSSE AUFSTAND

Es kam auch zu Zusammenstössen zwischen den nichtjüdischen Einwohnern der Städte und ihren jüdischen Nachbarn. Die Nichtjuden sahen in den Römern und der römischen Herrschaft ein Mittel zur Stärkung ihrer Macht gegenüber den Juden, und es kam ständig zu blutigen Auseinandersetzungen zwischen Juden und Nichtjuden. Nach solch einem Streit wegen einer Synagoge in der von Juden und Nichtjuden bewohnten Stadt Cäsarea verloren die gemässigten Juden die Geduld, und als sie merkten, dass der Prokurator Gessius Florus (64–68) nicht daran dachte, für Recht und Ordnung zu sorgen, schlossen auch sie sich den Rebellen an. Dieser böse, herz- und skrupellose Beamte, von dem Josephus schrieb, er "fachte die Kriegsflamme absichtlich an", ging wirklich zu weit.

Die Brutalität des Florus gab den Anstoss zu einem allgemeinen Aufstand. Von nun an blieben alle Versuche, Frieden zu stiften, fruchtlos. Führende Persönlichkeiten in Judäa glaubten zwar nicht ernsthaft an die Möglichkeit, Rom sei besiegbar, aber niemand hörte mehr auf sie, selbst jene Kreise nicht, die gewöhnlich gemässigte Ansichten vertraten.

Als Agrippa II. von dem Aufstand erfuhr, eilte er von Alexandria nach Jerusalem, um die Bevölkerung zu beruhigen. Er wollte dem Volk beweisen, dass es im Vergleich mit der Macht Roms ausserordentlich schwach war und drängte es, sich Florus zu unterwerfen. Als er diese Forderung aussprach, wurde er aus Rom vertrieben. Daraufhin schloss er sich den gegen Judäa vorrückenden römischen Truppen an.

Es gelang den Rebellen, in Jerusalem alle Punkte zu besetzen, die unter der Kontrolle der römischen Garnison gestanden hatten oder in Händen der Friedenspartei gewesen waren. In anderen Städten gab es bei Zusammenstössen zwischen Juden und Nichtjuden auf beiden Seiten zahlreiche Tote.

Cestius Gallus, der Statthalter von Syrien, verliess

Antiochia, um in Judäa Frieden zu stiften und den Aufstand zu unterdrücken. Er gelangte bis ungefähr fünfzehn Kilometer vor Jerusalem und besetzte einen der Vororte. Doch bei seinem Angriff auf den Tempelberg wurde er zurückgeschlagen und zum Rückzug gezwungen. Jüdische Truppen überfielen die römischen Legionen, als sie sich bei Beth-horon zurückzogen, töteten viele Soldaten und eroberten grosse Mengen Ausrüstung und Proviant, die ihnen später im Krieg gegen das mächtige Imperium gute Dienste leisteten.

Nun rüsteten die Juden sich zu einem grossen Kampf. Man wählte Befehlshaber für die Verteidigung Jerusalems und anderer Teile des Landes. Galiläa, dem ersten Angriff der römischen Legionen ausgesetzt, wurde der Befehlsgewalt von Josephus unterstellt. Er fing an, das Gebiet, für das er verantwortlich war, zu befestigen, aber offenbar spürten die Galiläer, dass er seinem Auftrag und dem ganzen Aufstand nicht ohne Vorbehalte gegenüberstand. Vor dem Sanhedrin in Jerusalem wies Josephus gleichwohl die Ansicht der misstrauischen Galiläer unter der Führung Jochanans aus Gusch Halaw zurück. Auch in Jerusalem bereitete man sich auf einen bitteren Kampf vor.

Im Frühling des Jahres 67 fiel Vespasian, einer der erfahrenen Generäle Neros, an der Spitze eines Heeres von sechzigtausend Mann in Galiläa ein. Josephus' Truppen flohen in die Festung Jotapata, wo sie sich vierzig Tage lang gegen den Ansturm der Römer behaupten konnten. Josephus und vierzig seiner Leute versteckten sich in einer Höhle, und als ihr Versteck entdeckt wurde, beschlossen sie, sich das Leben zu nehmen. Josephus, dem es gelang, sich von seinen Kameraden davonzumachen, fiel in die

Der Krieg der Söhne des Lichts gegen die Söhne der Finsternis: eine der ersten Rollen vom Toten Meer, die Professor E. L. Sukenik schon 1948 erwarb. Sie beschreibt einen symbolischen zukünftigen Krieg, der mit der Vernichtung der bösen Regierung enden und in Israel die Monarchie als "ewiges Königreich" wieder herstellen wird. Das Bild zeigt einen Abschnitt der Kriegsrolle, in dem der Aufmarsch des Heeres zur Vorbereitung der Entscheidungsschlacht geschildert wird. Schrein der Schrift, Jerusalem

Hände der Römer. Vespasian schonte sein Leben, als er ihm weissagte, er werde Kaiser werden.

Nach Jotapata nahmen die Römer Tiberias, Gusch Halaw, den Berg Tabor und die Stadt Gamla in Transjordanien. Die Rückschläge in Galiläa führten zu Zwistigkeiten unter den Einwohnern Jerusalems, und die Zeloten setzten die Führer ab, denen sie Untüchtigkeit vorwarfen. An ihre Stelle trat Jochanan aus Gusch Halaw, der nach Jerusalem geflohen war. Als erstes ersetzten die Zeloten den zur gemässigten Partei gehörenden Hohenpriester durch einen gewöhnlichen Priester. Dann umstellten die Gemässigten

Eine der Rollen vom Toten Meer. Seit der Entdeckung der Pergamentrollen in den Höhlen von Kirbet Qumran am Westufer des Toten Meers (1947) bestehen zwischen den Wissenschaftlern Meinungsverschiedenheiten über ihre Entstehungszeit und ihre Bedeutung. Man hat sie sowohl dem zweiten Jahrhundert v. Chr. als auch dem zweiten Jahrhundert n. Chr. und sogar dem siebten Jahrhundert n. Chr. zugeschrieben. Nach der glaubwürdigsten Auffassung stammen sie von einer den Essenern ähnlichen mönchischen Sekte des ersten Jahrhunderts n. Chr. Viele der Rollen enthalten biblische Bücher. Einige sind homiletische Schriften mit Abschnitten aus der Bibel und agadischen Erläuterungen der Texte, und eine beschreibt die Organisation und die Lebensweise der Sekte. Das Bild zeigt ein Stück einer apokryphen Schrift über die Genesis. Das Exzerpt verherrlicht die Schönheit Saras, der Frau Abrahams. Schrein der Schrift, Jerusalem

den Berg Tabor, wo die Zeloten sich befestigt hatten. Diese riefen die Idumäer zur Hilfe, die in die Stadt einbrachen und die gemässigten Führer und die vornehmen Mitglieder der Gemeinde massakrierten. Nun beherrschen die Zeloten unter der Führung Jochanans aus Gusch Halaw Jerusalem.

Vespasians Ratgeber rieten ihm, die internen Kämpfe in Jerusalem auszunutzen und die Stadt zu erobern. Er zog es aber vor abzuwarten, bis der Bürgerkrieg die Juden geschwächt haben würde; dann werde er sie ohne Schwierigkeit besiegen können. Im Laufe mehrerer Monate gelang es ihm, von den Juden besetzte Landstriche zu erobern. Er kämpfte gegen Simon bar-Giora, der die römischen Legionen immer wieder aus dem Hinterhalt überfiel. Bar-Giora war nach Jerusalem gerufen worden, um dem vielgehassten Jochanan aus Gusch Halaw entgegenzutreten. Der Kampf zwischen den beiden war noch nicht entschieden. Ausser den zwei Parteien, die hinter je einem dieser Führer standen, gab es in Jerusalem unter Eleasar, dem Sohn Simons, noch eine dritte Gruppe, ebenfalls eine Gegnerin der Partei Jochanans aus Gusch Halaw.

Im Jahr 70 marschierte die römische Armee nach Jerusalem. Ihr Oberbefehlshaber war Titus, der Sohn Vespasians, der nach Neros Tod nach Rom zurückgeeilt war, um den kaiserlichen Thron zu besteigen. Der Bruderkrieg in Jerusalem hörte indessen nicht auf. Am Pessachfest jenes Jahres schlugen Jochanans Truppen die Soldaten Eleasars und töteten sie. Jetzt gab es nur noch zwei Anwärter auf die Macht: Jochanan aus Gusch Halaw und Simon bar-Giora. Sie kämpften gegeneinander, bis die Römer ihren ersten Angriff ausführten.

Fast hätten die Juden die schweren Waffen der Römer erobert. Sie versetzten dem Feind harte Schläge. Doch nach vierzehntägigen bitteren Kämpfen schlugen die Römer eine Bresche in die dritte Mauer, fünf Tage später brachen sie durch die zweite, und nach vier Tagen nahmen sie die Stadt ein. Dann liess Titus der Oberstadt gegenüber Rampen bauen. Die Juden brachten diese Rampen durch darunter gebaute Tunnels zum Einsturz. Die Römer errichteten nun rund um Jerusalem Dämme, und ihre Patrouillen hinderten jeden, die belagerte Stadt zu verlassen. Unter der

Steinerne Behälter für die Knochen von Toten aus jüdischen Höhlengräbern aus und nach der Zeit des Zweiten Tempels. Sie waren hauptsächlich mit geometrischen Zeichnungen verziert. Die gebräuchlichsten Zeichnungen stellten zwei sechs- oder vielblättrige Rosen auf jeder Seite eines Zweigs oder eine stilisierte Säule dar

Die Höhlen von Kirbet Qumran, nordwestlich vom Toten Meer, in denen die ersten Rollen der "judäischen Wüstensekte" gefunden wurden

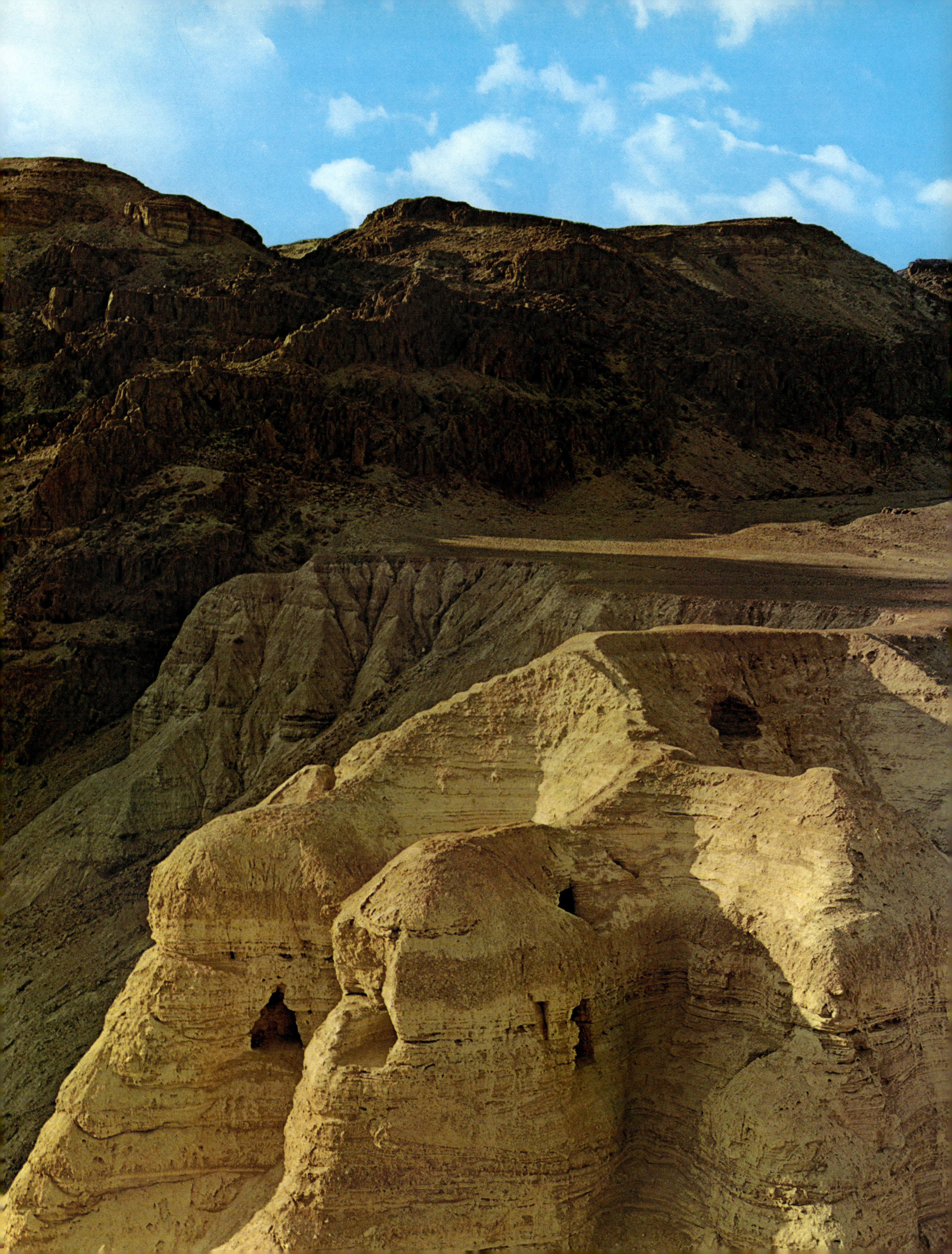

Die Gefässe aus dem Jerusalemer Tempel. Nach seinem Sieg über die Juden und der Einäscherung des Tempels (70 n. Chr.) nahm Titus in seinem Triumphzug alle Gefässe und Kostbarkeiten aus dem Tempel als Kriegsbeute nach Rom mit. Die Darstellung dieses Triumphzuges auf dem Titusbogen in Rom zeigt den siebenarmigen Leuchter, die Schaufeln und den goldenen Altar mit den dazu gehörenden Geräten

Bevölkerung wütete Hunger, und Josephus gibt grauenhafte Beschreibungen von den Leiden der Menschen.

Die Römer errichteten neue Rampen. Ihre Sturmböcke krachten durch die Mauer, und nach wütendem Kampf erreichten die Truppen des Titus den Tempelhof. Doch die neue, von den Juden während der Belagerung gebaute Mauer widerstand den Angriffen der Römer. Titus liess die Tore in Brand stecken, und ein römischer Soldat, der die sich schrittweise zurückziehenden verbissen kämpfenden Juden verfolgte, warf eine brennende Fackel in den Tempel. Die Römer warfen ständig neues Brennmaterial in die Flammen. Josephus schreibt: "Sowie die Flammen auflloderten, erhoben die Juden, entsprechend der Grösse des Unglücks, ein gewaltiges Geschrei und rannten, ohne der Gefahr zu achten oder ihre Kräfte zu schonen, von allen Seiten herbei, um dem Feuer zu wehren: denn es drohte unterzugehen, was sie bisher vor dem äussersten zu bewahren gesucht hatten," und weiter heisst es: "Als nun der Cäsar dem Ungestüm seiner rasend gewordenen Soldaten nicht mehr zu wehren vermochte und die Flammen immer weiter um sich griffen, betrat er mit den Offizieren das Allerheiligste und beschaute, was darin war. Alles fand er weit erhaben über den Ruf, den es bei den Fremden genoss, und ganz entsprechend der fast prahlerisch hohen Meinung, welche die Einheimischen davon hatten. Da übrigens das Feuer bis in die innersten Räume noch nicht vorgedrungen war..., glaubte er, und zwar mit Recht, das Werk selbst könnte noch gerettet werden. Er sprang also hervor und suchte persönlich die Soldaten zum Löschen anzuhalten... Aber die Erbitterung, Judenhass und die allgemeine Kampfwut erwiesen sich stärker als die Rücksicht auf den Cäsar und die Furcht vor seiner Strafgewalt... Während nun der Cäsar heraussprang... hatte schon einer von denen, die ins Innere eingedrungen waren, im Dunkel Feuer unter die Türangeln gelegt... Auf diese Weise ging der Tempel gegen den Willen des Titus in Flammen auf."

Titus gewährte Jochanan und Simon keinen freien Abzug; es gelang ihnen jedoch, in die noch unbesetzte Ober-

Nach dem Fall Jerusalems leistete eine kleine Gruppe von Zeloten unter Führung von Eleasar, dem Sohn Jairs, mehr als zwei Jahre lang Widerstand gegen die Belagerung des Berges Massada durch den römischen General Flavius Silva. Josephus beschreibt in seinem Jüdischen Krieg ausführlich das Ende der belagerten Juden, die sich das Leben nahmen, um nicht in die Hände der Römer zu fallen. Anscheinend diente der Berg Massada vor und nach der Zerstörung Jerusalems mönchischen Sekten als Zuflucht. Das Bild (mit Blick auf das Tote Meer) zeigt den isolierten Felsen mit seinen senkrechten Abhängen und die Rampe, die die Römer errichteten, um den Gipfel zu erreichen

stadt zu entkommen, wo sie sich noch eine ganz kurze Zeit halten konnten.

Nach fünfmonatiger Belagerung kapitulierte Jerusalem. Die Juden, die den Römern in die Hände fielen, wurden getötet, in die Bergwerke oder Zirkusse geschickt oder zu dem Triumphzug für Titus nach Rom gebracht.

Die Juden setzten ihren Widerstand in den Festungen Herodium, Machärus und Massada fort. Die Verteidigung von Massada leitete Eleasar, der Sohn Jairs, der in Jerusalem nicht gekämpft hatte. Mit grossem Mut setzten er und seine Handvoll Sikarier den Kampf noch drei Jahre lang fort. Nachdem aber in die hölzerne Mauer, welche die Juden innerhalb der äusseren Mauer gebaut hatten, eine Bresche geschlagen war und das die Lage hoffnungslos machte, forderte Eleasar seine Leute in einer bewegenden Ansprache auf, sich das Leben zu nehmen, um nicht in die Hände ihrer Feinde zu fallen, gegen die sie sich mit Mut und Opferbereitschaft erhoben hätten: "So lange diese Hände noch frei sind und das Schwert zu halten vermögen, sollen sie uns den besten Dienst erweisen! Ungeknechtet von den Feinden wollen wir sterben, als freie Männer samt Weib und Kind aus dem Leben scheiden." Und als die Römer frühmorgens mit Hilfe von Brücken über Wall und Mauer in die Festung eindrangen, "und keinen Feind erblickten, sondern überall eine unheimliche Leere, im Innern des Kastells Feuer, sonst aber tiefe Stille gewahrten, konnten sie sich nicht denken, was geschehen sei... Als sie aber... die Menge der Gemordeten entdeckten... zollten sie dem hochherzigen Entschluss und der unerschütterlichen Todesverachtung so vieler bei der Tat beteiligter Personen ihre volle Bewunderung."

Das Volk lebte wie vorher auf seinem Boden. Die Führerschaft rekrutierte sich weiter hauptsächlich aus denselben Kreisen, die sie vor dem Krieg innegehabt hatten und gärender Messianismus und politische und religiöse schöpferische Kraft, inspiriert durch den Glauben an den Gott Israels und die bevorstehende Erlösung, blieben noch für viele spätere Generationen fruchtbar.

DIE JÜDISCHE KUNST ZUR ZEIT DES ZWEITEN TEMPELS

Der Stil der jüdischen Kunst zur Zeit des Zweiten Tempels trug im wesentlichen hellenistische Züge. Doch wie sich in den Jahren nach der Rückkehr aus der babylonischen Gefangenschaft der persische Einfluss, so machte sich am Ende dieser Periode der römische Einfluss bemerkbar. Aus der Zeit vor der Zerstörung des Tempels ist nur wenig erhalten. Es gibt mehr schriftliche Beschreibungen als konkrete Reste der beiden Tempelbauten, deren einer von Serubbabel, der andere von Herodes errichtet war. Ezechiel (41, 18, 19) beschreibt den Schmuck des Tempels: es waren "Bildwerke angebracht: Cherube und Palmbäume, je ein Palmbaum zwischen zwei Cheruben und jeder Cherub mit zwei Gesichtern; ein Menschengesicht war dem Palmbaum auf der einen Seite und ein Löwengesicht dem Palmbaum auf der anderen Seite zugekehrt. So war es ringsherum im ganzen Haus gemacht." Aus dieser Beschreibung lässt sich auf persischen Einfluss schliessen. Auf dem Relief am Palast des Darius in Persepolis gab es ebenfalls geflügelte Greifen, die einander ansahen, und dazwischen einen Palmbaum und Bäume auf beiden Seiten. Die Blattkränze am unteren Ring des siebenarmigen Leuchters am Titusbogen in Rom sind den Kapitellen der persischen Säulen sehr ähnlich. Auf Anordnung von Judas Makkabäus bekam der siebenarmige Leuchter die Form des ältesten Modells aus der persischen Periode, das Antiochus Epiphanes nach Syrien mitgebracht hatte.

Josephus beschreibt die Türen zur Tempelhalle: Vor den breiten goldenen Türen "wallte ein gleich langer babylonischer Vorhang herab, bunt gestickt aus Hyazinth, Byssus, Scharlach und Purpur, wunderschön gewoben mit sehenswerter Mischung der Stoffe. Es sollte ein Bild des Weltalls sein" (Jüd. Krieg V, 4). Der babylonische Vorhang war anscheinend ein mehr als acht Meter langer gewebter Perserteppich. Zu der Zeit, als den Juden in der Verbannung die liberale Haltung der persischen Herrscher zugute kam, liessen sie sich begreiflicherweise von der persischen Kultur beeinflussen. Dazu trug auch bei, dass viele Juden an den persischen Königshöfen hohe Stellungen einnahmen. Nach ihrer Rückkehr aus Babylonien bauten diese von persischer Kultur geprägten Juden ihren Tempel in Jerusalem, und es überrascht nicht, dass er den Einfluss der persischen Kultur verrät.

Auch aus der hasmonäischen Periode hat man nur sehr wenige Kunstgegenstände gefunden. Alle Funde aus Gräbern und Sarkophagen wie auch die Münzen bezeugen den hellenistischen Einfluss durch ein einziges charakteristisches Merkmal, nämlich durch das Fehlen menschlicher Gesichter und Figuren und die übertriebene Betonung symbolischer Elemente und reiner Ornamentik. Wie die ersten "Frommen" vor ihnen sahen auch die Hasmonäer die Existenz des Volkes am schwersten durch den Götzendienst bedroht. Um jede Identifizierung mit dem Bild oder der Statue eines griechischen Gottes zu vermeiden, hielten sie das zweite Gebot ganz streng und nahmen es wörtlich. Auf den Münzen, den Zeichen ihrer politischen Unabhängigkeit, unterliessen es die Hasmonäer, die Figuren und Köpfe von Menschen darzustellen; sie konzentrierten sich hauptsächlich auf die Wiedergabe von Pflanzen und Früchten und Symbolen des Gottesdienstes im Tempel. Damals waren die wichtigsten Symbole der siebenarmige Leuchter, das Widderhorn, der Palmzweig und die Zitrone, ausserdem die Pflanzen, für die Palästina berühmt war: Weinstock, Granatapfel, Dattel und Weizen. Der Drache an der achteckigen Basis des siebenarmigen Leuchters auf dem Titusbogen ist ein Ornament, das unter dem Einfluss der zeitgenössischen hellenistischen Kunst am Anfang der hasmonäischen Periode hinzugefügt wurde.

Die hellenistische Kunst des Ostens beeinflusste besonders stark die Prinzipien der jüdischen Monumentalbauwerke. Wahrscheinlich zeigt sich dieser Einfluss nicht nur an den Bauten einer relativ späten Periode, sondern auch schon an den früheren, d.h. an den Palästen und Gräbern der Hasmonäerkönige. Die Beschreibungen der Hasmonäergräber in den Schriften von Josephus und in den Büchern der Makkabäer informieren uns über den von Simon auf den Gräbern errichteten Bau. "Über dem Grabe seines Vaters und seiner Brüder liess Simon ein hohes und weithin sichtbares Denkmal errichten, das auf der Rückseite und auf der Vorderseite mit geglätteten Steinen geziert war. Er stellte sieben Pyramiden darauf... seinem Vater, seiner Mutter und seinen vier Brüdern [zu Ehren]. Dazu fügte er [weitere] Kunstwerke, indem er grosse Säulen ringsherum aufrichtete; an den Säulen brachte er zum ewigen Gedächtnis Waffenrüstungen an und neben den Waffenausrüstungen in Stein gehauene Schiffe, so dass sie von allen, die das Meer befuhren, betrachtet werden konnten" (I. Mak. 13).

Die Gräber der Hasmonäer sind zerstört, doch andere Beispiele grosser Familiengräber im hellenistischen Stil mit pyramidenförmigen oder konischen Dächern sind noch erhalten. Sie wurden am Ende der Periode des Zweiten Tempels im ersten Jahrhundert n. Chr. im Tal Kidron auf beiden Seiten der von Norden nach Jerusalem führenden Strasse erbaut. Dieser grosse Friedhof dehnte sich meilenweit aus. Die zahlreichen Familiengräber waren am Abhang aus dem Felsen herausgehauen und erinnern an die Grabmäler der nach Rom führenden Via Appia. Zwei davon sind als die Gräber Sacharjas (mit pyramidenförmigem Dach) und Absaloms (mit konischem Dach) bekannt. Beide sind im hellenistischen Stil gebaut; das pyramidenförmige Dach am Grabmal Sacharjas lässt auch auf ägyptischen Einfluss schliessen. (s. S. 48/49).

Unter Herodes nahm die Monumentalarchitektur grossen Aufschwung. Sie zeigt eine gewisse Stilrevolution und den Einfluss römischer Bauwerke. Jetzt verwendete man zum ersten Mal den römischen Bogen, und zwar nicht nur an öffentlichen Gebäuden, so auch am Tempel, sondern ebenfalls an Palästen und Privathäusern. Charakteristisch für den Baustil des Herodes ist der behauene Stein mit glattem Rahmen um die rauhe erhabene Mitte. Dies ist der Stil des Tempels, der Mauern Jerusalems, der Königspaläste in Jerusalem, Massada und Cäsarea und anderer öffentlicher Gebäude, z.B. der Gräber der Patriarchen (in der Höhle Machpela) in Hebron. Maximilian Kohn weist in seinem Aufsatz über jüdische Kunst zur Zeit des Zweiten Tempels darauf hin, dass der Zusammenprall der gegensätzlichen Einflüsse des Ostens und des Westens die jüdische Kunst zur Zeit von Herodes entscheidend geprägt hat. Josephus schildert das Jerusalem dieser Periode als eine wundervolle

Fasziniert von dem Ausblick vom Berg Massada, baute Herodes sich an der Nordspitze einen Palast. Das Bild zeigt mehrere Vorbauten zur Seite des Berges. Im Hintergrund sieht man die Abgrenzungen der Feldlager, von denen aus die Römer Massada belagerten

Stadt und den Tempel als ihre herrliche Krönung. Jerusalem erstreckte sich über vier Hügel. Zwei Brücken über dem Tal in der Mitte verbanden die obere Stadt (den "oberen Markt") mit dem Tempelhof. Die dreizehneinhalb Meter breiten und einundzwanzig Meter hohen Überreste einer dieser Brücken geben eine Vorstellung von ihrer Grösse. Sie verband den Palast des Herodes mit dem Tempel und bildete das letzte Stück der Hauptstrasse in Oberjerusalem. Die Beschreibungen des Tempels im Talmud und den Schriften von Josephus geben nur eine Idee von seiner allgemeinen Anlage und seinen Dimensionen, nicht jedoch von seinem inneren oder äusseren Schmuck. Die noch erhaltene "Westmauer" des Tempelhofs zeigt keinerlei Ornament. Von der unteren Stadt (der "Stadt Davids") führten zwei Tunnels zu den südlichen Teil des Tempelplatzes auf dem Tempelberg. Einer davon — im Talmud heissen sie die Huldatore — ist noch in gutem Zustand. Das doppelte Ausgangstor hat einen Mittelpfeiler und vier Bogenfelder. In zweien davon ist das ursprüngliche Stuckornament aus Weinstöcken und von einem Blätterkranz umrahmten geometrischen Mustern noch gut erhalten. Der Weinstock und geometrische Figuren bildeten anscheinend auch den Hauptschmuck der ersten Synagogen. Sie stammten vielleicht aus der Zeit vor der Zerstörung des Tempels und waren, wenn nicht als Stätten des Gebets, wenigstens als Treffpunkte für die örtlichen Gemeinden gebaut. Nach der Zerstörung des Tempels ergänzte man den Schmuck der Synagogen durch symbolische Darstellungen, die an den Tempel erinnerten, wie z.B. des siebenarmigen Leuchters und der Bundeslade. Das damals sehr beliebte Weinstockornament sollte vielleicht an den goldenen Weinstock am Eingang zur Tempelhalle erinnern. (s. S. 53).

PALÄSTINA UND BABYLONIEN — DIE SPIRITUELLEN ZENTREN DES JUDENTUMS

Menora (der siebenarmige Leuchter), Schofar (Widderhorn) und Lulaw (Palmzweig) wurden gleich nach der Zerstörung des Zweiten Tempels die Hauptsymbole des Judentums. Seit dem zweiten Jahrhundert erscheinen sie als Symbole der nationalen Hoffnung. Das Bild zeigt ein Relief von einem Sarkophag mit diesen Zeichen, die ein Siegeskranz umgibt. Louvre, Paris

Im Talmud wird erzählt, wie Rabbi Jochanan ben Sakkai aus dem belagerten Jerusalem entkam, indem er sich von seinen Schülern in einem Holzsarg aus der Stadt tragen liess, um Vespanian um die Erlaubnis zu bitten, in Jawne ein Lehrhaus zu errichten. Vespasian gewährte ihm die Bitte, da er darin einen Weg sah, wieder Ruhe und eine geordnete Verwaltung im Land herzustellen.

Durch die Katastrophe in Jerusalem hatten die Juden ihr politisches Zentrum verloren, bildeten indessen immer noch sowohl in Judäa als auch in Galiläa die Mehrheit der Bevölkerung. Die Diaspora hielt ihre Verbindungen mit den noch im eigenen Land lebenden Juden aufrecht, und das Sanhedrin mit seinem nassi (Fürst) und den Weisen, der sich schon seit den Tagen der Prokuratoren zu einem Staat im Staat entwickelt hatte, übernahm wieder die Regierungsgewalt.

JAWNE UND SEINE WEISEN

Nach der Zerstörung Jerusalems gab es grosse Veränderungen im Leben des Volkes. Die wohlhabenden einflussreichen Kreise verschwanden. Viele Menschen verloren ihren Lebensunterhalt, und der Bevölkerung wurden harte Steuern und Zwangsarbeit auferlegt. Die drückenden wirtschaftlichen Verhältnisse, das Misstrauen des Volkes gegen seine politischen Führer, die es für sein Unglück verantwortlich machte, und die tiefe Erschütterung des religiösen und politischen Lebens nach der Niederlage und der Zerstörung Jerusalems führten zum Aufstieg der Weisen zur politischen Führung. Ihr Zentrum wurde jetzt Jawne, eine der Städte, mit denen Vespasian auf seinem Vormarsch gegen Jerusalem ein Abkommen geschlossen hatte. Der religiöse Führer wurde Rabbi Jochanan ben Sakkai, der jüngste der Schüler Hillels und sein geistiger Erbe. Berühmt wegen seines unermüdlichen Fleisses und seiner ungewöhnlichen Gelehrsamkeit gehörte er zu den bedeutendsten Mitgliedern des Sanhedrins. Er war es, der die Debatten über Fragen des halachischen Gesetzes mit den Sadduzäern führte.

In Jawne gründete Jochanan den grossen religiösen Gerichtshof, der sich die Machtbefugnisse des Jerusalemer Sanhedrins zulegte. Er erliess Regeln für die Heiligung des neuen Monats und die Bestimmung der Schaltjahre und schuf so ein spirituelles Zentrum, das die Regeln für verschiedene Gemeinden in Palästina und der Diaspora festsetzte, obwohl sich auch in anderen Städten, z.B. in Lod und Emmaus, Gelehrte zusammengefunden hatten.

Rabbi Jochanans grosse Leistung besteht darin, dass er den Schwerpunkt des Judentums vom Tempeldienst verlegte und es dem jüdischen Volk dadurch ermöglichte, sich an ein Dasein ohne politische Existenz zu gewöhnen. Dadurch bereitete er es auf ein hauptsächlich im Spirituellen verankertes Leben im Exil vor.

Nun richteten die Weisen ihre Bemühungen darauf, das Volk gegen den drohenden Zerfall widerstandsfähig zu machen. Schon früher hatten sie den Genuss von Brot, Öl und Wein von Heiden verboten, um dadurch die Juden und Nichtjuden trennende Mauer zu erhöhen und ihre gesellschaftlichen Kontakte zu erschweren.

Nach Rabbi Jochanans Tod wurde Rabbi Gamaliel II., bekannt als Rabbi Gamaliel aus Jawne, nassi. Er war der Enkel von Rabbi Gamaliel dem Älteren, dem Präsidenten des Sanhedrins. Seine Hauptaufgabe sah er darin, das spirituelle Zentrum in Jawne zu stärken und dem Volk eine von der Tora geleitete religiöse Autorität zu geben, durch die es sich nun statt durch den Tempel und das Sanhedrin verbunden fühlen sollte. Zu diesem Zweck wollte er das Ansehen des Amtes des nassi erhöhen und ein einheitliches halachisches Gesetz schaffen. Er war bekannt wegen seiner Entschiedenheit im Kampf um die Einheitlichkeit der Tora und die Einheit des Volkes. Seine Haltung weckte den starken Widerstand der Älteren seiner Generation und führte sogar zu einem heftigen Zusammenstoss mit ihnen. Als sein Schwiegersohn Elieser ben Hyrkanos darauf bestand, seine eigene Interpretation des Gesetzes sei die gültige, stiess er ihn ohne Zögern aus der Gemeinde aus.

Rabbi Gamaliel wurde als nationaler und politischer Führer anerkannt. Auch die römischen Behörden betrachteten ihn als den Repräsentanten der Juden. Wohl aus diesem Grund mag er das Studium des Griechischen sanktioniert haben. Er war überhaupt mit der allgemeinen Kultur seiner Zeit vertraut.

Zur Zeit Rabbi Gamaliels aus Jawne herrschte Friede in Judäa. Diese Ruhe wurde indessen gestört, als in Alexandria in Ägypten im Jahr 115 ein heftiger Krieg zwischen Juden und Griechen ausbrach. Nach der gewaltsamen Beendigung des Kampfes rebellierten Juden überall in Ägypten, in der Cyrenaika, in Mesopotamien, Syrien und auf Zypern. Diese Kriege, an denen sich auch die Römer beteiligten, endeten mit der völligen Vernichtung der jüdischen Gemeinden in Ägypten — mit Ausnahme von Alexandria — und mit entsetzlichen Massakern der Juden in der Cyrenaika, in Mesopotamien und auf Zypern. Die Auflösung der jüdischen Gemeinden in der Diaspora beraubte die palästinensischen Juden der Quellen spirituellen Einflusses und materieller Unterstützung. Auch im Inland änderte sich die römische Politik. Um seinen Feldherrn Lusius Quietus für seinen erfolgreichen Vernichtungskrieg gegen die Juden in Mesopotamien zu belohnen, machte der römische Kaiser Trajan ihn zum Statthalter von Judäa. Dabei war es seine ausgesprochene Absicht, an den Einwohnern Judäas für die Rebellion jüdischer Gemeinden in anderen Ländern Rache zu nehmen.

Offenbar gelangte Quietus jedoch nie bis nach Judäa. Trajan starb, und Hadrian wurde Kaiser. Damit änderte sich Roms Politik gegenüber den Juden. Der neue Kaiser liess Quietus hinrichten, und die Juden deuteten das als Zeichen für das Ende der judenfeindlichen Politik Trajans. Als Hadrian neue Baupläne ankündigte und versprach, die Ruinen im ganzen Land zu restaurieren, weckte das bei den Juden die Hoffnung, Jerusalem werde wieder aufgebaut werden.

Aber diese Hoffnungen wurden bald zunichte gemacht. Hadrians Politik bezweckte, in seinem Reich die Philosophie und Lebensart des universalen Hellenismus zu verbreiten. Eins von Hadrians Gesetzen verbot die Beschneidung. In der Theorie war es zwar aus humanitären Gründen erlassen, die Juden interpretierten es indessen als deutliches Anzeichen für die Absicht Hadrians, dem Judentum und der jüdischen Kultur den totalen Krieg zu erklären und durch das von ihm vertretene Heidentum und die heidnische Kultur zu verdrängen. Jerusalem wurde damals tatsächlich wieder aufgebaut, doch der Kaiser wollte es zu einer heidnischen Stadt machen. Der römische Historiker Dio Cassius schreibt, Hadrian habe in Jerusalem anstelle der zerstörten eine neue Stadt erbaut und sie Aelia Capitolina genannt. Am Ort des jüdischen Tempels baute er dem Jupiter ein Heiligtum. Das führte zu einem langen, heftigen Krieg, da die Juden der Anblick der Fremden, die in ihrer Stadt wohnten, und der Bau heidnischer Tempel erzürnte.

DER AUFSTAND BAR KOCHBAS

Im Jahr 132 rief Bar Kochba, von Rabbi Akiba damit beauftragt, die Unabhängigkeit Israels aus, und wirklich gelang es ihm drei Jahre lang, dem mächtigen Römischen Reich Widerstand zu leisten.

Schon lange bevor der Krieg ausbrach, hatte Bar Kochba Kriegsvorbereitungen getroffen. In den Höhlen der Wüste Judäas, wo auch die Waffen lagen, wurde ein Untergrundheer organisiert und ausgebildet. Bar Kochba befestigte zahlreiche Dörfer durch Mauern und liess tiefe Tunnels bauen, die in der Not Schutz bieten und als geheime Verbindungswege dienen sollten. In der Nähe von Ein Gedi hat man eine Höhle entdeckt, deren Eingang so gut getarnt war, dass er nur aus allernächster Nähe gesehen werden konnte. Im Innern hatte man eine grosse Zisterne gegraben und deren Zuflüsse ebenfalls versteckt und getarnt.

Fast das ganze Volk schenkte ihm Vertrauen, und auch die Weisen wurden seine begeisterten Anhänger. Als Rabbi Akiba zum Aufstand aufrief und Bar Kochba zum König

Das Innere eines der Höhlengräber in Beth Schearim. In Nischen zu beiden Seiten sind Sarkophage sichtbar

Messias erklärte, widersprach ihm als einziger Rabbi Jochanan ben Torata und sagte ihm, auf seinen Wangen werde Gras wachsen, ehe der Sohn Davids (der Messias) erschienen sein werde (Palestinensischer Talmud, Ta'anith 68, 4).

Beim Ausbruch des Aufstands wurde Bar Kochba zum nassi ernannt. Eine seiner ersten Taten war die Prägung von Münzen, von denen viele die Inschrift trugen: "Simon, nassi von Israel." In der jüdischen Überlieferung gibt es viele Geschichten von seiner Stärke und Kühnheit, aber auch von seinem arroganten Selbstbewusstsein, das selbst vor Gotteslästerung nicht zurückschreckte.

Im Anfang des Krieges gelang es Bar Kochba, Jerusalem zu nehmen und die Statthalter von Judäa und Syrien, die zur Hilfe herbeigeeilt waren, zu besiegen. Da es aber zu dieser Zeit an den Grenzen des Römischen Reichs ruhig war, konnten viele Legionen der römischen Armee nach Judäa verlegt werden. In mehreren Stadien des Krieges nahm auch die römische Flotte an den Kämpfen teil. Galiläa eroberten die Römer nach kurzem Kampf schon zu Beginn des Aufstands, in Judäa dagegen dauerte der Krieg lange und war von Grausamkeit und Verzweiflungstaten begleitet. Bar Kochba verschanzte sich in Betar. Die Römer belagerten die Stadt und schnitten ihr die Wasserzufuhr ab. Die eingeschlossenen Juden versuchten vergeblich, sich aus der Schlinge zu ziehen und auszubrechen, doch die Stadt wurde erobert und die ganze Bevölkerung getötet. Der Krieg endete in den letzten Monaten des Jahres 135. Beide Seiten erlitten schwere Verluste. Laut Dio Cassius wurden etwa sechshunderttausend Juden getötet und eine grosse Anzahl als Sklaven verkauft. Judäa lag in Trümmern. Fast fünfhundert Festungen und tausend Dörfer waren zerstört. Der Talmud beschreibt die Verwüstung: "Zweiundfünfzig Jahre lang sah man keinen Vogel im Lande Israel fliegen" (Palästinensischer Talmud, Ta'anith, 69, 2).

Nach der Unterdrückung des Aufstands war aus Jerusalem eine heidnische Stadt geworden. Ausserordentlich hohe Steuern drückten die Bevölkerung, die Beschneidung wurde mit strengeren Strafen bedroht, und alle Versammlungen, selbst die zum Studium der Tora, wurden verboten. Öffentlicher Gottesdienst und das Begehen von Feiertagen in der Öffentlichkeit wurden unmöglich. Man zwang die Juden, die mit der Anbetung des Kaisers verbundenen Bräuche zu befolgen, Weigerungen führten in vielen Fällen zum Martyrium. Die Dekrete gegen die Juden zielten auf die Vernichtung des Judentums selbst.

DIE ZEHN MÄRTYRER

Man nennt diese Zeit die "Periode der Märtyrer." Wegen der dem Judentum drohenden Gefahren kamen die Tannaiten (Lehrer) in Lod zusammen und diskutierten darüber, ob es dem Juden erlaubt sei, in der Todesgefahr ein Gebot zu verletzen. Sie entschieden: wenn einem Juden befohlen wird, gegen alle Gebote der Tora zu verstossen, um dadurch dem Tod zu entgehen, so darf er das tun mit Ausnahme von Götzendienst, verbotenen sexuellen Praktiken und Mord. Als die Römer hörten, die Juden missachteten die kaiserlichen Erlasse, befolgten das jüdische Gesetz und lehrten die Tora öffentlich, beschlossen sie, die Weisen, die an dem Treffen teilgenommen hatten, zu töten, um dadurch etwaige Nachfolger abzuschrecken. Die Weisen, die zu Tode gefoltert wurden, heiligten im Sterben des Namen Gottes.

Zu ihnen gehörte Rabbi Akiba, der grösste Gelehrte seiner Generation. Wegen seiner Beteiligung am Aufstand Bar Kochbas wollten die Römer mit ihm abrechnen. Pappus ben Juda sah, wie Rabbi Akiba öffentlich Leute um sich versammelte und die Tora lehrte. Er wurde gefragt: "Akiba, fürchtest du dich nicht vor der Regierung?" Da antwortete er ihnen mit der Parabel vom Fuchs und den Fischen. "Der Fuchs rief den Fischen vom Ufer aus zu, sie könnten sich vor den Netzen der Fischer retten, wenn sie aufs Trockene kämen." Aber die Fische meinten: "Wenn wir schon im Wasser, unserm Element, bedroht sind, wieviel grösser wäre die Gefahr für uns auf dem Trockenen." So geht es auch uns, denn wenn es für uns in der Tora, unserem Lebenselement, keine Rettung gibt, wo könnten wir sie sonst finden?" Wenige Tage später, heisst es, warfen die Römer ihn ins Gefängnis. Als sie ihn zur Hinrichtung führten, war es Zeit, das "Höre Israel"-Gebet zu sprechen. Während sie sein Fleisch mit eisernen Kämmen zerrissen, sprach er den Vers: "Höre Israel, der Ewige ist unser Gott, der Ewige ist einzig" und dehnte das Wort "einzig" so lang, bis er dabei seine Seele aushauchte. Da ertönte eine göttliche Stimme: "Heil dir, Rabbi Akiba, dass deine Seele bei 'einzig' ausging..." Die diensttuenden Engel sprachen vor dem Heiligen, gepriesen sei er: "Ist das die Tora und das ihre Belohnung?... Eine göttliche Stimme sagte: "Heil dir, Akiba, du bist für das Leben in der zukünftigen Welt bestimmt" (Berakoth, 61, 2).

Auch Juda ben Bawa, der fünf Schülern seines Freundes Rabbi Akiba die Priesterweihe erteilt hatte, damit die Kette der Ordination nicht abreisse, musste dafür mit dem Leben büssen.

Ihren Feinden flösste die feste Haltung der Juden Respekt vor den von ihnen Verfolgten ein. Hadrian soll dem Rabbi Jochanan ben Hanania seine Bewunderung mit diesen Worten ausgedrückt haben: "Wie gross ist das Schaf unter siebzig Wölfen."

Die fast ununterbrochenen Revolten in den siebzig Jahren zwischen dem Grossen Aufstand (66–70), der mit der Zerstörung Jerusalems endete, und dem Ende der Erhebung Bar Kochbas, die zur Vernichtung der jüdischen Bevölkerung Judäas führte, bezeugen unbestreitbar die Kraft des Glaubens, der das Volk im eigenen Land wie auch in den verschiedenen Ländern der Diaspora mit einer nahe bevorstehenden Erlösung rechnen liess.

Die Flamme des Glaubens an einen Messias trieb übrigens nicht nur die Juden zum Widerstand gegen die Regierung an. Sie entflammte auch zahlreiche Nichtjuden — manche zur völligen Bekehrung, andere zur Ehrfurcht vor dem Gott der Juden und einige zur Annahme des Christentums.

In der Zeit nach der Zerstörung Jerusalems fasste das jüdische Leben in der Diaspora Wurzel, während es der nichtjüdischen Bevölkerung in Judäa immer mehr gelang, den jüdischen Charakter des Landes zu verwischen und ihm ein fremdes Gepräge zu geben. Josephus zitiert den hellenistischen Historiker und Geographen Strabon, der versicherte, die Juden seien schon in jede einzige Stadt

Reliefs mit zahlreichen jüdischen Symbolen – dem siebenarmigen Leuchter, dem Widderhorn und dem Ethrog (Zitrusfrucht) – und biblischen Gestalten wie Noah und Daniel und mit Vögeln und wilden und zahmen Tieren schmücken die Sarkophage in Beth Schearim. Auf diesem sieht man zwei Löwen

gekommen, und es sei nicht leicht, noch irgendeinen Ort zu finden, der dieses Volk nicht aufgenommen habe und von ihr nicht beherrscht werde. (Jüdische Altertümer, XIV, 115). In den Sibyllinischen Orakeln — sie stammen wahrscheinlich aus der frühen hasmonäischen Periode — heisst es von den Juden: "Ein jedes Land und jeglich

Nach der Verlegung des jüdischen Zentrums nach Galiläa wurde Beth Schearim im zweiten Jahrhundert n. Chr. als einer der Sitze des Sanhedrins berühmt. Hier lebte Rabbi Juda ha-Nassi, und hier wurde etwa im Jahr 200 die Mischna redigiert. Rabbi Juda starb mit fünfundachtzig Jahren und wurde hier begraben (220). Die Stadt, im zweiten Jahrhundert v. Chr. zur Zeit der Hasmonäer auf einem Berg erbaut, wurde 352 n. Chr. zerstört, als Gallus einen jüdischen Aufstand unterdrückte. Sie hatte ihre Blütezeit im zweiten Jahrhundert n. Chr.

Meer wird von dir angefüllt" (III, 271).

In Ägypten lebten Juden schon zur Zeit des Tempels. Während der Regierung des Seleukidenkönigs Antiochus IV. Epiphanes reiste Onias, der Sohn des Hohenpriesters von Jerusalem anlässlich des Kampfes um das Amt des Hohenpriesters, in das Alcimus berufen worden war, nach Ägypten. Onias gründete eine Siedlung für Soldaten in Jeb und baute ihnen sogar einen Tempel.

Seine Söhne folgten dem Beispiel ihres Vaters, und die Familie des Onias spielte einige Generationen lang in der ägyptischen Politik eine grosse Rolle. Es gab im Land der Ptolemäer noch mehrere andere Soldatensiedlungen, darunter eine zum Schutz der Grenze bei Pelusium an der Strasse nach Palästina und Syrien. Die Männer aus dieser Siedlung leisteten Julius Cäsar einmal wertvolle Hilfe. Wahrscheinlich gab es in verschiedenen Gegenden Ägyptens ansehnliche jüdische Gemeinden, aber das Zentrum der ägyptischen Judenheit befand sich zweifellos in Alexandria. Die Juden bewohnten zwei der fünf Stadtviertel, und sie genossen als einzelne und auch als Gemeinde mit eigenen Einrichtungen Ansehen.

Diese Gemeinde blühte jahrhundertelang und bildete einen der Brennpunkte des jüdischen Lebens in der Diaspora. Hier wurde die Bibel ins Griechische übersetzt (die Septuaginta), und hier lebte Philo, die grosse Leuchte des hellenistischen Judentums in der römischen Periode. Er schrieb zahlreiche Bücher im Geist eines jüdisch-griechischen Kommentars, und da er sowohl die griechische Philosophie als auch die Tora beherrschte, lässt sich schwer entscheiden, ob Philo das Erbe seiner Väter in einen griechischen Mantel hüllte oder ob er der griechischen Philosophie einen jüdischen Anstrich gab. Die alexandrinische Judenheit war indessen nicht nur auf dem Gebiet der Philosophie schöpferisch. Hier entstanden offenbar auch eine Anzahl apokrypher Schriften. Von literarischen Werken seien die wieder aufgefundenen Fragmente des Tragikers Esekiel genannt. Ihnen liegen die Ereignisse beim Auszug aus Ägypten zugrunde.

Aus dem Traktat Sukka im Talmud kann man auf die Grösse der Synagoge in Alexandria schliessen. Ihre grosse Basilika habe zweimal so viel Menschen Platz geboten, wie aus Ägypten ausgezogen seien; die Zahl ihrer einundsiebzig goldenen Stühle habe den einundsiebzig Mitgliedern des Sanhedrins entsprochen. Nach dieser Beschreibung sassen die Angehörigen der verschiedenen Gewerbe nicht zusammen, vielmehr jede Gruppe für sich: die Goldschmiede, die Silberschmiede, die Eisenschmiede, die Weber von Goldfäden und die einfachen Weber. Und kam ein Armer hinein, so ging er zu den Vertretern seines eigenen Gewerbes, und sie gaben ihm, was er zu seinem und seiner Familie Lebensunterhalt brauchte.

Auch in der Cyrenaika bildeten die Juden eine besondere Klasse. Wie Strabon schreibt, fand er dort vier Kategorien von Einwohnern: die Bürger, die Bauern, die nichtheidnischen Nichtjuden und die Juden.

Wie in Rom, so gab es tatsächlich im ganzen Mittelmeergebiet, auf den griechischen Inseln und vor allem in Kleinasien und Syrien, keine griechische Stadt ohne eine jüdische Gemeinde mit Synagogen und verschiedenen öffentlichen Einrichtungen. Besonders bemerkenswert waren die grossen Gemeinden in Antiochia, Syrien, und in

Beth Schearim wurde zu einem Begräbnisplatz für Juden aus aller Welt, weil dort das Grab von Juda ha-Nassi war und ein römisches Edikt den Juden verbot, ihre Toten auf dem Ölberg bei Jerusalem zu begraben. Man haute die Höhlengräber aus den Felsen an den Abhängen des Berges aus, auf dem die Stadt stand, und legte die Knochen der Toten in Sarkophage. In dem prächtigsten Höhlengrab gab es drei Bogentore. Man hat dort Inschriften gefunden, die Rabbi Gamaliel und Rabbi Simeon erwähnen, offenbar die Söhne des Rabbi Juda ha-Nassi

Ephesus, Sardis, Smyrna und anderswo in Kleinasien. Viele Juden wohnten sogar am Nordufer des Schwarzen Meeres und im fernen Hyrkanien am Kaspischen Meer und natürlich auch in Zentralasien. In dem Gebiet, das während und nach der Herrschaft der Parther Babylonien hiess, stellten die Juden innerhalb der Vielfalt der Völker dieser Region ein wertvolles Element dar.

Die von den Römern beherrschten Juden lebten in fest gefügten hellenisierten Gemeinwesen, die zahlreiche Nichtjuden anzogen. Ein Teil von diesen nahm das Judentum völlig an, andere nannten sich nur "gottesfürchtig."

Dies erstaunliche Phänomen, dass sich eine grosse Zahl von Nichtjuden um das spirituelle Erbe einer schwachen Minorität unter ihnen bemühte, erklärt sich aus den sozialen und kulturellen Verhältnissen des zweiten und dritten Jahrhunderts. Die Bevölkerung des Römischen Reichs konzentrierte sich immer mehr in den Städten. Diese Trennung vom Boden schwächte die persönliche Verbundenheit der einzelnen mit den Fruchtbarkeitsgöttern ihrer Vorfahren und führte zu sozialer Entwurzelung. Der Zug aus den ländlichen Gebieten in die Städte liess auch starke soziale Unterschiede entstehen. Es bildete sich eine Kluft zwischen den Satten, die in Vergnügungen und Sittenlosigkeit schwelgten und den Armen, die nach Brot und Glauben hungerten.

Beide Klassen jedoch sehnten sich nach einem sinnerfüllten Leben. Die Literatur jener Zeit ist reich an ethischen und philosophischen Schriften über das Wesen der Welt und den rechten Weg, den der einzelne wählen sollte.

Die Bevölkerung des Römischen Reichs fühlte sich nicht nur von ihren traditionellen Werten und der rechten Anleitung zu einem guten Leben abgeschnitten, sondern sie war auch der harten, fast unerträglichen Willkürherrschaft Roms unterworfen. Dieser Zustand liess die Hoffnung auf bessere Tage aufkommen, und zwar nicht nur bei der jüdischen, sondern auch bei der nichtjüdischen Bevölkerung des Reichs.

So lebte das jüdische Volk mit seiner auf einer vollkommenen Gottheit und hohen Ethik beruhenden Religion, erfüllt von nationalem Stolz und dem Glauben, seine Wahrheiten würden bald triumphieren, in verstreuten Gemeinden unter der allgemeinen Bevölkerung, und Juden wie Nichtjuden unterstanden dem römischen Adler. Deshalb wählten viele Einwohner des Römischen Reichs, ihrer Leiden und Vergnügungen müde, das Judentum mit seiner langen spirituellen Tradition, seinen erhabenen Werten und seinem Glauben, der Tag sei nahe, an dem ein Spross aus dem Hause Davids erscheinen und das böse Reich zerschmettern werde. Im Römischen Reich kam es in allen Gesellschaftsklassen zu vielen Übertritten und halben Bekehrungen zum Judentum, selbst bei Mitgliedern der königlichen Familie. Das Judentum breitete sich auch über die Grenzen des Römischen Reichs aus. Auch im Osten gab es häufig Bekehrungen. Ein Beispiel dafür liefert die Dynastie der Königin Helena von Adiabene, die mit ihren Söhnen ganz zum Judentum übertrat. Seitdem identifizierten sie sich mit dem Schicksal des jüdischen Volkes, und das Grab, das sie für sich in Jerusalem errichteten, ist noch heute ein Denkmal für diese frühen Konvertiten.

PALÄSTINA AM ENDE DER ZEIT DER VERFOLGUNG

Seit Beginn der römischen Besetzung Palästinas war das Volk in seiner Haltung gegenüber den Behörden in vier Parteien gespalten: in Assimilanten, Hellenisierer, Gleichgültige und unentwegte Antagonisten. Die Assimilanten blieben immer eine kleine Minderheit, und sie verschwanden nach dem Aufstand Bar Kochbas. Die Mischna gibt eine kurze, treffenden Beschreibung der verschiedenen Parteien am Ende der Periode der antijüdischen Verfolgung:

"Rabbi Juda [ben Gerim] sagte: 'Wie schön sind doch die Werke dieser Nation [der Römer]! Sie haben Strassen angelegt, Brücken gebaut und Bäder errichtet.' Rabbi Jose schwieg. Darauf nahm Rabbi Simeon bar Jochai das Wort und sprach: 'Alles, was sie errichtet haben, geschah nur in ihrem eigenen Interesse. Sie haben Strassen angelegt, um da Huren zu setzen, Bäder errichtet zu ihrem Behagen, Brücken gebaut, um Zoll zu erheben.' Juda ben Gerim erzählte ihr Gespräch weiter, und es wurde der Regierung bekannt. Diese beschloss dann: Juda, der gelobt hat, soll erhoben werden, Jose, der geschwiegen hat, soll nach Sepphoris verbannt werden, und Simeon, der geschmäht hat, soll hingerichtet werden'' (Sabbath, 33 b).

So blieb die Einstellung der Parteien gegenüber der Regierung ziemlich gleich, doch deren relative Stärke änderte sich. Die meisten Zeloten fielen im Kriege, und seit der Aufhebung der tyrannischen Gesetze Hadrians schenkte die Mehrheit des Volkes ihr Vertrauen wieder ihren gemässigten Führern.

DER AUFSTIEG DER NASSI UND DIE REDAKTION DER MISCHNA

Als Antonius Pius den Thron bestieg (138), wurden eine Reihe der hadrianischen Gesetze aufgehoben. Nach der Zerstörung Jawnes (während des Aufstands Bar Kochbas) suchten die Weisen jetzt einen anderen Ort für ein spirituelles Zentrum. Sie wählten Uscha. Hier konnten sie nach der Beseitigung der Bestimmungen, welche die Beschneidung, die Sabbatfeier und das Torastudium verboten, erklären: "Jeder, der lernt, soll kommen und lernen, und jeder, der nicht lernt, soll kommen und lernen.''

Man wählte auch wieder ein Sanhedrin und zu seinem Vorsitzenden Rabbi Simeon ben Gamaliel aus Jawne. Wie sein Vater bemühte auch er sich, die Amtsgewalt des nassi zu vergrössern, und es kam gelegentlich zu Zusammenstössen mit den Weisen. Schliesslich setzte er sich durch, und seine Meinung entschied bei den Diskussionen des jüdischen Gerichts über die Gesetze, die sich auf die Beziehungen des Menschen zu Gott und zu seinen Mitmenschen beziehen. Der halbe Schekel, der früher für den Tempel gezahlt worden war, wurde jetzt in allen Ländern der Diaspora für den Fonds des nassi gesammelt. Die Boten, die das Geld einzogen, dienten gleichzeitig der wichtigen Verbindung zwischen den Juden im Ausland und im palästinensischen Zentrum. Das Geld wurde für verschiedene öffentliche Zwecke verwendet, unter anderem zur Unterstützung bedürftiger Studenten, der Armen und in Zeiten der Hungersnot.

Als das Land zur Zeit Hadrians noch verwüstet war, hatte es zwischen Rabbi Simeon und dem babylonischen Sanhedrin Unstimmigkeiten gegeben. Dieses Gericht hatte sich die Funktionen des jüdischen Zentrums in Judäa angemasst und angefangen, Entscheidungen über die Daten von Feiertagen und Schaltjahren zu treffen. Die Gründung dieser Institutionen ausserhalb des Landes bedrohte die Einigkeit des Volkes, da die Juden in anderen Teilen der Diaspora möglicherweise ähnlich handeln konnten. Rabbi Simeon sandte seine Vertreter nach Babylonien, um das Sanhedrin aufzulösen, und nach mühevollen Verhandlungen wurde das palästinensische Sanhedrin wieder als einzige Autorität anerkannt.

Nach dem Tod Rabbi Simeons ben Gamaliel (165) folgte ihm sein Sohn, Rabbi Juda ha-Nassi, von dem man sagte, er verbinde Grösse mit Gelehrsamkeit. Seine Macht, schreibt ein zeitgenössischer Historiker, sei nicht geringer als die eines Königs. Er habe richterliche Autorität und sogar das Recht, einen Menschen zum Tode zu verurteilen. In den talmudischen Quellen steht davon nichts, sie lassen indessen erkennen, dass er eine Art Polizeigewalt ausübte und damit die Urteile der jüdischen Gerichte vollstrecken lassen konnte.

Die Römer erkannten die Rechte Rabbi Judas als Führers des jüdischen Volkes an. In dieser Eigenschaft war er berechtigt, die Mitglieder des zentralen jüdischen Gerichts zu berufen, und er war auch für die Gemeindeangelegenheiten in Palästina und dem Ausland zuständig. Seine Gesetze zeigen, dass er so weit wie möglich Nachsicht üben wollte. In dieser Absicht erliess er einer Anzahl jüdischer Enklaven in nichtjüdischen Gebieten die Befolgung jener Gebote, die für die Einwohner Israels verbindlich waren. Offenbar wollte er auch die zur Erinnerung an die Zerstörung des Tempels angesetzten Fasttage abschaffen. In seiner Amtszeit wurde das Sanhedrin von Uscha, das in Verfall geraten war, nach Sepphoris verlegt.

Die Hauptleistung von Rabbi Juda ha-Nassi besteht in der Vollendung des Werks von Rabbi Akiba und Rabbi Meir. Er sammelte und ordnete die mündlichen Überlieferungen, die das geschriebene Gesetz der Tora ergänzen, und gab dadurch der Mischna ihre endgültige Form. Ausserdem arbeitete er das Rechtssystem für die theoretische und praktische Anwendung des Gesetzes aus. Diese Sammlung umfasst sechs Ordnungen mit den Überschriften "Saaten," "Feste," "Frauen," "Schäden," "Heilige Dinge" und "Reinigung." Jeder dieser Hauptabschnitte ist in Traktate und diese sind wieder in Kapitel unterteilt. Die Kapitel bestehen aus kleineren Abschnitten. Die Sprache der Mischna, die nicht nur Rechtsbestimmungen enthält, unterscheidet sich von dem Hebräisch der Bibel, und Dichte, Genauigkeit und eine besondere Terminologie sind für sie charakteristisch.

Nach dem Tod von Rabbi Juda ha-Nassi übernahm sein Sohn, Gamaliel III., sein Amt. Er war weniger bedeutend als sein Vater, und sein Wirken hat nur geringe Spuren hinterlassen. Doch sein Sohn, Rabbi Juda II. Nessia, der ihm folgte, brachte das Amt noch einmal zu Ansehen. Er

Vespasian sah in der Eroberung Jerusalems und der Zerstörung des Tempels (70 n. Chr.) seine grösste Leistung und gab sich grosse Mühe, ihr Unsterblichkeit zu verleihen. Ausser dem auf dem Titusbogen in Rom verewigten Triumphzug zu Ehren von Titus gab es eine aus diesem Anlass geprägte Serie von Gold-, Silber- und Bronzemünzen mit der Aufschrift: Judaea capta (Judäa ist erobert) und der Darstellung eines römischen Soldaten in Siegeshaltung hinter einer trauernden Frau unter einer Palme über den Buchstaben S C (Senatus Consulto). Auf der anderen Seite ist ein dem Vespasian ähnlicher lorbeergekrönter Kopf und darum eine Inschrift mit all seinen Titeln: IMP(erator CAES(ar) VESPASIAN(us) AVG(ustus) P(ontifex) M(aximus) TR(ibunicia) P(otestate) P(ater) P(atrice) CO(n)S(ul). Haaretzmuseum, Tel Aviv

Der zweite jüdische Krieg gegen Rom (132–135) war im Gegensatz zu dem Krieg von 66–70 richtig vorbereitet. Die Anführer des Aufstands waren Rabbi Akiba und General Simon ben Kosiba, genannt Bar Kochba, den viele für den Messias hielten. Zu dieser Zeit wurden zum letzten Mal jüdische Münzen geprägt, und trotzdem das während des Kriegs geschah, waren die Münzen Bar Kochbas von vorzüglicher Qualität. Eine Seite der Münze zeigt die Fassade eines Gebäudes mit einem Bogen zwischen vier Säulen: offenbar den früheren Tempel mit der Bundeslade im Innern. Zu beiden Seiten des Tempels, über dem ein Stern steht, sieht man die Inschrift "Simon". Auf der anderen Seite sind ein gebundener Palmzweig und ein Ethrog und die Inschrift "Für die Befreiung Jerusalems". Viele Münzen aus der Zeit des zweiten Kriegs gegen Rom wurden aus beschädigtem römischen Geld geprägt. Haaretzmuseum, Tel Aviv

Der vollständigste Mosaikfussboden einer Synagoge in Israel wurde zufällig 1928 zwischen Beth Alpha und Hefsiba im Tal Jesreel entdeckt und von E. L. Sukenik freigelegt. In der Mitte des Fussbodens ist der Tierkreis, in dessen Zentrum Helios, der Sonnenwagen, steht. Auf der Südseite nach Jerusalem zu ist die Bundeslade zwischen zwei Löwen und zwei siebenarmigen Leuchtern. Am Eingang im Norden wird die Opferung Isaaks dargestellt. Wie aus hebräischen und griechischen Inschriften hervorgeht, stammen Synagoge und Fussboden aus der Regierungszeit Justinians (518–527 n. Chr.)

verlegte es von Sepphoris nach Tiberias, das für die folgenden zwei Jahrhunderte das kulturelle Zentrum des Landes wurde. Wie sein Vater bemühte sich auch Rabbi Juda II. um die Aufhebung gewisser Einschränkungen, welche die Beziehungen zwischen der jüdischen Gemeinschaft und den Nichtjuden erschwerten. Er erlaubte z.B. im Gegensatz zum Jerusalemer Sanhedrin, von Heiden hergestelltes Öl zu benutzen. Er gründete auch eine grosse Anzahl von Schulen zum Studium der Tora.

KRISE IM RÖMISCHEN REICH

In der Generation Rabbi Judas II. endete die Periode des Fortschritts und Wohlstands in Palästina, auf das sich die allgemeine Krise im Römischen Reich ebenfalls erstreckte.

Der Wechsel der Kaiser führte zu unerträglichen Steuerlasten, die nicht nur wegen ihrer Höhe, sondern auch wegen ihrer unordentlichen Erhebungsmethode drückten. Auch die Entwertung des Geldes und die damit verbundene galoppierende Inflation verursachten grosse Verluste. So gross war die Armut, dass die Einwohner von Tiberias auf die Aufforderung Schammais, sie sollten ihre Kleider zum Sabbat wechseln, antworteten: "Rabbi, unser Sabbatkleid ist wie unser Werktagskleid" (Palästinensischer Talmud, Pe'a, 6, 8). Die Not wurde zur Hungersnot. Von Rabbi Jochanan — aus der zweiten Generation der Amoräer (Talmudgelehrten) — überliefert man den Ausspruch: "Ich erinnere mich daran, dass Frauen keine Arbeit im östlichen Stadtteil (dem Viertel der Reichen) annehmen wollten, weil sie vom Geruch des Brotes sterben würden." (Baba Batra 91 b). Sein Schwager, Resch Lakisch, erzählte, als sei es etwas ganz Gewöhnliches, wie jemand nach Hause kam und seine Söhne und Töchter fast verhungert fand (Sanhedrin 98 b).

Der wirtschaftliche Niedergang des Landes hatte natürlich Einfluss auf das Niveau der halachischen Studien, die für diese Generation im Mittelpunkt des Interesses standen. In einer Sammlung midraschischer Predigten zu den Feiertagen und besonderen Sabbattagen heisst es über die Zustände in jener Zeit, früher hätten Leute mit Geld den Wunsch gehabt, etwas aus der Mischna oder dem Talmud zu hören; nun, da man kein Geld habe und vor allem unter der Regierung leide, wünsche man sich etwas aus der Bibel oder der Agada (das heisst: einfache Erzählungen).

Damals lag die Bedrückung durch die Behörden mehr in den schlechten allgemeinen Verhältnissen als in der Absicht, einen religiösen oder wirtschaftlichen Druck auszuüben. Deshalb verschlechterten sich die Beziehungen zwischen der jüdischen Gemeinschaft und den Römern im grossen ganzen nicht. Bei der allgemeinen Unsicherheit hatten die Römer kein Interesse daran, sich durch die Verfolgung religiöser Gruppen neue Feinde zu schaffen, und nur wenige Herrscher regierten lange genug, um eine einheitliche, beständige Politik zu verfolgen. Zusammen mit den anderen Völkern des Römischen Reichs litten die Juden unter der militärischen Schwäche Roms und seiner Unfähigkeit, seine Grenzen genügend zu verteidigen. Infolgedessen drangen immer wieder nomadische Stämme auf ihren Raubzügen ins Land ein.

Die Opferung Isaaks, Teil des Mosaikfussbodens aus der Beth-Alpha-Synagoge aus dem Anfang des sechsten Jahrhunderts n. Chr.

Das Tierkreiszeichen des Wassermanns – es steht für den hebräischen Monat Schewat (Februar) – zeigt einen Mann, der einen Eimer Wasser trägt. Mosaikfussboden der Beth-Alpha-Synagoge

Im allgemeinen fanden sich die Juden nach alter Tradition mit den herrschenden Mächten ab. Während der Invasion der Perser ins Römische Reich nahmen die im Ausland lebenden Juden auf der Seite Roms am Krieg teil. Aus Rache dafür tötete der Perserkönig Schappur zwölftausend Juden in Kappadozien. Da die Invasoren nicht bis nach Palästina vordrangen, wurde die Loyalität der Juden im Inland nicht auf die Probe gestellt.

Die Weisen vertraten die Auffassung, die Juden müssten loyal zu Rom stehen. Das zeigt sich auch in ihrer Haltung gegenüber dem Königreich Palmyra. Trotzdem Palmyra ein semitischer Staat war, blieben die Juden Rom treu. Immerhin weckte das Erscheinen der Palmyrer in Palästina und ihr Kampf mit den Persern wieder einmal messianische Hoffnungen bei den Juden, und in ihren Visionen sahen sie schon die Begegnung von Königen des Ostens in Palmyra. Diese Hoffnungen wurden jedoch bald zerstört, und nach der Verfolgung jüdischer Führer stieg der Hass gegen die Palmyrer.

Die Familie des nassi und das Sanhedrin beherrschten das Volk fünf Generationen hintereinander, vom Ende der Verfolgung nach dem Aufstand Bar Kochbas bis zur dritten Generation der Amoräer — ungefähr von 140–320. Im dritten Jahrhundert schlug die Stimmung unter dem Druck der Verhältnisse um. Die lange wirtschaftliche und politische Krise hatte die Macht des Sanhedrins und des nassi etwas geschwächt, und das Volk fing an, über sein Verhalten zu Rom nachzudenken. Die dritte Generation der Amoräer zeichnete sich durch ihre grossen agadischen Gelehrten aus, die von grenzenlosem Hass gegen Rom erfüllt waren. So flammte die alte messianische Hoffnung wieder auf. Zuerst war es nur eine Sehnsucht, bald aber wurde daraus ein mächtiger Wunsch nach unmittelbarer Erlösung. Die jüdische Gemeinschaft hatte das Gefühl, die Zeit der Erlösung sei nahe, und aus diesem Vertrauen wurde das Streben nach gewaltsamer Befreiung vom römischen Joch durch menschliches Handeln. Dadurch verwandelte sich die messianische Vision von einem religiösen Glauben wieder in eine politische Kraft. Zunächst blieb dieser Stimmungsumschwung noch ohne praktische Folgen.

Im ersten Jahrhundert konzentrierten die Juden sich lediglich auf ihr Streben nach Erlösung; im dritten gefährdete die wirtschaftliche Not das Leben des Volkes, und im vierten nahm das Christentum vom Land Besitz. Die Haltung des Christentums gegenüber dem Judentum wurde durch ein einziges Faktum bestimmt — durch die absolute Weigerung der meisten Juden, die neue Religion anzunehmen. Nach ihrem Misserfolg in Judäa richteten die Anhänger Jesu unter der Führung von Paulus ihre Bemühungen auf die im Ausland verstreuten jüdischen Gemeinden. Aus der Tatsache, dass sein eigenes Volk sich nicht dazu bringen liess, Jesus anzuerkennen, erklärt sich nicht nur Paulus' Abfall vom Judentum, sondern auch sein Vorsatz, dem Judentum seinen Charakter und sein Ansehen zu nehmen. Er erklärte, allein die Christen seien die "wahren Juden" und verschaffte dadurch seinem neuen Glauben eine reiche Vergangenheit, ein heiliges Schrifttum und die Verheissung der Erlösung. Solange indessen das jüdische Volk besteht, dient es als unbestreitbarer Beweis für das Gekünstelte dieser christlichen Doktrin.

Die Ausbreitung der neuen Religion in verschiedenen

anderen Völkern hatte einen bestimmenden Einfluss auf die Beziehungen der beiden Glaubensweisen zueinander. In Palästina selbst war das Verhältnis der Juden zu den Christen klar — das der Mehrheit zur Minderheit. Aber im Westen, wo den jüdischen Gemeinden die wachsenden christlichen Kongregationen gegenüberstanden, charakterisierte die Einstellung der Christen zu den Juden der beständige Kampf und das Bestreben der Christen, die jüdischen Gemeinden zu unterdrücken.

Die Lage der Juden verschlechterte sich immer mehr, und aus Gründen des Glaubens und der Politik schloss Kaiser Constantin ein Bündnis mit der Kirche. Einen Teil des Preises für die Unterstützung durch die Kirche bezahlte die Regierung mit der Beendigung der den Juden gewährten Toleranz. Jetzt waren die Juden gezwungen, vom Angriff zur Verteidigung überzugehen, und die Äusserungen der Weisen dieser Generation sind voll Bitterkeit. Den Anspruch der Christen, die "wahren Juden" zu sein, wiesen sie mit Spott zurück und stellten dem geschriebenen Gesetz, der Bibel, welche die Christen sich fast völlig angeeignet hatten, das mündliche Gesetz, den Talmud, gegenüber, an dem die Christen keinen Anteil hatten.

DIE AMORÄER — NACHFOLGER DER TANNAITEN

Nach der Redaktion der Mischna sammelten die jüdischen Weisen noch die Überlieferungen, die nicht in der Mischna des Rabbi Juda ha-Nassi enthalten waren und interpretierten ihre verschiedenen Gesetze. Die neuen Sammlungen entsprachen der Anordnung der sechs Bücher der Mischna. Die Exegeten, Amoräer genannt, setzten das Werk der Tannaiten (Lehrer) fort: sie studierten deren in der Mischna enthaltene Aussagen, deren knappe Fassung oft Raum für unterschiedliche Interpretationen lassen und nicht immer endgültig bindende Entscheidungen ermöglichen. Sie erhellten unbestimmte Ausdrücke in der Mischna, suchten nach der Autorität der Bibel für verschiedene Gesetze und strebten danach, den Text der Mischna mit den tannaitischen Sätzen ausserhalb der Mischna und manchmal sogar mit Widersprüchen innerhalb der Mischna in Einklang zu bringen.

Die ersten Amoräer waren die Schüler von Juda ha-Nassi. Nach seinem Tod gründeten sie Schulen in Galiläa, Judäa und Babylonien. Er hatte in seinem Testament Rabbi Hanina bar-Hanna zum Leiter des Lehrhauses in Sepphoris bestimmt. Für diesen hatten die Ansichten seines Lehrers den Charakter unumstösslicher Wahrheiten, und er interpretierte das Gesetz nach dem System des Juda ha-Nassi. In Lod, das damals offenbar wieder aufgebaut war, leitete Rabbi Josua ben Levi ein Lehrhaus. Er nahm tätigen Anteil an den Angelegenheiten des Gemeindewesens und führte wahrscheinlich darüber auch Verhandlungen mit Rom. Als eine Art Stellvertreter des nassi im Süden des Landes stellte er Lehrer an und ordinierte sie, ein Recht, das allein dem nassi vorbehalten war.

Zu den grössten Gelehrten der zweiten Generation der Amoräer gehörte Rabbi Jochanan bar-Napacha, der Leiter des Lehrhauses von Tiberias, ehemals Mitarbeiter von Juda II. Er war einer der Autoren des palästinensischen

Das Tierkreiszeichen des Schützen — es steht für den hebräischen Monat Kislew (Dezember) — ist auf dem Mosaikfussboden der Beth-Alpha-Synagoge als Bogenschütze dargestellt

Löwe in der Randverzierung des Bodens der Beth-Alpha-Synagoge

Talmuds. Hinter seinen Entscheidungen über halachisches Recht stand die Autorität des nassi. Sein Schwager, Simeon ben (Resch) Lakisch, der in seiner Jugend der Führer einer Gladiatorengruppe gewesen war, wurde als einer der bedeutendsten und scharfsinnigsten Amoräer berühmt. Oft stimmte er mit seinem Schwager nicht überein, und dadurch half er ihm, die Mischna zu formulieren und zu erhellen.

Auch Rabbi Abbahu kam aus der Schule Rabbi Jochanans aus Tiberias. Er lebte in Cäsarea, dem Sitz der Regierung und dem Hauptquartier des römischen Statthalters und der christlichen Bischöfe. Die Behörden schätzten ihn und empfingen ihn mit Respekt. Gelegentlich konnte er sie sogar veranlassen, ihre harten, gegen die jüdische Gemeinschaft gerichteten Erlasse aufzuheben.

ERNEUERUNG DER GÄRENDEN MESSIANISCHEN BEWEGUNG

Verbitterung und Unterdrückung weckten bei den Juden Hoffnungen auf das Kommen des Messias in naher Zukunft. Vor seinem Tod gab Rabbi Jeremia Anweisungen, man solle ihn, beschuht mit Sandalen, mit einem weissen Gewand bekleiden, ihm einen Stock in die Hand geben und ihn so legen, dass er beim Erscheinen des Messias sofort bereit sei. Die messianische Hoffnung bezog sich auch wieder auf die politischen Verhältnisse im Land. Von Rabbi Elieser ben Abbina stammt das Wort: "Wenn ihr seht, dass Königreiche gegeneinander Krieg führen, schaut aus nach dem Kommen des Messias."

Es gab natürlich auch vorsichtigere Stimmen. Viele Führer des Volkes wollten eine gemässigte Politik fortsetzen und warnten davor, den Anbruch des messianischen Zeitalters vorauszuberechnen. Als z.B. Rabbi Se'ira seine Schüler bei solchen Berechnungen fand, forderte er sie auf, damit aufzuhören und sagte: "Drei Dinge kommen unerwartet, der Messias, ein Fund und ein Skorpion" (Sanhedrin 97a). Trotzdem halfen viele Juden den Persern, als sie während der Unruhen im Römischen Reich zur Zeit der Regierung von Gallus wieder über die Grenzen vorstiessen. Die Führer und die Weisen vermieden jedoch sorgfältig, bei den Behörden Anstoss zu erregen. So viel lag ihnen daran, den Frieden zu wahren, dass sie zahlreiche Dispense erteilten, um die Lieferungen für das Heer zu erleichtern. Die Weisen von Sepphoris erlaubten das Backen am Sabbat und sogar die Herstellung des verbotenen gesäuerten Brotes zu Pessach.

Gallus' Herrschaft und die ungezügelten Ausschreitungen seiner Soldaten führten zu einer Revolte. Zuerst rebellierten die Einwohner von Sepphoris, die am meisten gelitten hatten. Sie griffen eine in ihrer Stadt stationierte Kompanie Soldaten an und vernichteten sie. Von dort aus breitete die Revolte sich nach Tiberias, Lod und anderen Städten aus. Die anfänglichen Erfolge der Rebellen stärkten die messianischen Hoffnungen, aber zu der Zeit machten die Zahl und die wirtschaftlichen Verhältnisse der jüdischen Bevölkerung eine geordnete Kriegführung unmöglich. Die Römer schlugen den Aufstand schnell nieder und verwüsteten viele jüdische Gemeinden.

Diese Unruhen veranlassten zahlreiche geistige Führer zur Auswanderung nach Babylonien. Das Ansehen des Lehrhauses in Tiberias verringerte sich. Unter den herrschenden politischen Verhältnissen konnte man keine regelmässigen Diskussionen über lebenswichtige religiöse Fragen — z.B. das Datum des Neumonds (um den Anfang eines neuen Monats zu bestimmen) und das Schaltjahr — mit der Diaspora führen. Aus diesem Grund gaben offenbar die palästinensischen Weisen eins ihrer grossen Vorrechte auf und übertrugen den Gelehrten der Diaspora die Festsetzung des Schaltjahres.

Nach der Hinrichtung des Gallus wurde dessen Bruder Julian von seinem Vetter Constantius in den Westen geschickt, um dort nach den inneren Unruhen und der Invasion der Germanen die Ordnung wiederherzustellen. Julian besiegte die Feinde des Staates auf dem Schlachtfeld und seine persönlichen Feinde am kaiserlichen Hof, und im Jahr 360 rief die Armee ihn zum Augustus aus, d. h., er hatte nun die gleichen Rechte wie Constantius. Dieser weigerte sich, die Erhebung Julians zur Kaiserwürde anzuerkennen und zog an der Spitze seines Heeres gegen ihn zu Felde. Er starb aber auf dem Weg in den Westen, und Julian wurde Alleinherrscher.

Die Politik des als "Julian Apostata" bekannten Kaisers beruhte auf der Einsicht, dass das von Constantin geschlossene Bündnis zwischen der Regierung und der christlichen Kirche ein Unglück für das Land sei. Zu dieser Überzeugung kam er durch seinen Glauben an die hellenistische Religion in ihrer neoplatonischen Form. Um sie wieder zu beleben, errichtete er Tempel, erneuerte den Gottesdienst und setzte wieder Priester ein.

Als erster erklärte er absolute Religionsfreiheit, und er blieb diesem Grundsatz treu. Er wollte die Bürger seines Reichs davon überzeugen, dass die alte Religion die beste und mächtigste sei. Deshalb lag ihm ausserordentlich viel daran, den Krieg gegen die Perser zu gewinnen und dadurch die Macht der alten Götter zu beweisen.

Dem Denker und Verbreiter antichristlicher Ideen missfiel das jüdische Volk als Quelle des Christentums, aber wenn er in ihm auch nicht das auserwählte Volk sah, so unterstützte er das Judentum doch als Gegengewicht zum Christentum. Ausserdem hatte er noch andere, praktische Gründe für seine positive Haltung gegenüber den Juden. Der Weg, den er für eine Invasion Persiens gewählt hatte, führte durch Mesopotamien mit einer grossen, dichten jüdischen Bevölkerung, und die wollte Julian für sich gewinnen, oder wenigstens ihren Hass gegen Rom mildern. Seine politischen Überlegungen spielten zwar ohne Zweifel die Hauptrolle, aber seine Schreiben an die Juden zeigen doch auch eine gewisse persönliche Sympathie für das jüdische Volk seiner Zeit. Im Frühling des Jahres 362 zog Julian aus Konstantinopel nach Osten. Während seines Aufenthalts in Antiochia kam er mit Vertretern des Judentums zusammen. Bei dieser Gelegenheit soll der Kaiser ihnen versprochen haben, den "Tempel des höchsten Gottes" in Jerusalem wieder aufzubauen.

Es ist klar, dass Julian im Ernst gar nicht daran dachte und nur die Juden auf seine Seite ziehen wollte. Die ganze Diaspora aber war von seiner Äusserung begeistert. Der Syrer Ephraim aus Nisibis schrieb:

"Wahnsinnige Begeisterung erfüllte die Juden; sie bliesen das Widderhorn und waren voll Freude." Ein anderer

Christ, Rupinus, der in Italien lebte, schrieb: "Die Juden wurden so anmassend, dass viele sich einbildeten, die Tage der Prophezeiung seien wiedergekommen; sie fingen an, unsere Leute zu beleidigen, als ob die Periode ihres Königreichs wieder da sei." Andere Schriftsteller erwähnen grosse Geld- und Juwelengaben von vornehmen Jüdinnen in aller Welt.

In den Kreisen des nassi und der Weisen nahm man hingegen die Nachricht mit gemischten Gefühlen und Vorbehalten auf. Sie waren zwar glücklich über das Ereignis selbst, fürchteten aber die möglichen Folgen für die Einigkeit unter den Führern des Volkes und für die Reinheit der Religion unter einer Priesterschaft, die ein ausländischer heidnischer König wieder eingesetzt hatte und die seiner Überwachung unterstand. Es beunruhigte sie ausserdem, dass dieser Plan völlig vom Leben eines einzigen Mannes abhing — eines Kaisers, der seinen Thron verlieren konnte. Die Ereignisse bewiesen, wie richtig ihre vorsichtige Beurteilung der Lage war. Julian wurde noch vor Ende des Jahres ermordet, und unter seinem Nachfolger, dem Christen Jovianus, brachen alle Hoffnungen zusammen.

DIE UNBESCHRÄNKTE HERRSCHAFT DES CHRISTENTUMS

Mit Julians Tod verlor der Hellenismus seine historische Bedeutung. Jetzt endete auch die Toleranz der Behörden gegenüber den Juden, und von nun an zielten alle die Juden betreffenden Gesetze darauf hin, ihre Rechte mit Rücksicht auf die Bedürfnisse der christlichen Kirche einzuschränken. Die zu Anfang des fünften Jahrhunderts erlassenen Gesetze sollten die Juden gesellschaftlich isolieren und das Judentum durch die Beseitigung seiner zentralen und lokalen Organisationen zu unterdrücken.

Es gelang den Behörden bis zu einem gewissen Grade, die Juden zu isolieren, nicht aber, sie zur Befolgung des Erlasses zu bringen, der ihnen verbot, Proselyten zu machen. Das taten sie weiter, solange Nichtjuden sich zum Judentum bekehren wollten, und noch zu Beginn des fünften Jahrhunderts waren manche Christen dazu bereit. Die Behörden schikanierten die zentralen Organisationen — das Amt des nassi und das Sanhedrin — immer mehr. Es hatte allerdings schon mehrere Generationen lang keinen nassi mehr vom Format der Vorgänger gegeben, die blosse Tatsache indessen, dass er ein Spross aus dem Hause Davids war, genügte, um ihn zu einem alle Juden einigenden Faktor zu machen. Als in der Mitte des vierten Jahrhunderts die Beziehungen zwischen Palästina und den Juden im Osten jenseits der Grenzen des Römischen Reichs durch Erlasse erschwert wurden, veröffentlichte Hillel II. einen dauernden Kalender und machte dadurch die Juden der Diaspora von der Festsetzung der Daten für die Feiertage durch das Sanhedrin und den nassi unabhängig. Das Amt des nassi verlor noch weiter an Bedeutung, als im Jahr 399 das Weströmische Reich die Überweisung von Geld aus den ihm unterstehenden Gebieten an den nassi untersagte. Dieses Verbot wurde zwar bald wieder aufgehoben, aber es war ein Zeichen der zunehmenden Intervention der Regierung in die Angelegenheiten des Amtes des nassi.

Eins der gebräuchlichsten jüdischen Symbole nach der Zerstörung Jerusalems war der siebenarmige Leuchter. Vom Beginn des zweiten Jahrhunderts an diente es sowohl der Identifizierung als auch der Verbreitung des Judentums. Zu den zahlreichen Haushaltsgeräten mit diesem nationalen Symbol gehörten Keramik- und Bronzelampen und Flaschen aus Glas oder Ton. Dies ist eine kleine Glasflasche. Haaretzmuseum, Tel Aviv

Die Synagoge in Chorasin zeichnet sich von den zahlreichen in Galiläa entdeckten Synagogen durch ihren besonderen Schmuck aus: dazu gehören Menschengesichter und Szenen aus der Landarbeit. Hier sieht man die Reste eines Frieses und Kapitelle

Eine christliche Basilika aus dem fünften Jahrhundert in Awdat; Blick aus der Apsis. Awdat bildete fast hundert Jahre lang von der Mitte des ersten Jahrhunderts v. Chr. bis zur Mitte des ersten Jahrhunderts n. Chr. ein bedeutendes Zentrum des kurzlebigen, glanzvollen nabatäischen Königreiches. Die nabatäischen Araber verwandelten mit Hilfe von Brunnen und einem Netz von Bewässerungskanälen die südlichen Wüstenstriche in fruchtbare Täler. Auf dem von den Nabatäern gewonnenen Land konnten ländliche und städtische Gemeinden noch siebenhundert Jahre lang leben. Die byzantinische Gemeinde und ihre Kirche hatten nur für eine der Phasen in der ruhmreichen Geschichte Awdats im Negew Bedeutung

Die Weisen hielten die Zeit für gekommen, die Werke der palästinensischen Gelehrten zu sammeln. Sie stellten die Ergebnisse der nach der Redaktion der Mischna geführten Diskussionen zusammen, und daraus entstand der palästinensische Talmud. Er enthält aber nur Material zu den ersten vier Ordnungen der Mischna, da sie ihr Werk nicht vollenden konnten, ehe der grosse Sturm das Zentrum der Gelehrsamkeit in Palästina zerstörte.

Das Ende kam nicht auf einmal. Im Jahr 415 beschuldigte die Regierung den nassi, die Gesetze des Römischen Reichs zu verletzen. Ihr Verbot, Proselyten zu machen und Synagogen zu bauen, und die Abschaffung der autonomen Gerichtsbarkeit standen in krassem Widerspruch zu den Aufgaben, die der nassi als der Führer der Juden zu erfüllen hatte. So kam es zum offenen Bruch zwischen dem nassi und den Behörden. Der nassi hatte jedoch noch immer Macht, und der Kaiser begnügte sich mit der Warnung an den nassi Gamaliel VI., er werde ihn streng bestrafen, sollte er die Gesetze des Reichs noch einmal übertreten. Aber nach Gamaliels Tod (426) bot sich den Behörden die Gelegenheit, auf die sie gewartet hatten. Er hinterliess keine Söhne, und da die Hillelsche Dynastie sich anscheinend weigerte, einen anderen Verwandten einzusetzen, bedeutete dies ihr Ende und das des Amtes des nassi in Palästina.

DAS BABYLONISCHE ZENTRUM

Ausserhalb Palästinas war die Diaspora im Osten die älteste, zu tiefst verwurzelte und umfangreichste der jüdischen Gemeinden. Ihre Mitglieder genossen ein grosses Mass von Autonomie. Ihr Führer war der Exilarch, der seinen Stammbaum durch Jojachin bis auf David zurückverfolgte und die gleiche Stellung hatte wie der nassi in Palästina. Man achtete in ihm den Mann, der im Namen des Königs regierte und gute Beziehungen zu den Behörden unterhielt. In der persischen Hierarchie stand er an vierter Stelle nach dem König. Er wohnte in einem besonderen Viertel von Nehardea und benahm sich wie ein Mitglied des königlichen Hauses. Sein Einkommen bezog er aus Geschenken und Privatbesitz. Für seine Gerichtsbarkeit verfügte er über ein ganzes Rechtssystem, und er durfte über zivilrechtliche Fälle und manchmal auch über Verbrechen zu Gericht sitzen. Die ihn repräsentierenden Richter an der Spitze des obersten jüdischen Gerichts hiessen "Richter der Gemeinde im Exil."

Jede Gemeinde, der sieben "städtische Würdenträger" vorstanden, beschäftigte Inspektoren für Masse, überwachte die Kindererziehung, nahm sich der Fürsorgebedürftigen an, kümmerte sich um die Freilassung von Gefangenen, beschaffte Ausstattungen für bedürftige Bräute und Nahrung für die Kinder der Armen. Die eingezogenen Steuern dienten unter anderem dem Bau von Mauern und Toren.

Die parthische Regierung war im allgemeinen nachsichtig und mischte sich nicht in die inneren Angelegenheiten der Juden. Als die Sassaniden die Macht ergriffen (im ersten Viertel des dritten Jahrhunderts), verschlechterte sich die Lage der Angehörigen aller anderen Religionen, folglich auch die der Juden. Doch zwanzig Jahre später erkannten

Das römische Amphitheater in Beth Schean ist eins der grössten und grossartigsten in Israel. Das Theater gehörte zu den wichtigsten kulturellen Institutionen der römischen Stadt

die Behörden die Macht der grossen jüdischen Gemeinden in ihrem Land und benutzten sie in ihren Kriegen gegen die Römer.

Die wichtigste Rolle im Leben der babylonischen Juden spielte die Landwirtschaft. Die Bauern bauten hauptsächlich Weizen und Gerste für Getränke an — für eine Art von Bier, das Nationalgetränk der Babylonier. Ausserdem gewannen sie aus Mohnsamen Öl und aus den Früchten von Palmen Honig und Wein. Die Juden stellten auch Textilien her, ferner Keramik und geflochtene Körbe. Sie arbeiteten auch als Schneider und Aufseher, und das Durchbohren von Perlen gehörte ebenfalls zu ihren Gewerben.

Der wirtschaftliche Wohlstand ebnete den Weg zu kultureller Blüte. Die literarische schöpferische Arbeit hatte schon am Ende der Periode des Ersten Tempels begonnen. Hier waren mehrere Bücher der Bibel kompiliert worden, z.B. Ezechiel, Daniel und Esther.

Nach der Zerstörung des Zweiten Tempels gab es unter der Leitung von Juda ben Bathyra ein jüdisches Gericht in Nisibis, das Disputationen mit den palästinensischen Weisen führte.

Als nach der Zerstörung von Betar mehr Juden nach Babylonien auswanderten, gründete Hanania, der Neffe Rabbi Josuas, dort ein jüdisches Gericht und versuchte, ihm die Vorrechte des Sanhedrins zu verschaffen, gab aber diesen Plan auf Veranlassung von Rabbi Simeon ben Gamaliel wieder auf.

Die bedeutendsten Gelehrten, denen vor allen anderen

"Der Eber aus dem Wald zerfrisst ihn". Die römischen Mosaikfussböden in Palästina aus der Besatzungszeit enthalten Szenen, die der Natur nachgebildet zu sein scheinen. Hier ist ein Eber auf einem Mosaikfussboden. Chanita, Obergaliläa

die Blüte der jüdischen Gelehrsamkeit in Babylonien zu verdanken ist, waren Abba Arika, auch als Raw bekannt, und Samuel Jarhina'a, sein Kollege und Gegner in halachischen Fragen, beides Schüler von Rabbi Juda ha-Nassi. Samuel leitete das Lehrhaus in Nehardea, und Raw gründete eins in Sura, das bis dahin kein Zentrum der Gelehrsamkeit gewesen war. Zu diesem Lehrhaus strömten zahlreiche Schüler, nach talmudischen Quellen sollen es etwa zwölfhundert gewesen sein. Wahrscheinlich wurden damals besondere Monate als Studienmonate bestimmt. In den Monaten Adar und Elul kamen die Leute in Scharen zu diesen glänzenden Versammlungen nach Sura. Wie überliefert wird, nahmen zu Anfang des vierten Jahrhunderts über zwölftausend Menschen an diesen Studienkursen teil.

Der Nachfolger des Raws, Rabbi Huna, war einer der grossen Autoren des babylonischen Talmuds. Er besass viel Einfluss und Autorität und soll über achthundert Schüler gehabt haben. Man bewunderte ihn sogar in Palästina, und die Leiter der Schule in Tiberias unterstanden seiner Jurisdiktion. Ihm folgte Rabbi Hisda, einer der bedeutendsten Amoräer der dritten und vierten Generation. Man rühmte seinen Scharfsinn auf dem Gebiet des halachischen Gesetzes, und ausserdem war er sehr bewandert in der Agada, dem nicht religions-gesetzlichen Teil des Talmuds.

Neben dem Talmudstudium widmeten die Gelehrten sich dem Studium der Massora — der Sammlung von Traditionen, die sich auf die korrekte Orthographie, Schreibweise und Aussprache der hebräischen Bibel beziehen. Die Agada entwickelte sich hier nicht im gleichen Masse wie in Palästina, wohl aber die Kompilation des Gebetbuchs.

Den Mittelpunkt der Arbeiten der dritten Generation der Amoräer bildeten die beiden grossen Lehrhäuser in Pumbedita und Machosa. An der Spitze des Lehrhauses von Pumbedita stand Rabbi Rabba bar Nachmani, dessen Scharfsinn zahlreiche Schüler anzog. Während seiner Amtszeit besuchten so viele Menschen seine Studienkurse, dass er für den Rückgang der Staatseinkünfte verantwortlich gemacht wurde. Man teilte nämlich den Behörden mit, die Teilnehmer an diesen Kursen arbeiteten während dieser Studienzeit nicht und bezahlten folglich auch keine Steuern. Rabba musste fliehen und starb unterwegs.

Die beiden berühmten Schüler Rabbas, Abbaje und Raba, gelten als die kraftvollsten Autoritäten des Talmuds. Abbaje leitete das Lehrhaus in Pumbedita und Raba das in Machosa. Zu ihrer Zeit erreichte die Methode der Talmuddisputation ein neues Entwicklungsstadium, und aus ihren Diskussionen über halachische Probleme ist das ganze System der talmudischen Argumentation entstanden. Nach dem Tod Abbajes gingen viele seiner Schüler an das Lehrhaus in Machosa. In Auseinandersetzungen über Fragen der Halacha entsprach das Gesetz mit sechs Ausnahmen immer der von Raba getroffenen Entscheidung. Raba starb ungefähr zwölf Jahre, ehe das Heer des Julian Apostata Machosa zerstörte.

Am Ende des vierten Jahrhunderts empfand man in Babylonien — wie zwei Jahrhunderte früher in Palästina — die Notwendigkeit, die Gesetze zu sammeln, die in den dortigen Lehrhäusern formuliert worden waren. Rabbi Aschi unternahm mit seinen Schülern, darunter dem hervorragenden Gelehrten Rabina, die gewaltige Aufgabe, das

Die Madeba-Karte ist ein Bruchstück eines Mosaikfussbodens aus der zweiten Hälfte des sechsten Jahrhunderts. Man hat es im letzten Jahrhundert beim Bau einer neuen Kirche in der Stadt Madeba in Transjordanien gefunden. Der noch vorhandene Teil der Karte zeigt den Südosten Palästinas. Die Karte orientierte über die christlichen heiligen Stätten und war für Pilger bestimmt. Schwarzes Mosaik umrandet die Zeichnungen auf weissem Grund; die Inschriften sind rot. Das Bild zeigt nur ein Stück des Bodens. Das Wasser in der Mitte ist "das Meer aus Salz und Erdharz und auch das Tote Meer", in dem hineinmündenden Jordan sieht man einige Fische, der letzte streckt seinen Schwanz gegen das Tote Meer. Die Figuren der Leute auf dem Schiff im Toten Meer und des Löwen, der die Gazelle am Jordanufer verfolgt, sind von den byzantinischen Bilderstürmern des achten Jahrhunderts absichtlich verunstaltet. Jerusalem erscheint unter dem Toten Meer, es sieht aus wie eine belagerte Stadt, "der Erbbesitz Benjamins". Rechts davon ist "der Erbbesitz Judas" und links "der Erbbesitz Ephraims". Darunter ist "der Erbbesitz Dans", "warum weilt Dan bei den Schiffen?" (Aus der Madeba-Karte von Michael Awi-Jona)

umfangreiche Material zusammenzustellen. Die Arbeit wurde erst nach seinem Tode abgeschlossen. Sein Todesjahr (499 oder 500) gilt als das Datum für die Redaktion des babylonischen Talmuds.

Die Anordnung des Talmuds (oder der Gemara, wie dieser besondere Teil heisst) entspricht den sechs Ordnungen der Mischna. Seine Sprache ist eine Mischung aus Hebräisch und Aramäisch. Er umfasst alle Aspekte des Rechts — Zivil- und Strafrecht, Familienrecht, Bestimmungen über Erlaubtes und Verbotenes — und ist ein Kompendium des Glaubens und der Meinungen, die der jüdische Geist in Babylonien im Laufe von Jahrhunderten hervorgebracht hat. Er befasst sich ausser mit dem Recht mit Medizin und Landwirtschaft und enthält daneben Angaben über religiöse Gebräuche und ethische Prinzipien.

Der Talmud besteht aus zwei Grundelementen: 1. der Halacha, das ist das Gesetz. Es regelt alle Fragen des Lebens des einzelnen und der Gemeinschaft, die Beziehungen zwischen dem Menschen und seinen Mitmenschen, zwischen dem Menschen und Gott, zwischen dem einzelnen und der Gemeinde und zwischen Gemeinden, zwischen den Juden und anderen Völkern und sogar zwischen Nationen. 2. der Agada, das ist der nicht religionsgesetzliche Teil, der durch Erzählungen und moralische Anekdoten den Wert der Weisheit und der Ethik illustriert.

UNTER BYZANTINISCHER HERRSCHAFT

Am Ende des vierten Jahrhunderts bestand Palästina aus drei Teilen. In zweien davon regierten Konsuln. Ein Teil, Transjordanien, gehörte zur Provinz Arabia. Das Land war so geteilt: Palästina Prima umfasste Judäa, die Küstenebene, Samaria, den Negew und einen Teil Transjordaniens; in diesem Abschnitt war Cäsarea die grösste Stadt und Eleutheropolis (Beth Guwrin) der bedeutendste Distrikt. Palästina Secunda bestand aus dem Tal Jesreel, Galiläa, den Städten im Golan und der Dekapolis (dem Zehn-Städte-Bund); die wichtigste Stadt war Scythopolis (Beth Schean), andere bedeutende Städte waren Diocäsarea (Sepphoris), Tiberias, Hippos und Pella. Damals lebten die meisten Juden in diesem Teil von Palästina. Zu Palästina Tertia gehörten Teile des Negew und die Sinai-Halbinsel. Ausser der Hauptstadt — erst war es Halousa und später Petra (Rekem) — gab es noch mehrere grosse Städte, darunter Mampsis, Soar und Elat. In der Provinz Arabia bildete ausser der Stadt Basra auch Philadelphia (Rabbat Ammon, Amman) ein bedeutendes Zentrum.

Auf die Nachricht vom Tod Julians Apostatas hin, auf den die Juden grosse Hoffnungen gesetzt hatten, begannen christliche Einwohner des Landes die Juden zu töten. Sie vernichteten viele Gemeinden im Süden. Das Christentum breitete sich weiter aus, und die Christen wurden der wichtigste Teil der Bevölkerung. Die zugunsten der Juden von Julian erlassenen Sondergesetze wurden aufgehoben. Die christlichen Gemeinden vermehrten sich: im dritten Jahrhundert gab es acht, im vierten wurden achtzehn und im fünften achtundfünfzig gegründet. Die meisten christlichen Einwohner waren nach Palästina geflohen, als die Germanen und Hunnen in Italien einfielen. Diese Flüchtlinge brachten viel Geld mit, und das Land wurde reich.

Mit dem Anwachsen der christlichen Bevölkerung nahm die Bedeutung des Landes für die Christen zu. Palästina wurde eine der wichtigsten Bezugsquellen für die Reliquien von Heiligen. Christliche Mönche "entdeckten" die Gebeine des Propheten Elisa und von Johannes dem Täufer. Im Jahr 395 wurden die Gebeine "unseres Vaters Joseph" von Sichem (Nablus) nach Konstantinopel überführt, zehn Jahre später auch die des Propheten Samuel. Im Jahr 412 baute man auf dem Grab des Propheten Sacharja und Habakuk eine Kirche. Solche Entdeckungen, wie z.B. auch die von Resten der Gewänder Marias, der Mutter Jesu, regten zu Pilgerfahrten an und brachten dem Land Wohlstand. Wie die anderen Einwohner hatten auch die Juden davon Gewinn, besonders da sie viel über die in der Bibel erwähnten Orte und Personen wussten.

Der zunehmende Wohlstand der Juden führte zum Erlass von Gesetzen zur Einschränkung ihrer Betätigung im Handel und in der Landwirtschaft. Wer den Juden Geld und anderen Besitz raubte, wurde von den örtlichen Behörden nicht bestraft, und Raub und Plünderung begleiteten auch immer die Schändung von Synagogen, zu der christliche Mönche aufwiegelten.

DIE JÜDISCHE KUNST ZUR ZEIT VON MISCHNA UND TALMUD

Jüdische Gemeinden ausserhalb Palästinas benutzten die Synagoge in der Zeit vor der Zerstörung des Tempels (70 n. Chr.) anscheinend als Ort der Begegnung. Vielleicht gab es auch in Palästina und sogar in Jerusalem selbst Synagogen für Juden aus der Diaspora, die eine Pilgerfahrt in die Heilige Stadt machten. Nach der Zerstörung Jerusalems wurde die Synagoge überall im Römischen Reich und darüber hinaus das Zentrum der jüdischen Gemeinde. Man wählte dafür die Form der Basilika, die in den römischen Städten als Treffpunkt und als Gerichtsgebäude der Stadtverwaltung diente. Für die Juden wurde sie nun zum Versammlungsraum und Bethaus. Die älteste noch erhaltene Synagoge stammt aus dem Anfang des dritten Jahrhunderts. Überreste von Synagogen findet man in Galiläa; es sind gewöhnlich quadratische Bauten, deren Fassaden nach Jerusalem gerichtet sind. Im Gegensatz zu den christlichen Basiliken fehlt diesen Synagogen die runde Apsis im hinteren Teil, der in einigen Fällen ausser den beiden Säulenreihen in der Längsrichtung auch noch eine quer zur Achse stehende Säulenreihe hat. Ein Beispiel solch einer alten Synagoge bietet die von Kapernaum an der Nordspitze des Sees Gennesaret. Von der Säulenreihe quer zur Achse steht noch ein Teil. Einige Synagogen hatten auch ein oberes Stockwerk, es diente offenbar als Galerie für die Frauen und war von der Haupthalle durch ein verziertes Geländer getrennt. Den Schmuck der frühen Synagoge bildeten hauptsächlich Steinreliefs mit Blumen und geometrischen Zeichnungen, vor allem mit Akanthusblättern, aber auch mit Figuren von Menschen und Gegenständen. Auf dem Fries des Geländers der Synagoge zu Kapernaum ist eine aus Stein gemeisselte kleine Bundeslade in der Form eines Miniaturtempels auf Rädern. Den Fries der Synagoge zu

Korazim schmücken Figuren von Männern bei der Weinlese, Soldaten und sogar von Herkules und anderen Bildern aus der griechischen Mythologie. Auf anderen Reliefs findet man verschiedene der für das Judentum charakteristischen Symbole, z.B. den siebenarmigen Leuchter, die Schaufel, das Widderhorn, den Palmzweig und die Zitrone. Sie drücken die Sehnsucht nach der Wiederherstellung des Gottesdienstes in dem ehemaligen Tempel aus. Die jüdische Kunst zeigt den Einfluss des hellenistischen und des römischen Stils.

Das grösste architektonische Problem bei der alten Synagoge rührte davon her, dass die Gläubigen das Gebäude von der nach Jerusalem gerichteten Seite her betraten, genau von derselben Seite, zu der sie sich im Gebet wandten. Falls die Menschen jedoch durch die beiden Seitentore des Hauptschiffes kamen, dann erhob sich die Frage, wohin mit dem Schrein mit den Torarollen. In manchen Synagogen verwahrte man den Schrein und die Rollen in einem Seitenraum und stellte sie offenbar während des Gottesdienstes in die Haupthalle auf eine erhöhte Plattform, nach Jerusalem weisend, gegenüber dem Haupteingang. Die jüdischen Architekten des dritten Jahrhunderts kamen schliesslich auf eine einheitliche Lösung des Problems und erfanden ganz neue Baumethoden und Ornamente für die Synagogen innerhalb und ausserhalb Palästinas. Der Haupteingang wurde auf die gegenüberliegende Seite verlegt und der Schrein in einer besonderen Nische, manchmal sogar in der Apsis gegen Jerusalem zu untergebracht. Diese Revolution in der Konstruktion brachte auch neue Methoden der Ornamentik mit sich, und man schmückte die Wände nun nicht mehr mit schweren Steinreliefs, sondern mit farbigen Zeichnungen, Ornamenten und Illustrationen zu Erzählungen. Seit dem vierten Jahrhundert dekorierte man die Synagogen mit Mosaiken.

Aus altpalästinensischen Synagogen gibt es keine Zeichnungen mehr, aber man hat nach dem Ersten Weltkrieg Zeichnungen biblischer Themen auf den Wänden einer Synagoge in Dura-Europos am Euphrat gefunden. Wahrscheinlich stammen diese Zeichnungen aus dem Jahr 245, in dem das Gebäude, wie aus einer Inschrift in Griechisch und Aramäisch hervorgeht, von Samuel ben Idi, "Ältester der Juden" genannt, renoviert wurde. Elf Jahre später, bei einer Belagerung der damals römischen Grenzfestung durch die Perser, wurde die Synagoge teilweise zerstört. Die Westmauer nach Jerusalem zu und Teile der anderen Mauern sind erhalten geblieben, da man sie zur Verstärkung der an die Synagoge angrenzenden Westmauer der Festung mit Erde bedeckt hatte. Über der Nische für den Toraschrein in der Westmauer sind Zeichnungen des siebenarmigen Leuchters, eines Palmzweigs, einer Zitrone und eines Widderhorns, ausserdem der Opferung Isaaks. Auf anderen Wänden sieht man weitere Darstellungen verschiedener für die Juden wichtiger Ereignisse, darunter ist z.B. der Auszug der Juden aus Ägypten, die Krönung Davids zum König, Salomo auf dem Thron, Ezechiels Vision der dürren Gebeine, die wieder lebendig wurden, und der Aufstand der Hasmonäer.

Die in Palästina und anderswo entdeckten Mosaikfussböden sind noch berühmter als die Fresken in Dura-Europos. Verhältnismässig viele davon haben sich erhalten. Ausserhalb Israels ist der berühmteste in Naro (Hamman

Im Süden des Landes gehörte Askalon zu den wichtigen römischen Zentren, die unter dem grossen Baumeister Herodes in der Periode des Zweiten Tempels gebaut wurden. Das Bild zeigt die Reste einer Säule und den Eingang zu dem verzierten Tor eines Gebäudes in Askalon aus der Regierungszeit von Herodes, erstes Jahrhundert n. Chr.

Lif) in Tunesien; in Israel findet man die grossartigsten in Maon, Hammat-Gader bei Tiberias und in Beth Alpha. Ausser den Bildern des Sternkreises mit den Jahreszeiten enthalten diese Böden auch nationale Symbole der Erlösung wie z.B. die Darstellung der Tempeltore, eine Bundeslade

Einer der schönsten und anmutigsten der in Israel entdeckten Mosaikfussböden des sechsten Jahrhunderts wurde in Schikmona an der Küste südlich von Haifa freigelegt. Die Bilder zeigen Teile seiner Muster. Museum für alte Kunst, Haifa

zwischen zwei Löwen, den siebenarmigen Leuchter und eine Schaufel, einen Palmzweig, eine Zitrone und sogar biblische Szenen. Der meist geschätzte Boden ist in einer Synagoge bei Beth Alpha, der aus dem Anfang des sechsten Jahrhunderts stammt. Er zeigt die Opferung Isaaks in grosser Einfachheit, verbunden mit der Wiedergabe zahlreicher Details.

In jüdischen Grabhöhlen und auf Sarkophagen vom zweiten Jahrhundert an findet man jüdische Symbole, ähnlich denen auf Fresken und Mosaiken. Besonders zahlreich sind die Ornamente und Reliefs mit den Symbolen der nationalen Wiedergeburt in dem umfangreichen Begräbniszentrum in Beth Schearim, wo die grossen Rabbis aus der Diaspora begraben wurden. Solche Symbole gibt es auch an Werken der Kleinkunst, etwa an Öllampen, Tintenfässern und Gläsern mit gemalten Blättern auf dem Grund. Diese Kleinkunst hat möglicherweise sogar der religiösen Propaganda als Mittel gedient, Menschen zum Übertritt ins Judentum zu veranlassen, der ja zur Zeit des Verfalls des Römischen Reichs weit verbreitet war.

DATEN AUS DER JÜDISCHEN GESCHICHTE VON DER RÜCKKEHR NACH ZION BIS ZUR REDAKTION DES BABYLONISCHEN TALMUDS

v. Chr.

538	Proklamation des Kyros und Rückkehr der ersten Gruppe aus Babylonien.
522–515	Wiederaufbau des Zweiten Tempels.
457	Esra führt die zweite Gruppe der Verbannten zurück nach Juda.
445	Nehemia kommt nach Jerusalem.
444	Vollendung des Wiederaufbaus der Mauer von Jerusalem; der Bund wird geschlossen.
332	Alexander der Grosse erobert Palästina.
301	Die Ptolemaier erobern Palästina.
198	Die Seleukiden werden die Herren Palästinas.
187	Tod des Hohenpriesters Simeon II.; Onia III. wird sein Nachfolger.
175	Josua (Jason) wird Hoherpriester.
172	Menelaos wird Hoherpriester.
170	Der Hohepriester Josua kommt nach Jerusalem und vertreibt Menelaos nach Akra; die Tobiaden veranlassen Antiochus Epiphanes, nach Jerusalem zu ziehen und Josua (Jason) zu vertreiben.
169	Antiochus IV. plündert den Tempel.
168	Veröffentlichung von antijüdischen Erlassen; Mattathias ben Jochanan löst in Modein einen Aufstand aus.
167	Tod des Mattathias; Judas Makkabäus übernimmt die Führung.
166	Kampf mit Apollonius; seleukidische Truppen werden unter dem Feldherrn Siron nach Judäa geschickt; die Juden kämpfen gegen ihn bei Bethhoron; Sirons Tod; Schlacht bei Emmaus.
165	Lysias zieht nach Judäa; Schlacht bei Beth Sur; Reinigung des Tempels und neue Weihe des Altars; Judas Makkabäus führt eine Strafexpedition gegen Idumäa, Rabbat Anon und Gilead; Repressalien gegen die Truppen Gorgias'.
163	Judäa und Syrien schliessen Frieden.
161	Alcimus wird Hoherpriester; Bacchides zieht nach Jerusalem und wird geschlagen; Nicanor greift Jerusalem an; Judäa und Rom schliessen eine Allianz; Judas Makkabäus stirbt; Jonathan wird sein Nachfolger.
142	Jonathan stirbt; ihm folgt Simon.
141	Simons Berufung zum Hohenpriester, General und Ethnarchen.
139	Simon schickt eine Delegation, um die Allianz zu erneuern.
135	Simon wird von seinem Schwiegersohn ermordet; sein Sohn Hyrkanos ergreift die Macht.
133	Antiochus Sidetes fällt in Judäa ein, Einschränkung der politischen Freiheit der Juden.
107	Jochanan Hyrkanos erobert Samaria.
104	Jochanan Hyrkanos stirbt; Aristobolos I. ergreift die Macht; Eroberung Galiläas und des südlichen Libanon.
103	Tod des Aristobolos; Alexander Jannai wird sein Nachfolger.
97	Alexander Jannai erobert Gasa.
76	Alexander Jannai stirbt; seine Frau Salome Alexandra übernimmt die Herrschaft.
67	Tod der Salome Alexandra; Hyrkanos II. und Aristobolos II. kämpfen um die Macht.
63	Pompeius besiegt Aristobolos und nimmt ihn gefangen; Hyrkanos kommt zur Macht.
57	Alexander, der Sohn von Aristobolos II. kommt nach Judäa und revoltiert gegen Hyrkanos II.
40	Die Parther fallen ins Land ein; Antigonos ergreift die Macht in Judäa; der römische Senat ernennt Herodes zum König von Judäa.
37	Herodes herrscht über Judäa.
4	Tod des Herodes und Teilung des Landes unter seine Erben.

6 n. Chr.	Anfang der Verwaltung Judäas durch römische Prokuratoren.
26–36	Pontius Pilatus ist Prokurator Judäas.
29	Kreuzigung Jesu.
40	Agrippa I. König von Galiläa und Transjordanien.
41	Agrippa I. König von Judäa.
52–60	Felix Prokurator von Judäa.
64–66	Gessius Florus Prokurator von Judäa.
66	Ausbruch des Krieges gegen Rom; Agrippa II. kommt nach Jerusalem, um die Bevölkerung zu beruhigen; Rebellen erobern Massada.
67	Vespasians Armee erobert Jotapata.
68	Bürgerkrieg in Jerusalem.
70	Zerstörung des Zweiten Tempels.
73	Massada fällt.
80	Rabbi Gamaliel aus Jawne wird Nachfolger von Rabbi Jochanan ben Sakkai.
115–18	Quietus schlägt die Revolte der Juden in Mesopotamien nieder.
132–35	Aufstand Bar Kochbas.
140	Rabbi Simeon ben Gamaliel wird nassi der Juden.
165	Juda ha-Nassi wird nassi der Juden.
200	Redaktion der Mischna.
210	Rabbi Gamaliel III. wird nassi in Tiberias.
219	Raw gründet ein Lehrhaus in Sura.
230	Rabbi Juda II. Nessia wird nassi; Rabbi Jochanan bar Nappacha gründet ein Lehrhaus in Tiberias.
259	Pappa bar Netser zerstört Nehardea.
260	Rabbi Juda bar Ezechiel gründet ein Lehrhaus in Pumbedita.
338	Das babylonische Zentrum wird nach Babylonien verlegt.
365	Gamaliel V. wird nassi.
371	Rabbi Aschi wird Leiter des Lehrhauses in Sura.
385	Juda IV. wird nassi der Juden.
400	Gamaliel VI. wird nassi; Redaktion des palästinensischen Talmuds
500	Redaktion des babylonischen Talmuds.

DIE JUDEN IM OSTRÖMISCHEN REICH

Die Zeichen des Widders und der Fische. Detail aus dem Tierkreis in dem Mosaikfussboden der aus dem vierten Jahrhundert stammenden alten Synagoge von Hamat

Der erste Kaiser des Oströmischen Reichs, Flavius Arcadius (395–408), bestätigte die den Juden vor der Teilung des Reichs gewährten Privilegien, die ihnen ihre religiöse Freiheit garantieren sollten. Von besonderer Bedeutung war das Gesetz aus dem Jahr 396: es sah Strafen für die Beamten vor, die sich in die Preisfestsetzung für die von den Juden zum Markt gebrachten Waren einmischten. Nur jüdische Händler durften diese Preise bestimmen. In anderen Dekreten unterstrich Arcadius, dass das römische Recht die Juden in keiner Weise beschränke, und er befahl auch dem Statthalter der östlichen Gebiete, dafür zu sorgen, dass nichts die Juden kränke. Der Kaiser forderte ferner die Behörden Illyriens auf, die Synagogen zu beschützen, bestätigte die Privilegien der Priester, die den Gottesdienst abhielten, und stellte sie den christlichen Geistlichen von ähnlichem Rang gleich. Die Juden durften in ihren eigenen Gerichten Recht sprechen, für die Vollstreckung der Urteile waren allerdings die römischen Behörden zuständig. Eins der Gesetze des Arcadius warnte die Juden davor, aus materiellen Gründen zum Christentum überzutreten. Von den Pflichten, die den im öffentlichen Dienst stehenden Personen oblagen, waren die jüdischen Beamten befreit, falls ihre Erfüllung einen Verstoss gegen den jüdischen Glauben mit sich brachte.

Die Haltung der Regierung gegenüber den Juden verschlechterte sich unter dem Einfluss des Patriarchen Johannes Chrysostomos. Durch ein Gesetz aus dem Jahr 404 wurden die Juden vom Dienst im Heer, an den Gerichten und in untergeordneten Stellen im Staatsdienst ausgeschlossen. Hingegen war es ihnen verboten, Posten auszuschlagen, die dem Staat grosse Steuereinnahmen brachten. Dies Gesetz liess sich indessen nur mit grossen Schwierigkeiten durchführen; deshalb wurde es im Jahr 418 geändert.

Zu Beginn der Regierung von Theodosius II. (408–450), dem Sohn des Arcadius, verbot man den Juden in Nordsyrien die üblichen Vergnügungen zu Purim, u.a. die Aufführung des Schauspiels, in dem Haman gehenkt und verbrannt wurde. Der Kaiser erliess dies Verbot, das die Kirche beantragt hatte, weil er fest entschlossen war, jede Störung der öffentlichen Ordnung zu verhindern. Das Gesetz sollte tatsächlich die Juden schützen.

Im Geist dieser Politik verbot der Staat im Jahr 412 Angriffe auf die Juden, nachdem in diesem Jahr mehrmals Häuser von Juden und Synagogen bei Gewaltausbrüchen zerstört waren. Im gleichen Jahr verfügte Theodosius, die Behörden dürften die Juden an Sabbat- und Feiertagen nicht vorladen, um sie nicht bei der Ausübung ihrer religiösen Pflichten zu stören. Drei Jahre später erliess der Kaiser ein Gesetz, das die Austragung aller Konflikte zwischen Juden und Christen an staatlichen Gerichten obligatorische machte. Zu derselben Zeit wurde den Juden durch ein Gesetz verboten, Sklaven zu kaufen, aber schon nach zwei Jahren schwächte der Kaiser es dadurch ab, dass er den Juden erlaubte, Sklaven zu erwerben, wenn sie sie erbten oder zu dauerndem Familienbesitz machten. Das Sklavengesetz bedeutete einen harten Schlag gegen jüdische Werkstätten, basierten doch damals die Handwerksbetriebe und Manufakturen der Juden wie ihrer nichtjüdischen Konkurrenten auf Sklavenarbeit. Diese ernste Beeinträchtigung der jüdischen Wirtschaft rief starkes Ressentiment hervor, aus dem es sogar zu Revolten gegen die antijüdischen Behörden kam.

Unter dem Einfluss der Kirche verschlechterte sich die Lage der Juden immer mehr trotz aller Versuche, die gegen sie gerichteten Gesetze zu mildern. So dienten z.B. von siebzehn Gesetzen nur vier den Interessen der Juden, die anderen nur der Anwendung strengerer Massnahmen gegen sie. Im Jahr 414 wurde die Synagoge von Alexandria de-

Symbolische Darstellung des Herbstes. Detail aus dem Mosaikfussboden der Synagoge von Hamat

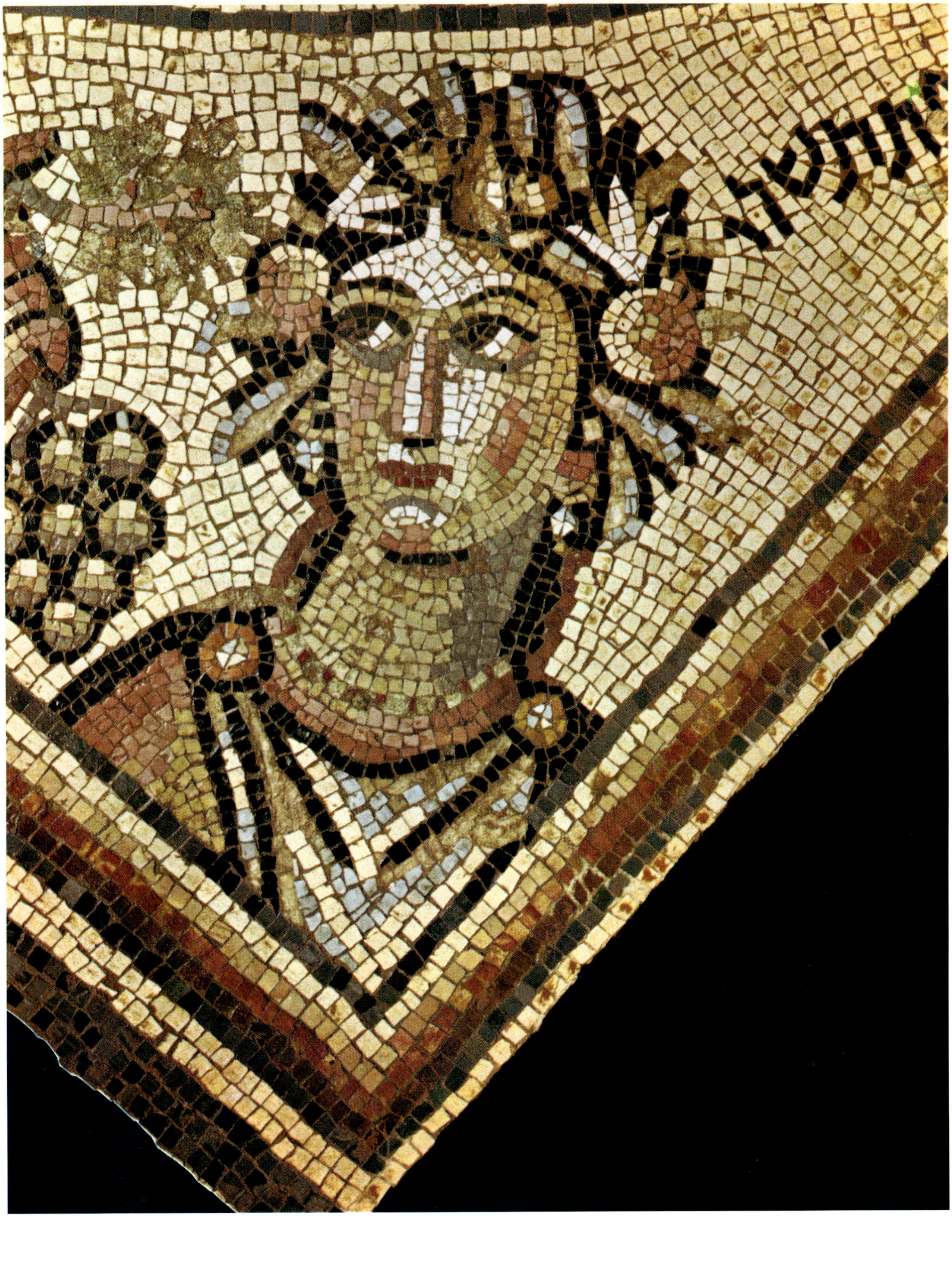

moliert, und man vertrieb die Juden aus der Stadt. Im Jahr 419 wurde die Synagoge in Magina zerstört, und 442 enteigneten die Behörden die Synagoge auf dem Markt der Kupferschmiede in Konstantinopel und bauten sie in eine Kirche um — unter dem Vorwand, sie sei nur mit der Erlaubnis des Statthalters, nicht aber mit der ausdrücklichen des Kaisers errichtet worden.

JUSTINIAN UNTERDRÜCKT DIE JUDEN

Justinian sanktionierte das Christentum offiziell als Quelle des kaiserlichen Rechts, und damit schaffte er die besondere Berücksichtigung des Judentums, wie sie das römische Recht bis dahin enthalten hatte, ab. Jetzt wurden aus den Beschränkungen und harten Dekreten, welche das Judentum immer wieder gedrückt hatten, Gesetze. Der Kaiser verschloss den Juden zivile und militärische Posten; sie durften nur noch die geringsten Stellen bekleiden. Gegen 530 bestätigte der Kaiser ein Gesetz von 423, das den Behörden zwar den Schutz jüdischen Eigentums gegen christliche Unruhstifter zur Pflicht machte, aber während das frühere Gesetz als Entschädigung für solche Gewalttaten das Dreifache des Wertes bestimmt hatte, reduzierte das neue Gesetz sie auf das Zweifache.

Der Kaiser verschärfte auch die gesetzlichen Bestimmungen mit Bezug auf die christlichen Sklaven der Juden. Er setzte die alten Vorschriften wieder in Kraft und verhängte höhere Strafen über die Juden, die christliche Sklaven hielten. Sie mussten alle christlichen Sklaven freilassen und auch jeden, der Christ werden wollte. Für den Fall, dass ein Sklave getauft und infolgedessen frei würde und sein Herr dann auch zum Christentum überträte, durfte dieser seinen früheren Sklaven nicht zurückerhalten. Wie seine Vorgänger stiess auch Justinian hierin auf Widerstand; er sah sich gezwungen, das Gesetz zu revidieren und ebenfalls auf Sklaven von Christen auszudehnen.

Als Zeugen durften Juden zwar für die Beglaubigung von Dokumenten fungieren, bei Gericht aber nur für jüdische Parteien. Aussagen von Juden wurden verworfen, wenn sie Christen belasteten, die für Christen günstigen hingegen akzeptierte man.

War auf einem Grundstück, das Juden gehörte, eine Kirche gebaut, so wurde es enteignet, und sie durften solches Land weder erwerben, noch besitzen, noch beleihen. Dies Gesetz bezog sich auch auf die Sklaven der Kirche. Auf diese Art erwarb die Kirche viel Eigentum, besonders in Palästina.

Im Jahr 553 erliess der Kaiser ein Gesetz, das ihn ermächtigte, in die Toralesung im synagogalen Gottesdienst einzugreifen. Den Anlass zu diesem Wunsch des Kaisers, sich in die Angelegenheiten seiner jüdischen Untertanen einzumischen, gab ein Konflikt in den Synagogen Konstantinopels zwischen jenen, die verlangten, der Pentateuch solle nur im hebräischen Urtext gelesen werden, und den anderen, die auf seiner Übersetzung ins Griechische bestanden. Justinian trat für die Seite ein, die das Griechische forderte, und verkündete ein Gesetz, das für sämtliche Synagogen im Byzantinischen Reich, nicht nur für die in den Streit verwickelten, galt. Aus der Formulierung des Textes wird der Wunsch deutlich, die Juden zur Annahme gewisser Prinzipien der christlichen Theologie zu bringen. Der Kaiser verwarf den jüdischen Glauben an den einfachen Text der Heiligen Schrift, der im Widerspruch steht zu den "vagen Prophezeiungen," in denen die Christen die Verheissung vom Kommen Jesu suchten.

Um den Juden die christliche Interpretation der Bibel näher zu bringen, erkannte Justinian das hebräische Original und die Übersetzungen als gleichberechtigt an. Denen, die eine griechische Übersetzung wünschten, empfahl er die von der Kirche gebilligte verzerrte Septuaginta, sprach sich aber nicht gegen die anderen Übersetzungen aus. Er verhinderte auch den Gebrauch von Aquilas griechischer Übersetzung (aus dem Ende des ersten oder Anfang des zweiten Jahrhunderts) nicht, versuchte aber durch seinen Hinweis, Aquila sei von Geburt nicht Jude gewesen, die Juden zur Bevorzugung der Septuaginta zu veranlassen. Gleichzeitig verbot er die Interpretation der Bibel durch agadische und halachische Midraschim. Wer die Anordnung des Kaisers nicht wörtlich befolgte, dem drohten Prügelstrafe, Verbannung und Konfiskation seines Eigentums. Die gleichen Strafen erlitten jene, die nicht an die Auferstehung, den Tag des Jüngsten Gerichts und die Existenz von Engeln glaubten.

Noch schwerer wog der Eingriff in das religiöse Leben der Juden durch die kaiserliche Verordnung, welche die Feier des Pessachfestes verbot, falls es vor das christliche Ostern fiel. Der Kaiser erliess auch Bestimmungen für diejenigen jüdischen Familien, in denen mehrere Mitglieder zum Christentum übergetreten waren. Er bestätigte frühere Gesetze zur Reglung der Rechte des Sohnes eines Getauften und bestimmte ausserdem, für den Fall, dass ein Elternteil ein Kind taufen lassen wollte, der andere aber dagegen war, solle das Kind getauft werden, gleichgültig, ob der Vater oder die Mutter dafür sei, obwohl doch im römischen Recht i. allg. die Wünsche des Vaters Vorrang vor denen der Mutter hatten.

Während in der früheren römischen Gesetzgebung die Angriffe auf Synagogen ein wichtiges Thema bildeten, erwähnt der Codex Justinianus sie gar nicht. Wahrscheinlich erübrigten sich Verbote von Angriffen auf Synagogen durch den Pöbel, da die Behörden zu jener Zeit die Mönche schon im Zaum hielten. Im Jahr 545 setzte Justinian das alte Gesetz, das den Bau neuer Synagogen verbot, wieder in Kraft, und er untersagte auch die Instandhaltung der Synagogen in Afrika.

Für die Juden zählten indessen die Taten des Kaisers mehr als die Gesetze. Archäologische Funde beweisen deutlich, dass in dieser Periode zahlreiche Synagogen zerstört wurden. In Geres wurde z.B. eine Kirche auf den Ruinen einer Synagoge gebaut.

ZWANGSTAUFEN

In der Regierungszeit Justinians erzwangen die Behörden zum ersten Mal eine Bekehrung. Sie wird in der Geschichte des Oströmischen Reichs erwähnt. In der Stadt Borion in der Cyrenaika gab es eine prachtvolle Synagoge; der örtlichen Überlieferung nach ging sie auf König Salomo zurück. Justinian liess diese Synagoge in eine Kirche umbauen und

Justinian I., Kaiser des Oströmischen Reichs (527–565). Detail aus dem Mosaik in der Kirche San Vitale, Ravenna, Italien

zwang alle Juden der Stadt, zum Christentum überzutreten. Der grosse Dichter Romanos, selbst Christ jüdischer Herkunft, erwähnt in seinen Werken, viele Juden hätten den Glauben ihrer Väter aufgegeben und sich aus Angst vor den Gesetzen taufen lassen.

Auch unter der Regierung des Maurikios (582–602) gab es Fälle von Zwangstaufen. Domitinos, der Neffe des Kaisers und Bischof von Melitene, zwang die Juden des Ortes, zum Christentum überzutreten. ''Aber,'' fügt der christliche Historiker in seinem Bericht hinzu, ''sie waren hypokritische Christen.'' Unter dem Kaiser Phokas (602– 610) versuchte man, alle Juden zu taufen. Der Befehl dazu sei, so ist den Aufzeichnungen eines Zeitgenossen, des Konvertiten Jakob aus Karub, zu entnehmen, von Sergios, dem Statthalter von Afrika, erlassen, und trotzdem die Juden sich weigerten, habe Sergios die Taufe erzwungen.

Die Taufe wurde eine Staatsangelegenheit, ein Loyalitätssymbol, und die Juden konnten sie nicht verweigern, wollten sie nicht als Landesverräter erscheinen. Im allgemeinen freilich hielten sie die Bekehrungsdekrete für eins der Zeichen, die das Kommen des Messias ankündigten, und sie waren der unmittelbar bevorstehenden Erlösung sicher. Die Invasion der Perser erschien ihnen als Zeichen des Himmels; das war ein Grund für die fanatischen Christen in Antiochia, die Juden der Stadt anzugreifen. Diese versuchten sich zu verteidigen, und aus diesem Konflikt entstand beinahe ein Krieg. Doch nach kurzem erfolgreichen Widerstand wurden die Juden geschlagen und viele von ihnen hingerichtet oder verbannt; ihr Eigentum konfiszierte man. Das war das Ende der jüdischen Gemeinde in Antiochia.

In dem Aufstand, der nach dem Tod des Kaisers Herakleios (641) ausbrach, spielten die Juden von Konstantinopel eine grosse Rolle. Vierzig Jahre später, als das Reich seine östlichen Gebiete verloren hatte, wurde die Feindseligkeit der Christen gegen die Juden so stark, dass das sechste ökumenische Konzil (680–681) verbot, den Juden Freundlichkeiten zu erweisen und einen jüdischen Arzt zu konsultieren oder Medizin von ihm zu nehmen.

Die erneute Belagerung Konstantinopels (717) und die Machtergreifung durch den Vater der isaurischen Dynastie, Leon III. (717–741), weckten wieder einmal Hoffnung bei den Juden der Stadt, und sie konnten ihre Freude nicht verhehlen. Da zwang der Kaiser sie, sich taufen zu lassen. Viele Juden zogen aus der Stadt nach Syrien, wo sich eine messianische Bewegung bildete. Andere gingen ins Land der Chazaren, wo König Bulan zum Judentum übergetreten war. Konstantin V., der Sohn Leons III., heiratete die Tochter Bulans (732); danach nahm die Judenfeindlichkeit etwas ab. Als ein sieben Jahre später erlassenes Gesetz Leons verschiedene Ungläubige, die das Christentum nicht angenommen hatten, zum Tode verurteilte, standen keine Juden auf der Liste. Das Konzil von Nicaea (780) erlaubte den Juden, die das Christentum nur scheinbar angenommen hatten, offen zum Judentum zurückzukehren — allerdings unter der Voraussetzung, dass alle antijüdischen Staatsgesetze auch für sie Geltung hätten. Das Konzil entschied ferner, die Juden könnten nicht zur Taufe zugelassen werden, ehe eine sorgfältige Untersuchung ihre unanfechtbare Loyalität gegenüber dem Christentum festgestellt hätte.

Während der Regierung der amorischen Dynastie (in der ersten Hälfte des neunten Jahrhunderts) nahm der Druck auf die Juden weiter ab. Michael II. (820–829), der Begründer der Dynastie, habe — so berichtet ein Historiker — den Juden alle Steuern erlassen und sie frei gemacht; er habe sie gern gemocht, ihnen Gefallen getan und mehr Ehre erwiesen als anderen.

Unter der Herrschaft seines Sohnes, des Kaisers Theophilos (829–842) spielten die Juden eine wichtige Rolle in den Handelsbeziehungen zwischen den Byzantinern und den Chazaren und denen mit Indien und China.

Unter Basileios (867–886), mit dem die mazedonische Dynastie an die Macht gelangte, wurden die Juden durch neue Erlasse wieder einmal zur Annahme der Taufe gezwungen, und nur wenige Gemeinden konnten dem Zwang entrinnen. Der Kaiser veröffentlichte auch eine Sammlung aller von den verschiedenen Kirchenkonzilien getroffenen antijüdischen Entscheidungen. Unter Basileios' Nachfolger, Leon VI. dem Weisen (886–912), durften die Juden wieder zur Religion ihrer Väter zurückkehren, unter Romanos Lakepenos (919–944) jedoch befahlen neue Dekrete ihnen erneut den Übertritt zum Christentum.

Anscheinend verbesserte sich indessen in der zweiten Hälfte des zehnten und bis ins elfte Jahrhundert die Lage der Juden erheblich, wenn auch noch immer besondere Dekrete ihre Betätigung einschränkten. Ein Schriftsteller des elften Jahrhunderts beschreibt die Situation der Juden zu jener Zeit so:

"Die Byzantiner lassen viele Juden in ihr Reich und erlauben ihnen öffentlichen Gottesdienst und den Bau von Synagogen. In den byzantinischen Ländern kann der Jude sich ohne Zögern als Jude bekennen. Er darf nach den Vorschriften seiner Religion handeln und öffentlich beten, ohne dafür zur Verantwortung gezogen zu werden. Niemand bedrängt ihn mit Verboten."

EIN UNABHÄNGIGES JÜDISCHES KÖNIGREICH IN ZENTRALASIEN

Der Kantor erfüllte eine zentrale Funktion im synagogalen Gottesdienst an Sabbat- und Feiertagen. Hier rezitiert ein Kantor im Gebetsschal aus einem vor ihm liegenden offenen Gebetbuch. Ein junges Mitglied der Synagoge hält einen anderen Band des Gebetbuchs. Aus dem Leipziger Machsor (Gebetbuch für die Feiertage); illustriertes Manuskript aus Süddeutschland aus dem ersten Viertel des vierzehnten Jahrhunderts. Universitätsbibliothek, Leipzig

DIE JUDEN ARABIENS

Ihrer Überlieferung nach leben die Juden Arabiens seit der Zerstörung des Ersten Tempels auf der arabischen Halbinsel. Das mag übertrieben sein, immerhin flohen, so viel steht fest, in der Periode des Zweiten Tempels viele Juden vor den Verfolgungen nach Arabien, Vorfahren mehrerer unabhängiger Stämme in der Umgebung von Jathrib (Medina bei den Arabern), einem fruchtbaren Gebiet mit zahlreichen Quellen. Diese Stämme bauten Festungen und verteidigten sich erfolgreich gegen die primitiven Beduinen. Im Norden wurde in der Gegend von Khaibar zu Beginn des sechsten Jahrhunderts ein unabhängiges Königreich gegründet, dessen Volk sich als die Nachkommen der Kinder Israels betrachtete. Auch im reichen Jemen, im Süden der Halbinsel, gab es eine grosse jüdische Gemeinde, doch anders als im Norden bildeten diese Juden keine abgesonderte politische Gemeinschaft, sondern lebten mit der heidnischen Bevölkerung zusammen. Trotzdem waren sie stark genug, das Eindringen des Christentums in den Jemen zu verhindern, so sehr der byzantinische Kaiser sich auch bemühte, die Einflusssphären des Christentums zu erweitern. Auf der Insel Jotwata, die den Eingang zum Roten Meer beherrschte und an der Handelsstrasse zwischen Arabien und Indien lag, bestand eine unabhängige jüdische Gemeinde.

Die Sitten der arabischen Juden glichen denen ihrer Nachbarn. Wie diese erwarben die Juden Südarabiens sich ihren Lebensunterhalt durch den Handel zwischen Indien und dem Byzantinischen Reich und Persien. Im Norden der Halbinsel lebten die Juden wie die übrige Bevölkerung als halbe Nomaden von etwas Ackerbau und Viehzucht, vom Warentransport mit Kamelen und vom Waffenhandel. An der Spitze dieser Stämme standen Scheichs, ihre Führer in Krieg und Frieden.

Die Juden glichen zwar ihren Nachbarn so weit, dass jüdische Nomadenstämme manchmal gegeneinander kämpften, sie waren sich indessen ihrer gemeinsamen Verantwortung gegenüber ihren Glaubensgenossen bewusst und betrachteten — so heisst es im Koran — die Befreiung von Gefangenen, sogar von Angehörigen eines feindlichen jüdischen Stammes, als eine Pflicht von der Verbindlichkeit eines biblischen Gebots. Die arabischen Juden unterhielten feste Beziehungen zu den Zentren in Palästina und Babylonien, und in ihrem religiösen Leben beobachteten sie die allen jüdischen Gemeinden gemeinsamen Bräuche. Sie befolgten die Speisegesetze genau, feierten die jüdischen Feste und hielten den Sabbat mit aller Strenge, sogar so weit, dass sie an diesem Ruhetag nicht zum Kampf gegen den Feind auszogen.

Diese Sitten und das hohe Kulturniveau der Juden machten grossen Eindruck auf ihre Nachbarn, die sie "das Volk des Buches" nannten. Das religiöse Zentrum der arabischen Juden in Jathrib war wegen seiner Bewahrung der Tradition berühmt.

JUSSUF DHU-NUWAS

Da die arabischen Stämme die auf die Genesis zurückgehende Tradition annahmen, nach der die Araber die Nachkommen Joktans sind, betrachteten sie sich als Blutsverwandte ihrer vornehmen, intelligenten jüdischen Nachbarn. Die biblischen Geschichten hatten grossen Einfluss auf die Araber, die keine eigene Tradition besassen, und viele von ihnen wollten dem Beispiel ihrer Führer, der Scheichs, folgen und zum Judentum übertreten. Auch im Jemen nahm der König aus einer der angesehensten königlichen Familien, Jussuf dhu-Nuwas, die jüdische Religion an.

Seine Söhne beschimpften christliche Kaufleute aus dem Byzantinischen Reich, die sich zufällig in Jussuf-dhu-Nuwas' Reich aufhielten, als Vergeltung für die Leiden, die den Glaubensgenossen ihres Vaters in den vom byzantinischen Kaiser beherrschten Ländern zugefügt wurden. Als Reaktion auf diese Racheakte brach ein von dem byzantinischen Herrscher aktiv unterstützter Aufstand gegen den jüdischen König aus. Auch die Juden in Tiberias wurden angegriffen und gefoltert, bis sie versprachen, dhu-Nuwas zu bitten, er möge die byzantinischen Christen nicht länger belästigen.

Auch die Juden von Jathrib machten schwere Zeiten durch, nachdem rivalisierende Stämme sie im Kampfe besiegt hatten, erholten sich jedoch zu Anfang des siebten Jahrhunderts wieder und konnten sich mit anderen kriegstüchtigen arabischen Stämmen in Jathrib messen. Vor diesem Hintergrund muss man die Geburt der islamischen Religion und ihre schnelle Ausbreitung unter den arabischen Stämmen, die erst gerade den Monotheismus ihrer jüdischen Nachbarn kennen gelernt hatten, verstehen.

MOHAMMED, DER BEGRÜNDER DES ISLAMS

Mohammeds erstes Prinzip: "Gott ist der Herrscher des Universums, und es gibt keinen ausser ihm" ist im Kern eine jüdische Doktrin. Der Satz "und Mohammed ist sein Prophet" wurde erst später hinzugefügt.

Das Wort "der Prophet gilt nichts im eigenen Lande" passte besonders gut auf Mohammed. In seinem Geburtsort Mekka, dem Zentrum des Heidentums der arabischen Stämme, wurde er schlecht aufgenommen und im Jahr 622 zur Flucht nach Jathrib (Medina) gezwungen. Hier fing er an, die arabischen Einwohner der Stadt zu seinem Glauben zu bekehren. Den Juden stand er sehr nahe und übernahm von ihnen verschiedene Bräuche, z.B. das Fasten am Versöhnungstag und die Hinwendung nach Jerusalem im Gebet, ja, selbst sein Schreiber war ein Jude. Dies alles veranlasste die Juden, in ihm einen der "Gottesfürchtigen" und "eine Leuchte für die Nichtjuden" zu sehen. Sie unterstützten ihn sogar, hielten ihn jedoch nicht für einen Propheten Gottes. Seine Forderung, der jüdische Stamm Bani Qanuqa' solle seine Lehre annehmen, wurde mit Verachtung abgelehnt. Diese Zurückweisung war der Grund für Mohammeds späteren brennenden Hass gegen die Juden. Er gab die dem Judentum entlehnten Bräuche auf, und kaum hatte sich seine Position bei den arabischen Stämmen gefestigt, als er anfing, die Juden und ihre Sitten und sogar sie selbst im offenen Kampf anzugreifen. Die Heere der arabischen Stämme umzingelten die jüdischen Gemeinden in der Nachbarschaft von Medina und in Nordarabien und vernichteten sie völlig. Nur einigen wenigen gelang es, vor den Schwertern der "Gläubigen" nach Südpalästina und Mesopotamien zu fliehen. Nach Mohammeds Tod (632) wuchsen Zahl und Macht seiner Anhänger. Ihr religiöser Fanatismus verband sich mit der Lust am Kampf und der Leidenschaft für Eroberung und Plünderung.

IM SCHATTEN DES ISLAMS

Zehn Jahre nach Mohammeds Tod hatten die Mohammedaner Arabien, Persien und Teile von Nordafrika überrannt. Im Jahr 638 eroberte Kalif Omar Jerusalem und baute die nach ihm genannte Moschee auf dem Tempelberg. Möglich wurde diese rasche Eroberung der Länder des Nahen Ostens nicht nur durch die Macht der eindringenden Stämme, sondern vor allem durch die Schwäche der Regierungen jener Gegend. Die Korruptheit, Tyrannei und Perfidie der Regierungen in Persien und besonders im Byzantinischen Reich hielt die Völker des Ostens davon ab, sich gegen die Invasoren zur Wehr zu setzen, trotz ihres Fanatismus wurden sie von der unterdrückten Bevölkerung als Befreier angesehen.

"Ein jeder unter seinem Panier bei den Feldzeichen der einzelnen Familien... rings um das heilige Zelt her... Vorn, gegen Osten, lagert sich Juda mit seinem Panier, Heerschar an Heerschar... Gegen Süden lagert sich Ruben mit seinem Panier, Heerschar an Heerschar... Gegen Westen lagert sich Ephraim mit seinem Panier, Heerschar an Heerschar... Gegen Norden lagert sich Dan mit seinem Panier, Heerschar an Heerschar". Der süddeutsche Künstler des dreizehnten Jahrhunderts stellt die Führer der Heerscharen der israelitischen Stämme in der Wüste als bannertragende bewaffnete Krieger dar. Die Standarten zeigen die Embleme der Stämme — einen Löwen für Juda, einen Adler für Ruben, einen Ochsen für Ephraim und eine Schlange auf der Standarte des Stammesfürsten Dan. Erste Seite des vierten Buches Mose aus einem Manuskript einer Bibel, der fünf Rollen und der Wochenabschnitte aus den Propheten. Ehemals Eigentum des Herzogs von Sussex. Britisches Museum, London

היום

Die mohammedanischen Eroberer zeigten sich in den von ihnen besetzten Gebieten der Bevölkerung und ihren Religionen gegenüber liberaler als die früheren Herrscher, freilich benachteiligten die Anhänger Mohammeds die Andersgläubigen. Kalif Omar erliess Gesetze, durch die Atheisten und Ungläubigen diskriminiert, gequält und in ihren Bürgerrechten beschränkt wurden.

Die Nichtmohammedaner durften nicht laut beten, nicht einmal bei der Totenklage. Es war ihnen verboten, Verwandten vom Übertritt zum Islam abzuraten. Begegnete ein Ungläubiger einem Mohammedaner, so musste er ihm besonderen Respekt bezeugen. Ungläubige konnten keine Regierungsstellen bekleiden, noch über Mohammedaner zu Gericht sitzen. Sie durften keine Pferde reiten und sich nicht elegant kleiden, vielmehr mussten sie als Zeichen der Schande besondere Kleidung tragen, damit die Gläubigen sich von ihnen fernhalten konnten. Sie durften keine Siegelringe besitzen und mussten besondere Steuern zahlen.

In Palästina wurden diese Gesetze allerdings nicht einmal zur Zeit Omars befolgt. Schnell wurde den Eroberern klar, dass sie ihre Eroberungen so nicht festhalten und die von ihnen besetzten hochentwickelten Länder allein nicht verwalten konnten. Sie waren auf die Mithilfe der örtlichen Bevölkerung bei der Ausübung ihrer administrativen, juristischen und finanziellen Funktionen angewiesen. Das einzige Recht, das sich die ersten Eroberer vorbehalten hatten, war der Steuererlass. Die Einwohner begriffen bald, dass die Bekehrung zum Islam ihnen Steuerfreiheit bringen würde, und deshalb traten einige Beamte mit nahen Beziehungen zu den Behörden zum Islam über. Die Juden dagegen hielten an ihrer Religion fest und träumten im geheimen weiter von Erlösung und nationaler Wiedergeburt.

DIE BABYLONISCHE JUDENHEIT

Zu der Zeit, da es den Römern gelang, das Licht des jüdischen Zentrums in Palästina zu schwächen, ging es den Juden in Babylonien gut. Dort gab es, heisst es in einem Midrasch, weder Bekehrungen noch Plünderung, sie standen weder unter griechisch-byzantinischer, noch unter römischer Herrschaft, der Ewige wollte ihnen wohl, und sie lebten seit der Verbannung Königs Jejachins bis zu diesen letzten Generationen mit ihrer Tora.

Die Juden, die seit dem Jahr ihrer Verbannung (586 v. Chr.) in Babylonien lebten, vermehrten sich sehr stark; ihre Zahl überstieg die der Einwohner irgendeines anderen jüdischen Zentrums in der Diaspora. Es gab dort ausgedehnte Gebiete und grosse Städte, in denen die Mehrheit der Bevölkerung aus Juden bestand. Diese Judenheit mit ihren staatlichen und religiösen Institutionen bildete den Stolz des jüdischen Volks, und aus allen Teilen der Diaspora wandte man sich mit Fragen über schwierige Probleme an sie. Das geschah in der ganzen Zeit vom Beginn des sechsten bis zum Ende des elften Jahrhunderts.

Wie die übrigen Einwohner Babyloniens sahen auch die Juden in den arabischen Eroberern ihre Befreier vom Joch der persischen Sassaniden. Als Beweis seiner Anerkennung für die Hilfe, die ihm die Juden bei der Eroberung geleistet hatten, verlieh Kalif Omar dem Bustanai ben Chaninai (618–670) die gleichen Machtbefugnisse, die der Exilarch besessen hatte, und er gab ihm die Tochter des Perserkönigs zur Frau. Der Kalif autorisierte den Gaon (plural geonim, Bezeichnung distinguierter Gelehrter in Babylonien) Mar Isaak, das Oberhaupt des Lehrhauses in Sura, mit Bustanai ben Chaninai auf gleichwertigen Posten die Akademie zu leiten, die "der Stolz Jakobs" genannt wurde. Zu dieser Zeit wurde die Stellung, die ein Gaon als Oberhaupt eines Lehrhauses bekleidete, ein Amt von zeitlich beschränkter Dauer neben dem des Exilarchen, und damit begann eigentlich die Periode der Geonim. Das Amt des Exilarchen, der an der Spitze der politischen Führung stand, war seit den Tagen Jejachins in der Dynastie Davids erblich. Der Exilarch zog die Gebühren und Steuern von allen Juden in Babylonien ein. Er trug eine besondere Amtstracht; Läufer liefen vor seinem Wagen her, und eine besondere Truppe bildete jederzeit seine Leibgarde, kurz, "er benahm sich wie ein hoher Beamter des Königs" (Natan ha-Bawli in seinem Werk "Juchasin").

DIE OBERHÄUPTER DER LEHRHÄUSER VON SURA UND PUMBEDITA

Die Führung in den Angelegenheiten der Religion und der Rechtsprechung stand zum grössten Teil den Oberhäuptern der Lehrhäuser von Sura und Pombedita zu. Die Geonim und ihre Schüler studierten den Talmud eifrig, um daraus Gesetze abzuleiten. Sie erliessen Gesetze, setzten Regeln für Sonderfälle und allgemein gültige Verordnungen in Kraft, sorgten dafür, dass ihre Entscheidungen befolgt wurden und bestraften die Zuwiderhandelnden. Der Exilarch berief mit Zustimmung der Mitglieder die Oberhäupter der Lehrhäuser in Sura und Pombedita, aber der Gaon des nahe der Hauptstadt Kufa gelegenen Lehrhauses in Sura hatte grössere Bedeutung als der Gaon des Lehrhauses in Pombedita. Auch der Exilarch wurde nur mit Zustimmung der Mitglieder der Lehrhäuser eingesetzt, trotzdem diese Position in der Familie Bustanai erblich war. Die Zeremonie bei der Bestallung des Exilarchen war sehr kompliziert. Rabbi Natan ha-Bawli beschreibt sie: Die Oberhäupter der Lehrhäuser und die Führer des Volkes versammelten sich ... sie wählten dazu einen grossen Saal, geschmückt mit feinem Stoff und Stickereien, mit Stühlen für die Ältesten und die Weisen, einem prachtvollen Stuhl für den Exilarchen und zu dessen Seiten zwei Stühle für die Oberhäupter der Lehrhäuser von Sura und Pumbedita. Das Oberhaupt des Lehrhauses von Sura ermahnte den Fürsten (nassi), sich nicht für besser zu halten als seine Mitmenschen, sei ihm doch ein Dienst, nicht aber Macht übertragen, nach dem Bibelwort: "Wirst du den Tag nur Diener diesem Volk sein" (1. Kön. 12, 7). Am Donnerstag gingen dann alle in die Synagoge, und die Oberhäupter der Lehrhäuser legten ihm die Hände auf und segneten ihn, und unter den Klängen von Trompeten und Widderhörnern riefen sie laut: "Lang lebe unser Herr, der nassi, Sohn des ...., der Exilarch! Er ist unser nassi! Er ist das Oberhaupt des Exils, Israels Exils!"

Dem Exilarchen folgte als zweiter im Rang das Oberhaupt des Lehrhauses von Sura, nach ihm kam das des Lehrhauses von Pumbedita. Der Präsident des jüdischen Gerichts vertrat sie. Unter ihnen rangierten in der Hierarchie die sieben Leiter der Studienkurse und Direktoren der Lehrhäuser. Diese sieben Ämter waren erblich — vorausgesetzt, die Söhne waren ihrer würdig — während der Vorsitz im Lehrhaus nicht immer vom Vater auf den Sohn überging.

Die Mitglieder der Lehrhäuser trafen sich zweimal jährlich in den für die Studienkurse bestimmten Monaten Adar und Elul. In diesen Sitzungen diskutierten sie über die Talmudtraktate, die man in den früheren Kursen als Thema für die folgenden fünf Monate zwischen den Kursen ausgewählt hatte, aber vor allem stellten sie Regeln zur Ergänzung der Gesetze der Tora auf und beantworteten Anfragen aus jüdischen Gemeinden in aller Welt, aus Spanien im Westen wie aus Indien im Osten. Die Antworten stimmten mit den Entscheidungen der Mitglieder der Lehrhäuser überein.

Über die Anstellung von Richtern für jede Stadt in Babylonien entschied das Oberhaupt des Lehrhauses mit Zustimmung seines Stellvertreters, des Vorsitzenden des jüdischen Gerichts, und der sieben Leiter der Studienkurse. Diese Richter behandelten zivilrechtliche Fälle und urteilten über das, was verboten und was erlaubt war. Das Gericht stellte auch offizielle Dokumente aus — Schuldscheine, Urkunden, Heiratskontrakte. An der Spitze jeder Gemeinde stand ein Gemeindeausschuss, dessen Tätigkeit anscheinend von einem Vertreter des Exilarchen überwacht wurde.

DIE CHASAREN

In dieser Glanzzeit der autonomen jüdischen Gemeinde in Babylonien übten Religion und Lebensweise der Juden auf viele Menschen grosse Anziehungskraft aus. Auf der arabischen Halbinsel und in verschiedenen Ländern des Nahen und Mittleren Ostens traten zahlreiche Stämme zum Judentum über. Die berühmtesten waren die Chasaren.

Ihr Land in Südrussland erstreckte sich vom Kaspischen Meer bis zur Krim am Schwarzen Meer. Die Chasaren, ein halbnomadischer heidnischer Stamm unter einem König, wurden am Anfang des achten Jahrhunderts sehr mächtig, da sie die Handelsstrasse zwischen dem Byzantinischen Reich und dem Fernen Osten beherrschten. Aus diesem Grund bemühten sich sowohl die byzantinischen Herrscher als auch die Kalifen von Bagdad um sie; um Einfluss auf sie zu gewinnen, wollten sie sie zu ihrer Religion bekehren.

Das Heidentum lag in den letzten Zügen. Der Chasarenkönig Bulan, der sein Volk in der Mitte des achten Jahrhunderts regierte, beschloss, seinen heidnischen Glauben aufzugeben, konnte sich indessen noch nicht für einen neuen Glauben entscheiden.

Der mohammedanische Kalif und der christliche Kaiser von Byzanz machten, so wird erzählt, grosse Anstrengungen, um den König zu ihrem Glauben zu bekehren. Zu den Delegationen, die sie mit Briefen und kostbaren Geschenken zu ihm schickten, gehörten auch Gelehrte, die den König zum Übertritt zu ihrer Religion bringen sollten. Der unschlüssige König forderte einen Christen und einen Mohammedaner zu einer Debatte darüber auf, welcher Glaube der bessere sei. Die beiden debattierten lang, ohne zu kon-

Nachdem Gott aus dem brennenden Busch Moses geboten hatte, die Israeliten aus der ägyptischen Knechtschaft zu befreien, ging Moses mit seinem Bruder Aaron zu den Ältesten, und beide überzeugten sie durch die Zeichen, die sie nach Gottes Befehl geben sollten, von ihrem Auftrag. Auf dieser Miniatur aus dem Manuskript einer spanischen Haggada aus dem vierzehnten Jahrhundert stellt jedes der vier Felder der Seite eine andere Szene dar. Britisches Museum, London

kreten Ergebnissen zu gelangen. Dem König fiel auf, dass sich sowohl der Christ als auch der Mohammedaner zur Begründung ihrer Argumente auf die Tora beriefen. Die jüdische Religion, gab der Christ zu, sei der mohammedanischen überlegen, und der mohammedanische Imam erklärte, das Judentum sei besser als das Christentum. Daraufhin entschied sich der König für das Judentum. Er berief einen jüdischen Gelehrten, der ihn im Studium der Tora unterweisen sollte, und dann liess er sich und seine Soldaten beschneiden.

Wie aus zuverlässigen Dokumenten hervorgeht, hielten die chasarischen Herrscher ungefähr hundertfünfzig Jahre lang an ihrem jüdischen Glauben fest, während ihre Untertanen Glaubensfreiheit genossen und ihre Religion selbst wählen konnten. Das Judentum behielt seine Vorzugsstellung bei den Chasaren, bis diese selbst ins Unglück gerieten und von dem Russen Svjatoslav besiegt wurden. Damit begann ihr politischer Niedergang.

DIE MASSORETEN

In Babylonien entwickelte sich unterdessen eine traditionelle jüdische Kultur auf der Grundlage des Talmuds. Das Judentum bot aber ausserdem auch noch andere Möglichkeiten für schöpferisches Tun, etwa auf dem Gebiet der geistlichen und weltlichen Literatur. Aus dem babylonischen Judentum gingen hervorragende Dichter hervor. Das Interesse an der Literatur stimulierte die erneute Beschäftigung mit der hebräischen Sprache und den verschiedenen Aspekten des Bibeltextes. Jetzt widmeten sich die Gelehrten dem Studium der hebräischen Grammatik. In dieser Zeit wurden zwei Vokalisationssysteme zur Bezeichnung der Aussprache der Vokale im Hebräischen entwickelt (das hebräische Alphabet besteht nur aus Konsonanten). Heute benutzt man im allgemeinen das tiberianische System mit Punkten unterhalb der Konsonanten; das babylonische, das über den Buchstaben punktiert, existiert nur noch in der Tradition der jemenitischen Juden. Die dauernde Beschäftigung mit der Heiligen Schrift führte zur Fixierung des endgültigen Textes der Bücher der Bibel, sowohl hinsichtlich ihrer Verse, Wörter und Buchstaben, als auch ihrer Aussprache und melodischen Vortragsweise. Die Massoreten, d.h. die Männer, welche die Massora, also die korrekte Orthographie, Schreibweise und Aussprache der Bibel bewahrten, waren mit allen Variationen des heiligen Textes wohlvertraut. Das Interesse am Studium der Quellen des Judentums — der Bibel — zur Zeit der Entstehung neuer Religionen führte zur ersten grossen Spaltung in der babylonischen Judenheit.

DIE KARÄER

Die Basis für die politische und religiöse Organisation der Juden in Babylonien bildete der Talmud. Alles, was den Vorrang des Talmuds bedrohte, bedeutete zugleich eine Bedrohung der öffentlichen Einrichtungen und der Vorschriften der jüdischen Religion. Doch im achten Jahrhundert fochten einige Männer die Autorität des Talmuds an. Als Grundlage des Judentums erkannten sie ausschliesslich die Bibel (das "geschriebene Gesetz") an und lehnten die im Talmud enthaltenen rabbinischen Interpretationen (die "mündliche Lehre") ab. Diese Männer machten zwar auf die Gemeinschaft grossen Eindruck, bis in die sechziger Jahre des achten Jahrhunderts kam es jedoch zu keinem offenen Zusammenstoss zwischen ihnen und ihren Gegnern.

Obwohl die Position des Exilarchen erblich war, mussten die Oberhäupter der Lehrhäuser von Sura und Pombedita ihre Zustimmung zu seiner Anstellung geben. Im Jahr 761 starb der Exilarch, ohne einen Sohn zu hinterlassen. Eigentlich hätte man seinen Neffen Anan ben David zu seinem Nachfolger ernennen müssen. Dass er die Autorität des Talmuds bestritt, war für die Oberhäupter der Lehrhäuser der Grund, ihn abzulehnen und sich stattdessen für seinen jüngeren Bruder Chanania zu entscheiden. Anan musste Babylonien verlassen. Er liess sich mit seinen Anhängern in Palästina nieder und disputierte von dort aus weiter mit den babylonischen Autoritäten. Seine Gesinnungsgenossen sahen in ihm den echten Exilarchen und ersetzten sogar das Oberhaupt des Lehrhauses von Sura durch einen anderen Mann.

Die Unstimmigkeiten zwischen Anan ben David und den Oberhäuptern der babylonischen Lehrhäuser wuchsen. Anan attackierte sie und den Talmud, in dem er die Quelle der Macht dieser Männer sah. Er erklärte, die talmudische Tradition sei nicht nur nicht bindend, sondern sie verzerre sogar den klaren Text der Bibel, indem sie ihn nicht wörtlich interpretiere, und das sei Sünde. Die Kontroverse verschärfte sich, ihre Ansichten entfernten sich weiter und weiter voneinander und wurden immer extremer; ihr Fanatismus verwandelte sich in Hass.

Man disputierte über die Vollmacht, die Bibel zu interpretieren. Es ging nicht um Reformen, durch die gewisse Gebote abgeschafft oder abgeschwächt werden sollten, um dadurch das tägliche Leben leichter zu machen. Die von Anan ben David verlangte Beseitigung der mündlichen Lehre genügte zur Untergrabung der Autorität der Rabbiner, sie hätte jedoch das Leben der Juden eher erschwert als erleichtert. Anan erkannte den seit Generationen benutzten Kalender nicht an, sondern bestimmte jeden Monatsanfang besonders, in Übereinstimmung mit den Aussagen von Zeugen, die, wie es zur Zeit eines nassi in Palästina üblich gewesen war, die Mondphasen mit Aufmerksamkeit verfolgten. Nun war in Palästina die Beobachtung der Mondphasen für die Mitglieder der Sekte kein Problem, doch es ist klar, in welch praktische Schwierigkeiten die Gemeinden der Diaspora mit solch einem System geraten mussten.

Der Interpretation der Sadduzäer folgend, setzte Anan das Wochenfest (Schawuot) fünfzig Tage nach dem Pessachsabbat fest. Damit wich er von der pharisäischen Tradition ab, nach der alle Juden das Fest fünfzig Tage nach dem ersten Pessachtag begehen. Nur sehr schwer zu befolgen war Anans Interpretation des Bibelverses: "Am Sabbattag sollt ihr in keiner eurer Wohnungen Feuer anzünden," nach der es verboten sein sollte, für Beleuchtung und Heizung selbst ein vor dem Beginn des Sabbats angezündetes Feuer zu benutzen. Infolgedessen mussten die Mitglieder der Sekte sogar ihre Sabbatkerzen auslöschen, ehe

In Deutschland enthielten im dreizehnten und vierzehnten Jahrhundert nicht nur Bibeln, sondern auch Gebetbücher für die Feiertage Bilder von biblischen Ereignissen. Im Manuskript des Leipziger Machsor wurden den Gebeten und liturgischen Dichtungen zum Purim-Sabbat Illustrationen zu der Geschichte im Buch Esther hinzugefügt. Man muss sie von links nach rechts lesen, umgekehrt wie den hebräischen Text. Zuerst erscheint Ahasveros, der Esther sein Szepter reicht, daneben führt Haman das Pferd des Königs zu Mordechai, der nach der Legende ein Lehrer kleiner Kinder war. Auf der zweiten Seite sieht man, wie Hamans Tochter einen Nachttopf über ihren Vater ausgiesst. Sie glaubt, er sei Mordechai und führe das Pferd, das Haman trägt. Als sie begriff, dass sie ihrem Vater noch grössere Schande bereitet hatte, so die Legende, soll sie sich aus dem Fenster gestürzt und dabei den Tod gefunden haben. Auf dem Bild liegt sie tot unter dem Baum, an dem Haman und seine zehn Söhne hängen. Universitätsbibliothek Leipzig

sie den Ruhetag am Freitagabend begannen, und dann den ganzen Abend im Dunkeln sitzen und am folgenden Tag kalte Speisen essen. (Orthodoxe Juden lassen während des ganzen Sabbats ein Licht oder Feuer brennen, das sie am Freitag vor Sonnenuntergang angezündet haben.)

Gestützt auf seine wörtliche Interpretation der Bibel verbot Anan seinen Anhängern, am Sabbat aus dem Hause zu gehen, und er verschärfte auch die Speisegesetze durch Zusätze, die der Talmud nicht enthält. Schliesslich übertrafen die von Anan hinzugefügten Beschränkungen die kleine Zahl der von ihm aufgehobenen Vorschriften. Von seinem ''Buch der Gebote'', in dem er seine Bibelinterpretationen auf aramäisch niederschrieb, existieren nur noch wenige Bruchstücke.

Die babylonischen Lehrhäuser schlossen das Haupt dieser neuen Sekte, die sich Karäer nannte (nach dem Wort kara, d.h. lesen, nämlich den Bibeltext wörtlich lesen), aus der Gemeinde aus. Die Spaltung ging so tief, dass mit Anan auch all seine Anhänger exkommuniziert und vom Kontakt mit anderen Juden abgeschnitten wurden.

Die Karäer ihrerseits setzten alles daran, jede Verbindung mit den orthodoxen Anhängern des Talmuds, d.h. den sogenannten Rabbaniten, zu lösen.

Sie heirateten kein Mitglied einer rabbanitischen Familie, assen nicht mit ihnen zusammen und besuchten sie auch nicht am Sabbat. Später entstanden strenge Karäergemeinden in Palästina, Babylonien, Ägypten, Spanien und auf der Krim.

SCHWINDENDE BEDEUTUNG DES EXILARCHEN

Die Abspaltung der Karäer hatte eine grundlegende Änderung in der Struktur der Führung der babylonischen Gemeinde zur Folge. Das Ansehen des Exilarchen nahm ab, gleichzeitig nahm seine Abhängigkeit von den Oberhäuptern der Lehrhäuser zu. Auch die Beziehungen zwischen den Lehrhäusern änderten sich. Im neunten Jahrhundert gewann das Oberhaupt des Lehrhauses von Pumbedita, das in der Nähe der neuen Hauptstadt des Kalifats lag, mehr Einfluss als das Oberhaupt des Lehrhauses von Sura. Infolgedessen kam es zu zahlreichen Zwistigkeiten. Trotzdem richteten sich die Blicke der Juden der ganzen Diaspora von Spanien bis zu den fernen Ländern des Ostens noch immer auf die Lehrhäuser in Sura und Pumbedita, die ihren Kampf gegen die Karäer fortsetzten und die an sie gerichteten Fragen weiter beantworteten. Zu dieser Zeit kompilierte Rabbi Amram (850–880), der Schüler und Nachfolger des Gaon Rabbi Natronai, auf Bitten der spanischen Juden das erste Gebetbuch für die Juden Europas.

Aus dieser Periode stammen berühmt gewordene wichtige historische und talmudische Werke. Ausser halachischen Schriften und Sammlungen von Responsen wurden Wörterbücher und Kommentare zur Mischna und zum Talmud zusammengestellt. In der "Grossen Halachot", einem umfassenden Kodex von Gesetzen und Bräuchen, wurde anscheinend zum ersten Mal die Zahl der Gebote auf 613 — 365 Verbote und 248 Gebote, entsprechend der Zahl der Organe des menschlichen Körpers festgelegt. Dieses Werk und andere ähnliche bildeten die Grundlage für das grossartige Kompendium des jüdischen Rechts von Maimonides. Die bemerkenswertesten historischen Werke aus dieser Zeit sind die "Geschichte der Tannaiten und Amoräer" und die "Epistel" des Gaon Rabbi Scherina (etwa aus dem Jahr 1000), die wichtigste Quelle für die Periode der Geonim und besonders für die Geschichte des Lehrhauses in Pumbedita.

DER GAON SAADIA

Der Verfall des Gaonats im zehnten Jahrhundert hatte für das Judentum, besonders in den Zentren der arabischen Kultur, bedrohliche Folgen. Die weltlichen Wissenschaften — Mathematik, Astronomie, Philosophie usw. — blühten und zogen jüdische Wissenschaftler an, die sich diesen Studien mit grosser Energie widmeten. Viele gaben sogar ihre Religion zugunsten eines philosophischen Skeptizismus auf, und die karäische Bewegung breitete sich weiter aus, vor allem in Ägypten.

Eine weitere Gefahr bildete der Versuch Aarons ben Meir aus Palästina, anstelle der Autorität der babylonischen Lehrhäuser über das Leben der Juden wieder die der palästinensischen einzusetzen. Er erklärte (921), der in Babylonien aufgestellte Kalender beruhe auf falschen Voraussetzungen, und die Feiertage müssten zwei Tage früher abgehalten werden. Diese Behauptung spaltete die Judenheit beinahe, und zwei Jahre lang fielen die Feiertage in Babylonien und Palästina auf verschiedene Daten.

Die babylonischen Juden beschlossen, als starken Mann zur Verteidigung ihrer Position einen Aussenseiter heranzuziehen und beriefen den Gaon Rabbi Saadia aus Fajum in Oberägypten zum Oberhaupt des Lehrhauses in Sura.

Darin lag ein deutlicher Hinweis auf den Verfall des Lernens und der Autorität in Babylonien und ein Zeichen für das nahende Ende der Vorherrschaft dieses Landes über die Diaspora und für das Aufblühen anderer Zentren.

Saadia ben Joseph wurde 882 in Ägypten geboren und starb 942 in Sura. Er war sehr bewandert in der Bibel, dem Talmud und dem Wissen seiner Zeit und schrieb seine ersten Werke in jungen Jahren. Zu ihnen gehört das erste Wörterbuch der hebräischen Sprache, zum Gebrauch für Dichter bestimmt. Zu Beginn seiner Karriere schrieb er heftige Angriffe gegen die Karäer, die in ihm ihren mächtigsten Gegner sahen. Ihm verdankt das traditionelle Judentum die Überwindung dieser gefährlichen Spaltung.

Dank seiner umfassenden astronomischen und chronologischen Kenntnisse gelang Rabbi Saadia der Beweis, dass Aaron ben Meir sich geirrt hatte. Damit bewahrte er die Judenheit vor einer weiteren Spaltung, die nicht weniger gefährlich gewesen wäre als das karäische Schisma.

Saadia war gegen die Empfehlungen der Berater des Exilarchen David ben Sakkai zum Gaon berufen worden. Bald kam es zum Streit mit dem Exilarchen, und er zog nach Bagdad, wo er vier Jahre lang lebte, bis es zu einer Versöhnung kam und er als Oberhaupt des Lehrhauses zurückkehrte. Jetzt entfaltete er eine reiche schriftstellerische Schaffenskraft, konnte er doch, frei von der Verantwortung für die Führung der Gemeinde, seine ganze Zeit dem Schreiben widmen. Er verfasste Kommentare zur Mischna, liturgische Gedichte und Gebete, und ähnlich wie Rabbi Amram stellte auch er ein Gebetbuch für das ganze Jahr zusammen.

Rabbi Saadia stellte eine neue Berechnung zur Bestimmung des Schaltjahrs auf und griff in einem Buch den massoretischen Gelehrten des zehnten Jahrhunderts, Aaron ben Ascher aus Tiberias, an, der die Vokalisation und Betonung des akzeptierten Bibeltextes vorbereitete. Zu dieser Zeit schrieb er seine beiden grössten philosophischen Werke: "Das Buch der Meinungen und Glaubenslehren" und einen Kommentar zu dem frühsten erhaltenen jüdischen kabbalistischen Werk, dem "Buch der Schöpfung".

"Das Buch der Meinungen und Glaubenslehren", arabisch geschrieben und 934 vollendet, war für den intelligenten jüdischen Zeitgenossen bestimmt. Saadia wollte mit diesem Buch die anfechtbaren Auffassungen widerlegen, die unter den Juden verbreitet waren. Einerseits hatte die Zahl der Skeptiker zugenommen, welche die Grundbegriffe des Judentums ablehnten oder beinahe für null und nichtig erklärten, und anderseits gab es zahlreiche tiefgläubige Ignoranten. Saadia bemühte sich als erster, durch eine Synthese zwischen der arabisch-griechischen Philosophie und dem Judentum eine Verbindung zwischen beiden Gruppen herzustellen, und zwar durch ein vollständiges philosophisches System. Darin untersuchte er z.B. das Wesen Gottes und des Glaubens, die Natur des Menschen und des Universums und die Grundlagen des Judentums. Es gelang ihm mit seiner Methode, die religiösen Gebote und die Logik einander zu nähern. Seine sehr freimütige Betrachtung der religiösen Gebote in seinem "Buch der

Meinungen und Glaubenslehren" war von ungeheurer Bedeutung für die weitere Entwicklung des Judentums.

DER NIEDERGANG DES BABYLONISCHEN ZENTRUMS

In der Mitte des zehnten Jahrhunderts begann für die Juden in Babylonien eine schwere Zeit. Der religiöse und nationale Fanatismus der Mohammedaner nahm ständig zu. Die Fanatiker verübten ein Attentat auf den Exilarchen, und die Juden beriefen aus Furcht vor ihren Feinden keinen Nachfolger. Das bedeutete das Ende eines alten Amtes, auf das die Juden in der Diaspora viele Generationen hindurch stolz gewesen waren.

Auch das Ansehen der Lehrhäuser nahm ab. Mit dem Tode Saadias verlor das Lehrhaus in Sura seine Bedeutung und wurde 948 geschlossen. Das Lehrhaus in Pumbedita bestand noch weiter, diente jedoch zu Beginn des elften Jahrhunderts nicht mehr als Zentrum, und jetzt übernahm der Westen die Fackel des Lernens. Das Gaonat von Pumbedita endete ebenfalls, und das Lehrhaus, das nach Bagdad verlegt wurde, bestand nur noch bis zur Invasion der Mongolen am Ende des dreizehnten Jahrhunderts. Jetzt lagen die Zentren des Judentums in Nordafrika und dem maurischen Spanien.

"Es ist nicht gut, dass der Mensch allein sei". Im Mittelalter illuminierte man nicht nur sakrale Bücher, sondern auch Werke über jüdisches Recht. Das dritte der vier Bücher über jüdisches Recht (Arba'a Turim) von Jakob ben Ascher, das persönliche und Familienfragen behandelt, wird durch eine Hochzeitsszene repräsentiert. Das Bild zeigt eine Seite aus diesem Werk, das 1436 in Mantua geschrieben und illuminiert wurde. Es stellt eine jüdische Hochzeit in Italien in der Mitte des fünfzehnten Jahrhunderts dar. De Rossi-Manuskript, Bibliothek des Vatikans, Rom

"KAMMERKNECHTE" DER EUROPÄISCHEN KÖNIGE

In seinem "Buch der Tradition" (Sefer ha-Kabbala) beschreibt der Chronist Abraham ibn Daud die frühe Entwicklung der jüdischen geistigen Zentren im Westen. Nach dem Tod des Gaon Saadia, so wird erzählt, schickten die Einwohner Suras vier bedeutende Rabbiner in den Westen, um von reichen Juden Geld für die babylonischen Lehrhäuser zu sammeln. Das Schiff mit den vier Männern erlitt Schiffbruch und wurde anscheinend in Bari, Süditalien, an die Küste geworfen. Dort nahm der Admiral der Flotte des Kalifen von Cordoba, Abd ur-Rahman III., die Schiffbrüchigen gefangen, und mit allen anderen wurden die vier Juden als Sklaven verkauft. Einer von ihnen erreichte über Alexandria Kairo und wurde dort der Leiter eines Lehrhauses; einen anderen kauften die Juden von Kairouan in Nordafrika los. Der dritte gelangte mit seinem Sohn nach Cordoba, wo die jüdische Gemeinde ihn loskaufte. Der vierte scheint nach Narbonne, Südfrankreich, gekommen zu sein. Auf diese Weise wurden die vier jüdischen Gelehrten an verschiedene Orte verstreut. Jeder von ihnen gründete ein Lehrhaus und brachte die von den babylonischen Juden gehaltenen Bräuche zu den westlichen Juden, die sich davon beeinflussen liessen.

Die reichste und mächtigste jüdische Gemeinde in Europa war die von Cordoba unter der Führung von Rabbi Chasdai ibn Schaprut, und ihr Prestige stieg noch, als Rabbi Mosche, einer der vier aus dem Schiffbruch geretteten Gelehrten, sich in ihr niederliess. Die Juden Cordobas erklärten dem Kalifen Abd ur-Rahman, wenn Rabbi Mosche bei ihnen bleiben dürfe, wären sie nicht mehr länger von Babylonien abhängig und brauchten nicht länger grosse Geldsummen an das östliche mohammedanische Kalifat, den Rivalen des spanischen Kalifats, zu senden.

Drei der Gemeinden, in denen die babylonischen Gelehrten Aufnahme fanden — Ägypten, Nordafrika und Spanien — hatten jahrhundertelang unter der Herrschaft der Araber gestanden, die in religiösen Fragen den Juden

"Und was werden wir bei diesem Festmahl essen?" – "Den wilden Ochsen und den Wal!" Nach einer jüdischen Überlieferung gehört zu dem Mahl der Gerechten in der kommenden Welt das Fleisch des weiblichen Wals, des Leviathans, und des wilden Ochsen, von Gott zu ihrem Festmahl gewürzt. Hätte er es nämlich nicht zubereitet, dann hätten diese gigantischen Tiere bei ihrer Nahrungssuche die Welt zerstört. Ausser diesen Tieren sieht man einen riesigen mythischen Vogel, der ewig lebt und die Wiedergeburt symbolisiert. Die Kronen tragenden Gerechten haben Tierköpfe, da es ja verboten war, die menschliche Gestalt abzubilden und man im frühen Mittelalter die Gerechten Gottes und sogar die Apostel Jesu im allgemeinen so darstellte. Letzte Seite eines Bibelmanuskripts, geschrieben von Joseph ben Mosche aus Ulm zwischen 1236 und 1238. Ambrosiana, Mailand

gegenüber eine gemässigtere Haltung einnahmen als die christliche Kirche. Auch die vierte Gemeinde, in Südfrankreich, gehörte zu einem Teil Europas, der nicht unter dem Druck des Papstes litt. Mochten die französischen jüdischen Gemeinden auch an Wohlstand und Wachstum etwas hinter den spanischen zurückbleiben, so wurden sie mit der Zeit doch ein wichtiges Zentrum, das schliesslich sogar das spanische ablöste. Die aschkenasischen Gemeinden in Deutschland, die sich schneller als die älteren italienischen Gemeinden entwickelt hatten, versorgten die jüdischen Einwohner des christlichen Spanien mit Lehrern.

DIE SPANISCHEN JUDEN

Seit den Zeiten der Römer hatten Juden auf der Iberischen Halbinsel gewohnt, und in der Periode nach der Zerstörung Jerusalems stieg ihre Zahl auf Zehntausende. Beweis: vor der Eroberung durch die Araber nannte man Granada die "Stadt der Juden". Sogar schon vor der Invasion der barbarischen westgotischen und germanischen Stämme waren die Juden Bürger des Landes gewesen. Die meisten jüdischen Familien waren aristokratischer Abstammung, und sie führten, gestützt auf genealogische Dokumente und Siegel, ihre Vorfahren bis zum Hause David zurück.

In der ersten Zeit nach dem Untergang des Römischen Reichs respektierten Heiden und Christen die Juden. Unter der Herrschaft der arianischen Westgoten genossen die Juden eine angesehene soziale und politische Stellung; sie hatten ja die Westgoten in ihrem Kampf gegen die verhassten Katholiken Alexandrias unterstützt. Nachdem sich aber am Ende des sechsten Jahrhunderts Rekkared, der König der Westgoten, der Autorität der offiziell anerkannten katholischen Kirche unterworfen hatte, verschlechterte sich die Lage der Juden. Von da an bis zur Eroberung Spaniens durch die Mohammedaner im achten Jahrhundert war die Geschichte der Juden in diesem Land eine Kette von Verfolgungen, in denen man sie durch religiösen, politischen und wirtschaftlichen Druck zur Annahme der christlichen Religion zu zwingen suchte.

Infolgedessen sahen die Juden in den arabischen Eroberern natürlich ihre Retter und Erlöser. Die Araber, nicht in der Lage, in den eroberten Ortschaften grosse Garnisonen zu lassen, verliessen sich auf die Juden und gaben ihnen hohe Posten in der Verwaltung, z.B. in Cordoba, Granada, Malaga, Toledo und anderen grösseren Städten.

Mit einem Schlag wurden die Juden Spaniens zu Beginn des achten Jahrhunderts von der düsteren Tyrannei der katholischen Kirche befreit und genossen dieselben angenehmen Lebensbedingungen wie die Juden in anderen mohammedanischen Ländern. Unter diesen Verhältnissen konnten die spanischen Juden ein geistig wie materiell reiches, dynamisches Leben führen und soziales Ansehen geniessen. Es war der Anfang der Periode der jüdischen Geschichte, die als "das Goldene Zeitalter" bezeichnet wird.

Die Araber vertrauten den Juden, ihren loyalen Verbündeten, einen grossen Teil der Verwaltung des Landes an, und diese genossen unter der Herrschaft der Eroberer Religionsfreiheit und sogar interne Autonomie. In den arabischen Ländern herrschte — dank der aufgeklärten Politik der Regierenden — eine relativ fortschrittliche kulturelle Atmosphäre, die auch auf die Juden ihren Einfluss ausübte.

DAS GOLDENE ZEITALTER

Verschiedene Männer trugen, jeder auf seine Art, zur Blüte dieses Goldenen Zeitalters bei. Alle sind mit dem Namen von Chasdai ibn Schaprut verbunden. Der erste war der schon erwähnte Rabbi Mosche ben Enoch, einer der vier aus dem Schiffbruch geretteten babylonischen Gelehrten, der nach vielen Abenteuern Cordoba erreichte. Nach seiner Ankunft ging er in die Talmudschule und setzte sich auf eine der hinteren Bänke. Als Rabbi Natan, der Lehrer, bei der Erklärung einer dunkeln Stelle auf Schwierigkeiten stiess, erhob sich Rabbi Mosche und gab eine ganz einfache Erklärung. Aus Respekt vor der Tora sagte Rabbi Natan sofort zu seinen Schülern: "Ich bin nicht länger Richter in Sachen des jüdischen Rechts. Dieser arme, mit einem Sack bekleidete Mann, bis vor kurzem ein Gefangener, ist von heute an mein Lehrer. Macht ihn zum Richter für jüdisches Recht und zum Rabbiner der Gemeinde von Cordoba." Und das wurde er noch am gleichen Tag. So entstand in Cordoba ein grosses Lehrhaus.

Auch mit dem Gebiet der hebräischen Sprache und Literatur beschäftigten sich Gelehrte der ersten Generation des spanischen Goldenen Zeitalters. Menachem ben Saruk (910–970), geboren in Tortona, Spanien, förderte das Studium der hebräischen Grammatik. Unter Benutzung älterer Arbeiten über das Hebräische und Aramäische kompilierte er das erste Wörterbuch, in dem die Wörter nach ihren Stämmen geordnet waren. Dunasch ben Labrat, ein Grammatiker, der zur Zeit des Gaon Saadia in Bagdad studiert hatte, griff das System ben Saruks in einem sarkastischen Werk heftig an. Nach einer bitteren Kontroverse wurde Menachem schliesslich von Chasdai ibn Schaprut, dem Kämmerer Abd ur-Rahmans, verhaftet. Dunasch ben Labrat soll als erster hebräische Gedichte in arabischen Versmassen geschrieben haben.

Die Leuchte der spanischen Judenheit dieser Periode war Chasdai ibn Schaprut. Er unterstützte Gelehrte und war berühmt wegen seiner Kenntnis der Sprachen und Literaturen von Mohammedanern und Christen. Da er in der Heilkunst bewandert war, wurde er Abd ur-Rahmans Arzt, und später wurde er Finanz- und Aussenminister des Kalifats. Chasdai ibn Schaprut und viele andere Juden, die ihm im Dienst der Herrscher Spaniens bis zur Vertreibung (1492) folgten, leisteten einen bedeutenden, ja, entscheidenden Beitrag zum Aufstieg des Landes zu einer Weltmacht.

Sehr interessant ist sein Briefwechsel mit dem Chasarenkönig Joseph; er enthält zahlreiche Einzelheiten über die Geschichte des Königreichs. Chasdai, begeistert von der Existenz eines tatsächlich unabhängigen jüdischen Königreichs, schrieb Joseph: "Wenn es irgendwo Ruhm und ein Königreich für die aus Israel Verbannten gibt und keiner sie beherrscht ... und ich weiss, dass dies so ist, dann würde ich meine Ehre geringschätzen, auf meine Grösse verzichten, meine Familie verlassen und über Berge und Hügel, durch Meere und Wüsten bis zu dem Ort ziehen,

Die Form des mit Blumen und Mandeln verzierten siebenarmigen Leuchters, seiner Basis und Arme war in der jüdischen Tradition Spaniens, Deutschlands und Italiens festgelegt; sie hatte auch in der jüdischen Kabbala symbolische Bedeutung. Das Bild zeigt den Leuchter aus dem Manuskript eines italienischen Gebetbuchs, geschrieben und illuminiert 1397 in Pisa für ein Mitglied der Familie Danieli. Sammlung Sassoon, Letchworth, England

wo Eure Majestät residiert, um Eure Macht und Herrlichkeit und die Schar Eurer Sklaven, die Stellung Eurer Diener und den Frieden von Israels Rest zu schauen."

Später erbittet Chasdai Angaben darüber, zu welchem Stamm der König gehört, wie sein Reich verwaltet wird, wie die Thronfolge geregelt ist und ob der König weiter nach der Sitte der Vorfahren, als sie noch im eigenen Land lebten, regiert. Er fragt weiter, ob sein Volk den Anbruch des lang ersehnten messianischen Zeitalters berechnen könne und beklagt die Zerstörung des Tempels, die Verringerung der Zahl der Juden und den Verlust ihrer Ehre.

In der Antwort des Chasarenkönigs heisst es: " . . . Ich wünschte, ich könnte bei Dir sein und Dein ehrwürdiges, freundliches, feines Antlitz sehen. Du wirst mein Vater, ich werde Dein Sohn sein, mein Volk soll nach Deinem Wort regiert werden . . ."

Das Chasarenreich war indessen zum Untergang verurteilt, es verfiel und verlor einen grossen Teil seines Gebiets, nachdem die Russen die Chasaren besiegt und zur Flucht in die Gegend des Kaspischen Meers und der Krim gezwungen hatten. Chasdai ibn Schaprut blieb in Cordoba als Beamter und Ratgeber des Kalifen, und bis zu seinem Tod (975) diente er seinem Volk weiter als Lehrer und Führer.

Nach mittelalterlicher Tradition wird die Stadt Jerusalem als grossartiges gotisches Bauwerk dargestellt, zu dem die Juden in sehnsuchtsvoller Verehrung die Arme erheben. Das Bild zeigt die letzte Seite der Vogelkopf-Haggada. Israel-Museum, Jerusalem

JÜDISCHE HOFKULTUR

Chasdai ibn Schaprut hielt als einer der ersten jüdischen Führer eine Art königlichen Hof, mit Dichtern, Gelehrten und Schriftstellern. Damit repräsentierte er zugleich eine ganze soziale Klasse, die spanisch-jüdische Aristokratie. Viele spanische Juden gehörten zur gesellschaftlichen Oberschicht des Landes. Sie lebten mit ihren aristokratischen arabischen Kollegen zusammen, die ihnen geistig ebenbürtig waren. Im Gegensatz zu den allzu oft völlig ungebildeten aristokratischen christlichen Zeitgenossen war der arabische Aristokrat jener Periode nicht nur mutig, sondern gewöhnlich auch ein kultivierter Mann mit künstlerischen und literarischen Neigungen. So wurden Cordoba, Lucena und Granada zu Zentren wohlhabender, materiell und geistig blühender jüdischer Gemeinden.

SAMUEL HA-NAGID

Eine andere hervorragende Persönlichkeit war Samuel ibn Nagrela, bekannt als Samuel ha-Nagid ("der Fürst" — ein Titel für das Oberhaupt der jüdischen Gemeinde in mohammedanischen Ländern im Mittelalter). Er wurde 993 in Cordoba geboren und starb 1056 in Granada. Er zeichnete sich durch seine Talmudkenntnisse aus, wusste auch über weltliche Fragen Bescheid und beherrschte ausser der arabischen, lateinischen und berberischen Sprache auch Philosophie und Mathematik. Nach der Eroberung Cordobas durch Berberstämme musste seine Familie nach Granada ziehen. Dort stieg er zu hohen Positionen am königlichen Hof auf und bekleidete zuletzt siebenundzwanzig Jahre lang den Rang des Vizekönigs.

Trotz seiner hohen Stellung am Hofe blieb Samuel ha-Nagid in der jüdischen Gemeinde verwurzelt. Er war das Oberhaupt der Gemeinde von Granada und der Rabbiner des dortigen Lehrhauses. Zu seinen bedeutendsten Werken gehört eine Einführung in den Talmud, in der er die talmudische Methode der Darstellung in einfacher Sprache erklärt. Ihm verdankt man auch eine Liste der Träger der Tradition seit den Männern der Grossen Versammlung in der Frühzeit des Zweiten Tempels, über die Tannaiten, Amoräer, Sevoraim und Geonim bis zu den Tagen seines Lehrers Mosche ben Enoch. Er schrieb eine hebräische Grammatik, ein hebräisches Wörterbuch und kompilierte zahlreiche weltliche Gedichte und Gebete. Als Vizekönig war er auch der Oberbefehlshaber des granadischen Heeres und fand mitten im Krieg Zeit, Gedichte und Gebete zu verfassen. Samuel ha-Nagid war freigebig gegenüber Gelehrten und hervorragenden Persönlichkeiten nicht nur in Spanien, sondern auch in Nordafrika, Jerusalem, Bagdad und auf Sizilien und bezahlte grosse Summen für das Abschreiben von Manuskripten der Bibel, Mischna und Gemara, mit denen er talentierte Gelehrte und Dichter beschenkte. Einer der begabtesten unter ihnen war der grosse Dichter Salomo ibn Gabirol.

SALOMO IBN GABIROL

Salomo ibn Gabirol, ein Zeitgenosse Samuels ha-Nagid, wurde 1020 in Malaga geboren, verwaiste früh und verbrachte seine Jugend einsam und krank. In seinen Gedichten klagt er, er sei schwach, klein, mager und hässlich. Sein grosser dichterischer Nachlass umfasst Liebesgedichte, Klagen über sein bitteres Geschick und Lobpreisungen für verschiedene Gönner. Ein von allen Unreinheiten freies Hebräisch, verbunden mit der Mannigfaltigkeit arabischer Prosodie, zeichnet seine weltlichen Gedichte aus.

Seine geistliche Poesie ist ein wunderbarer Ausdruck der tief religiösen Glut des Dichters. Zahlreiche Gemeinden haben seine liturgischen Gedichte für Sabbat — und Feiertage — die Hohen Feiertage und die Fasttage — akzeptiert, und sie sind nicht nur in den Gebetbüchern für die Feiertage der aschkenasischen (westlichen) und der sephardischen (östlichen) Juden bewahrt, sondern auch in den Litaneien der Karäer.

Ibn Gabirol gehört auch zu den grossen Philosophen. Sein System wies der christlichen Scholastik den Weg. Sein Werk "Fons Vitae" (Quelle des Lebens), in dem er sein System darlegt, existiert nur noch in einer lateinischen Übersetzung. Ein Dominikanermönch, ein konvertierter Jude, übersetzte es ein Jahrhundert nach ibn Gabirols Tode aus dem arabischen Original. Da im Lateinischen aus dem Namen Gabirol Avicebron geworden war, galt der Autor als Mohammedaner oder Christ, bis man vor etwa hundertfünfzig Jahren eine hebräische Auswahl aus dem Werk entdeckte. Unter den Verfassern ethischer Werke aus dem elften Jahrhundert ist vor allem Bahya ibn Pakuda, der Autor von Hovot ha-Levovot (Herzenspflichten) zu nennen. Er betont die Bedeutung der inneren Hingabe bei dem Ausüben der Gebote. Von den Grammatikern sei Rabbi David Kimchi erwähnt, dessen Sefer-Ha-Shorashim (Buch der Wurzeln) sogar noch eifrig von den Begründern der modernen hebräischen Grammatik, Gesenius, verwendet wurde.

ISAAK BEN JAKOB ALFASI

Ein grosses Licht im Geistesleben der spanischen und nordafrikanischen Juden jener Zeit war Rabbi Isaak ben Jakob Alfasi. Er wurde 1013 in Fez, Nordafrika, geboren, in dem Jahr, in dem der letzte der Geonim in Babylonien sein Amt ausübte. Er genoss den Unterricht berühmter Talmudisten in Kairouan. Nachdem er viele Jahre lang in seinem Geburtsort als Rabbiner gewirkt hatte, musste er im Alter von fünfundsiebzig Jahren von dort fliehen. Er gelangte nach Spanien und liess sich nach kurzem Aufenthalt in Cordoba und Granada in der Stadt Lucena nieder, wo er ein bedeutendes Lehrhaus gründete und gegen Ende seines Lebens die damals in Kairouan übliche Methode des intensiven Lernens wieder einführte. Dort starb er mit neunzig Jahren (1103).

Berühmt wurde Alfasi — der Name ist von seinem Geburtsort abgeleitet — durch sein "Buch der juristischen Entscheidungen", im Sprachgebrauch "Alfas" genannt. Es gehört zu den ersten systematischen Werken über juristische Fragen im Talmud. Das Buch folgt der Ordnung der Talmudtraktate, behandelt aber die talmudischen Erörterungen in logischer Ordnung. Alle späteren Kodifikatoren,

Der jüdische Friedhof in Worms. Im Vordergrund die Gräber von Rabbi Meir ben Baruch aus Rothenburg und Alexander Süsskind Wimpfen. Nach Rabbi Meirs Tod im Gefängnis von Ensisheim im Elsass (1293), wo Kaiser Rudolf von Habsburg ihn hatte einkerkern lassen, verweigerte der Kaiser die Herausgabe des Leichnams an die jüdische Gemeinde. Er wurde erst 1307 zur Beerdigung in Worms freigegeben, als der wohlhabende Alexander Wimpfen den Behörden ein hohes Lösegeld dafür bezahlte. Auf Wimpfens Wunsch begrub man ihn selbst neben seinem Lehrer Meir ben Baruch

Haman und seine zehn Söhne am Galgen, den Mordechai errichtet hatte; gemalt von einem jüdischen Künstler nach der in Norddeutschland zur Mitte des vierzehnten Jahrhunderts üblichen Tradition. Seite aus der De Castro-Bibel, einem Manuskript der Bibel, der fünf Rollen und des Wochenabschnitts aus den Propheten; geschrieben von dem Schreiber Nathaniel und vokalisiert von Levi ben David im Januar 1344. Sammlung Sassoon, Letchworth, England

von Maimonides bis zu Joseph Karo, dem Verfasser des Schulchan Aruch (das ist der umfassende Kodex des jüdischen Rechts) haben sich auf dies riesige Werk gestützt. Heutzutage wird es in allen Lehrhäusern studiert, während es in den ersten Generationen nach Alfasis Tod heftig abgelehnt wurde.

ITALIEN

Schon vor der Eroberung Jerusalems durch Pompeius (63 v. Chr.), als der König von Judäa Aristobolos und unzählige jüdische Gefangene nach Rom gebracht wurden und in Pompeius' Triumphzug seinem Streitwagen folgen mussten, gab es in Italien Juden. Vier Jahre später (59 v. Chr.) hielt Cicero, der grösste römische Redner, in Verteidigung des Statthalters in Asien, Flaccus, eine leidenschaftliche Rede über die Macht der römischen Juden, deren Wohnviertel in der Nähe der Aurelianischen Stufen lag. Flaccus war der Unterschlagung von Summen beschuldigt, welche die Juden des Bezirks an den Tempel in Jerusalem geschickt hatten.

Unter der Herrschaft der Römer über Palästina nahmen Macht und Zahl der Juden in Italien allmählich zu. Nach der Zerstörung Jerusalems (70 n. Chr.) wurden viele Juden nach Rom gebracht und dort als Sklaven verkauft. In Rom selbst soll es damals siebenundneunzigtausend Juden gegeben haben. Einige der Gefangenen wurden freigelassen, andere von ihren Glaubensgenossen losgekauft.

Eine Legende des zehnten Jahrhunderts spricht von fünftausend Gefangenen, die Titus in die Gegend von Otranto, Unteritalien, gebracht habe. Im Hafen von Bari lebten im Mittelalter jüdische Familien, die sich als Nachkommen der Verbannten aus Jerusalem betrachteten. Briefe der römischen Klassiker, Grabsteine, jüdische Katakomben und sogar einige Synagogen mit Fussböden und Wandschmuck aus Mosaik beweisen, dass es in verschiedenen italienischen Ortschaften ohne Unterbrechung jüdische Gemeinden gegeben hat.

Nach der Eroberung Roms durch barbarische Stämme durften die Juden wie die Angehörigen aller anderen religiösen Bekenntnisse ihre Autonomie behalten, obwohl die von Constantin dem Grossen erlassenen und von beiden Teilen des Römischen Reichs bestätigten Judengesetze nominell noch in Kraft waren. Der Ostgote Theoderich, der Italien von 487 bis 526 beherrschte, gestattete den Juden, ihre alten Rechte und ihre eigenen Richter zu behalten, hielt jedoch das Verbot, neue Synagogen zu bauen und alte zu reparieren, aufrecht. Immerhin war Theoderich Arianer, während die meisten Mitglieder des christlichen Klerus katholisch waren, und sie sahen im Judentum ihren Hauptfeind.

Über die italienischen Juden des sechsten und siebten Jahrhunderts weiss man wenig. Aus den Briefen Papst Gregors des Grossen (590–604) geht hervor, dass es in allen Teilen Italiens, besonders im Süden und sogar auf Sizilien eine grosse jüdische Bevölkerung gab. Gregor bekämpfte die jüdischen Bräuche, die ins Christentum eingedrungen waren, energisch, bestand aber anderseits darauf, dass man die Rechte der Juden respektiere.

In den vierhundert Jahren zwischen dem fünften und neunten Jahrhundert wuchsen die jüdischen Zentren in Süditalien, das von den Byzantinern beherrscht wurde. Ihre Haltung gegenüber den Juden hatte im sechsten Jahrhundert der Codex Justinianus geregelt, der die Juden ihrer autonomen Rechte beraubte und ihnen zusätzliche Verpflichtungen auferlegte. Dieser Zustand bestand bis zum Beginn des neunten Jahrhunderts, als der Druck der Mohammedaner auf Sizilien und Süditalien zunahm. Am meisten weiss man über das jüdische Zentrum in Oria, Süditalien, und zwar aus einer genealogischen Chronik ("Chronik des Achima'az"), in welcher der Autor die Geschichte seiner Familie durch zehn Generationen in zweihundert Jahren, seit Amitai ben Schefatia sich hier niederliess, in Versen sehr ausführlich schildert.

Die Chronik zeigt ein erstaunliches Bild von Persönlichkeiten — von Staatsmännern, Schriftstellern und Dichtern, Gelehrten, Magiern und Kabbalisten, Taugenichtsen, Wundertätern und Abergläubischen. Den Stolz der Familie bildete Amitai ben Schefatia (gestorben 886). Er war nicht nur ein begabter Dichter, sondern auch ein praktizierender Kabbalist und Wundertäter; er habe, heisst es, den Weg der Himmelskörper verändert. Schefatia lernte die praktische Kabbala von Aaron, dem Babylonier, vermutlich der Sohn des Exilarchen Samuel, der bei seiner Ankunft in Süditalien (um 850) den Glanz der babylonischen Gelehrsamkeit nach Europa brachte.

Wie im mohammedanischen Spanien, so zeigte auch die kulturelle Wiedergeburt in Süditalien vom siebten bis zehnten Jahrhundert hebräischen Einfluss, und die Blütezeit der Sprache in Süditalien geht vielleicht auch auf die kurze Besetzung durch die Mohammedaner zurück. Die Juden brachten eine moderne Richtung religiöser Dichtung hervor, und es erschienen sogar auch Prosawerke auf hebräisch. Zu den berühmtesten Werken der europäischen Judenheit des Mittelalters gehört die volkstümliche Chronik der jüdischen Geschichte, "Josippon", eine Nachahmung der Geschichtsbücher des Flavius Josephus. In seinem Werk führt der Autor die Geschichte der Juden bis zum zehnten Jahrhundert fort. Damals wurden in Italien auch wichtige homiletische und halachische Werke geschrieben. Einer der hervorragendsten Juden jener Zeit war Sabbatai ben Abraham, genannt "Donnolo, der Arzt", auch aus Süditalien — Oria. Er war der erste medizinische Schriftsteller im Europa der nachklassischen Zeit und ein Kabbalist. Zu seinen Werken gehört ein Kommentar zum Buch Jezira.

Die Hauptbedeutung des jüdischen Zentrums in Süditalien liegt darin, dass es die babylonische jüdische Gemeinde mit der europäischen verband. Durch die Gemeinden in Oria, Bari und Otranto gelangte die Kenntnis des Talmuds und der mystischen Kabbala nach Westeuropa. Die Redensart aus dem zwölften Jahrhundert (Jes. 2 parodierend) "Denn von Bari wird die Weisung ausgehen und das Wort des Herrn von Otranto" hat möglicherweise die Bedeutung der jüdischen Gemeinden in Süditalien genau zum Ausdruck gebracht.

Die jüdische Gemeinde am Oberrhein in Süddeutschland unterhielt zu den süditalienischen Juden nahe Beziehungen. Einer der Schüler des Kabbalisten Aaron aus Bagdad war Mosche ben Kalonymus (sein griechisch klingender Name weist auf seine Herkunft aus dem byzantinischen Italien

Der Durchzug durch das Rote Meer; aus einem Gebetbuch des frommen Rabbis von Rizzin, Deutschland, um 1470. Moses wird als Rabbi dargestellt; über einer Gebirgslandschaft schwebt der Engel, der ihn führt. Miniatur, hier in dreifacher Vergrösserung. Israel-Museum, Jerusalem

"Und Moses reckte seine Hand aus über das Meer ... Die Israeliten aber waren mitten im Meere auf dem Trockenen gegangen" (2. Mos. 14). Diese Seite aus der Vogelkopf-Haggada zeigt Moses und die Kinder Israel auf ihrer Flucht vor den Ägyptern. Israel-Museum, Jerusalem

hin), der sich in Lucca in Norditalien niederliess. Er oder einer seiner Nachkommen gleichen Namens war der Arzt des Kaisers und lebte in der zweiten Hälfte des zehnten Jahrhunderts in Mainz. Seitdem lebten Angehörige der Familie der Kalonymiden im Rheinland. Mosche ben Kalonymus schrieb liturgische Gedichte und verbreitete ausserdem als Talmudgelehrter und Kabbalist jüdisches Wissen in Süddeutschland.

FRANKREICH

Die ersten Juden gelangten lange vor dem Untergang des Römischen Reichs nach Gallien. Hier genossen sie, wie die Juden in Spanien und Italien, volles Bürgerrecht, und in der Frühzeit der Eroberung verschlechterte sich ihre Lage nicht. Sie trieben Handel, waren Handwerker und Ärzte. Es gab sogar Grundbesitzer unter ihnen. Sie trugen Waffen, nahmen zu ihren jüdischen auch nichtjüdische Namen an und lebten mit ihren nichtjüdischen Nachbarn in Frieden und Eintracht. Ihre Verhältnisse blieben auch vom Übertritt Chlodwigs, des Frankenkönigs, vom Arianismus zum Katholizismus unberührt. Der König wusste die Kirche in seinem Reich im Zaum zu halten, und im Gegensatz zu den westgotischen Herrschern in Spanien waren seine Nachfolger — seine Söhne — von fremden Einflüssen unabhängig.

Mit der Zeit verbreitete sich indessen der Judenhass auch in Frankreich, und Gesetze verboten gesellschaftliche Kontakte zwischen Juden und Christen. Die Juden wurden auf mancherlei Weise bedrängt, doch die Verfolgung beschränkte sich im allgemeinen nur auf eine Ortschaft, und die antijüdischen Gesetze wurden nicht durchgeführt.

Als Karl der Grosse zur Macht kam, förderte er die Juden, um damit das wirtschaftliche und kulturelle Ansehen seines Reichs zu heben. Dazu schienen ihm die Juden, die wichtigsten Kaufleute im Mittelalter, sehr nützlich. Dank dieser Haltung vergrösserte sich die Zahl der Juden in seinem Reich, dessen Teile später zu Frankreich und Deutschland gehörten. Vom zehnten Jahrhundert an gab es, dafür hat man viele Beweise, jüdische Gemeinden in Magdeburg, Merseburg und Ratisbon (Regensburg).

DIE REGIERUNGSZEIT LUDWIGS DES FROMMEN

Wie sein Vater Karl der Grosse gewährte auch Ludwig der Fromme den Juden Schutz und verteidigte sie gegen den plündernden Adel und den fanatischen Klerus. Sie durften überall in seinem Reich wohnen, nichtjüdische Arbeiter beschäftigen und sogar nichtjüdische Sklaven halten, trotzdem verschiedene Konzile das wiederholt verboten hatten. Im Interesse der Juden wurde der regelmässige Markttag vom Samstag auf den Sonntag gelegt. Für die Juden galten weder die Prügelstrafe, noch die barbarischen Methoden des Gottesurteils zum Beweis der Unschuld. Sie erhielten sogar Autonomie in Rechtssachen, konnten ungehindert Handel treiben, ihr Handwerk ausüben und selbst Steuerpächter werden, obwohl die kirchlichen Gesetze das ausdrücklich verboten. Ein vom Kaiser dazu besonders eingesetzter Beamter hatte die Juden vor dem Adel und dem Klerus zu schützen.

(Oben rechts): "Alle Knaben, die den Hebräern geboren werden, werft in den Nil", sagt diese Seite aus dem Gebetbuch des Rabbis von Rizzin, zusammengestellt im letzten Drittel des fünfzehnten Jahrhunderts in Deutschland. Die Illuminationen zeigen starken italienischen Einfluss
(Unten links): Erste Seite mit liturgischen Dichtungen zu Pessach aus dem gleichen Gebetbuch. Israel-Museum, Jerusalem
Die beiden anderen Bilder stammen aus Gebetbüchern vom Ende des fünfzehnten Jahrhunderts aus Norditalien. Die Seite oben links bezieht sich auf das Laubhüttenfest, die unten rechts auf eine Hochzeit. Sammlung Sassoon, Letchworth, England, bzw. Jews' College, London

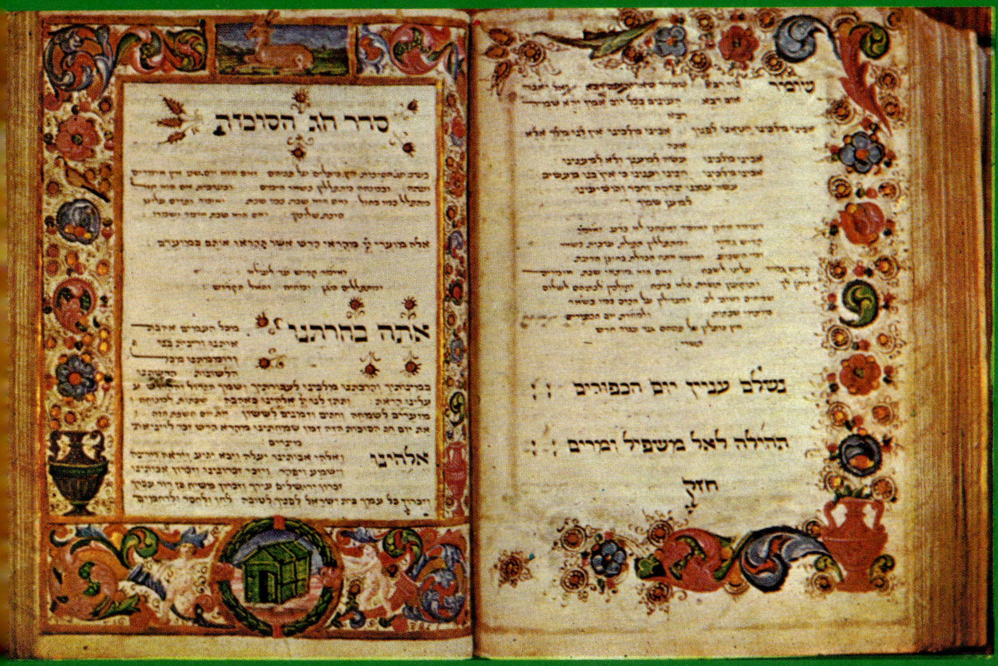

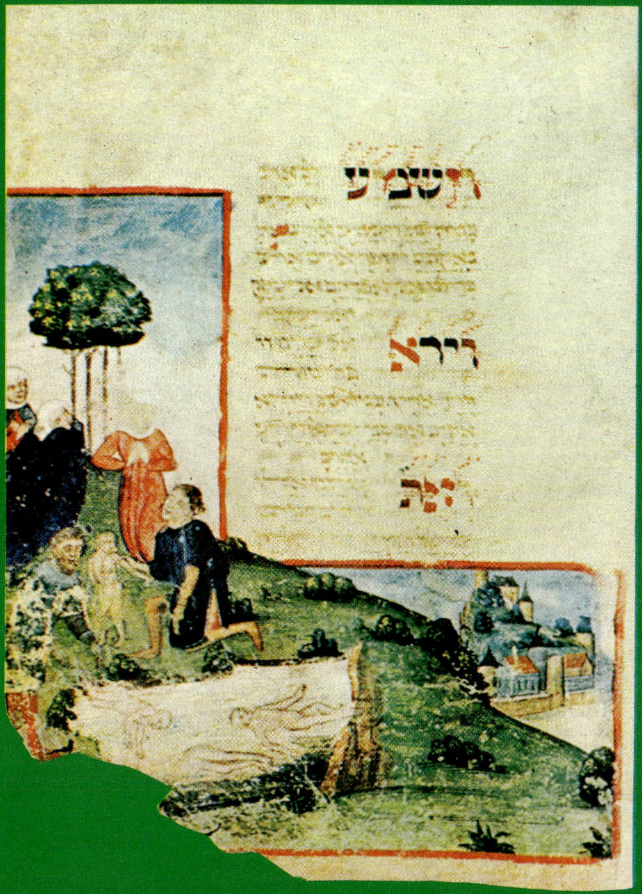

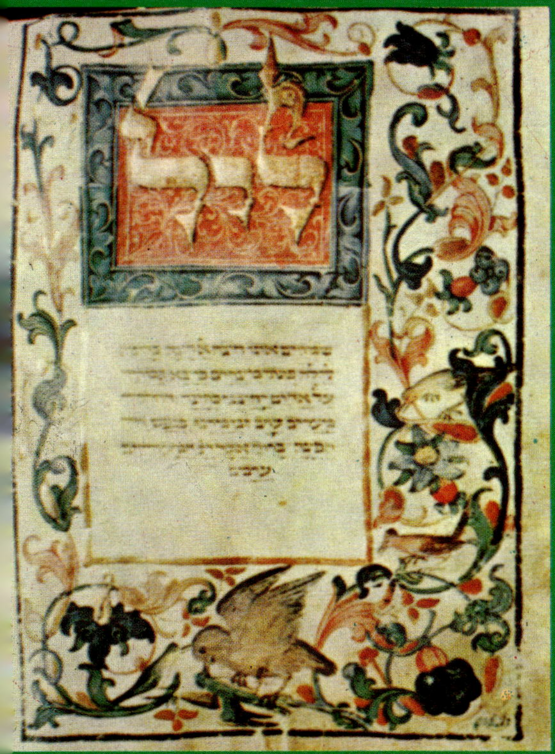

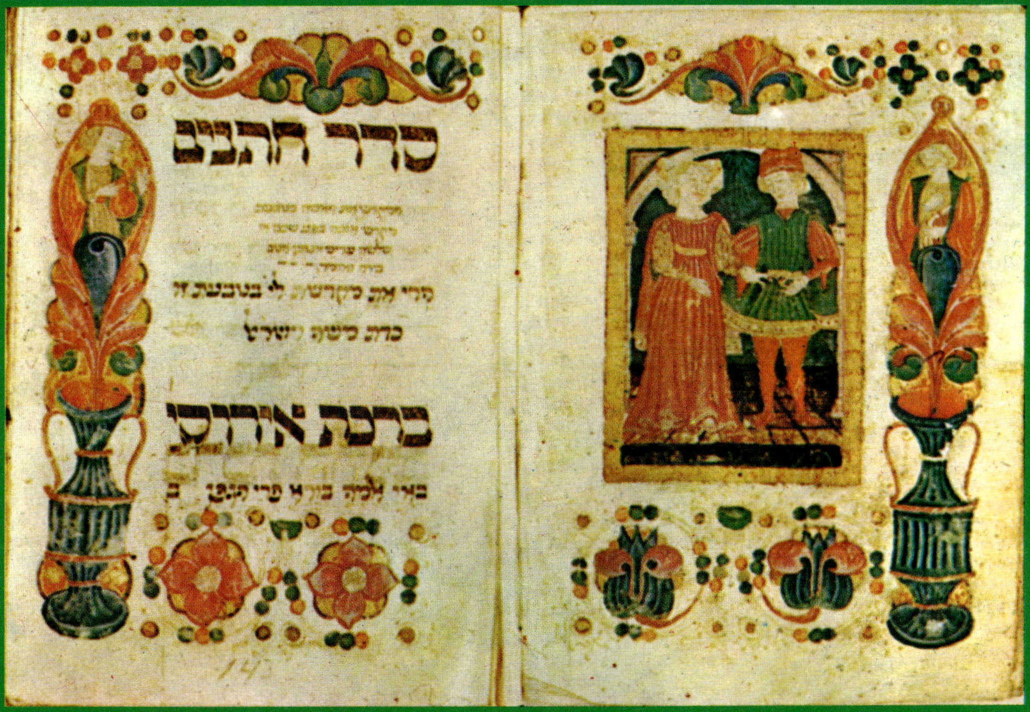

Juden knieend im Gebet und Isaak auf dem Opferaltar. Menschen mit Vogelschnäbeln und Tierohren zu zeichnen, war im Mittelalter in Deutschland eine weitverbreitete Methode, um die Porträtierung der menschlichen Gestalt zu vermeiden. Wegen der auffallenden Schnäbel erhielt die Jerusalemer Haggada den Namen Vogelkopf-Haggada. Der Schreiber Menachem schrieb und illuminierte sie ums Jahr 1300 in Süddeutschland. Israel-Museum, Jerusalem

Das Verhalten Ludwigs des Frommen erklärt sich aus seinem Wunsch, den Handel zu fördern. Er half aber nicht nur den Händlern, sondern den Juden ganz allgemein, und zwar aus einem persönlichen Grund: seine sehr geliebte zweite Frau bewunderte das Judentum und brachte die Liebe zum Judentum und zu allem Jüdischen an den Hof. Zu ihrer Zeit lasen christliche Intellektuelle die Werke von Flavius Josephus und Philo mehr als die der Kirchenväter. Manche von ihnen baten sogar Rabbiner um ihren Segen und forderten sie auf, für sie zu beten. Juden kamen oft an den Hof und verkehrten mit dem König und seinen Vertrauten.

In der Praxis wurden also die verschiedenen Entscheidungen der Kirche gegen die Juden nicht befolgt, wenn sie auch nicht aufgehoben waren. Zum ersten Mal seit den römischen Kaisern durften die Juden wieder neue Synagogen bauen. Viele Christen nahmen an den synagogalen Gottesdiensten teil und fanden an den Predigten der Rabbiner grosses Gefallen — daraus geht hervor, dass die Rabbiner in der Landessprache predigten.

Doch wie die Bewunderer der Juden an Zahl zunahmen, vergrösserte sich auch die Zahl ihrer Feinde, die sie wieder in ihre frühere niedrige Stellung hinabdrücken wollten. Karl der Kahle, Ludwigs Sohn und Nachfolger, schützte die Juden so, wie sein Vater es getan hatte, seine Schwäche jedoch und die damals herrschende Anarchie liessen die kirchlichen Feinde der Juden hoffen, sie könnten ihren Einfluss auf den Herrscher vergrössern und ihn zur Verfolgung der Juden überreden. Aber Karl und seine Nachfolger konnten dem Druck der Kirche Widerstand leisten und den Juden Schutz gewähren.

"KAMMERKNECHTE"

Als die Macht der Könige abnahm, nahm die der Kirche zu, und die Lage der Juden verschlechterte sich in den von der katholischen Kirche beherrschten Ländern. Jetzt hing das Schicksal der Juden von jedem einzelnen Fürsten ab. Durften die Juden in einem Bezirk Südfrankreichs Grundbesitzer und sogar königliche Beamte sein, so war ihr Status anderswo schlechter als der von Leibeigenen. Die einzige Betätigung, die das entwickelte Feudalsystem den Juden liess, waren Handel und Wucher, und selbst dazu waren sie auf den Schutz des Königs angewiesen, als seine "servi camerae regis", seine "Kammerknechte", welche die Fehden der Fürsten gegen ihre Rivalen finanzierten. Die Geschichte dieser Institution spiegelt ganz besonders deutlich den Machtkampf zwischen den verschiedenen Elementen der christlichen Gesellschaft.

In der Regel beschützte der König die Juden — natürlich als Entgelt für gewisse Vorteile durch sie. Unterstand er indessen dem Einfluss oder der Autorität von Kirchenführern, so erliess er gelegentlich antijüdische Edikte und veranlasste sogar ihre Vertreibung. Anscheinend dienten diese Verordnungen manchmal ohne Rücksicht auf die späteren Folgen solcher Massnahmen direkt als Mittel, aus den Juden Geld herauszupressen.

So hing das Schicksal der europäischen Judenheit im allgemeinen und das der Juden in Deutschland im besonderen von der Veränderung der politischen Verhältnisse ab. Die jüdische Geschichte bestand nun aus einer langen Kette von wiederholten Vertreibungen, abwechselnd mit der Gewährung von Privilegien und deren Verletzung und Annullierung, von Angriffen gegen Leben und Eigentum, von Massakern und Wanderungen. Damals entwickelte sich gleichzeitig das Gefühl der Zusammengehörigkeit der Glaubensgenossen, und dadurch konnte eine Gemeinde, die aus einem Fürstentum vertrieben war, in der Nachbarschaft Zuflucht finden. Doch diese Zustände weckten den Hass gegen die Juden, nicht nur wegen ihrer anderen Religion, sondern auch, weil sie Fremde waren. Ausserdem hasste man den Juden wegen seiner Gewerbe: er war der Steuer- oder Zolleinnehmer, er war der Wucherer.

Trotz all dieser Einschränkungen und Schwierigkeiten vermochte die europäische Judenheit ein geordnetes Gemeindeleben mit festen Institutionen aufzubauen und sogar bleibende Leistungen auf geistigem Gebiet zu vollbringen.

RABBI GERSCHOM BEN JUDA, "LEUCHTE DES EXILS"

In Narbonne, dem Zentrum jüdischer Gelehrsamkeit in Südfrankreich, hatte es schon vor der Zeit Karls des Grossen ein Lehrhaus gegeben. Zu den hervorragenden Gelehrten an diesem Lehrhaus gehörten Rabbi Natan ha-Bawli und sein Schüler Juda ben Meir Leontin, dessen bedeutendsten Schüler, Rabbi Gerschom ben Juda (960–1028) man "Leuchte des Exils" nannte.

Er stammte aus Metz, zog aber nach Mainz, wo er das Amt des Rabbiners bekleidete. Das dort von ihm gegründete Lehrhaus zog viele Schüler an — aus Deutschland, Frankreich, Italien und selbst aus den slavischen Ländern. Einer seiner Schüler war der Lehrer des berühmten Gelehrten Raschi.

Rabbi Gerschom kompilierte Talmudkommentare und Arbeiten über die Massora und Bibelexegese, seine wirkliche Grösse aber lag in seinen Führerqualitäten. Seine Verordnungen, zuerst von den Gemeinden in Speyer, Worms und Mainz, später von allen jüdischen Gemeinden in Europa akzeptiert, bestimmten im ganzen Mittelalter und darüber hinaus die Form der jüdischen Gesellschaft in den Ortschaften des Kontinents.

Zu diesen Verordnungen gehört das Verbot der Polygamie und der Ehescheidung ohne die Zustimmung der Ehefrau. Rabbi Gerschom verbot den Juden, von einem Christen ein Haus zu mieten, aus dem vorher ein anderer Jude unrechtmässig vertrieben war. Eine ausserordentlich weit verbreitete Bestimmung verbot die Verletzung des Briefgeheimnisses. Wer gegen diese Verordnungen verstiess, wurde aus der Gemeinde ausgestossen. Ferner schützte Rabbi Gerschom das Ansehen der Juden, die unter dem Druck des Vertreibungsedikts (1012) zum Christentum übergetreten, aber reuig zum Judentum zurückgekehrt waren, als sich die Verhältnisse gebessert hatten. Er verbot alle Beleidigungen der Reuigen und bedrohte die Beleidiger sogar mit der Exkommunikation.

Abraham, Isaak und Jakob an der Pforte zum Paradies. Nach der jüdischen Tradition des Mittelalters stellte man sich das Paradies als einen konkreten Ort vor, wo die Gerechten und Heiligen des Volks gut und glücklich leben, Kronen tragen und mit den Engeln die Taten des Ewigen preisen. Der Künstler der Vogelkopf-Haggada zeigt das Paradies als die Heimat der Engel, die beim Licht der Sonne und des Mondes kommen und gehen, und in das ein besonderer Engel die Gerechten führt. Israel-Museum, Jerusalem

RASCHI (RABBI SALOMO BEN ISAAK)

Die französischen Juden erfreuten sich eines ruhigeren und glücklicheren Lebens als ihre Glaubensgenossen jenseits des Rheins. Im Todesjahr des letzten Gaon in Sura wurde in Troyes in der Champagne dem westlichen Judentum ein grosses Licht geboren: Salomo ben Isaak (1040–1105), bekannt als Raschi (Akronym für Rabbi Salomo Jitzchaki). In seiner Jugend studierte er am Wormser Lehrhaus. Nach seiner Heirat gründete er in seiner Heimatstadt ein Lehrhaus. Wie andere französische Juden seiner Zeit lebte er wahrscheinlich von der Landwirtschaft, besass Land, auf dem er Getreide anbaute, und Weinberge. Daran erkennt man die relativ günstige Lage der jüdischen Gemeinde.

Raschi ist der bedeutendste jüdische Kommentator aller Zeiten. Sein Kommentar zur Bibel wurde begeistert aufgenommen und ist bis heute der bevorzugteste geblieben. Er bietet eine knappe, klare und gründliche Erklärung des reinen Textes, die durch homiletische Gedanken ergänzt wird. Die Bedeutung dieses Kommentars zeigt sich darin,

111

Hier ist anscheinend die Tapferkeit des löwenmutigen Simson das Symbol für die Kraft des Betenden. Miniatur aus dem Leipziger Machsor

dass er das erste gedruckte hebräische Werk ist (1475).

Wie sein Kommentar zur Bibel ist auch Raschis Kommentar zum Talmud ein wunderbares, riesiges Werk, ausgezeichnet durch Knappheit und Klarheit. Raschi erkennt die Schwierigkeiten und hat die Fähigkeiten, sie durch Klärung zu überwinden. Darin liegt seine Grösse. Manchmal genügt eine einzige Reihe seines Kommentars zur Erhellung der dunkelsten Stelle. In allen Talmudausgaben steht sein Kommentar neben dem Text.

Raschi hat aus Frankreich für das Europa seiner Zeit und viele Generationen nach ihm das Zentrum des Talmudstudiums gemacht.

DAS ENDE EINER PERIODE

So gab es zu Ende des elften Jahrhunderts zwei hervorragende Gelehrte im jüdischen Geistesleben: Raschi in Frankreich und Alfasi in Nordafrika und Spanien. Beide schufen ihre grossen Werke vor dem Ausbruch der Katastrophen, die noch vor Raschis Tod über Europa kamen.

Im Europa des Mittelalters bildeten die Juden ein fremdes Element — ein Ziel für den Neid und die Feindschaft der ganzen Bevölkerung und für unaufhörliche Versuche, sie zur Aufgabe ihres Glaubens zu zwingen. Die Könige benutzten die Juden als Hilfe im Kampf gegen ihre Rivalen und als unversiegliche Geldquelle. Ausserdem vermittelten die Juden den Königen auch Kenntnisse, über die selbst die Kirchenführer nicht verfügten, da sie viele Sprachen lesen und schreiben konnten und auch wussten, wie man mit nichteuropäischen Nationen verhandeln musste.

In den Zeiten rascher sozialer und wirtschaftlicher Veränderungen dienten die Juden als Sündenbock, und wie die Kirche waren auch die Könige bereit, die Juden auf dem Altar der Volkswut zu opfern. Die veränderten politischen und religiösen Verhältnisse, die zu den Kreuzzügen führten, machten das Leben der friedfertigen Juden zu einer Hölle, aus der es kein Entrinnen gab.

JÜDISCHE KUNST IM MITTELALTER

Im Mittelalter gab es nur zwei Arten hervorragender jüdischer Kunst: die Illumination von Manuskripten und den Synagogenschmuck. Auf diesen beiden Gebieten passten die Juden sich im allgemeinen den örtlichen Stilformen an. Wenn ein spezifisch jüdisches Element in der Malerei oder Ornamentik vorkam, so beschränkte es sich hauptsächlich auf den Gegenstand, die Methode der Darstellung oder auf besondere jüdische Motive und Symbole. Als die jüdischen Gemeinden in Europa feste Formen annahmen, entwickelten sich die Illumination jüdischer Manuskripte und der Synagogenbau in höchstem Masse konventionell. Zu Ende des dreizehnten Jahrhunderts wurde diese Tradition zur festen Formel, von der im Mittelalter kaum jemand abwich.

Die spezifischen jüdischen Symbole — der siebenarmige Leuchter und sein Zubehör, die Bundeslade oder der Eingang zur Tempelhalle — schon in alter Zeit entwickelt und festgelegt und auch in der byzantinischen Periode in der synagogalen Kunst weiter verwendet, wurden in etwas veränderter Form von den unter arabischer Herrschaft stehenden Juden übernommen. In den rabbinischen und karäischen Bibeln, die in den mohammedanisch beeinflussten Ländern Palästina und Ägypten vom neunten bis zum elften Jahrhundert abgeschrieben wurden, fügte man dem Grundsymbol des Leuchters noch einige Teile des Heiligtums oder des Tempels hinzu, und manchmal hatte sogar die ganze Bibel die Form des Tempels. In diesen Bibeln ist der Stil der Malerei ausserordentlich ornamental und weist auf den Einfluss des Bilderverbots in der mohammedanischen Kunst hin. Selbst die Darstellung des Leuchters und anderer Gegenstände aus dem Heiligtum ist sehr stilisiert, fast abstrakt und gelegentlich schwer exakt zu identifizieren.

Wie diese Bibeln aus dem Osten nach Europa gelangten, ist nicht genau bekannt, auf jeden Fall tauchen seit dem Anfang des dreizehnten Jahrhunderts Teile des Heiligtums und des Tempels auf den Titelblättern spanischer Bibeln auf, zuweilen als eine Zusammenstellung von Gegenständen, mitunter als allgemeiner Plan des Tempels. Ein anderes, den ägyptischen und spanischen Bibeln des zehnten Jahrhunderts gemeinsames Element ist die ornamentale Seite mit teppichähnlichem Dekor, die zuerst so etwas wie die Seite des Einbands darstellte und in dieser Form auch von der christlichen Kunst des Mittelalters übernommen wurde.

Im dreizehnten Jahrhundert erschienen auch zuerst Illustrationen biblischer Ereignisse in hebräischen Bibelmanuskripten, erstmalig in Süddeutschland und am Ober- und Mittelrhein, später auch in Frankreich, Spanien und Italien. In Bibeln aus Deutschland findet man am Anfang und Ende des Buches vom Text getrennte Bilder, erst im dreizehnten Jahrhundert wurden Illustrationen am Rand neben dem Text eingefügt. Ausserdem enthalten auch Gebetbücher für die Feiertage (machsorim) und Pessach-Haggadot aus Deutschland Bilder biblischen Inhalts.

Seit dem Ende des dreizehnten Jahrhunderts gibt es auch Bilder von Feiertagsbräuchen und -zeremonien in solchen Gebetbüchern und Haggadot. Das Leipziger Gebetbuch für die Feiertage bringt z.B. das Bild eines Juden mit Palmzweig, Weidenzweig und Ethrog neben dem Gebet für das Laubhüttenfest und von Frauen, die vor Pessach ihre Schüsseln nach ritueller Vorschrift reinigen. In der süddeutschen Vogelkopf-Haggada (ungefähr aus dem Jahr 1300) sind Bilder einer Familie beim rituellen Pessachmahl und der Perforierung der Mazzot (des ungesäuerten Brotes), daneben ein Bild der Juden bei ihrem Auszug aus Ägypten und dem Durchzug durch das Rote Meer.

Die Frage, woher diese Bilder stammen, haben die Kunsthistoriker noch nicht beantworten können. Einige nehmen an, die jüdischen Künstler hätten die Bilderserie ihrer christlichen Umgebung entlehnt und Elemente und Motive jüdischer Legenden und Bräuche hinzugefügt. Andere Historiker sehen in den Illustrationen jüdischer Legenden in Bibeln des dreizehnten und vierzehnten Jahrhunderts den Beweis dafür, dass es seit der Antike das ganze Mittelalter hindurch eine Tradition jüdischer Kunst gab. Ehe man indessen illuminierte hebräische Manuskripte aus dem Altertum und dem frühen Mittelalter gefunden hat, bleibt diese Frage ungelöst.

VIERHUNDERT JAHRE DES SCHRECKENS

Am Ende des elften Jahrhunderts kamen in Europa schreckliche Gerüchte über die Schändung des Heiligen Grabes durch die Mohammedaner, die Jerusalem 1071 erobert hatten, in Umlauf. Man verbreitete phantastische Geschichten über die Folterung von Christen im Heiligen Lande, an der angeblich auch Juden teilgenommen hätten. Die Quelle dieser Gerüchte ist schwer festzustellen. Möglicherweise hatte jemand ein Interesse an der Verbreitung dieser Geschichten mit ihren giftigen Untertönen, um die europäische Christenheit mit Rachedurst zu erfüllen. Der Aufruf Papst Urbans II. auf dem Konzil von Piacenza und später in Clermont erweckte begeisterte Zustimmung, und ein Jahr danach sammelten sich grosse Scharen unter der Kreuzesfahne. Eine kleine Anzahl dieser Männer glaubte, sich damit den Erlass ihrer Sünden erkaufen zu können, aber die meisten sahen in dem Kreuzzug einen Fluchtweg aus der Leibeigenschaft, der schweren Steuerbelastung und der entwürdigenden Armut. Für die Ritter, die dem Aufruf folgten, bot der Kreuzzug eine Gelegenheit zum Abenteuer und zum Gewinn von Ruhm und persönlichem Reichtum.

Synagoge in Barcelona. Der Kantor im Gebetsschal steht auf einer erhöhten, überdachten Plattform; er hebt eine von ihrem Mantel umhüllte Torarolle in die Höhe. Vier Juden mit ihren Kindern – eins davon ist ein Mädchen – beten stehend. Von der Decke hängen gläserne Lampen herab; sie sind im maurischen Stil, wie ihn die jüdische Tradition im christlichen Spanien bewahrt hatte. Erstes Blatt aus einem Manuskript der spanischen Pessach-Haggada, illustriert in Barcelona im vierzehnten Jahrhundert. Britisches Museum, London

DER ERSTE KREUZZUG

Die Massen, die ihre Heimat und ihre Familien verlassen hatten, erfüllte wilde Begeisterung, die von dem mitlaufenden Pöbel zur Weissglut angefacht wurde. Den unfähigen Führern entglitt die ohnehin fragwürdige Organisation, und Disziplinlosigkeit erfasste die ganze Bewegung. In ihrer an Ekstase grenzenden Erregung griffen die zügellosen Horden friedliche Bürger an, denen sie in den Dörfern und Städten begegneten, und sie plünderten, wen und was sie finden konnten.

Während indessen die christliche Bevölkerung nur unter der Gewalt und Gier der Rohlinge litt, wiegelten fanatische Priester den Pöbel dazu auf, die Juden umzubringen. Die Kreuzfahrer, schreibt ein jüdischer Chronist, seien so zahlreich wie Heuschrecken, "und wenn sie durch Ortschaften mit jüdischen Einwohnern zogen, sagten sie zueinander: 'Sieh, wir wollen uns an den Ismaeliten rächen, und hier in unserer Mitte wohnen Juden, deren Väter Jesus kreuzigten. Lasst uns erst mit denen abrechnen, sie völlig vernichten und den Namen Israel auslöschen, oder sie sollen, wie wir, Jesus als den Messias anerkennen'."

Unter den jüdischen Gemeinden am Rhein brach Panik aus. Ihre Führer riefen zu Gebet und Fasten auf. Rabbi Kalonymus ben Meschullam, das Oberhaupt der Mainzer Gemeinde, sandte Heinrich IV. ein dringendes Schreiben, um ihn auf die den Juden drohende Gefahr aufmerksam zu machen, doch die Hoffnungen, welche die Juden auf diesen Brief gesetzt hatten, erfüllten sich nicht. Christliche Horden griffen die Metzer Juden an und töteten zweiundzwanzig von ihnen. In Speyer gelang es Bischof Johannes, die Aufrührer zu beschwichtigen, nachdem sie elf Juden erschlagen hatten. Die Wormser Juden vertrauten auf die Zusage ihrer christlichen Nachbarn, die ihnen Schutz versprochen hatten, und schlossen sich in ihre Häuser ein. Als jedoch die Kreuzfahrer in die Stadt eindrangen und alle jüdischen Einwohner massakrierten, rührten die Christen keinen Finger.

Viele Juden, die ihrem Glauben nicht untreu werden wollten, wurden getötet, während sie ihr Gebet "Der Ewige ist einzig" sprachen; die übrigen fanden im bischöflichen Palast Zuflucht. Die wilden Scharen erstürmten aber auch dies Gebäude, und während sie versuchten, den Palast zu besetzen, beschlossen die Vertreter der Juden, sich selbst das Leben zu nehmen, um sich nicht von den Schwertern der Christen erschlagen zu lassen. "Und ein Mann tötete seinen Bruder, seine Verwandten und Frau und Kinder; Männer töteten ihre Bräute und mitleidige Frauen ihre einzigen Kinder. Und alle nahmen gläubig das ihnen vom Himmel beschiedene Schicksal an, fügten sich dem Willen ihres Schöpfers und riefen: 'Höre Israel, der Ewige ist unser Gott, der Ewige ist einzig'."

Gleich Schreckliches wiederholte sich in Mainz. Die Juden drängten sich im Palast des Bischofs zusammen, der ihnen nach Empfang einer grossen Geldsumme Schutz versprochen hatte. Er hielt aber sein Versprechen nicht. Die umzingelten Juden verteidigten sich unter der Führung von Rabbi Kalonymus; als sie dennoch den Angreifern unterlagen, wählten sie den Selbstmord. Männer und Frauen töteten einander und riefen: "Schau herab auf uns, Gott, und sieh, was wir zur Heiligung deines grossen Namens tun".

Die Zahl der jüdischen Opfer des Ersten Kreuzzugs belief sich im Rheinland auf etwa zwölftausend. Nach dem Abzug der Kreuzfahrer ins Heilige Land erlaubte Heinrich IV. den unter Zwang getauften Juden die Rückkehr ins Judentum (1097). Trotz der unauslöschlichen Eindrücke, die das schreckliche Unheil bei ihnen hinterlassen hatte, gingen die Juden wieder an ihre tägliche Arbeit. Als Folge der Kreuzzüge veränderte sich das Wirtschaftsleben allmählich, und der Kreditbedarf stieg. Nachdem die Juden aus den verschiedenen Gewerbezweigen und dem Handel ausgestossen waren, blieb ihnen nur noch der Geldverleih. Der Wucher, den die Kirche den Christen untersagte, bot den Juden die Gelegenheit, grosse Kapitalien anzuhäufen. Jeder brauchte sie: die Bauern, die den Gutsherren höhere Pacht zahlen mussten, der Adel, die Herrscher und der Klerus. Jetzt wurde das Wort "Jude" ein Synonym für "Wucherer". Im Spanischen erhielt das Wort "judaizar" die Bedeutung, Geld zu Wucherzinsen ausleihen. Der Hass gegen die Juden, die "Blutsauger der Gläubigen", wuchs.

RITUALMORD-VERLEUMDUNG IN BLOIS

Papst Eugenius III. verstand es vorzüglich, den Judenhass für seine eigenen Zwecke auszunutzen. In einer besonderen Bulle verkündete er, wer sich dem Zweiten Kreuzzug zur Rettung des Königreichs Jerusalem anschlösse, brauche den Juden seine Schulden nicht zu bezahlen. Der Mönch Pierre le Vénérable (später Abt von Cluny), einer der eifrigsten Befürworter des neuen Kreuzzugs, ging noch weiter. Er versuchte, den Anführer des Zweiten Kreuzzugs, Ludwig VII. von Frankreich, zur Konfiskation des Eigentums zu überreden, das Juden von Christen erworben hatten. Bernhard von Clairvaux dagegen wollte den Juden wohl und forderte durch einen Aufruf dazu auf, die Judenverfolgungen und die Konfiszierung ihres Eigentums einzustellen. Konrad III. von Deutschland versprach den Juden seinen Schutz, aber all diese Bemühungen blieben erfolglos. Fanatische Mönche zogen von einem Ort zum andern, wiegelten zum Hass auf und stifteten die Leute an, "die Kreuzigung Jesu zu rächen". Der Pöbel rottete sich zusammen, und der Kreuzzug begann mit der Ermordung von Juden. Als man die Leiche eines Christen in Würzburg fand, machte man die Juden für seinen Tod verantwortlich und tötete viele von ihnen. In Carentan, Frankreich, versuchten die Juden, sich zu verteidigen, aber ihre christlichen Feinde überwanden und töteten sie.

Fast zwanzig Jahre später (1171) wurde in der französischen Stadt Blois Klage wegen eines Ritualmordes erhoben. Ein Diener des Bürgermeisters sagte seinem Herrn, er habe gesehen, wie ein Jude einen kleinen Jungen in den Fluss geworfen habe. Daraufhin liess der Bezirksgouverneur alle Juden der Stadt verhaften. Nach einer gründlichen Untersuchung hatte der Gouverneur sich von der Unschuld der Juden überzeugt und war bereit, sie für ein Lösegeld freizulassen. Doch ein Priester der Stadt riet ihm davon ab. Nachdem die Juden die Annahme der Taufe verweigert hatten, wurde das Gefängnis in Brand gesteckt. Dies Ereignis erfüllte die Juden Frankreichs mit Schrecken, und der als Autorität anerkannte Rabbiner Jakob ben Meir Tam erklärte zum Gedächtnis an die Märtyrer der Ritualmord-Verleumdung den zwanzigsten Tag des hebräischen Monats Siwan zum Fasttag. Ludwig VII., bei dem die Pariser jüdische Gemeinde sich wegen des Vorfalls in Blois beklagte, versprach der jüdischen Delegation, er werde Leben und Eigentum ihres Volkes schützen.

Philipp II. Augustus war gegen die Juden weniger tolerant als sein Vater Ludwig VII. Seine Lehrer und Freunde, wütende Judenhasser, spornten ihn an, das Eigentum der Juden zu konfiszieren, und da der König zur Sanierung seines Reichs grosse Geldmittel brauchte, war er diesem Plan nicht abgeneigt, führte ihn vielmehr mit Gewalt aus. Wenige Tage nach seiner Thronbesteigung liess er die wohlhabenden Juden verhaften und ihr Eigentum, sogar ihre Kleider, konfiszieren. Sie wurden erst nach der Zahlung grosser Summen an die Staatskasse freigelassen. Mehrere Monate danach annullierte Philipp Augustus alle Schulden von Christen bei Juden. Drei Monate später verbannte er alle Juden aus der Ile-de-France, und dadurch gelangte seine Staatskasse in den Besitz allen Grundeigentums, das die aus der Pariser Region verbannten Juden hatten zurücklassen müssen. Nach sechzehn Jahren er-

Auf die ersten Seiten der Bibel-Manuskripte pflegte man in Spanien die genaue Form des Tempelleuchters mit seinen Röhren, Schalen und Blumenmustern zu malen. An dem Leuchter hängen die Zangen und Lichtputzscheren. Rechts der traditionelle Weinkrug und links zwei Bäume; sie symbolisieren den Ölberg, ein weiteres Symbol nationaler, messianischer Hoffnung, eine Anspielung auf die Auferstehung der Toten. Manuskript aus Nordspanien, Ende des dreizehnten Jahrhunderts. Nationalbibliothek, Paris

laubte er ihnen die Rückkehr, der Fiskus entbehrte nämlich die Steuern der Juden.

Im zwölften Jahrhundert war die Lage der Juden in Südfrankreich besser als die der Juden im Norden des Landes. Sie bestellten das Land und brauchten sich ihren Lebensunterhalt nicht durch Geldverleih zu verdienen. In der Gemeindeverwaltung nahmen sie verantwortungsvolle Stellen ein und durften sogar Richter und Notare werden. Hier, wo sie sich auf ihr religiöses Leben konzentrieren konnten, errichteten sie unter der Leitung bedeutender französischer Juden grosse Lehrhäuser.

Die Kreuzzüge zwangen die jüdischen Gemeinden, sich auf sich selbst zurückzuziehen und den Kontakt mit der christlichen Umwelt so weit wie möglich zu vermeiden. Die Juden sahen nun im Kreuz ein Symbol des Schreckens und der Grausamkeit, in dessen Namen man sie mit bisher nicht verwendeten schändlichen Mitteln zur Aufgabe ihrer Religion zu zwingen suchte. Jetzt zogen sie enger zusammen in Wohnviertel, die von denen der Christen getrennt waren, und die jüdischen Gemeinden bauten ihre eigene Selbstverwaltung aus — dazu gründete man entweder neue Institutionen oder übertrug den bestehenden neue administrative Aufgaben. Die Gemeinden Nordfrankreichs und des Rheinlandes unternahmen es, die Selbstverwaltung der über Europa verstreuten jüdischen Gemeinden zu vereinheitlichen. Die zu diesem Zweck in Troyes unter der Führung von Jakob ben Meir Tam versammelten Rabbiner erörterten die Einführung allgemeiner Anweisungen für die verschiedenen Gemeinden und definierten die Rechte und Pflichten der Geistlichen und der Richter an den jüdischen Gerichten. Sie dachten auch daran, sich zur Autorität zum befristeten Erlass von Verordnungen in Notzeiten zu ernennen. Juden sollten, so wurde beschlossen, nicht vor nichtjüdische Gerichte kommen, sondern vor ein jüdisches geladen werden. Es wurde den Juden auch untersagt, sich bei ihren Bemühungen um Posten in der jüdischen Gemeinde um Unterstützung an nichtjüdische Behörden zu wenden.

DIE TOSSAFISTEN

Das Torastudium stand im Mittelpunkt des Geisteslebens der jüdischen Gemeinde. Raschis glänzende Leistungen bestimmten das jüdische Gedankengut vieler Generationen nach ihm. Mitglieder seiner Familie setzten sein Werk fort, nämlich die Tossafisten Samuel ben Meir und sein Bruder Jakob ben Meir, bekannt als Tam. Samuel vollendete Raschis Kommentar zum Talmud und schrieb einen einfachen Kommentar zum Text des Pentateuch. Jakob ben Meir gehört zu den grössten Tossafisten, d.h. den französischen und deutschen Gelehrten, die zwischen dem zwölften und vierzehnten Jahrhundert Raschis Talmudkommentar ergänzten. Er war wohlhabend, mit weltlichen Angelegenheiten wie mit jüdischem Wissen vertraut und hatte Einfluss am königlichen Hof. Aus vielen Ländern wandten sich Gelehrte mit Fragen an ihn. In seinen Responsen neigte er mit Rücksicht auf die wirtschaftlichen Verhältnisse zu Nachsicht, z.B. da, wo es den Genuss verbotener Speisen oder von Käse, den Christen hergestellt hatten, oder den Handel mit Wein aus Weinbergen von Nichtjuden betraf. Sein Werk Sefer ha-Jaschar, eine Sammlung seiner novellae und responsa sollte die Widersprüche im Talmud beseitigen und die ursprüngliche Fassung feststellen. Es blieb nur in einer von seinen Schülern erweiterten Form erhalten. Jakob ben Meir zeigte als erster jüdischer Gelehrter in Frankreich Interesse an den wissenschaftlichen und literarischen Leistungen der spanischen Judenheit. Er kompilierte ausserdem Kommentare zur Bibel, liturgische Gedichte und Bussgebete und beherrschte das jüdische Recht.

Zu jener Zeit entwickelte sich das Talmudstudium auf

der Grundlage einer subtilen Analyse zu einer Argumentation um des Argumentierens willen. Es fehlte ihm die Kraft zur Verallgemeinerung, bis Maimonides aus Cordoba, Spanien, einen Ausweg aus dieser Generationen beherrschenden geistigen Verworrenheit suchte. Trockenes Studieren mochte vielleicht den Verstand eines scharfsinnigen Mannes befriedigen, es konnte indessen den Menschen nicht zum Ertragen von Leiden ermutigen. Dazu verhalf ihm nur ein inbrünstiger Glaube. Jüdische Weise des zwölften Jahrhunderts bemühten sich, den Juden diesen Glauben durch eine ethische Literatur einzuflössen, die für die Massen bestimmt war und ihre Lebensweise widerspiegelte. Eins der beliebtesten Erbauungsbücher dieser Art war das "Buch der Frommen" (Sefer Chassidim).

DAS BUCH DER FROMMEN (SEFER CHASSIDIM)

Das "Buch der Frommen" ist das Ergebnis der Bemühungen dreier Generationen von der Mitte des zwölften bis zur Mitte des dreizehnten Jahrhunderts. Zwei seiner Verfasser gehörten zu derselben Familie, Rabbi Samuel Chassid und sein Sohn Juda. Rabbi Samuel, der als Kind von Mainz nach Speyer kam, gründete hier ein hauptsächlich homiletischen Studien gewidmetes Lehrhaus. Fünfzehn Jahre nach dem Tode seines Vaters gründete auch der Sohn, Rabbi Juda Chassid, ein Lehrhaus, und zwar in Regensburg. Wie sein Vater sah er ebenfalls nicht im Lernen, sondern im Glauben und Gebet, in frommen Taten und moralischer Integrität den Kern des Judentums, und wie jener strebte er in seinem persönlichen Leben nach dieser Integrität. Rabbi Juda kompilierte den Hauptteil des Werks, und sein Schüler Rabbi Eleasar ben Juda aus Worms, der Autor des Buches Rokeach (Salbenbereiter), vollendete es.

Das "Buch der Frommen" ist ein seltsames Konglomerat aus moralischen Aphorismen, Aberglauben, gesundem Menschenverstand und Geschichten von Dämonen und Magiern. Glühendes Judentum, wurzelnd in der Liebe zum Schöpfer und zur Tora, und Sorge um das Schicksal des Volkes durchdringen das Buch. Es fordert von den Juden eine moralische Haltung gegenüber den Nichtjuden, schreibt ihnen aber gleichzeitig vor, sich völlig von deren Welt zu isolieren. Der Autor spricht sich für Gottesfurcht, doch nicht für Askese aus. Demut und Gebet sind von höchster Wichtigkeit, und innere Frömmigkeit ist ein grosser Gewinn.

Dies ist eine der Geschichten des Buches: Ein Kuhhirt wusste nicht, wie man betet. Sein einziges tägliches Gebet lautete: "Herr des Universums, du sollst wissen, hättest du Vieh und gäbest es mir zum Hüten, so würde ich das umsonst tun, wenn ich auch sonst von jedem Geld dafür nehme." Eines Tages hörte ein Gelehrter den Hirten so beten und sagte ihm: "Das ist Gotteslästerung." Der Hirt: "Ich kenne kein anderes Gebet." Daraufhin lehrte ihn der Gelehrte die Gebetsordnung, aber als er fort war, vergass der Hirt die Gebete wieder. Nachts hörte der Gelehrte im Traum die Worte: "Durch dich habe ich einen Mann im Jenseits verloren." Da ging der Gelehrte zu dem Hirten zurück und fragte ihn, was geschehen sei. Der antwortete: "Ich bete jetzt gar nicht mehr. Du hast mir verboten, zu

In den meisten Haggadot aus Spanien und Deutschland findet man einen Bäcker, der zu Pessach Mazzot (ungesäuertes Brot) bäckt. Das Bild zeigt ausserdem Frauen, die auf Brettern Mazzot zum Backofen tragen. Miniatur aus einer spanischen Pessach-Haggada aus dem Anfang des vierzehnten Jahrhunderts. Britisches Museum, London

sagen, 'ich will dein Vieh umsonst hüten', und alles, was du mich gelehrt hast, habe ich vergessen." Da ermutigte der Gelehrte ihn, wieder wie früher zu beten. Die Moral dieser Anekdote: das wichtigste Element der Religion ist die innere Frömmigkeit.

Die Dichtung der französischen und deutschen Juden des zwölften Jahrhunderts besteht aus Klageliedern und Bussgebeten. Die Themen der Dichter sind die Zerstörung Jerusalems und der Gemeinden in Speyer, Worms und Metz, die Massaker in Mainz und die Ritualmord-Verleumdung in Blois. Einer der grössten Dichter von Liturgien aus jener Zeit ist Ephraim ben Jakob aus Bonn. In seinem "Buch der Erinnerung" (Sefer Sekhira) beklagte er das bittere Schicksal der Juden während des Zweiten Kreuzzugs. Er stellte auch liturgische Gedichte für die Feier- und Festtage zusammen. Seine Kommentare zu liturgischen Gedichten behandeln verschiedene Traditionen, die sich auf Liturgiendichter aus alter Zeit, auf Gedichte und Gebetssitten beziehen. Auf ihn geht wahrscheinlich der Bericht über den legendären Märtyrer Amnon aus Mainz zurück. Diesem, heisst es, habe der Bischof von Mainz beide Beine abschneiden lassen, weil er nicht rechtzeitig gekommen sei, um sich taufen zu lassen. Amnon habe sich einige Tage später am Neujahrsfest in die Synagoge tragen lassen und dort das Gebet U-Netanne-Tokef gesprochen: "So wollen wir von der Macht des heiligen Tages künden, ehrfurchtgebietend und erschütternd ist er." Rabbi Kalonymus ben Meschullam hat dies Gebet nachher in allen jüdischen Gemeinden der Diaspora zum Neujahrs- und zum Versöhnungsfest eingeführt.

DIE ENGLISCHEN JUDEN IM ZWÖLFTEN JAHRHUNDERT

In den letzten Jahren des zwölften Jahrhunderts, noch vor dem Ersten Kreuzzug, bildeten sich in England jüdische Gemeinden. Die jüdische Einwanderung grossen Stils begann zur Zeit der normannischen Eroberung (1066). Die sozialen und wirtschaftlichen Verhältnisse im Lande zogen Kaufleute und Geldverleiher an. Seitdem auf Anordnung Wilhelms des Eroberers die Steuern nicht mehr in Getreide, sondern in Geld bezahlt werden mussten, brauchte das Land dringend Kredit und Bargeld. Ohne die Juden wäre der Übergang von der Natural- zur Geldwirtschaft unmöglich gewesen. Auch nach den Erschütterungen, welche die jüdischen Gemeinden des Kontinents während des Ersten Kreuzzugs erlitten hatten, wanderten viele Juden nach England ein. Sie liessen sich in London, Norwich, Lincoln, York, Lynn und Southampton nieder. An der Spitze der Gemeinden standen grosse Rabbiner aus Frankreich. Heinrich I. (1100–1135) gewährte den englischen Juden völlige Freizügigkeit: sie konnten reisen, wohin sie wollten und ihr Hab und Gut mitnehmen; sie genossen im ganzen Land Niederlassungsfreiheit, konnten alle Arten von Handel treiben, auch mit Grund und Boden, nur nicht mit Gegenständen, die den Christen heilig waren. Niemand griff von aussen in die innere Verwaltung der Gemeinden ein, und sie hatten ihre eigenen Gerichte, vor denen sie den Eid auf die Tora ablegten. Für diese Vorteile mussten sie dem König hohe Summen in Form regelmässiger Steuern und besonderer Abgaben zahlen. Dem König stand ein gewisser Prozentsatz von allen kommerziellen Transaktionen zu, und bei Darlehnsgeschäften erhielt er sowohl vom Gläubiger wie vom Schuldner seinen Anteil.

Auch hier häuften die Juden Reichtum auf, den Christen war der Geldverleih ja verboten. Viele Grundbesitzer, Bischöfe und andere verpfändeten ihren Besitz an Juden, um Geld für die Kreuzzüge aufzubringen. Überall rief der Reichtum der Juden Neid hervor. Doch der König schützte sie immer, damit ihm der jüdische Besitz wie sein eigener zur Verfügung stand. Die Juden mussten Sondersteuern zahlen und vielerlei Strafgebühren, und wenn ein jüdischer Gläubiger starb, zog der Staat die ihm geschuldete Summe ein. Das geschah 1185 beim Tode eines grossen Finanzmannes, Aaron aus Lincoln. Sein Vermögen wurde von der Krone konfisziert, und beim Schatzamt richtete man eine besondere Abteilung, das Scacarium Aaronis ein, welche die dem Verstorbenen geschuldeten Beträge einzuziehen und der Krone auszuzahlen hatte.

Damals widersetzten sich die englischen Könige jedem Vorschlag, der zu Schwierigkeiten mit den Juden hätte führen können. Ausserdem lehnten sie zu einer Zeit, da die ganze christliche Welt sich um neue Anhänger, besonders unter den Juden, bemühte, darauf hinzielende Massnahmen ab, denn, das wussten sie, ein Konvertit war für das Schatzamt weniger wert als ein gläubiger Jude. Das Gesetz bestimmte sogar, der Besitz eines Konvertiten solle eingezogen und die Person für tot erklärt werden. Das war eine der Methoden der englischen Könige, die durch die Kirche verursachten Verluste auszugleichen, und weder die Kirche, eifrig darauf bedacht, die Juden zu bekehren, noch der Klerus vermochten diese Zustände zu ändern.

Dank der Schwäche der Kirche während der beiden ersten Kreuzzüge wurden die englischen Juden nicht von den Männern gequält, die zur Befreiung des Heiligen Grabes auszogen. Trotzdem England an den Kreuzzügen teilnahm, konnten die Juden des Landes die in Europa und besonders in Frankreich verfolgten Gemeinden unterstützen.

Dennoch fand die christliche Agitation in Frankreich und Deutschland auch auf der anderen Seite des Kanals Gehör. Im Jahr 1144 wurden die Juden in Norwich des Ritualmordes angeklagt. Sie hätten, so hiess die erfundene Geschichte, ein kleines Kind entführt und wie Jesus gekreuzigt. Die Juden durften nicht vor Gericht erscheinen, um ihre Unschuld zu beweisen. Ein Konvertit, Theobald aus Cambridge, bezeugte, die Juden kämen jedes Jahr in verschiedenen europäischen Städten zusammen, um ein Kind als Pessachopfer zu wählen. Daraufhin griff der christliche Pöbel die Juden an und brachte sie um, trotzdem sich die Behörden um ihren Schutz bemühten. Jedesmal, wenn ein Christ ermordet war und man seinen Mörder nicht fand, hatte der Hass gegen die Juden ein Ventil.

Diese Ausbrüche genügten indessen noch nicht zur Einschüchterung der unter königlichem Schutz stehenden Juden, die als Agenten und Partner des Königs bei seinen Unternehmungen ihren Reichtum vermehren konnten. In den jüdischen Wohnvierteln entstanden grossartige Steinbauten; sie dienten später als Festungen, in denen die Juden vor den tobenden Horden Schutz suchten. Als die Juden 1182 unter Philipp Augustus aus Frankreich vertrieben wurden, fanden sie in England noch Zuflucht.

Doch nur sieben Jahre danach kam das Unheil auch über die Juden Englands. Im Jahr 1187 erreichte England die Nachricht, Jerusalem, das Königreich der Kreuzfahrer, sei

Ausser der runden Mazza mit dem Wappen Barcelonas sind in jeder Ecke nackte trompetenblasende Figuren; sie stellen die Winde dar. So wird die runde Mazza zu einem Symbol der runden Weltkarte. Die fünf Musikanten zwischen den Säulen unter der Mazza symbolisieren die Harmonie der Welt. Oben sitzt ein bärtiger Mann mit zwei verzierten Mazzot in den Händen. Diese illuminierte Seite aus dem Manuskript einer spanischen Pessach-Haggada dient als Einleitung zu dem Text, der die Bedeutung der Mazza in der Pessach-Zeremonie erklärt. Barcelona, zweite Hälfte des vierzehnten Jahrhunderts. Britisches Museum, London

in die Hände Saladins von Ägypten gefallen. Philipp Augustus, Heinrich II. von England und Friedrich Barbarossa rüsteten sich zum Dritten Kreuzzug. Noch vor dem Abschluss dieser Vorbereitungen starb Heinrich II., und sein Sohn Richard Löwenherz bestieg den Thron. Als an seinem Krönungstag, dem dritten September 1189, mit den Scharen, die aus allen Teilen des Königreichs zu der Zeremonie zusammenströmten, auch zwei jüdische Würdenträger zum Palast kamen, verbot man ihnen den Zutritt. Zwei Juden, denen der Eintritt gelungen war, wurden verprügelt und von den Torwächtern hinausgeworfen. Da verbreitete sich sofort das Gerücht, der König habe die Ausrottung der Juden angeordnet. Die Menge, in der Stadt versammelt, um einen Heiligen Krieg gegen die Mohammedaner zu führen, stürzte sich nun auf den jüdischen Feind in England, der mit Hilfe des verstorbenen Monarchen reich geworden war. Schutzsuchend liefen die Juden in ihre Häuser, aber die schreienden Banden verfolgten sie und steckten die Häuser in Brand. In dem grässlichen Gemetzel wurden die jüdischen Einwohner der Stadt scharenweise ermordet.

Der König ahnte nicht, was in der Stadt vor sich ging. Als er von dem Massaker hörte, schickte er sofort Leute aus, die Bevölkerung zu beruhigen. Doch die königlichen Beamten konnten das Morden nicht aufhalten und entkamen selbst der tobenden Menge nur wie durch ein Wunder. Als Richard nun eine Strafexpedition gegen die Schuldigen entsandte, zerstreute sich das Volk, und es wurden nur drei Unruhestifter verhaftet. Sie wurden verurteilt, weil sie Häuser von Christen geplündert hatten. Die tiefe Feindschaft gegen die Juden zeigte sich also sogar in der Gerichtsverhandlung. Der König opponierte zwar gegen diese Rechtsverdrehung, vor allem aus Sorge um die Staatskasse, hatte aber nicht die Macht, die Entscheidung des Gerichts aufzuheben.

Die Verordnungen des Königs blieben unausgeführt; die Unruhen ergriffen auch andere Städte. Überall gab die Bevölkerung als Grund für die Gewalttaten wirtschaftliche Gründe an — den Wunsch, mit den Reichen abzurechnen und sie zu berauben und besonders, die Schulden, die sie bei den Juden hatte, zu annullieren. In der Erwartung, sich durch den Tod der jüdischen Geldverleiher wirtschaftlich zu sanieren, schlossen sich viele Ritter und Adlige dem wahnsinnig gewordenen Pöbel an.

Der Aufruhr wurde noch ernster, als Richard England verliess und sich an die Spitze des Dritten Kreuzzugs stellte. Das schrecklichste Massaker der Zeit fand in York statt. Nachdem der Pöbel die Häuser der Reichen zerstört hatte, zog er zum königlichen Palast, wohin die Mitglieder der jüdischen Gemeinde geflüchtet waren. Mönche und an Juden verschuldete Adlige hetzten das Volk auf. Als ein Mönch durch einen Steinwurf von der Palastmauer tödlich getroffen wurde, stieg die Wut des Volkes. Die im Palast belagerten, fast verhungerten Juden erkannten, dass es keinen Ausweg gab und bereiteten sich auf ihr Ende vor. Rabbi Jom Tow, ein zufällig bei den Juden in York anwesender Flüchtling aus Frankreich, ermutigte seine Glaubensgenossen, lieber ihr Leben als die Tora aufzugeben. "Und da der Schöpfer heute das Leben, das er uns gab, wieder fordert, wollen wir es ihm mit unseren eigenen Händen zurückgeben, wie es ja schon viele unseres Volkes in Zeiten der Verfolgung zu tun wussten."

Die wenigen, denen der Mut zur Tötung ihrer Familie und zum Selbstmord fehlte, erschlug der Pöbel. Der verbrannte auch alle Schuldscheine von Christen für Juden und fügte dadurch der englischen Wirtschaft grossen Schaden zu. Die Leiden der englischen Juden erreichten ihren Höhepunkt mit ihrer Vertreibung aus dem Lande (1290).

DIE VERBRENNUNG DES TALMUDS IN PARIS

Im dreizehnten Jahrhundert gingen die Angriffe gegen die Juden nicht mehr von verhetzten, gesetzlosen Banden aus, sondern von nun an verfolgte die katholische Kirche sie systematisch. Wieder rief die Kirche zu einem Kreuzzug auf, diesmal zu einem im Innern gegen die wachsende Zahl der Ketzer in Europa. An der Spitze dieses Kreuzzugs stand Innocenz III. (1198–1216). Als er Papst wurde, bestimmte er, die Juden sollten nicht übermässig unterdrückt werden. Doch nach wenigen Jahren flammte sein Judenhass so heftig auf, dass er jeden Monarchen tadelte, der die jüdischen Einwohner seines Landes freundlich behandelte. Sein wütender Angriff auf die Juden wurde ausgelöst durch die Ausbreitung verschiedener Bewegungen, besonders in Südfrankreich, die seine Autorität ablehnten und teilweise unter jüdischem Einfluss standen. In einem Massaker, bei dem Bischöfe, Mönche und gierige Grundbesitzer mitwirkten, wurden in der Stadt Béziers über zweihundert Juden umgebracht (1209). Zu diesen Morden und der brutalen Verfolgung kam weiter ein Beschluss des Konzils zu Avignon, auf Juden und Ketzer Druck auszuüben. Sechs Jahre später erliess das vierte Laterankonzil neue Anordnungen. Eine davon verbot den Juden, für den Christen gewährte Darlehen hohe Zinsen zu nehmen; eine andere bestimmte, die Juden hätten der Kirche weiter zu denselben Sätzen wie vorher Steuern auf Sicherheitspfänder zu zahlen.

Als wichtigste Neuerung erliess das vierte Laterankonzil die Vorschrift, die Juden hätten sich von den Christen durch besondere Kleidung zu unterscheiden. Diese als Mittel zur Degradierung der Juden gedachte Anordnung wurde später noch dahin ergänzt, dass sie gezwungen wurden, ein gelbes Abzeichen am Kleid und einen spitzen Hut zu tragen. Ein Jahr nach dem Konzil starb Innocenz III., aber spätere Konzilien bestätigten und erweiterten sogar noch die auf sein Drängen hin erlassenen bösartigen Anordnungen. In Narbonne hatten die Juden einen runden Fleck auf dem Rücken zu tragen, und in Béziers durften Christen seit 1246 keine jüdischen Ärzte mehr konsultieren.

Der Religionskrieg Innocenz' III. führte zur Gründung der "Heiligen Inquisition", die ihre Tätigkeit unter Ludwig dem Heiligen weiter ausdehnte. Ludwig quälte und degradierte die Juden, "um das Andenken an seinen Vater und die Könige vor ihm zu ehren"; er verfolgte die jüdischen Ungläubigen und beraubte sie des einzigen Mittels, durch das sie ihren Lebensunterhalt verdienen konnten, des Geldverleihs. In seinem extremen Fanatismus erklärte der König auch dem "schädlichen" Buch der Juden den Krieg — dem Talmud, und Papst Gregor IX. gab ihm seinen Segen dazu und veranlasste ihn, in seinem Reich all diese Bücher

"Giesse aus deinen Grimm über die Völker, die dich nicht kennen". Illumination aus einer spanischen Haggada aus dem vierzehnten Jahrhundert. Ein Engel giesst einen bitteren Kelch über drei Männer aus, die als Heiden zu deuten sind. Britisches Museum, London

zu verbrennen. Der Verbrennung des Talmuds (1242) ging eine Zeit religiöser Gärung unter den Christen des dreizehnten Jahrhunderts voraus, besonders in Südfrankreich. Da die Christen in ihren Disputen mit den Juden manchmal unterlagen, verbot die Kirche den Laien schliesslich diese Dispute, weil sie zur Ketzerei führen könnten. Ihr lag viel daran, die Quellen der Beweise kennen zu lernen, mit denen die Juden gelegentlich den katholischen Klerus in Verlegenheit brachten. Der Apostat Nikolas Donin kam der Kirche dabei zu Hilfe. Um zu beweisen, wie treu er seinem neuen Glauben war, versicherte er Papst Gregor IX., der Talmud enthalte Beleidigungen der Christen und unmora-

Rabbi Gamaliel, dargestellt als spanischer Rabbiner, und seine Schüler in einem Lehrhaus mit einer Lampe im maurischen Stil. Seite aus einer spanischen Pessach-Haggada aus dem Anfang des vierzehnten Jahrhunderts. Britisches Museum, London

lische Ansichten. Sofort wurden die Bischöfe in Spanien, Frankreich und England angewiesen, Talmudexemplare zu konfiszieren und festzustellen, ob Donins Beschuldigungen auf Wahrheit beruhten. Eine Anzahl Rabbiner wurden zu der Untersuchung hinzugezogen. Die aus fünfunddreißig Paragraphen bestehende Anklageschrift legte dem Talmud zur Last, er verleumde das Christentum und vor allem Jesus von Nazareth und rechtfertige die Ermordung eines Christen und die Unmoral. Die Rabbiner wiesen die Anklagen zurück, die anwesenden Mönche bezeugten jedoch, die Juden hätten sie zugegeben. Darauf befahl ein Kirchengericht die Verbrennung aller Talmudexemplare. Beharrlich und unter Lebensgefahr kämpften die Juden zwei Jahre lang für die Aufhebung dieses Edikts, doch ohne Erfolg. Am siebzehnten Juni 1242 wurden vierundzwanzig Wagenladungen von Talmudmanuskripten im Zentrum von Paris öffentlich verbrannt.

Die Nachricht davon stürzte die Juden überall in tiefe Trauer. Sie kompilierten Klagelieder, darunter ein berühmtes des Rabbi Meir aus Rothenburg, das in den Gottesdienst des Fasttags zum Gedenken an die Zerstörung des Ersten und des Zweiten Tempels aufgenommen wurde. In Rom wurde ein besonderer Fasttag zur Erinnerung an dies Ereignis eingeführt.

Im Jahr 1247 kam Innocenz IV. in Lyon mit jüdischen Führern zusammen und teilte hinterher Ludwig dem Heiligen mit, die Juden sollten nach ihrer Religion leben dürfen. Bei dieser Begegnung beklagten sie sich auch über die Ritualmord-Verleumdungen, die man 1235 gegen die Juden in Fulda erhoben hatte. Man hatte die Juden beschuldigt, sie hätten dort das Haus eines Müllers niedergebrannt, um seine fünf Söhne zu töten und ihr Blut für medizinische Zwecke zu gebrauchen. Die Fanatiker der Kirche konnten sich mit der Entscheidung des Papstes über diesen Vorfall nicht abfinden, und sie regten sich auch über eine päpstliche Bulle aus Anlass der Fuldaer Ritualmord-Anklage auf. In dieser Bulle betonte der Papst, die Anklage müsse eine Lüge sein und ein Vorwand, die Juden zu verfolgen, gelte doch das Gebot "Du sollst nicht töten" für Juden und Christen. Er riet den Christen, geduldig zu warten, bis die Juden auf den rechten Weg zurückfänden und die wahre Religion annähmen. Extremisten drängten den Papst, den Talmud durch einen neu eingesetzten Ausschuss noch einmal prüfen zu lassen. Nach den in der Mitte des Jahres 1248 veröffentlichten Ergebnissen der Prüfung durch diesen Ausschuss sollte der Talmud voll von Gotteslästerung und Aberglauben sein. Daraufhin begann wieder eine Jagd auf Talmudmanuskripte und andere heilige Schriften. Eine Anzahl Rabbiner, darunter Rabbi Jechiel aus Paris, zogen nach Palästina, und in Frankreich wurde das Studium des Talmuds eine Zeitlang unterbrochen.

In den Jahren nach der Verbrennung des Talmuds wurden auch Juden in die Flammen geworfen. Das geschah 1288 in Raschis Geburtsort Troyes. Die Christen klagten die Juden des Mordes an einem Christen an, und die Inquisition verurteilte einen reichen jüdischen Einwohner und seine zwölfköpfige Familie zum Tode auf dem Scheiterhaufen.

Zwei Jahre später versetzte ein Gerücht, ein Jude der Stadt habe eine Hostie durchbohrt, um Jesus noch einmal zu töten, Paris in Aufregung, und auch bei dieser Gelegenheit wurden ein Jude und seine Frau zum Tode auf dem Scheiterhaufen verurteilt.

RITUALMORD-ANKLAGEN IN ENGLAND

Im grossen ganzen unterschied sich im dreizehnten Jahrhundert das Leben der Juden in England nicht von dem der zeitgenössischen Juden auf dem Kontinent. Bei seiner Thronbesteigung (1199) bemühte sich John Lackland, der Sohn Heinrichs II., den Juden die geltende Charta ihrer Freiheiten zu erhalten. Im Jahr 1201 bestätigte er in einem Brief ihre Freizügigkeit und Gewerbefreiheit und ihr Recht, in eigenen Gerichten über die ihre Gemeinden betreffenden Angelegenheiten Recht zu sprechen. Der König bestätigte auch die Verordnung, die jede Verletzung jüdischer Rechte mit Strafe bedrohte. Als aber die Bedürfnisse des Königreichs stiegen, beutete er die Juden grausam und erbarmungslos aus. Er belegte sie mit hohen Steuern und verursachte die völlige Verarmung ihrer Gemeinden. Deshalb schlossen sich englische Rabbiner den französischen Tossafisten an und zogen mit ihnen nach Palästina. In der letzten Lebenszeit des Königs fanden in England die inneren Streitigkeiten statt, aus denen das britische Parlament hervorging. Damals litten die Juden schwer unter den Baronen, die in Opposition zur Regierung standen und in den Juden das Eigentum des verhassten Monarchen sahen.

Sechs Jahre nach dem Tode John Lacklands (1222) — während der Regierung Heinrichs III. berief der Erzbischof von Canterbury, Stephen Langton, ein Konzil nach Oxford, das die Entscheidungen des vierten Laterankonzils bestätigte und noch eine Reihe weiterer Beschränkungen hinzufügte. Die Juden mussten den Schandfleck tragen und durften keine neuen Synagogen bauen. Auch der König legte den Juden noch mehr Lasten auf, und in der Zeit von 1226–1232 wurden die Judensteuern verfünffacht. In dieser Periode wurden mehrere Anklagen wegen Ritualmordes erhoben, so in Norwich (1230), in London (um 1244) und in Lincoln (1255). Hier hatte man in einer Jauchegrube in der Nähe eines jüdischen Hauses die Leiche eines christlichen Kindes gefunden. Die Christen glaubten dem durch Folterung erpressten Geständnis der Hausbewohner, nach dem die Juden jedes Jahr zur Verhöhnung von Jesus ein Kind kreuzigen. Sie griffen die jüdischen Einwohner der Stadt an, brachten einige jüdische Würdenträger nach London, wo sie gehenkt wurden, und liessen die übrigen gegen ein ausserordentlich hohes Lösegeld frei.

Da die Verfolgungen und Folterungen zunahmen, wollten die Juden nun England verlassen, doch den "Hofjuden des Königs" wurde die Ausreise streng verboten. Die besonderen Gesuche, die sie an den Bruder des Königs, Richard von Cornwall, mit der Bitte um Ausreiseerlaubnis richteten, wurden sehr hypokritisch beantwortet, z.B. mit dem Hinweis, der König könne ihnen die Ausreise nicht gestatten, weil Ludwig der Heilige gerade ein neues antijüdisches Gesetz erlassen hätte; ausserdem sei kein anderer christlicher Staat bereit, Juden bei sich aufzunehmen. Der König sei indessen geneigt, seinen Dienern eine Gunst zu erweisen und sich mit einer nicht unbeträchtlichen Summe Geld zu begnügen. Natürlich brachte diese Transaktion den Juden

Jeder solle, forderte Rabbi Gamaliel, bei der Zeremonie am Vorabend des Feiertags an die drei Aspekte des Pessach-Ereignisses denken: an das Pessachlamm, die Mazzot und die bitteren Kräuter. Diese drei Dinge werden traditionsgemäss in zahlreichen spanischen Haggadot illustriert. Dies Bild eines Lamms – des Pessachlamms – stammt aus einem Manuskript des vierzehnten Jahrhunderts. Die farbige geometrische Figur (vertikal und quer), welche die Seite teilt und den hebräischen Buchstaben nun (den Endbuchstaben des Wortes Rabban, d.h. Rabbi) repräsentiert, ist ebenfalls in spanischen illuminierten Manuskripten traditionell. Britisches Museum, London

nichts ein, höchstens, dass sie sich Richard von Cornwall für fünftausend Pfund verkauften. Der behandelte sie weniger brutal als Heinrich III., aber bald kamen die Juden wieder in die Gewalt des Königs und des Kronprinzen (des zukünftigen Königs Edward I.), dem die Verantwortung für sie übertragen wurde.

Drei Jahre nach seiner Thronbesteigung (1275) erliess Edward I. ein Gesetz, das den Juden verbot, Christen Geld gegen Zins zu leihen und alle derartigen Geschäfte für nichtig erklärte. Ihr Wohnrecht wurde auf bestimmte Ortschaften beschränkt; alle mussten den Judenfleck tragen und eine besondere Kopfsteuer zahlen. Der König hatte den Juden zwar verboten, Handel zu treiben, dennoch war er nicht bereit, auf seine früheren Profite zu verzichten. Im Jahr 1287 wurden die Vorsteher der jüdischen Gemeinden verhaftet und solange gefangen gehalten, bis die Mitglieder ihrer Gemeinden die enorme Summe von zwölftausend Pfund bezahlt hatten. Als das Geld dem Schatzamt drei Jahre später abgeliefert war, ordnete der König die Vertreibung der Juden aus England an (1290), nachdem er kurz vorher die Juden eines unter englischer Herrschaft stehenden französischen Bezirks ausgewiesen hatte. Die meisten von ihnen zogen nach Frankreich. König Philipp IV. der Schöne erlaubte ihnen anfangs nur die Ansiedlung in bestimmten Gegenden und legte ihnen zahlreiche harte Beschränkungen auf. Seit seiner Thronbesteigung (1285) bekämpfte er alle Ketzer und ganz besonders die Juden, die er mit verbissener Wut verfolgte. Er behandelte sie wie Waren, verkaufte sie an den Meistbietenden und feilschte mit den Baronen, die ihm ihre Juden verkaufen wollten.

Als 1306 die Kassen Frankreichs leer waren und der König dringend grosse Geldbeträge brauchte, beschloss er, die Juden zu vertreiben und ihr Eigentum zu konfiszieren. Vertrieben wurden nicht nur die französischen, sondern auch die englischen Juden, die sechzehn Jahre früher nach Frankreich gekommen waren. Ein Teil von ihnen ging nach Spanien, einige davon in die an Frankreich grenzenden Gebiete, von wo aus sie eines Tages in ihre Heimat zurückzukehren hofften. Und wirklich, neun Jahre später (1315), als sein Land verarmt war, bat Ludwig X. sie, zurückzukehren.

DIE BLÜTEZEIT IN SPANIEN

Das zwölfte Jahrhundert war eine schlimme Zeit für die Araber, die Spanien vierhundert Jahre vorher in Besitz genommen hatten. Die christliche Rückeroberung trieb die Araber in den Süden, bis sich ihr Königreich auf Granada und seine Umgebung beschränkte. Trotz dieser ungünstigen äusseren Verhältnisse blühte damals die schöpferische Kraft der Juden reicher als in den vorangehenden Jahrhunderten. Auf Ibn Gabirol folgte Moses ibn Esra, ein Schüler Isaaks ibn Giat, wohl vertraut mit der hebräischen wie der arabischen Kultur. Er bekleidete ein hohes Amt. Zuerst schrieb er weltliche Gedichte; später wandte er sich der religiösen Dichtung zu und sammelte Bussgebete. Ausser seinen hebräischen Werken verfasste er philosophische und literarische Schriften auf arabisch.

An der Dichtung Jehuda Halevis, Freund und Schüler Ibn Esras, rühmt man das strenge Versmass, die künstlerische Vollendung, ihren Symbolismus und ihre Phantasie. Genial behandelt sie eine grosse Vielfalt von Themen, und sie ist reich an Bezügen auf Bibel und Talmud. Der Stoff seiner frühen Gedichte entspricht dem in der hebräischen Dichtung Spaniens damals üblichen, doch nach der Vernichtung einer Anzahl jüdischer Gemeinden während des Krieges zwischen den Christen und Mohammedanern, die ihn seelisch erschüttert hatte, schrieb er nationale und religiöse Gedichte. Seine geistliche Dichtung ist erstaunlich reich an Empfindung und Ausdrucksreichtum, verbunden mit philosophischen Motiven — dem schrecklichen Kontrast zwischen dem Auftrag des Volkes und seinem unglückseligen Schicksal. Jehuda Halevi legte seine religiösen und philosophischen Ideen ausführlich in einem arabisch geschriebenen Werk nieder, im Kusari. Der volle Titel "Buch des Beweises und Argumentes zur Verteidigung des gering geschätzten Glaubens" macht die Absicht des Verfassers deutlich. Den Widerspruch zwischen dem Auftrag der Juden und ihrer traurigen Lage erklärt er damit, dass die Juden, das Herz der Menschheit, die Agonie der ganzen Menschheit fühlen. Die Zerstreuung, glaubt er, läutert die Juden, und wenn das Volk geläutert in sein eigenes Land zurückkehrt, wird es den Völkern der Welt als Arzt dienen. Das Buch betont, um die Erlösung näher zu bringen, sei es Pflicht, in Palästina zu leben. Und deshalb machte Jehuda Halevi sich auch selbst auf den Weg dorthin (um 1130). Zuletzt hat man ihn in Kairo gesehen, dann verliert sich seine Spur. Der Legende nach erreichte er Jerusalem und wurde beim Gebet an der Westmauer des Tempels von einem arabischen Reiter getötet.

Zur gleichen Zeit wie Jehuda Halevi war auch Abraham Ibn Esra aus Toledo, Dichter, Grammatiker, Kommentator, Philosoph und Arzt, auf dem Weg nach Palästina. Alle uns bekannten Werke schrieb er unterwegs auf seinen Reisen. Er sammelte zahlreiche Gedichte, profane und religiöse. Viele seiner Bussgebete und Ermahnungen sind in die Gebetbücher für die Werk- und Festtage aufgenommen. Seine Gedichte verraten seine reichen Erfahrungen und seine tiefe Kenntnis aller Wechselfälle des Lebens. Durch Schärfe und feinen Humor zeichnen sich seine Rätsel und Epigramme aus. Er gehört zu den bedeutendsten Bibelkommentatoren aller Zeiten, und an seinen exegetischen Schriften rühmt man Tiefe und Scharfsinn. Sein Stil ist reich und knapp. Ibn Esra geht in seinem Kommentar von der linguistischen Prüfung der Bedeutung des reinen Textes aus, und häufig weist er auf unkonventionelle Auffassungen hin. Er zeichnete sich auch auf den Gebieten der Grammatik, Naturwissenschaft und Philosophie aus. Durch seine Übersetzungen grammatikalischer Werke aus dem Arabischen ins Hebräische vermittelte er den Juden des christlichen Europas die Bekanntschaft mit neuen Entwicklungen im Studium der hebräischen Sprache. In seinen eigenen Arbeiten nennt er die Leistungen früherer Philologen. Im Mittelpunkt seiner naturwissenschaftlichen Interessen standen Mathematik und Astronomie, und einige seiner ins Lateinische übersetzten Werke aus diesen Gebieten beeinflussten christliche Gelehrte des Mittelalters. Sein Kommentar zur Bibel interpretiert den religiösen Glauben im Geist der platonischen Philosophie.

Der letzte grosse Dichter der Blütezeit für die spanischen Juden ist Juda al Charisi (1170 in Barcelona oder Toledo geboren, 1235 gestorben). Auf seinen ausgedehnten Reisen — in West- und Osteuropa und dem Nahen und Mittleren Osten bis zum Persischen Golf — die sich in den meisten seiner Schriften widerspiegeln, brachte er den Geist der spanisch-jüdischen Kultur in all diese Regionen. Sein Hauptwerk ist das Buch Taschkemoni (Apotheker). In fünfzig Makamen, einer beliebten arabischen Reimprosa, die Al Charisi als einer der ersten in die hebräische Literatur einführte, erzählt der Autor amüsant von seinen Reisen und Abenteuern in verschiedenen Ländern und fügt dazwischen Fabeln, Beschreibungen von Personen und literarische Kritik ein. Ein anderes seiner Werke, die Gedichtsammlung "Das Buch des Riesen" (Sefer ha-Anak) enthält über zweihundertfünfzig kurze Verse über Gottesfurcht und moralische Fragen. In seinem originellen, leichten und amüsanten Stil schrieb er über sehr mannigfaltige Themen. Seine imminente Bedeutung liegt darin, dass er im Gegensatz zu anderen grossen jüdischen Zeitgenossen nicht auf arabisch, sondern auf hebräisch schrieb. Er übersetzte auch zahlreiche Werke, darunter die Makamen des berühmten arabischen Dichters Al-Hariri. Durch seine Übersetzung von Maimonides' "Führer der Verirrten" machte er die christliche Welt mit der Philosophie dieses spanisch-jüdischen Denkers bekannt.

Um 1165 unternahm ein gewisser Benjamin aus Tudela in Nordspanien ausgedehnte Reisen, auf denen er nach Südfrankreich, Italien, Griechenland, Konstantinopel und in die arabischen Länder kam. In seiner Reisebeschreibung erzählt er ausführlich von seinen Eindrücken während der etwa dreizehn Jahre dauernden Wanderschaft. Er berichtet in klarem, knappen Hebräisch von entfernten jüdischen Gemeinden im Byzantinischen Reich, in Asien und Afrika, von der Organisation von Gemeinden in Babylonien, Syrien und Ägypten und von den Verhältnissen in Palästina unter der Herrschaft der Kreuzfahrer. Das Buch enthält die Namen der Vorsteher und hervorragender Gelehrter sowie Bevölkerungszahlen mehrerer Gemeinden und Angaben über die wirtschaftliche Betätigung ihrer Mitglieder. Ausführlich behandelt Benjamin ferner die verschiedenen Sekten innerhalb des Judentums oder in Verbindung mit ihm — die Samaritaner in Palästina, die Karäer in Konstantinopel und eine Sekte auf Zypern, die den Sabbat von der Morgen- bis zur Abenddämmerung hielt. Sehr lebendig schildert der Reisende auch das Leben der Nichtjuden, Schlachten zwischen Genua und Pisa, die Kreuzfahrerhäfen in Süditalien, die Paläste Konstantinopels, den Reichtum des Byzantinischen Reichs und die Assassinen in den libanesischen Bergen. Benjamins Buch wurde in die meisten europäischen Sprachen übersetzt und ist als wichtige direkte Quelle für alle Historiker der Geschichte des Mittelalters unentbehrlich.

Der Bau eines Hauses, der die Versklavung der Juden in Ägypten darstellt, illustriert den Text einer Haggada aus dem vierzehnten Jahrhundert aus Barcelona. Unten sieht man einen Mann, der Mörtel mit den Füssen mischt, und einen Ziegelbrenner, dessen Gehilfe die fertigen Ziegel an den Korb bringt, in dem sie mit Hilfe eines Flaschenzugs nach oben gezogen werden. In der Mitte des Blattes ist ein Steinhauer, dessen Gehilfe mit einem Stein auf dem Rücken eine Leiter hinaufsteigt. Oben steht der Vorarbeiter. Der Architekt zu Pferde gibt dem Aufseher Instruktionen. Ganz oben bietet ein Hund einem Hasen einen Trunk an. Britisches Museum, London

MOSES BEN MAIMON (MAIMONIDES)

Rabbi Moses ben Maimon (bekannt unter dem Akronym Rambam) ist die bedeutendste jüdische Persönlichkeit des zwölften Jahrhunderts. Man hat von ihm gesagt: "Von Moses bis Moses gab es keinen wie Moses". Er wurde 1135 in Cordoba geboren. Dort war sein Vater Richter am Gericht der jüdischen Gemeinde. Als Moses dreizehn Jahre alt war, wurde Cordoba von den Almohaden erobert. Moses floh mit seiner Familie und gelangte schliesslich nach Fez,

Miniaturen aus der Goldenen Haggada. Im dreizehnten und vierzehnten Jahrhundert fügte man zu vielen Manuskripten spanischer Haggadot ganzseitige Bilderserien mit biblischen Themen hinzu. Eine der frühsten und herrlichsten ist die Goldene Haggada, so genannt wegen des Blattgolds, das den Hintergrund für Miniaturen bildet. Anscheinend haben wenigstens zwei Künstler sie zu Beginn des vierzehnten Jahrhunderts in Barcelona gemalt. Hier werden vier der fünfzehn Seiten der Miniaturen gezeigt. Jede Seite besteht aus vier Feldern, die von rechts nach links zu lesen sind. Das erste Feld auf der ersten Seite stellt Noah nackt und trunken vom Wein dar; seine Söhne decken ihn zu. Auf dem zweiten Feld sieht man den Turm zu Babel, nachdem "der Herr daselbst die Sprache aller Welt verwirrt" hatte. Unten im dritten Feld lässt Nimrod Abraham in einen brennenden Ofen werfen; man sieht einen Engel, der – nach einer Midrasch-Überlieferung – Abraham retten wird. Im vierten Feld künden die drei Engel dem Abraham an, seine Frau werde ihm einen Sohn gebären. Die zweite Seite ist dem Leben Josephs gewidmet. Die oberen Felder zeigen, wie Joseph aus dem Brunnen genommen und an die Ismaeliter verkauft wird, nachdem die Brüder seinen bunten Rock mit Ziegenblut beschmiert hatten. Auf dem Feld unten rechts wird Josephs Rock zu Jakob gebracht, der seine Kleider in Trauer zerreisst. Das vierte Feld besteht aus zwei Teilen: oben sieht man Potiphars Frau, wie sie Joseph beim Kleid fasst, als ihr Mann nach Hause eilt; unten deutet Joseph dem Mundschenk und dem Bäcker im Gefängnis ihre Träume.

Marokko. Auf seinen Reisen setzte er seine Studien in arabischer Philosophie, Geometrie, den Naturwissenschaften, Astronomie und Medizin fort. Als Dreissigjähriger musste er wieder auswandern. Er ging zuerst nach Palästina, fand dort aber keine Niederlassungsmöglichkeit und zog weiter nach Ägypten. Hier handelte er zuerst mit Edelsteinen, aber nach dem Tode seines Bruders und Geschäftspartners eröffnete er eine medizinische Praxis. Schliesslich wurde er Arzt am Hofe des Sultans Saladin. Zu dieser Zeit wurde er auch der Führer der ägyptischen jüdischen Gemeinde mit dem offiziellen Titel "Fürst (nagid) des [jüdischen] Volkes".

Schon auf seinen Reisen hatte er mit der Niederschrift seines Werks "Buch des Lichts", eines Kommentars zur Mischna, angefangen. Auf der Grundlage der Gemara interpretiert er auf arabisch die Mischna und die sich daraus

Die dritte Seite zeigt vier der zehn Plagen: Beulen, Hagel, Heuschrecken und Finsternis. Auf dem unteren Teil des Feldes wird die Finsternis dargestellt und wie "ein jeder von seinem Nachbarn und eine jede von ihrer Nachbarin silberne und goldene Schmucksachen erbitte(t)". Oben rechts ziehen Mirjam und die israelitischen Frauen aus, um den Durchzug durch das Rote Meer zu feiern. Mit diesem Feld schliesst die Serie der Bilder zur Bibel. Die drei anderen Felder zeigen Vorbereitungen für Pessach. Auf dem ersten bestimmt der Hausvater die Verteilung von Mazzot und Charoset (einem Gemisch von Früchten, Nüssen und Wein, das dem Mörtel gleicht) an die Kinder. Auf dem zweiten putzen die Frauen das Haus für Pessach, während Mann und Sohn nach gesäuertem Brot suchen. Auf dem dritten schlachtet man das Pessachlamm und reinigt die Töpfe. Britisches Museum, London

ergebenden Verpflichtungen und legt fest, welche rabbinische Meinung Gesetzeskraft hat.

In Kairo begann Maimonides die Mischne Tora ("Wiederholung der Tora"), eine systematische Sammlung des gesamten jüdischen Gesetzeswerks. Sie besteht aus vierzehn Bänden und behandelt, peinlich genau geordnet, jedes im Talmud erörterte halachische Thema. Als Einführung zu diesem gewaltigen Kodex schrieb er das "Buch der Gebote", in dem er durch streng systematische Zählung der in der Tora enthaltenen Gebote auf die im Talmud genannte Zahl 613 kam — 248 Gebote und 365 Verbote.

Einige führende Gelehrte befriedigte die Mischne Tora nicht. Sie sahen in ihr einen neuen, modernen Talmud, der dort Gesetze festlegt, wo der Talmud selbst zu keiner Entscheidung gekommen ist. Gewisse Autoritäten fürchteten, das Werk könne vom Studium des babylonischen

Talmuds abhalten. Nach ihrer Meinung erlaubte Maimonides sich zuviel Freiheiten bei der Entscheidung über umstrittene Fragen, er war ja beinahe ein Ketzer.

So bewunderten also manche den grossen "Erleuchter der Augen Israels", "der den ganzen Talmud wie Mehl in einem Sieb zu schütteln und den Schrot daraus zu entfernen verstand", während andere in der Verkürzung des Talmuds eine Gefahr für sein gründliches Studium sahen. Maimonides' kategorische Antwort auf solche Vorwürfe: "Könnte man den ganzen Talmud in ein einziges Kapitel bringen, würde ich ihn nicht in zwei bringen".

Die Kontroverse verschärfte sich, besonders nach der Veröffentlichung seines philosophischen Werks "Der Führer der Verirrten" (More Newuchim). Es war für die Menschen bestimmt, die viele Fächer und auch Philosophie studiert hatten, denen es aber schwer fiel, Judentum und rationales Denken zu vereinen. Maimonides sah in der Ethik und dem Gehorsam gegenüber den Geboten der Tora das unentbehrliche Mittel zur Vervollkommnung des Menschen, den "einzigen Weg zum ewigen Leben."

Der in mehreren Ländern berühmt gewordene "Führer der Verirrten" entzündete auch Kontroversen zwischen christlichen und mohammedanischen Gelehrten. Sowohl die Anhänger des Maimonides wie seine Gegner korrespondierten mit ihm, damit er ihnen dunkle Stellen in seinem Buch erkläre. Zu diesen Korrespondenten gehörte auch sein Übersetzer Samuel ibn Tibbon. Maimonides schrieb ausserdem Bücher über Medizin und Logik.

Unter der anstrengenden Arbeit litt die Gesundheit des grossen Philosophen; er starb im Alter von siebzig Jahren in Ägypten.

SPANIEN IM DREIZEHNTEN JAHRHUNDERT

Das christliche Spanien erlebte im dreizehnten Jahrhundert eine Blüte, bei der die Juden eine wichtige Rolle spielten. Sie litten nicht unter der christlichen Regierung, wenn die Könige des äusseren Eindrucks wegen auch die Juden mit schweren Steuerlasten belegten, sie zum Tragen eines besonderen Abzeichens zwangen und ihre wirtschaftliche Betätigung einschränkten. Trotz allem erfreuten die Juden sich unter dem Kreuz eines gewissen Friedens und lebten in ihren Gemeinden nach eigenem Gutdünken. Ja, sie waren den Monarchen sogar dankbar und kämpften an ihrer Seite gegen die Mohammedaner.

Damals bestand Spanien aus mehreren Königreichen, die nach der Vertreibung der Araber entstanden waren. Die Haltung gegenüber den Juden war in jedem dieser Länder anders. In Kastilien, wo Juden seit dem zehnten Jahrhundert lebten, war ihre Lage bis zum Ende des vierzehnten Jahrhunderts verhältnissmässig gut. Ferdinand III. der Heilige (1217–1252) gewährte den Juden viel Freiheit und missachtete die Forderungen der Kirche, die verlangte, die Juden müssten den Judenfleck tragen und dürften keine neuen Synagogen bauen.

Unter seinem Sohn Alfons III. (1252–1284) genossen die Juden ausgedehnte Autonomie. Unter dem Einfluss der Kirche erliess der König allerdings eine Anzahl antijüdischer Dekrete, darunter ein Verbot, Ostern aus dem Hause zu gehen, ein Verbot, neue Synagogen zu bauen, ein Gesetz, das den Juden untersagte, Christen Medizin zu geben und die Verpflichtung, am Hut ein besonderes Abzeichen zu tragen. Auf viele dieser Vergehen stand die Todesstrafe. Doch Alfons vollstreckte seine eigenen Gesetze nicht streng. Er stellte Juden auf Regierungsposten und ignorierte die Vorschrift, nach der die Juden besondere Kleidung tragen sollten. Sein Arzt war ein Jude, und es wurden neue Synagogen gebaut. Auf Drängen spanischer Priester und Mönche tadelte Papst Nikolaus den König dafür, dass er den Juden erlaube, Christen Befehle zu erteilen. Doch Alfons kümmerte sich nicht um den Brief des Papstes, und die Lage der Juden blieb so gut wie vorher, bis sie sich während der Streitigkeiten zwischen Alfons und seinem Sohn Sancho IV. dem Tapferen (1284–1296) verschlechterte und sie zur Zahlung sehr drückender Steuern gezwungen wurden. Immerhin wurden die Forderungen der Cortes, den Juden Schwierigkeiten zu machen, da diese Versammlung der Notabeln die wirtschaftlichen Erfolge der Juden für staatsgefährdend hielt, selbst noch von diesem König abgelehnt.

In Aragon strebte Jakob I. der Eroberer (1213–1276) danach, seinen Freund Ludwig den Heiligen von Frankreich nachzuahmen. Im Anfang wollte er den Juden das Leben schwer machen und unterstützte sogar die Mönche, die versuchten, sie zu bekehren. Schliesslich war der König jedoch nicht in der Lage, auf das Geld der Juden zu verzichten, und sie durften jede Stellung bekleiden, die sie haben wollten. Der König gewährte ihnen zahlreiche Rechte, darunter das Privileg, Kapitalverbrechen vor jüdische Gerichte zu bringen. Prozesse zwischen einem Christen und einem Juden wurden vor einem Staatsgericht geführt; zu den Richtern gehörte auch ein Jude. Es war verboten, einen Juden in einem zivilrechtlichen Fall am Sabbat oder an einem jüdischen Feiertag vor Gericht zu laden, und sass ein Jude wegen solch einer Sache im Gefängnis, so durfte er über den Sabbat oder Feiertag nach Hause gehen. Der König forderte sogar nordafrikanische Juden auf, sich in Spanien niederzulassen, und er setzte die Judensteuern herab. Wie andere spanische Monarchen erliess auch er antijüdische Gesetze, erzwang aber niemals ihre Vollstreckung. An seinem Hof erfüllten Juden wichtige diplomatische Funktionen, und sie hatten hohe Posten in der Verwaltung und im Finanzwesen inne, dennoch wurden hin und wieder harte antijüdische Verordnungen erlassen, vor allem unter dem Druck der dominikanischen Inquisition, die grossen Einfluss im Land ausübte.

Diese Seite aus einer Haggada aus Barcelona aus der zweiten Hälfte des vierzehnten Jahrhunderts zeigt die Händewaschung, und wie der erste Kelch des geweihten Weins getrunken wird; das Zurücklehnen während des Trinkens deutet der auf einer Hand ruhende Kopf an. Ein Diener giesst Wasser über die Hände des Hausherrn. Unter dem Tisch nagt ein Hund an einem Knochen. Britisches Museum, London

הָעוֹלָם שֶׁהֶחֱיָינוּ וְקִיְּמָנוּ
וְהִגִּיעָנוּ לִזְמַן הַזֶּה

מַסֶּכֶת שְׁמֹאל

וְנוֹטְלִיזְ יְדֵיהֶם וּמְבָרְכִין

"Die vollendete Schönheit: Pentateuch, Propheten, Hagiographen".
Diese Inschrift in der Bibel Bischof Bedells zeigt, welch hohe Verehrung die Heilige Schrift im ganzen Mittelalter genoss. Diese Bibel mit verzierten ersten Seiten für jedes der Bücher wurde 1284 in Rom geschrieben und illuminiert. Emmanuel College, Cambridge

Gegen Ende seines Lebens beschloss Jakob I., Busse für seine Sünden an der Kirche zu tun und machte deshalb Priestern und Mönchen Konzessionen. Sie durften versuchen, Juden zu bekehren. Bei ihren Disputen mit den Juden über die Verderbtheit des Talmuds und zum öffentlichen Beweis der Grösse des Christentums riefen die Priester Konvertiten zu Hilfe. In der zweiten Hälfte des Jahres 1263 versammelten sich viele Beamte und Offiziere des Königs im königlichen Palast und mit ihnen zahlreiche Mönche und Bischöfe unter der Führung des Apostaten Pablo Christiani. Zu der kleinen Gruppe jüdischer Gelehrter, mit denen sie debattieren sollten, gehörte Moses ben Nachman (Nachmanides), ein führender Rabbiner seiner Zeit und eine grosse Autorität des jüdischen Rechts. Er verband die Tiefgründigkeit und den Scharfsinn der französischen Gelehrten des Mittelalters mit der Systematik und Entschiedenheit der spanischen jüdischen Zeitgenossen. Dieser Führer der spanischen Judenheit war Arzt in seiner Heimatstadt Gerona. Er beschäftigte sich auch mit der Kabbala, mit weltlichen Studien und fremden Sprachen. Die wichtigsten seiner zahlreichen Werke sind sein Kommentar zum Pentateuch und dem Buch Hiob, Erläuterungen zu den meisten Talmudtraktaten, kritische Bemerkungen zu Maimonides' "Führer der Verirrten" und ein Kommentar zu dem mystischen Buch Jezira.

Bei dieser in Anwesenheit des Königs geführten Disputation widerlegte Nachmanides die Argumente der Christen mit vernichtender Logik, aber jede der beiden Parteien beharrte auf ihrer eigenen Interpretation. Einen Monat später wurde der Gelehrte aus Spanien ausgewiesen, und die Abschriften des Werks, in dem er die Einzelheiten der Disputation beschrieben hatte, wurden auf Befehl des Königs verbrannt. Er ging nach Palästina.

Bedeutende jüdische Persönlichkeiten dieser Periode waren unter anderen in Barcelona Salomo ben Adret (bekannt unter dem Akronym Raschba), eine Autorität auf dem Gebiet des jüdischen Rechts, und in Toledo Rabbi Ascher ben Jechiel, ein Schüler Rabbi Meirs aus Rothenburg. Rabbi Ascher war bekannt wegen seiner Geistesschärfe, Logik und Methode. Sein Sohn Jakob ben Ascher, einer der grössten jüdischen Kodifikatoren, schrieb ein vierbändiges Werk (Arba'a Turim) über jüdisches Recht, das für die meisten Gelehrten dieser Periode wegweisend wurde.

Nachmanides vollendete seinen Kommentar zur Bibel in Jerusalem, wo er nur zwei Juden, Färber von Beruf, fand. Als erster führte er den Geist der Kabbala und mystische Elemente in die Bibelexegese ein, ähnlich wie Todros Abulafia sie in seinen Kommentaren zum Talmud verwendete. Die Mystik fand einen fruchtbaren Boden. Der Rationalismus und der Kampf zwischen Wissenschaft und Religion, der ihn begleitete und bis zur Verbannung der Juden aus Frankreich dauerte (1306), genügten dem unter Verfolgung und Folter leidenden Volk nicht als Trost. Der führende Kabbalist Abraham ben Samuel Abulafia aus Saragossa ernannte sich selbst zum Propheten und suchte Papst Nikolaus III. auf, um ihn zum Judentum zu bekehren. Der plötzliche Tod des Papstes bewahrte den grossen Kabbalisten vor dem Scheiterhaufen. Seine zahlreichen Werke hatten grosse Wirkung auf die kabbalistische Literatur des sechzehnten Jahrhunderts.

Die bedeutendste Schöpfung der Mystik dieser Periode

Der für die Pessachfeier gedeckte Tisch. Der sephardische Korb mit den Mazzot ist das Gegenstück zu Schüssel, Weinkaraffe und Bechern aschkenasischer Tradition. Man sieht auch verzierte runde Mazzot. Die Teilnehmer an der Feier heben ihre Becher; einer deutet auf eine Stelle in der Haggada. Seite aus dem Manuskript einer spanischen Pessach-Haggada, Anfang des vierzehnten Jahrhunderts. Britisches Museum, London

ist das Buch Sohar, als dessen Autor die Tradition Rabbi Simeon bar Jochai bezeichnet; die wissenschaftliche Forschung schreibt die Autorschaft jedoch dem berühmten spanischen Kabbalisten Moses de Leon zu. Die Sprache des Buches ist aramäisch, gemischt mit mittelalterlichem Hebräisch. Man kann, das ist das zentrale Thema des Werks, nur durch das gründliche Studium der Geschichten und Gebote der Bibel eine Antwort auf die tiefen Geheimnisse der Schöpfung finden. Die Hauptaufgabe der Tora liegt nach dem Sohar darin, den Menschen in die oberen Welten zu erheben.

DIE JUDEN DEUTSCHLANDS UND FRANKREICHS IM DREIZEHNTEN UND VIERZEHNTEN JAHRHUNDERT

Die Ritualmordverleumdungen begannen in Deutschland mit einer Anklage gegen die Fuldaer Juden; dann wurden sie der Hostienschändung beschuldigt und schwer verfolgt und erniedrigt. Gleichzeitig mit dem religiösen Fanatismus nahm unter der einfachen Bevölkerung die soziale Gärung zu, und der Pöbel griff die Juden bei jeder Gelegenheit an. Sechs Jahre nach dem Vorfall in Fulda fand in Frankfurt eine "Schlacht mit den Juden" statt, verursacht durch einen Apostaten der Stadt: dabei wurden alle Juden niedergemacht. Im Bezirk von Mainz mussten die Juden seit 1259 den Schandfleck tragen, und in München verbrannten die Priester 1285 hundertachtzig Juden auf dem Scheiterhaufen. Damals gab sich einer der grössten Tossafisten, Meir Baruch aus Rothenburg, Mühe, den Juden Mut zum Ertragen ihrer Leiden einzuflössen. Als er mit anderen Juden vor der Gewalt und den Quälereien aus Deutschland zu fliehen versuchte, wurde er festgenommen und ins Gefängnis geworfen, wo er 1293 starb.

Ein Wechsel in der Regierung brachte den Juden keine Erleichterung. Zu Ende des dreizehnten und zu Beginn des vierzehnten Jahrhunderts wurden die Verfolgungen schlimmer. In den Jahren 1298 und 1299 verwüstete der Pöbel, angeführt von dem fränkischen Edelmann Rindfleisch, über hundertfünfzig Gemeinden. In der Zeit von 1336–1338 zerstörten die niederträchtigen Armleder-Banden hundertvierzehn Gemeinden. Als zehn Jahre später das Gerücht aufkam, die Juden seien für die Ausbreitung des Schwarzen Todes verantwortlich, wurden die Mitglieder von dreihundert Gemeinden gefoltert und massakriert.

Ihre Vitalität verloren die deutschen Juden indessen trotz all dieser Schrecknisse nicht. Sie tauchten an mehreren Orten wieder auf und verdienten sich ihren kargen Lebensunterhalt unter schwierigen Bedingungen und zahlreichen Beschränkungen.

Zu dem Unglück, das die Juden Frankreichs mit ihren Glaubensgenossen in Deutschland teilten, kam für jene auch noch die Ausweisung. Philipp der Schöne vertrieb sie 1306, Ludwig X. rief sie 1315 wieder zurück. In der Regierungszeit seines jüngeren Bruders, Philipps V., der versuchte, die Juden gerecht zu behandeln, wurden die Juden in Chinon des Ritualmordes angeklagt. Drei Jahre später verwüstete der verhetzte tobende Pöbel hundertzwanzig Gemeinden.

Im folgenden Jahr beschuldigte man die Juden, sie hätten mit Hilfe von Leprakranken die Brunnen vergiftet. Sie wurden grausam gefoltert und vor Gericht gebracht, und hundertsechzig wurden auf dem Scheiterhaufen verbrannt. Der König wollte sich diese gute Gelegenheit nicht entgehen lassen und belegte die jüdischen Gemeinden mit hohen Steuern. Die Brutalität, mit der Karl IV., der Nachfolger Philipps V., diese Steuern eintreiben liess, zwang die Juden, das Land zu verlassen. Erst siebzehn Jahre später (1360) durften sie für zwanzig Jahre wieder nach Frankreich zurückkehren. Als diese Frist abgelaufen war, verlängerte Karl VI. sie; das ermöglichte es dem König, die leere Staatskasse durch hohe Judensteuern wieder zu füllen und die Juden auch noch bei der Erhebung der Steuern auszubeuten. Nach vierzehn qualvollen Jahren der Verfolgung durch die Christen wurden die Juden trotzdem auf Anordnung Karls VI. wegen "ihrer schweren Verbrechen gegen den heiligen Glauben" des Landes verwiesen.

Auch in Deutschland dauerten zur gleichen Zeit die Verfolgungen noch an. Die Könige aus dem Hause Luxemburg und die ersten Monarchen der Habsburger Dynastie zeigten sich zwar den Juden ihres Geldes wegen gelegentlich freundlich gesinnt, aber gegen den tief sitzenden Hass der Deutschen konnten die königlichen Familien nichts ausrichten. Die Priester verpassten keine Gelegenheit, den Pöbel aufzuhetzen, und auch während der Regierung des judenfreundlichen Königs Friedrich III. kam es zu Anklagen wegen Ritualmordes und zu heftigen Angriffen. Im Jahr 1453 wurden die Juden Breslaus des Ritualmordes angeklagt, genau so wie zweiunddreissig Jahre vorher die Juden Wiens. Aus der Regierungszeit Friedrichs III. gibt es zahlreiche Beispiele von Grausamkeit und Gewalt, obschon der König versuchte, solche Ausschreitungen zu verhindern. Im Jahr 1450 wurden die Juden aus Bayern ausgewiesen. Zwei Jahre später konnte der König die Ausweisung der Juden aus Regensburg verhindern, sie mussten jedoch den Judenfleck tragen. Die Einwohner dieser Stadt wurden 1474 angeklagt, ein siebenjähriges christliches Kind ermordet zu haben, und vier Jahre später erhob man gegen die Juden von Trent die gleichen Beschuldigungen.

DIE INQUISITION UND DIE VERTREIBUNG AUS SPANIEN UND PORTUGAL

Im Spanien des vierzehnten Jahrhunderts war die Lage der Juden verhältnismässig gut. Während dieser ganzen Periode gehörten die Juden zur christlichen Gesellschaft und gelangten zu Positionen am Hofe und zu politischem Einfluss. Aber am Ende des Jahrhunderts wurde der Judenhass manifest. Im Jahr 1391 forderten die christlichen Fanatiker Kastiliens laut: "Die Taufe oder den Tod!" Bald erscholl dieser Schrei auch in Aragonien. Im Gegensatz zu den Juden Deutschlands und Frankreichs wählten viele spanische Juden die erste Alternative und traten zum Christentum über, wenigstens nach aussen.

Diejenigen Juden, die ihrem Glauben treu geblieben waren, wurden 1412 durch ein königliches Dekret geächtet. Man zwang sie, in besonderen Vierteln zu wohnen, Haupt und Bart zu scheren und spezielle Kleidung zu tragen. Der Handel mit Brot, Wein und Fleisch war ihnen verboten;

die autonomen Rechte des jüdischen Gerichts wurden eingeschränkt, und die Gemeinden durften keine Steuern erheben. Gewaltakte waren an der Tagesordnung. Da sich die Finanzlage des Landes infolge der neuen Bestimmungen bald verschlechterte, sah sich der König 1414 genötigt, die wirtschaftlichen Verordnungen gegen die Juden wieder aufzuheben. Überdies waren die Hauptziele der antijüdischen Kampagne ja schon erreicht — Zehntausende von Juden hatten sich taufen lassen. Allein den fanatischen Priestern genügte das noch nicht. Auf Anordnung von Papst Benedikt XIII. und mit Zustimmung des Königs von Aragonien mussten die Rabbiner der jüdischen Gemeinden an einer öffentlichen Debatte über die Prinzipien ihrer Religion teilnehmen. Die Disputation fand unter dem Vorsitz des Papstes in Tortosa statt. Bei der ersten der neunundsechzig Sitzungen (1413) zwang man die Juden, sich gegen die Verleumdungen Geronimos de Santa Fe zu verteidigen. Die Rabbiner wagten nicht, den Christen so entschieden zu antworten und ihre Religion zu kritisieren, wie es Moses ben Nachman getan hatte. Zu Beginn der Debatte erklärte der Papst deutlich, er sei nicht gekommen und habe sie nicht kommen lassen, um den Beweis zu erbringen, welche der beiden Religionen die wahre sei, "denn ich weiss, meine Religion und mein Glaube sind wahr und eure Tora war einmal wahr, aber sie ist aufgehoben". Am Ende der Disputation bestimmte der Papst, die Talmudmanuskripte sollten verbrannt werden, aber diese Anordnung wurde nicht befolgt.

Die vierzig folgenden Jahre (1415–1454) verliefen in Spanien relativ friedlich für die Juden. Papst Martin V. verbot die Zwangstaufen und erklärte viele der von Benedikt XIII. erlassenen Dekrete für ungültig. Die spanisch-jüdischen Gemeinden, rehabilitiert durch den Rabbiner Abraham Beneviste (Rab de la Corte), wurden wieder ein entscheidender Faktor in der Wirtschaft des Landes. Das weckte wiederum starkes Ressentiment bei der spanischen Geistlichkeit, und auf ihr Betreiben hob Papst Eugenius IV. die Vergünstigungen wieder auf, die Martin V. den Juden einundzwanzig Jahre früher gewährt hatte.

Die den Juden auferlegten Beschränkungen galten auch für die Marranen — die Juden, die das Christentum nur äusserlich angenommen hatten. Verleumdung und Gewalttaten trafen auch sie, und 1451 setzte Papst Nikolaus V. sogar durch eine Bulle besondere Inquisitoren ein, um Personen ausfindig zu machen, "die äusserlich Christen sind, aber in Wirklichkeit jüdische Bräuche halten".

Die "neuen Christen" kämpften um ihr Recht auf Gleichstellung mit den anderen Mitgliedern der Kirche. Doch bei dem Aufruhr in Toledo (1467), als Christen sie aus ihren öffentlichen Ämtern vertreiben wollten, wurden viele Marranen getötet. Vier Jahre später ermordete der wilde Pöbel zahlreiche Juden und Marranen in der Nähe von Segovia, und zwei Jahre danach wurden Marranen in Cordoba erschlagen, um sie von der Teilnahme an christlichen religiösen Feiern fernzuhalten.

Schwere Verfolgung traf auch die Juden Portugals, die vor dem spanischen Fanatismus hierher geflüchtet waren. Abgesehen von der relativ friedlichen Zeit während der Regierung Alfons' V. (1447–1481) litten Juden und Marranen im Lande unter Bedrückung und harten Verordnungen. Natürlich fanden fanatische Priester sogar auch zur

"Dies ist das Brot des Elends". Während er dies Gebet sprach, stellte der Hausherr den Korb mit den Mazzot auf den Kopf des jüngsten Sohns, wie es in Barcelona Brauch war. Am anderen Ende des Tischs sitzt noch ein alter Mann auf einem Armsessel, dem des Hausherrn ähnlich, und hinter dem Tisch sitzen die Frauen und Mädchen. Auf dem Tisch sieht man Abschriften der Haggada, eine Karaffe und ein Glas Wein; von der Decke hängen Leuchter herab. Erste Seite einer spanischen Haggada, anscheinend in der zweiten Hälfte des vierzehnten Jahrhunderts in Barcelona gemalt. Britisches Museum, London

Zeit von Alfons' Herrschaft Vorwände, um zu Gewalttaten gegen die Juden aufzuwiegeln, aber der König wusste den Aufruhr mit fester Hand niederzuschlagen. Deshalb richtete sich jetzt der Unwille gegen den König, und seine Truppen mussten eingreifen.

In den letzten fünfzehn Regierungsjahren Alfons' diente ihm Don Isaak Abravanel als Finanzminister. Er schrieb über die Lage der Juden in Portugal, er lebe in Lissabon im Überfluss, sein Haus sei ein Treffplatz der Gelehrten, der König sei ein gerechter Mann, und die Juden hätten nichts zu befürchten.

Die Vereinigung der Königreiche Kastilien und Aragonien durch die Vermählung Ferdinands von Aragonien mit Isabella von Kastilien (1474) blieb zunächst ohne Einfluss auf die Lage der Juden in Spanien. In dem vereinigten Königreich bekleideten viele Juden und "neue Christen" hohe Posten. Die fanatischen Priester blieben indessen aktiv, und sechs Jahre nach der Vereinigung der beiden Königreiche wurde mit Zustimmung des Papstes Sixtus IV. die Inquisition unter dem Grossinquisitor Thomas de Torquemada erneuert, um die heimlichen Anhänger des Judentums, die Marranen, aufzustöbern. Hunderte von ihnen wurden ins Gefängnis geworfen und schrecklich gefoltert, um sie zu einem Sündenbekenntnis und zu Informationen über ihre sündigen Verwandten und Freunde zu erpressen. Anfang 1481 feierte eine christliche Menge in Sevilla das erste Autodafé ("Glaubensakt" — eine öffentliche Zeremonie, bei denen den Opfern die Urteile der Inquisition verkündet wurden) und sah der Verbrennung von sechs Marranen zu. Bis zum Ende des Jahres hatten über dreihundert Marranen den Tod auf dem Scheiterhaufen gefunden. Ferdinands Kassen füllten sich mit dem Geld der Opfer, deshalb wies er den Protest von Papst Sixtus IV. zurück, der forderte, man solle den Verurteilten gestatten, sich in einem ordentlichen Gerichtsverfahren zu verteidigen. Die Inquisitoren erfanden mit grenzenloser, teuflischer Phantasie barbarische Folterinstrumente. Ausser der körperlichen Folterung benutzten sie noch verschiedene andere Methoden, um "reuige" Marranen zu erniedrigen: die "Büsser" mussten nackt und barfuss durch die Strassen gehen, damit die ihren Weg säumende Menge ihnen "vergeben" könne.

Trotz aller Schrecken der Inquisition gab es jedoch noch immer viele Marranen, die nicht "gestanden." Die kirchlichen Machthaber glaubten, man müsse sie, um aus ihnen gute Katholiken zu machen, von den Juden trennen. Innerhalb Spaniens gelang das nicht, also musste man die Juden vertreiben. Torquemada lieferte den Monarchen einen Vorwand für die Ausweisung. Man erpresste einem Marranen durch die Folter das "Geständnis", die Rabbiner der jüdischen Gemeinden Spaniens hätten andere Marranen und Juden beauftragt, ein christliches Kind in einem Keller zu kreuzigen. Damit sollten sie den Inquisitoren einen Tort antun und den katholischen Glauben dem Teufel ausliefern.

Jetzt gab es keinen Grund mehr, die Vertreibung der Juden aus Aragonien und Kastilien, durch die der gefährlichen Verbindung von Christen und Juden ein Ende gemacht werden sollte, zu verzögern. Der König hatte allerdings die Absicht, sein Ausweisungsdekret zu widerrufen, nachdem jüdische Führer ihm dafür dreissigtausend Golddinare angeboten hatten. Doch Torquemada riet dem König mit Schlauheit davon ab. Er erschien vor ihm mit einem Bild des gekreuzigten Jesus: "Judas Ischarioth hat Jesus Christus für dreissig Silberlinge verkauft, und du willst ihn für dreissigtausend Golddinare verkaufen. Hier ist er". Diese Worte machten auf die Königin tiefen Eindruck, und das Dekret wurde bestätigt. In der zweiten Hälfte des Jahres 1492 verliessen etwa zweihunderttausend Juden Spanien und zerstreuten sich in alle Richtungen. Ungefähr die Hälfte davon ging nach Portugal.

Acht Monate, nachdem die aus Spanien Vertriebenen Zuflucht in Portugal gefunden hatten, mussten sie sich wieder auf die traurige Wanderschaft machen, und nur wenige von ihnen überlebten sie. Das Schicksal der Juden, die in Portugal blieben, war indessen nicht besser als das der Auswanderer. In den sechs Jahren nach der Vertreibung aus Spanien konnten sich die Herrscher Portugals nicht entscheiden, ob sie dem Beispiel des Nachbarlandes folgen sollten. Wie die Fürsten vieler anderer europäischer Länder wollten auch sie vom Geld der Juden profitieren. Aber 1498 setzten sich die religiösen Fanatiker durch, und die Juden wurden zum Verlassen Portugals gezwungen. Auch sie brachten, wie vorher die Verbannten aus Spanien, ihre kulturellen Schätze in alle Länder, die ihnen Aufnahme gewährten, und überall, wo sie sich ansiedelten, übten sie einen starken Einfluss auf den kulturellen Fortschritt des Landes aus.

DIE SPANISCHE HAGGADA

Biblische Bilder und Feiertagsbräuche hat man zuerst in Spanien zu einer zusammenhängenden Gesamtdarstellung vereinigt. In spanischen Haggadot (Plural von Haggada) aus dem Ende des dreizehnten und dem vierzehnten Jahrhundert wurden Illustrationen biblischer Szenen und örtlicher Gebräuche in Form ganzer Seiten mit Miniaturen miteinander verbunden. Sie standen entweder am Anfang oder am Ende des Haggada-Textes, und manchmal, so scheint es, kamen sie aus verschiedenen Werkstätten und wurden erst vom Käufer dem Text hinzugefügt. Diese Seiten mit Miniaturen bestehen gelegentlich aus zwei, hin und wieder aus vier Feldern, von denen jedes einige Episoden darstellt. Diese Bilder in den spanischen Haggadot illustrieren in einer zusammenhängenden Folge biblische Ereignisse — in einigen Manuskripten von der Schöpfung bis zum Tode Mose, in anderen nur Ereignisse im Zusammenhang mit dem Exodus. In den Illuminationen der sephardischen und der aschkenasischen Bibeln gibt es manchmal erstaunliche Parallelen sowohl hinsichtlich der Themen als auch des Stils. Das spricht für die Annahme, seit dem Altertum bis hinein ins späte Mittelalter sei die auf der Bibel beruhende Tradition der jüdischen Malerei nie unterbrochen gewesen. In den spanischen Haggadot stehen die Miniaturen von Gebräuchen und Zeremonien meistens hinter den biblischen Miniaturen. Sie zeigen Vorbereitungen für Pessach, so die Entfernung des gesäuerten Brotes, das Backen der Mazzot (ungesäuertes Brot), die Zubereitung von Charoset (Mischung von Früchten, Nüssen und Wein, die dem Mörtel ähnlich sieht) und die Schlachtung des Pessachlamms. Die Illustrationen im Text beschränken sich im allgemeinen auf dekorative Mazzot, bittere Kräuter, gelegentlich auf Szenen mit Rabbi Gamaliel und seinen Schülern, einen Engel, der Gottes Zorn über die Heiden ausgiesst, und die vier Söhne (den Weisen, den Bösewicht, den Einfältigen und den, der nicht zu fragen versteht) und ihr Interesse an der Pessach-Zeremonie.

Die jüdischen Künstler aus sephardischem Milieu wurden, wie die aus aschkenasischem, vom Stil ihrer nichtjüdischen Umgebung beeinflusst, und im wesentlichen unterscheidet sich die jüdische Malerei nicht von der zeitgenössischen nichtjüdischen. In Spanien stimulierte und förderte die kulturelle Atmosphäre die darstellenden Künste in hohem Masse, doch auch in Deutschland fehlte es nicht an Künstlern und ihren Gönnern. Die Frage, ob man das menschliche Antlitz abbilden dürfe, war in Süddeutschland akuter, und zwar vor allem unter dem Einfluss der puritanischen Strömungen in der christlichen Umwelt. Die Askese und der Hass gegen Schönheit und Pomp, eine Begleiterscheinung der von Franz von Assisi begründeten mönchischen Bewegung, übten einen starken Einfluss auf das sittliche Verhalten und das tägliche Leben der aschkenasischen Pietisten aus, an deren Spitze Rabbi Samuel und sein Sohn Rabbi Juda he-Chassid standen. Das Verbot, das Gesicht des Menschen darzustellen, umgingen die jüdischen Künstler dadurch, dass sie die Rückansicht der Menschen malten oder ihre Gesichter verhüllten oder ihnen Tier- oder Vogelköpfe gaben. Aus der Zeit vom Anfang des dreizehnten bis zur Mitte des vierzehnten Jahrhunderts existieren noch zahlreiche Beispiele solcher Manuskripte.

Aus Italien gibt es nur wenige illuminierte Manuskripte des dreizehnten Jahrhunderts. Erst am Ende des vierzehnten und während des ganzen fünfzehnten Jahrhunderts werden sie zahlreicher. Im grossen ganzen stammen die Elemente der italienischen Manuskripte aus der jüdischen Kunst Deutschlands und Spaniens, sie enthalten aber auch Randillustrationen eigener Tradition, hauptsächlich im Stil der örtlichen italienischen Kunst. Aus dem fünfzehnten Jahrhundert existieren noch zahlreiche italienische Gebetbücher, Pessach-Haggadot, halachische Werke, sogar weltliche Bücher — darunter einige hervorragende Stücke dieser Kunstgattung.

Illuminierte Seite aus dem Manuskript einer spanischen Haggada vom Ende des dreizehnten Jahrhunderts. Der Drache – unten – dient nur als Ornament. Mocatta-Bibliothek, University College, London

DIE SYNAGOGEN

Wie bei der Illumination von Manuskripten wurde auch bei den Synagogen der örtliche Stil kopiert, so z.B. in der Kairoer Synagoge aus dem elften Jahrhundert; ihre Holztüren waren mit dem gleichen Schnitzwerk verziert, das den Palast der Fatimiden schmückte. Die Säulenkapitelle der Wormser Synagoge oder des Altneuschul-Bethauses in Prag sehen den Säulen der örtlichen Kirchen sehr ähnlich. Im christlichen Spanien blieb die Tradition der Ornamentik im wesentlichen mohammedanisch, und die Arabesken oder die Zierinschriften sind ein Beweis für die glanzvolle Periode der jüdischen Kultur im mohammedanischen Spanien des zehnten und elften Jahrhunderts.

Die Zahl der noch erhaltenen mittelalterlichen Synagogen ist kleiner, und ihre Bauten geben nur eine Idee von der allgemeinen künstlerischen Gestaltung des Innern und der Aussenansicht. Eine besondere Galerie für die Frauen gehörte wahrscheinlich im Mittelalter immer zu den Synagogen in Deutschland, Spanien und Italien, und auch die Nische für den Toraschrein hatte ihren Platz immer in der Ostmauer. Hingegen stand das Pult des Kantors in den aschkenasischen und den sephardischen Synagogen an verschiedenen Stellen.

Über Wandgemälde in Synagogen wissen wir nur etwas aus literarischen Quellen. In Mainz lehnte Rabbi Eliakim gemalte Glasfenster ab. Der berühmte Kompilator des halachischen Kompendiums "Das ausgestreute Licht" (Or Sarua), Rabbi Isaak aus Wien, erinnerte sich aus seiner Jugend an Wandgemälde in der Synagoge in Meissen. Sein Schüler Rabbi Meir ben Baruch aus Rothenburg glaubte, Bilder an Synagogenwänden und auch in Gebetbüchern lenkten den Menschen vom Gebet ab.

ANPASSUNG AN EINE NEUE WELT DER WERTE

Mit dem Ausdruck Renaissance bezeichnet man die Zeitspanne in der europäischen Geschichte zwischen dem Ende des Mittelalters und dem Anfang der Neuzeit ziemlich ungenau. Sie dauerte ungefähr vom dreizehnten bis zum sechzehnten Jahrhundert, dem Beginn der modernen Kunst, Naturwissenschaft und Technik.

Renaissance bedeutet "Wiedergeburt," sie war ja eine von Hoffnung und Versprechen erfüllte Periode in der Geschichte Europas. In der Geschichte der Juden dagegen bedeutete sie in vieler Beziehung einen düsteren Zeitabschnitt, unterbrochen durch Ausweisungen aus England, Frankreich und Spanien und Massaker in Deutschland. In Italien waren die Zustände etwas günstiger, immerhin verbannten die Spanier die Juden aus Süditalien (1492–1541), und im Norden löste die Gegenreformation der Katholiken als Reaktion auf Luthers Reformation die Einführung des Gettos und aller mit diesem Wort verbundenen Unterdrückungsmassnahmen aus.

Damals standen den Juden nur zwei Zufluchtsstätten offen. Die eine bot die mohammedanische Welt, vor allem das grosse und tolerante Osmanische Reich. Die Türkei öffnete den aus Spanien Verbannten grossmütig ihre Tore, und sie durften überall im Reich sehr einflussreiche und angesehene Positionen einnehmen. Das zweite Asyl fanden sie in Polen. Zur Entwicklung seines Handels und seiner Wirtschaft brauchte das damals grosse Reich unbedingt Hilfe, und aus diesem Grund nahm es die Juden, welche die Lebensbedingungen in Deutschland unerträglich fanden und fieberhaft nach einer Zuflucht suchten, begierig auf. Wie im Süden das Osmanische Reich für die sephardische Welt, so wurde Polen das grosse Zentrum jüdischen Lebens für die Aschkenasim.

Am schlimmsten waren die Verhältnisse in Spanien und Portugal, wo die Inquisition mit ihren Autodafés unbeschränkt herrschte und ihre Opfer unter den Juden und Marranen fand. Marranen, die der brutalen Inquisition entkamen, gründeten neue jüdische Gemeinden in Amsterdam, Hamburg und London und vom Ende des sechzehnten Jahrhunderts an auch in der Neuen Welt, die im grossen Zeitalter der Entdeckungen erschlossen wurde.

Silbernes Niello-Kästchen, spätes fünfzehntes Jahrhundert, bestimmt für eine Frau zur Aufbewahrung ihrer Schlüssel am Sabbat. Vorn zeigt eine Szene die drei für die jüdische Frau verbindlichen Gebote: challa (zur Zeit des Tempels stellte sie eine Portion des Teigs für die Priester beiseite, später verbrennt sie ein Stückchen von jedem Sabbatbrot); nidda (Befolgung der Vorschriften, die sich auf die Menstruation beziehen), und hadlakat nerot (Das Anzünden der Kerzen zu Ehren des Sabbats). Die acht Knöpfe auf dem Deckel sind zum Zählen der zum Waschen geschickten Wäsche bestimmt. Israel-Museum, Jerusalem

DIE ZERSTREUUNG DER JUDEN AUS SPANIEN UND PORTUGAL

"Im gleichen Monat, in dem Ihre Majestäten das Dekret zur Ausweisung der Juden aus dem Königreich und den dazu gehörenden Ländern erliessen, in demselben Monat beauftragten sie mich, an Bord eines geeignet ausgerüsteten Schiffes zur Entdeckung Indiens zu starten." Mit diesen Worten begann Christoph Kolumbus das Tagebuch, in dem er seine Suche nach einem Weg nach Indien beschreibt. Kolumbus erhielt die meiste Hilfe zur Vorbereitung seines Unternehmens von Juden. Ermöglicht wurde die Entdeckungsreise hauptsächlich dank des grossen Darlehns, das Luis de Santangel, Kanzler und Rechnungsprüfer des königlichen Haushalts von Aragon, Ihren Katholischen Majestäten aus seiner eigenen Tasche gegeben hatte. Wie Gabriel Sanchez, Finanzminister von Aragon, war auch Santangel jüdischer Herkunft. Er und eine Anzahl anderer Marranen gehörten interessanterweise zu den treusten Förderern von Kolumbus.

Folgende Männer jüdischer Herkunft begleiteten Kolumbus auf seiner Fahrt: Alonzo de la Calle, Rodrigo Sanchez, der Arzt Bernal, der Chirurg Marco und Luis de Torres. Dieser, vor der Abreise getauft, diente als offizieller Dolmetscher für die semitischen Sprachen, die, so glaubte man allgemein, in Indien und dem Orient gesprochen wurden. So betraten also Juden mit den ersten Weissen den Boden der Neuen Welt. Auch die für Kolumbus' zweite Reise erforderlichen Mittel stammten hauptsächlich aus in Spanien konfiszierten jüdischem Eigentum.

Die Ausweisung sollte Ende Juli 1492 stattfinden, wurde aber in letzter Minute um zwei Tage verschoben. Mehrere Gruppen verliessen das Land vor dem zweiten August, doch die meisten Juden blieben bis zur letzten Minute. Unter denen, die vor Ablauf der Frist ausreisten, war der spanische Oberrabbiner Aboab aus Toledo, der an der Spitze einer Delegation von dreissig Führern der kastilischen Juden um die Niederlassungserlaubnis in Portugal bat. Seine Bitte wurde gewährt. Der portugiesische Herrscher gestattete den spanischen Verbannten, acht Monate in seinem Land zu bleiben und zog eine exorbitante Kopfsteuer von ihnen ein.

Die Hälfte der aus Spanien Vertriebenen erreichte Portugal (1493), wo Hunger und Krankheit und schliesslich Ausweisung (am fünfundzwanzigsten Dezember 1496) ihr trauriges Schicksal wurde. Der portugiesische König Emanuel hoffte, durch seine Heirat mit Isabella, der Tochter Ihrer Katholischen Majestäten, würde er oder sein Sohn der rechtmässige Erbe des spanischen Throns werden. Aus diesem Grund stellte er die Juden vor die Wahl: Vertreibung oder Taufe, obwohl er selbst die Juden nicht fanatisch hasste.

Zur Zeit der friedlichen Existenz der Juden in Portugal, in den letzten Jahren vor ihrer Ausweisung, wurde in Lissabon eine der ersten jüdischen Druckereien unter Verwendung der von Gutenberg erfundenen beweglichen Lettern gegründet, und von 1489–1492 wurden hier eine Reihe bedeutender Werke, darunter mit Holzschnitten illustrierte Bücher, gedruckt.

Als bald nachher Ferdinand von Spanien das Königreich Navarra annektierte (1498), waren die aus Aragon Vertriebenen, die in diesem kleinen Königreich Zuflucht gefunden hatten, wieder zur Auswanderung gezwungen.

In dieser kurzen Zeitspanne von wenigen Jahren wurde die grosse, an geistigen und materiellen Gütern reiche jüdische Gemeinde Spaniens ausgetilgt. Hunderttausende von Juden, bedroht von Tod und unsäglichen Leiden, waren gezwungen, eine neue Heimat, einen neuen Wohnort, neue Quellen für ihren Lebensunterhalt zu finden und einen neuen Winkel, wo sie, unter sich, ihrer eigenen Religion leben konnten. Die spanischen Verbannten zerstreuten sich in alle vier Himmelsrichtungen. Diejenigen, die kein vorläufiges Asyl in Portugal und Navarra finden konnten, siedelten sich in Nordafrika, Italien, der Türkei und Polen an. Eine der grösseren Gemeinden mit Don Isaak Abravanel an der Spitze liess sich in Neapel nieder.

DIE DIASPORA IN DER MODERNEN WELT

Die Zerstreuung der Juden aus Spanien und Portugal geschah zur Zeit einer ganz Europa erschütternden wirtschaftlichen und sozialen Krise. Die Entdeckung neuer Verkehrswege über den Atlantischen Ozean veränderte die begrenzten Möglichkeiten der Kaufleute am Mittelmeer völlig. Sie verlegte die kommerzielle Vorherrschaft Venedigs und Genuas zuerst an die spanischen und portugiesischen Häfen und nach deren Niedergang in die Niederlande und England im Westen und die Türkei im Osten. Die aus Spanien und Portugal verbannten Juden, die zu Beginn des fünfzehnten Jahrhunderts in grosser Zahl nach Italien und in die Türkei kamen, trugen zur kommerziellen Entwicklung dieser Länder bei, vor allem in dem Handel zwischen Europa und Asien und dem der Länder am Mittelmeer. Die Scharen der Marranen, die vor der spanischen Inquisition geflohen waren, spielten bei der Entwicklung des

Eheringe aus Italien aus dem sechzehnten und siebzehnten Jahrhundert. Schon im fünfzehnten Jahrhundert waren jüdische Eheringe, besonders die aus Italien, wegen ihrer Schönheit berühmt; davon existieren aber nur noch wenige. Die ältesten und typischsten sind breite Reifen aus Gold mit Filigranornamenten, verziert mit grün-blauen Steinen (z.B. der Ring links auf dem unteren Bild). An dem Ring daneben sieht man eine andere Art von Goldfiligran und darüber ein Miniaturgiebeldach, ein Symbol für das durch die Heirat begründete Heim. Geöffnet enthüllt das Dach einen Behälter für ein Siegel oder eine Miniatur. Meistens bestehen die Ringe aus Silberfiligranreifen mit bunten emaillierten Oberflächen (z.B. auf dem oberen Bild). Gewöhnlich sind die hebräischen Wörter masel tow (viel Glück) entweder ganz oder abgekürzt (m.t.) in diese oder andere Arten von Eheringen innen eingraviert. Jüdisches Museum, New York und Israel-Museum, Jerusalem

Handels in den Niederlanden, England und Amerika eine wichtige Rolle.

Die Vernichtung der jüdischen Gemeinde in Spanien brachte auch die Verschiebung des geistigen Zentrums des jüdischen Volkes von der Iberischen Halbinsel nach anderen Zentren mit sich. Wo immer sie sich ansiedelten, wurden die dynamischen spanischen Juden die Träger der nationalen Kultur. Kein Wunder, dass zahlreiche italienische Juden, die schon lange im Land gelebt hatten, sich den spanischen Juden assimilierten und zum Teil "Sephardim" wurden. Die meisten spanischen Vertriebenen gingen in die Türkei, wo sie dank der Toleranz des jungen mohammedanischen Osmanischen Reichs Zuflucht fanden. Als 1517 Palästina ein Teil des Türkischen Reichs wurde, dürfte das auch ein beachtenswerter Faktor für die Anziehungskraft des Osmanischen Reichs auf die Flüchtlinge aus Spanien gewesen sein. In sehr kurzer Zeit wuchs die jüdische Gemeinde im Heiligen Lande, besonders in Jerusalem und Galiläa und schuf sich eine feste soziale und kulturelle Basis.

DOÑA GRACIA

Nach der Verbannung der Juden aus Spanien und Portugal am Ende des fünfzehnten Jahrhunderts blieben Hunderte reicher jüdischer Familien, äusserlich Christen, doch heimlich unter Lebensgefahr ihren jüdischen Traditionen treu, weiter im Lande. Diese Marranen hofften auf den Tag, da sie die Länder des christlichen Fanatismus verlassen und offen zum Glauben ihrer Väter zurückkehren könnten.

Zu den bedeutendsten aristokratischen Familien der spanischen Marranen gehörte das Haus Mendes. Seine Mitglieder, Nachkommen des sehr berühmten spanisch-jüdischen Geschlechts der Benvenistes, waren gezwungen, den Namen Mendes anzunehmen, als sie äusserlich zum Christentum übertraten.

Ein Angehöriger der Familie, Francisco, leitete in Lissabon grosse Banken mit Filialen in den Niederlanden und Frankreich. Seine Frau war als Doña Gracia bekannt. Nach dem Tode ihres Mannes zog sie von Portugal nach Antwerpen in dem damals unter spanischer Herrschaft stehenden Flandern.

Zu jener Zeit (1537) war Antwerpen eins der grössten europäischen Handelszentren. Hier spielte Doña Gracias Schwager Diego Mendes eine grosse Rolle. Er hatte eine wichtige Position in der Welt des Handels und übte grossen Einfluss auf das Wirtschaftsleben in den Niederlanden und ihren Nachbarländern aus. Das Haus Mendes wurde ein Begriff in der Geschäftswelt und unterhielt Beziehungen zu europäischen Königen und Fürsten.

Reichtum und Ehre genügten Doña Gracia indessen nicht; ihr lag viel daran, offen zum Judentum zurückkehren zu können. Auch in Flandern machten die spanischen Behörden es den Marranen schwer, als Juden zu leben. Infolgedessen beschloss Doña Gracia, ihre Bankgeschäfte in Antwerpen zu liquidieren und in die Türkei zu ziehen, wo sie ohne Gefahr zur Religion ihrer Väter zurückkehren konnte.

Der Sohn eines der Brüder aus der Familie Mendes, João Miguez, bekannt als Don Joseph Nasi, besass Energie und Initiative und unterhielt gute Beziehungen zu Königen und Adligen. Er half Doña Gracia bei ihren ausgedehnten Geschäften in Europa und ermöglichte es ihr, erst nach Venedig und später in die Türkei zu ziehen. Als die Familie Mendes Venedig erreichte, erfuhr der Senat, Doña Gracia beabsichtige, ihr ganzes Kapital in die Türkei zu transferieren und dort zum Judentum überzutreten. Der Senat liess ihr Eigentum konfiszieren, und später kündigte auch der König von Frankreich an, er werde die hohen Beträge, die er dem Hause Mendes schuldete, nicht zurückzahlen, da es ja Juden gehöre. Nun wandte sich Joseph Nasi mit Hilfe von Freunden in der Türkei an den Sultan, er möge in der Sache vermitteln, da die Familie in die Türkei übersiedeln und ihr ganzes Vermögen dorthin transferieren wolle. Der Sultan, wohl wissend, dass der

"Was bedeuten die bitteren Kräuter, die wir essen?" Ähnlich wie die verzierte Mazza wurde auch ein riesiges, von zwei Männern getragenes, bitteres Kraut eine traditionelle Illumination in spanischen Haggadot. Unter der Pflanze sitzen ein Mann und eine Frau am Pessachtisch. Aus dem Manuskript einer Haggada aus dem vierzehnten Jahrhundert. Britisches Museum, London

Türkei von der Einwanderung des Hauses Mendes und anderer reicher Marranen und vom Transfer ihrer Geschäfte und ihres Reichtums grosse Vorteile erwachsen würden, verhandelte mit den venezianischen Behörden. Ein Gesandter des Sultans bat den Senat von Venedig, das Eigentum der Familie Mendes freizugeben und ihr das Verlassen des Landes zu ermöglichen. Um Auseinandersetzungen mit dem türkischen Sultan zu vermeiden, liessen die Herrscher Venedigs Doña Gracia mit dem ganzen Familienbesitz ausreisen, und sie und andere Marranen zogen in die Türkei.

DAS HAUS MENDES IN DER TÜRKEI

Im Jahr 1553 kam Doña Gracia in Konstantinopel an. Sie zog mit grossem Glanz in die osmanische Hauptstadt ein. Vier prächtige Wagen, begleitet von Berittenen, Verwalter, Diener und ein grosses Gefolge zogen durch die Strassen der Stadt, und in grosser Aufregung empfingen die Juden Konstantinopels Doña Gracia. Jetzt konnten die Mitglieder der Familie aufatmen und offen zum Judentum zurückkehren. Doña Beatrice de Luna änderte ihren Namen offiziell in Doña Gracia um. Auch ihr Neffe João kam nach Konstantinopel und bekannte sich unter dem Namen Joseph Nasi öffentlich zum Glauben seiner Väter. Er heiratete Doña Gracias Tochter.

Der Sultan empfing Doña Gracia liebenswürdig und begrüsste den Transfer der Geschäftszentrale des Hauses Mendes in sein Land. Das Netzwerk der Unternehmen der Mendes reichte in viele Länder, und die türkischen Behörden gewährten der Firma besondere Privilegien, ihre umfangreichen kommerziellen Geschäfte brachten ja dem Wirtschaftsleben des Osmanischen Reichs grosse Vorteile. Das Haus Mendes unterhielt Handelsbetriebe auf dem Balkan, den ägäischen Inseln, in Italien und Frankreich. Besondere Schiffe transportierten Rohstoffe aus der Türkei in andere Länder und brachten Gewebe zurück.

Doña Gracias herrlicher Palast am Ufer des Bosporus stand Gelehrten und Gebildeten offen; sie pflegte den Umgang mit ihnen und unterstützte sie grosszügig. Die ganze jüdische Welt rühmte sie wegen ihrer Freigebigkeit und ihrer ausgedehnten Hilfsaktionen zur Rettung und Wiederansiedlung verfolgter Marranen in anderen Ländern. Sie half sogar Marranen, sich aus den Klauen der Inquisition zu befreien und eine Zuflucht zu finden. Ihre Wohltätigkeit war grenzenlos, und sie half auf mannigfache Weise: sie versorgte Arme, stiftete grosse Summen für die Freilassung Gefangener und unterstützte Lehrhäuser, Schulen und wohltätige Einrichtungen. Sie starb 1569 in Konstantinopel.

DON JOSEPH NASI

Doña Gracias Neffe und Schwiegersohn, Don Joseph Nasi, erwarb sich in der Türkei grosses Ansehen. Dank seines umfassenden Wissens und politischen Scharfsinns, seiner gewinnenden Persönlichkeit und grossen Erfahrung im Umgang mit den Höfen Europas wurde er schnell ein Ver-

Doña Gracia Mendes. Bronzemedaillon, gegossen von Pastorino in Ferrara um 1552. Näheres über sie im Text nebenan. Nationalbibliothek, Paris

Illumination am Rand des Textes der Trauzeremonie. Der amtierende Rabbiner, zwischen Braut und Bräutigam, spricht den Segen. Der Bräutigam reicht der Braut seine rechte Hand mit dem Ring. Teil einer Seite aus einem Manuskript, das verschiedene Texte enthält, darunter eine Zusammenstellung täglicher Gebete. Geschrieben und illuminiert in Norditalien Ende des fünfzehnten Jahrhunderts. Israel-Museum, Jerusalem

trauter am Hof Suleimans des Grossen. Dieser Sultan empfand eine besondere Zuneigung zu ihm und ernannte ihn zu seinem Berater in den politischen Fragen, die sich auf die Beziehungen zwischen der Türkei und dem christlichen Europa bezogen. Don Joseph wusste über alles Bescheid, was an den Höfen der europäischen Könige geschah; die Agenten des Hauses Mendes informierten ihn nicht nur über kaufmännische, sondern auch über politische Angelegenheiten. Seine enge Verbindung mit dem Sultan erhöhte sein Prestige in den Augen aller ausländischen Gesandten in Konstantinopel.

Don Joseph Nasi wusste seinen Einfluss auch im Interesse seiner Glaubensgenossen zu benutzen. Als Papst Paul IV. 1556 die Verhaftung der Marranen in der italienischen Stadt Ancona anordnete, damit sie der Inquisition übergeben würden, bat Don Joseph den Sultan um seine Intervention. Dieser verlangte die Freilassung der Juden, die türkische Untertanen waren, und drohte mit Vergeltungsmassnahmen gegen die Christen im Osmanischen Reich, falls der Papst sich weigern sollte. Die feste Haltung des Sultans tat ihre Wirkung, und die in Ancona lebenden türkischen Juden wurden freigelassen.

DIE WIEDERBELEBUNG TIBERIAS'

Auf dem Höhepunkt seines Einflusses am Hof des Sultans fasste Joseph Nasi den Entschluss, das jüdische Volk und sein Land zu befreien. Er wollte eine nationale Zufluchtsstätte in Palästina gründen, zu der Juden aus aller Welt kommen könnten, um dort frei vom Joch tyrannischer Herrscher zu leben. Auf seine Bitte verpachtete Sultan Suleiman der Grosse ihm die Stadt Tiberias und sieben angrenzende Dörfer und ernannte ihn zum Distriktsgouverneur. Don Joseph betrachtete die Schaffung dieses jüdischen autonomen Distrikts als den Anfang der Wiedergewinnung des Landes Israel.

Seine Wahl fiel auf Tiberias, weil dieser Ort nach einem verbreiteten Glauben zuerst befreit werden würde, heisst es doch im Talmud: "Von dort [Tiberias] würden sie dereinst erlöst werden" (Rosch Haschana 31 b).

Tiberias lag in Trümmern und musste wieder aufgebaut werden. Don Joseph Nasi und Doña Gracia sahen im Geist schon, wie die Juden in ihr eigenes Land zurückkehrten, Weingärten anlegten und Obstbäume pflanzten, eine Seidenindustrie entwickelten und aus der Gegend ein bedeutendes jüdisches Zentrum machten, das als Kern eines jüdischen Staates dienen würde.

Don Joseph leitete die Vorbereitungsarbeiten für den Wiederaufbau von Tiberias ein. Sein zuverlässiger Agent Joseph ben Ardot musste die Bauarbeiten überwachen und zum Schutz der Einwohner eine Mauer um die Stadt errichten lassen. Zum Bau der Mauer kamen auf Anordnung des Sultans Bauarbeiter aus Safed. Sie wurde fertig, obwohl die von mohammedanischen religiösen Führern aufgestachelten Araber den Bau zu verhindern suchten.

Joseph Nasi forderte die ausländischen jüdischen Gemeinden auf, sich in Tiberias anzusiedeln, "um dem Land und seiner Bevölkerung neues Leben zu geben". Zum Transport von Juden nach Palästina sandte er Schiffe nach

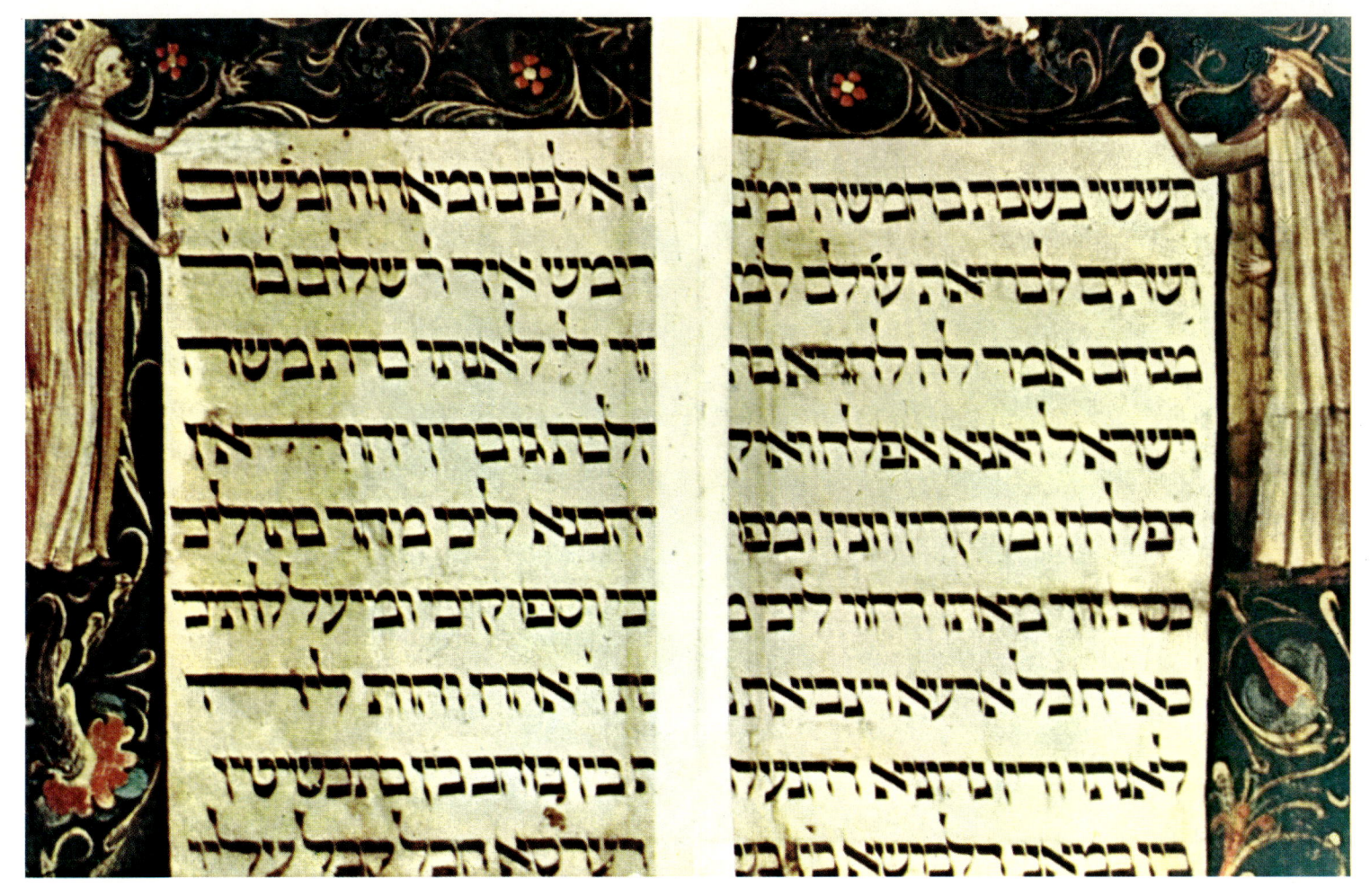

Illuminierter Ehekontrakt aus Krems, Österreich, 1391–1392. Einer der frühsten europäischen Ehekontrakte, nur noch in Bruchstücken erhalten. Vier Teile davon dienten später als Buchdeckel, daher fehlt das Mittelteil. Nach den vorhandenen Fragmenten nahm Schalom ben Menachem eine Frau "Freitag, den fünften Tag" eines nicht genannten Monats "des Jahres 5152 seit der Erschaffung der Welt". Die Randillumination zeigt rechts den Bräutigam mit dem Judenhut; in die Höhe hält er einen grossen Ring mit einem Miniaturhaus in dem in Italien und Spanien in der Renaissance allgemein üblichen Stil. Die Braut mit der Krone (links) reicht dem Bräutigam die Hand. Der Ehekontrakt zeigt im Ornament und in der Darstellung der menschlichen Gestalt gothischen Stil. Die Tradition, Ehekontrakte auf Pergament zu verzieren, ist sehr alt; es gibt noch Bruchstücke ägyptischer jüdischer Ehekontrakte aus dem zehnten und elften Jahrhundert. Nationalbibliothek, Wien

Venedig, Ancona und anderen italienischen Häfen. Nur wenige Juden folgten dem Ruf, lediglich kleine Gruppen aus Italien, die unter den päpstlichen Verfolgungen litten, liessen sich in Tiberias nieder.

Don Joseph half den Neu-Einwanderern, sich ihren Lebensunterhalt zu verdienen. Er liess Maulbeerbäume pflanzen, um eine Seidenindustrie aufzubauen und importierte Wolle aus Spanien zur Gründung einer der venezianischen ähnlichen Textilindustrie. Doch sein grosser Traum, in Tiberias und dem angrenzenden Raum einen jüdischen Staat zu errichten, erfüllte sich nicht. In dieser Zeit starb Suleiman, und sein Sohn Selim folgte ihm auf dem Thron.

Selim beschenkte Joseph, seinen Freund, mit der Insel Naxos und zwölf anderen kleinen griechischen Inseln und verlieh ihm den Titel eines Herzogs von Naxos.

Während der Regierungszeit Selims nahm Josephs Einfluss weiter zu, und er wurde der Hauptberater des Sultans. Dieser erklärte auf Josephs Rat Venedig den Krieg und eroberte Zypern. Nachdem Joseph zum König von Zypern gekrönt war, kam ihm der Gedanke, hier die in den christlichen Ländern verfolgten Juden anzusiedeln. Er verlor aber an Einfluss, als Sultan Murad III. zur Herrschaft kam. Bei Josephs Tode (1579) betrauerten die Juden in aller Welt diesen jüdischen Fürsten und Staatsmann.

Ein Toraschrein aus Mantua aus dem sechzehnten Jahrhundert. Zu beiden Seiten stehen grosse eiserne Kerzenleuchter, wie der Schrein im Stil der zeitgenössischen norditalienischen Kunst verziert. Sammlung der römischen Synagoge, Jerusalem

DIE JÜDISCHEN GEMEINDEN IN PALÄSTINA, ITALIEN UND DEN NIEDERLANDEN

In Palästina lebten um diese Zeit Rabbi Joseph Karo, der Verfasser des Schulchan Aruch (Kodex des jüdischen Rechts) und Rabbi Isaak Luria, der Begründer der praktischen Kabbala in Safed. Sie weckte schliesslich messianische Hoffnungen, die mit dem Auftreten des falschen Messias Sabbatai Zwi ihren Höhepunkt erreichten. Die Unwahrheit seiner Behauptungen und später sein Übertritt zum Islam lösten bei den Gemeinden des Ostens mehr noch als bei den europäischen Juden eine schwere Krise aus. Der Zusammenbruch der sabbataischen Bewegung hemmte die soziale und politische Entwicklung der orientalischen Juden nachhaltig.

Der Geist der Renaissance hatte den stärksten Einfluss auf die italienischen Juden. In Italien waren die politischen Zustände günstiger, immerhin wurden die Juden 1492 von den Spaniern aus Süditalien ausgewiesen und durften erst 1541 zurückkehren. In der zweiten Hälfte des sechzehnten Jahrhunderts beherrschte die katholische Gegenreformation, die Reaktion auf die lutherische Reformation, mit Unterstützung der Inquisition und der Jesuiten das Leben in fast ganz Europa. Bis zu einem gewissen Grade stellte diese Reaktion wieder mittelalterliche Verhältnisse her; sie ist für die Einführung des Gettos und der anderen damit zusammenhängenden Unterdrückungsmassnahmen verantwortlich. Die jüdische Renaissance in Italien (s. unten) erlangte keine grosse Bedeutung, vor allem wegen der katholischen Reaktion, aber auch im Innern verhinderten die rigorose Einstellung des Rabbinats und die messianische Kabbala die Ausbreitung liberaler humanistischer Zeitströmungen. Die kritischen Ansichten von Gelehrten, wie z.B. von Asarja dei Rossi und Juda Leone Modena, wurden von den Rabbinern öffentlich gerügt.

Das jüdische Zentrum in den Niederlanden entwickelte sich langsam und erreichte erst in der ersten Hälfte des siebzehnten Jahrhunderts seine volle Blüte. Es entstand durch die Marranen, die vor der Inquisition und den Flammen aus Spanien und Portugal geflohen waren. Sie gründeten die jüdischen Gemeinden in Amsterdam und Hamburg und später in England und Amerika. Nach ihrer Befreiung von der spanischen Herrschaft wurden die Niederlande das führende Handelszentrum der Welt. In ihrer Blütezeit brachte die jüdische Gemeinde solch aussergewöhnliche Persönlichkeiten wie Baruch (Benedict) Spinoza, Manasse ben Israel und Uriel Acosta hervor.

DIE JUDEN IN DER KULTUR DER RENAISSANCE

Eins der grossen Ereignisse, durch das die Periode der Renaissance zu einem Einschnitt in der Geschichte der Menschheit wurde, war die Reihe der wichtigen Entdeckungen der Seefahrer mit dem Höhepunkt der Entdeckung Amerikas durch Christoph Kolumbus. Sie erweiterten die

Der herrliche Toraschrein der Gemeinde in Sérmide war ursprünglich (1543) für die Juden in Mantua angefertigt, das ist auf einem der beiden Stühle, die zu beiden Seiten stehen, angegeben. Er wurde nach Sérmide geschickt, nachdem man in Mantua einen anderen Schrein aufgestellt hatte, und hier blieb er dreihundert Jahre, bis er 1936 nach Israel gebracht wurde. Er steht in der Ausstellungshalle der römischen Synagoge in Jerusalem. Er besteht aus Holz mit Reliefschnitzereien in typisch norditalienischem Stil und war ganz mit Gold bemalt. Auf den Aussenseiten der Türen, auf die italienische Juden gewöhnlich die Zehn Gebote schreiben, waren die Buchstaben eines Gedichts über die Zehn Gebote erhaben ausgearbeitet. Jede Reihe des Gedichts endet mit dem Wort el, d.h. Gott. Im Innern des Schreins sieht man die Torarollen in bestickten Mänteln und mit silbernen und goldenen Kronen. Die Ornamente an den Knäufen auf den Rollstäben und an dem Schild der einen Rolle sind italienische Arbeit aus verschiedenen Perioden

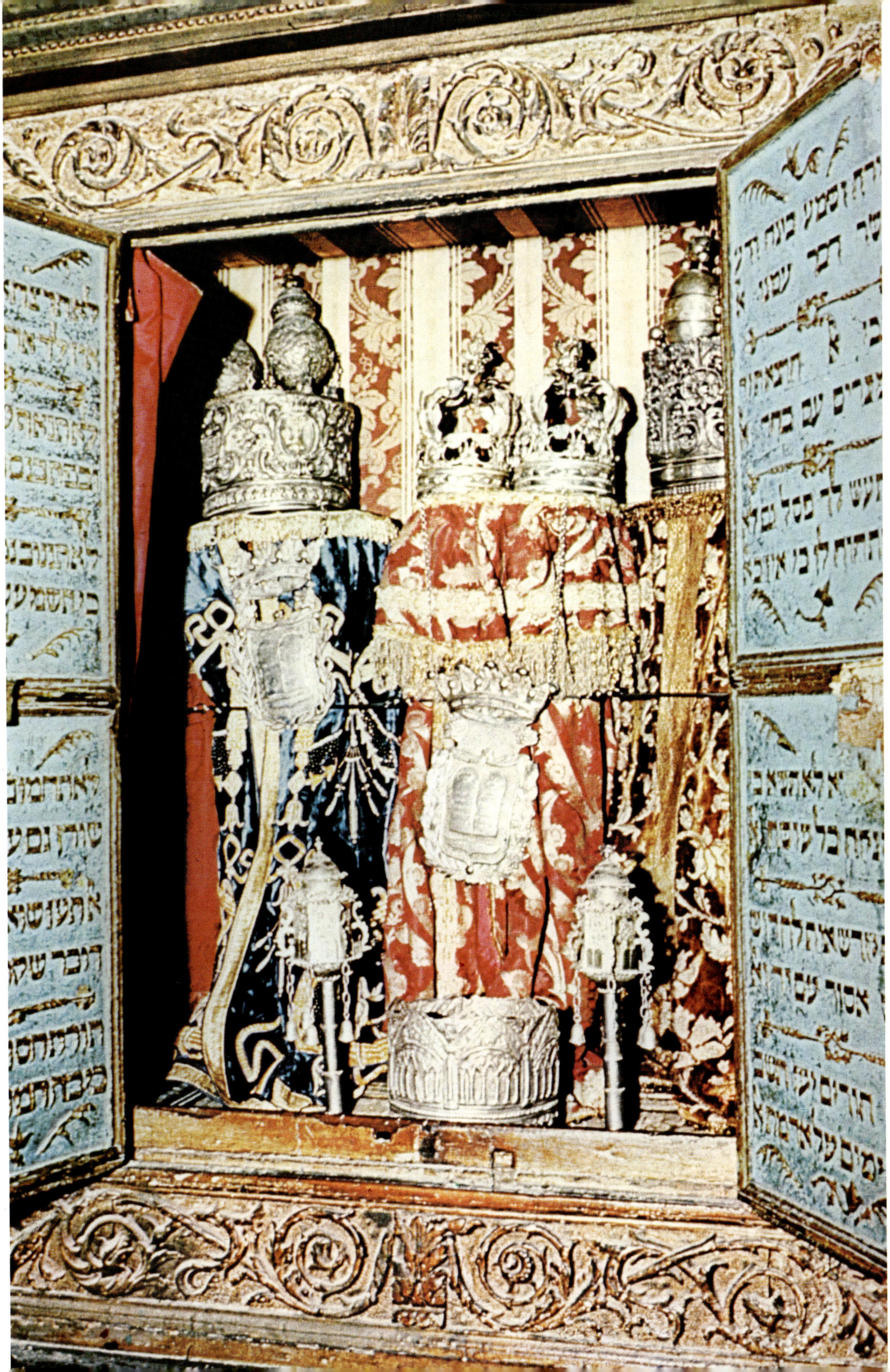

Aschkenasische Chanukkalampe aus den Niederlanden, wahrscheinlich 1574 für einen Amsterdamer aschkenasischen Juden von dem polnisch-jüdischen Künstler Meir Heilprin angefertigt. Ihre Form ist typisch für den aschkenasischen Stil, der später im siebzehnten Jahrhundert in Polen ausserordentlich weit verbreitet war. Die Lampe besteht aus Kupferbronze. Die erste Zeile der in erhabenen Buchstaben geprägten Inschrift lautet: "Wir entzünden diese Lichter im Gedenken an die Wunder, die Rettungstaten, die Wundertaten, die du für unsere Vorväter getan hast durch die heiligen Priester"

Grenzen des menschlichen Wissens und veränderten die Perspektive der Welt. Nach neusten Untersuchungen stammt Kolumbus wahrscheinlich von Marranen ab; tatsächlich war sein Name, sowohl in dieser, wie in der anderen Form, Kolon, den Juden sehr geläufig, und unter seinen italienischen Zeitgenossen gab es einen berühmten Rabbiner Joseph Kolon. Dass Juden viel zum Zustandekommen der grossen Entdeckungsfahrten beigetragen haben, steht fest.

In der vorkolumbianischen Zeit war das Hauptzentrum für die Anfertigung von Karten Mallorca, und die bedeutendsten Kartographen dort, so Abraham Crescas und sein Sohn Juda, waren Juden. Sie haben den berühmten Katalanischen Atlas (jetzt in der Bibliothèque Nationale in Paris) angefertigt. Auf seinen Reisen benutzte Kolumbus ein unentbehrliches nautisches Instrument, einen Sternhöhenmesser, den jüdische Wissenschaftler des Mittelalters zwar nicht erfunden, aber sehr verbessert haben. In Verbindung damit verwendete er die nautischen Tabellen Abraham Zacutos, des hervorragendsten Astronomen seiner Zeit (Verfasser des Buches der Genealogien — Sefer Juchassin), der Kolumbus vor der Ausfahrt beriet.

Ehekontrakt (Ketubba), Ferrara 1668. In Italien wurden die jüdischen Ehekontrakte auf traditionelle Weise verziert. Zu den Verzierungen kamen bei einigen noch Darstellungen von Szenen aus der Bibel und dem Eheleben. Sammlung Victor Klagsbald, Paris

בסימן טוב ובמזל
מאושה מצא
טוב
ויפק רצון מיי׳
ל"א:

וקול ששון קול

קול שמחה

בשעתא בשבת בשנת שלשה וכפר וכל לידון חמון ישת תחדשא אלין
אדם... [text continues]

בלה וקול רתן

HEBRÄISCHE BUCHDRUCKERKUNST

Noch eine andere Entdeckung gab dieser Periode den Charakter eines Einschnitts in die Geschichte: die Erfindung der Kunst des Buchdrucks mit beweglichen Lettern. Schnell erkannten die Juden deren Bedeutung, und es gibt sogar einen Bericht über einen jüdischen Drucker in Südfrankreich im Jahr 1444, also einige Jahre vor Gutenbergs Erfindung. Doch das erste datierte gedruckte hebräische Buch ist die in Reggio di Calabria in Süditalien gedruckte Ausgabe von Raschis Kommentar zur Bibel aus dem Jahr 1475. Bis zur Ausweisung 1492 druckte man auch in Spanien hebräische Bücher, und die ersten in Portugal gedruckten Bücher wie auch in Afrika und Asien — ausgenommen die von Europäern — waren in hebräischer Sprache. Die berühmtesten frühen hebräischen Drucke stammen von der Familie Soncino, deren Mitglieder verschiedene Generationen hindurch in ganz Italien und später in der Türkei arbeiteten. Sie haben auch mehrere bemerkenswerte lateinische und italienische Bücher gedruckt. Einige der ersten damals gedruckten hebräischen Bücher enthalten reizende Randillustrationen. Den Höhepunkt bildet die herrliche 1527 in Prag gedruckte Haggada; sie gehört überhaupt zu den schönsten hebräischen Büchern, die es gibt. Dank des nichtjüdischen enthusiastischen Druckers Daniel Bomberg entwickelte sich später Venedig zu einem bedeutenden Zentrum für hebräischen Druck; hier oder doch irgendwo in Italien wurden die meisten hebräischen Werke aus der Zeit der Renaissance gedruckt.

Bis dahin hatte man ja die Bücher auf sehr kostspielige Art mit der Hand abgeschrieben, und reiche Leute liessen sie ausserdem durch kompetente Künstler illustrieren. Die illuminierten Manuskripte des späten Mittelalters zählen zu den schönsten Erzeugnissen mittelalterlicher Kunst. Natürlich folgten reiche Juden diesem Beispiel, und aus dieser Periode gibt es zahlreiche prachtvolle hebräische illuminierte Manuskripte, deren Stil in manchen Fällen dem der zeitgenössischen lateinischen und italienischen Manuskripte gleicht. Zu den schönsten gehören die Pessach-Haggadot. Manchmal waren die Illuminatoren Nichtjuden, da die reichen Juden den talentiertesten verfügbaren Künstler mit der Ausführung beauftragten. Oft waren es aber auch Juden; wir wissen das nicht nur, wenn sie zufällig ihre Arbeit signierten, sondern auch, weil ihre Illuminationen die Kenntnis des hebräischen Textes und die Vertrautheit mit der Midrasch-Legende verraten. Auch Christen liessen ihre Manuskripte, sogar die mit religiösem Inhalt, von Juden illustrieren. Dafür gibt es Beweise, und möglicherweise haben Juden, die ihren Namen nicht geben wollten, anonym an einigen hervorragenden ungezeichneten Manuskripten des Mittelalters mitgearbeitet.

TANZ UND MUSIK

Die Juden Mantuas hatten ein bemerkenswert hohes kulturelles Niveau; sie verbanden hebräische und profane Interessen in bisher unbekannter Weise. Sie verfügten über eine eigene Theatertruppe, die ursprünglich Stücke zu Purim und ähnlichen jüdischen Festtagen aufführte, später aber ihr Repertoire erweiterte und in der nichtjüdischen Welt ausserordentliches Ansehen genoss. So wurde die jüdische Gemeinde während des sechzehnten und bis hinein ins siebzehnte Jahrhundert aufgefordert, ihr Theater zur Verfügung zu stellen, wenn die Herzöge von Mantua zu einer besonderen Gelegenheit eine dramatische Darbietung am Hofe wünschten oder einen hohen Gast ehren wollten. Manchmal gehörten zu den Schauspielern sogar Rabbiner und jüdische Gelehrte. Der grosse Experte am herzoglichen Hof war damals Leone (Juda) de' Sommi Portaleone; er überwachte diese Aufführungen und übte darüber hinaus ganz allgemein die Aufsicht über das herzogliche Theater aus. Er führte nicht nur Regie, sondern schrieb auch ein berühmtes Werk über dramatische Kunst. Dieses für seine Zeit hervorragendste Werk dieser Art, "Dialoge über die dramatische Kunst", vermittelt einen einzigartigen Einblick in die Schauspielkunst der Renaissance. Ausserdem verfasste er für Vorstellungen auf der Hofbühne zahlreiche italienische Stücke und schrieb eine hebräische Komödie zur Aufführung durch die Theatertruppe seiner Glaubensgenossen. Damals war die hebräische Sprache bemerkenswert lebendig, anscheinend konnten fast alle Juden sie lesen, die meisten verstanden sie, und einige konnten sie sogar sprechen.

HEBRÄISCHE LITERATUR

Auch in der jüdischen Literatur dieser Zeit spiegeln sich Geschmack und Mode der Umwelt. Eine der Aufgaben des Hebräisch-Lehrers bestand in der Unterweisung im Dichten. Im jüdischen Viertel wurde jeder freudige oder traurige Anlass mit einer Flut von Versen begrüsst, meistens in Sonettform. Viele italienische Juden schrieben auch Gedichte auf italienisch; der berühmteste von ihnen war ein Zeitgenosse Dantes, Immanuel aus Rom. Er schrieb ausser einer ansehnlichen Sammlung italienischer Verse seine "Machbarot Immanuel" auf hebräisch, sie ähneln in ihrem allzu freien, erotischen Geist dem Werk Boccaccios. Das letzte Gedicht dieser "Machbarot" ist hingegen fast eine Imitation von Dantes Göttlicher Komödie. Darin beschreibt er eine Reise durch das Jenseits, wo er im Gegensatz zu Dante ausser den Gläubigen auch Ungläubige findet, denn nach den Worten des Talmuds haben die Gerechten unter den Nichtjuden einen Anteil an der kommenden Welt.

Auch noch andere hebräische Schriftsteller ahmten Dante nach, z.B. Moses aus Rieti, und einige Juden schrieben italienische Prosa. Die italienisch-jüdische Gesellschaft der Renaissance verband in der Tat das Beste der profanen mit der jüdischen Kultur. In Italien gab es seit dem Mittelalter eine ununterbrochene Tradition der hebräischen Dichtung und der Schönen Literatur. Hier nahm man also schon voraus, was es im achtzehnten Jahrhundert in Europa zur Zeit Moses Mendelssohns und dem Beginn der Aufklärung allgemein gab, allerdings ohne die jüdische und erst recht die religiöse Identität aufzugeben oder zu gefährden. Der geniale Moses Chajim Luzzatto, der allgemein als erster moderner hebräischer Dichter und Dramatiker gilt, setzte diese Tradition der jüdischen Schönen Literatur also nur fort.

Die typisch jüdische Renaissance-Persönlichkeit — wenn

Inneres der portugiesischen Synagoge in Amsterdam, gemalt von dem Holländer Emanuel de Witte (1618–1692). Die Kleidung der jüdischen Männer und Frauen auf dem Bild entspricht der damals in den Niederlanden herrschenden Mode. Das etwas theatralische Gemälde erinnert beinahe an eine Modenschau. Israel-Museum, Jerusalem

sie auch mehr ins siebzehnte als ins sechzehnte Jahrhundert gehört — war Rabbi Leo (Juda Arje) da Modena aus Venedig. Er schrieb und veröffentlichte viel auf italienisch und hebräisch, schrieb Gedichte und Dramen und auch Responsen auf Fragen über halachisches Recht. Er predigte so beredt auf italienisch, dass Fürsten und hohe Geistliche zu seinen Predigten kamen. Rabbi Modena war eine Stütze des jüdischen Theaters in Venedig und des einstmals blühenden Musikvereins. Für König Jakob I. von England schrieb er auf italienisch eine Abhandlung über jüdische Bräuche. Aber er war labil, hatte als Mensch einen zweifelhaften Ruf und hielt sich oft in schlechter Gesellschaft auf. Durch seine Spielsucht verlor er fast sein ganzes Einkommen; deshalb musste er im Laufe seines Lebens sechsundzwanzig verschiedene Berufe ausüben, um sich sein Brot zu verdienen. Die italienischen Juden wurden ja natürlich nicht nur im Geistigen von ihrer Umwelt beeinflusst, auch im jüdischen Viertel waren loser Lebenswandel und die für die Zeit charakteristischen Laster durchaus nicht unbekannt.

Pessachschüssel aus Majolika, anscheinend 1616 von "Isaak Cohen, dem Ersten" aus Pesaro, Italien, hergestellt. Im Mittelpunkt der Segen für den Wein und Stichwörter für die Reihenfolge der Zeremonie. In dem hervorspringenden Rand mit Blumenmuster sind Medaillons mit Figuren von Moses und Aaron, David und Salomo. Das obere Medaillon zeigt Joseph, wie er sich seinen Brüdern zu erkennen gibt; das untere stellt eine Pessachszene in Ägypten dar: die ihr Gepäck und ihre Waffen tragenden Israeliten essen vom Pessachlamm und gehen dabei um den Tisch herum. In Spanien benutzte man im vierzehnten Jahrhundert allgemein besondere Pessachschüsseln aus Keramik, und von dort aus verbreitete sich ihr Gebrauch nach Italien und anderen Ländern. Jüdisches Museum, New York

JÜDISCHE KUNST

Der künstlerische Geist der Renaissance durchdrang jedes Gebiet des jüdischen Lebens. Die besten Architekten entwarfen die Synagogen, welche die Juden damals in Italien und anderen Ländern bauten. Diese Synagogen — man hat einige davon nach Israel gebracht — spiegelten in ihren harmonischen Proportionen und sorgfältig ausgearbeiteten Dekorationen — besonders des Lesepults und des Toraschreins — die künstlerische Atmosphäre der Zeit wider. Die prächtigen Stickereien und das herrliche silberne Zubehör der Torarollen waren manchmal von hervorragenden Handwerkern hergestellt.

Der Ehekontrakt (ketubba) wurde zierlich illuminiert, um die Freude an der Hochzeit auszudrücken, und gelegentlich sieht man auf ihm sogar menschliche Gestalten. Die Verlobungsringe sind Meisterwerke der Goldschmiedekunst. Hin und wieder illuminierte man auch Dokumente — etwa die Ordinationsurkunde des Rabbiners oder die geschriebene Lizenz für den Schächter — in ähnlicher Weise.

Nach dem Ehekontrakt bildete die Esther-Rolle das Lieblingsthema für die Illuminationen. Illuminiert war nicht das Exemplar aus dem der Kantor vorlas, das musste unverziert sein, sondern die Rollen, mit denen die Gemeindemitglieder der Vorlesung folgten, trugen solchen Schmuck. Manche der davon noch vorhandenen Stücke bieten beachtliche Beispiele der jüdischen Kunst jener Periode.

In früheren Zeiten lehnten die Juden es ab, sich porträtieren zu lassen. Die ersten noch existierenden Porträts von Juden haben böswillige Christen gemalt, z.B. eins in Mantua in einer Kirche, deren Grundstück man einem Juden konfisziert hatte. Doch seit der Renaissance gibt es Porträts, nicht nur als Gemälde und Radierungen, sondern in einigen seltenen Fällen auch in Form von Medaillen; ein Beispiel dafür ist die Medaille der Doña Gracia nach ihrer Rückkehr ins Judentum, deshalb die hebräische Inschrift. (s. S. 139).

DER JUDE IN DER CHRISTLICHEN WELT

Zu allen Zeiten hat der Jude die charakteristische Funktion erfüllt, Völker anderen Völkern sowie Kulturen anderen Kulturen zu interpretieren. Das war auch in der Renaissance der Fall. Ja, man könnte sogar sagen, der Ausgangspunkt der Renaissance in Europa seien die von Juden oder mit ihrer Hilfe angefertigten Übersetzungen der durch die Araber bewahrten grossen Klassiker der Wissenschaft und Philosophie des Altertums. Dabei diente das Hebräische oft als Mittelglied. Die zunehmende Kenntnis dieser Klassiker im Westen regte zur neuerlichen Beschäftigung mit der Wissenschaft an. Dieser Prozess hatte seinen Höhepunkt im zwölften und dreizehnten Jahrhundert, dauerte jedoch bis zum sechzehnten. So erkannten christliche Gelehrte die Bedeutung des Hebräischen für die Wissenschaft im allgemeinen, und am Ende des fünfzehnten Jahrhunderts stieg in christlichen Kreisen das Interesse am Studium des Hebräischen wieder. Eine wichtige Rolle spielten dabei Pico della Mirandola in Italien und Johann Reuchlin in Deutschland. Als sich der getaufte Jude Pfefferkorn damals dafür einsetzte, man solle die hebräische Literatur verbrennen, verteidigte Reuchlin sie in einer Reihe berühmter Bücher. Diese wiedergewonnene Kenntnis des Hebräischen, die den Christen die hebräische Bibel in ihrer ursprünglichen Form zugänglich machte, löste zum Teil die dann in der Reformation zum Ausdruck kommende Kritik an den katholischen Traditionen und Institutionen aus. Martin Luther war zwar ein fanatischer Judenfeind, trotzdem ver-

Vorhang des Montefiore Toraschreins, gestickt 1620 in Pesaro von "Rachel, Frau des Juda" aus dem "Haus Monte Fiore", ein Vorfahre von Sir Moses Montefiore. Das Blumenmuster des Vorhangs entspricht dem der Pessachschüssel (Siehe links oben); es stammt aus derselben Periode. Der Vorhang hängt jetzt vor dem Schrein aus Conegliano Veneto (frühes achtzehntes Jahrhundert), der in der römischen Synagoge in Jerusalem als Toraschrein dient. Dr. S. A. Nachon hat den Schrein und den Vorhang zusammen mit zahlreichen anderen Ritual-Gegenständen nach Jerusalem gebracht.

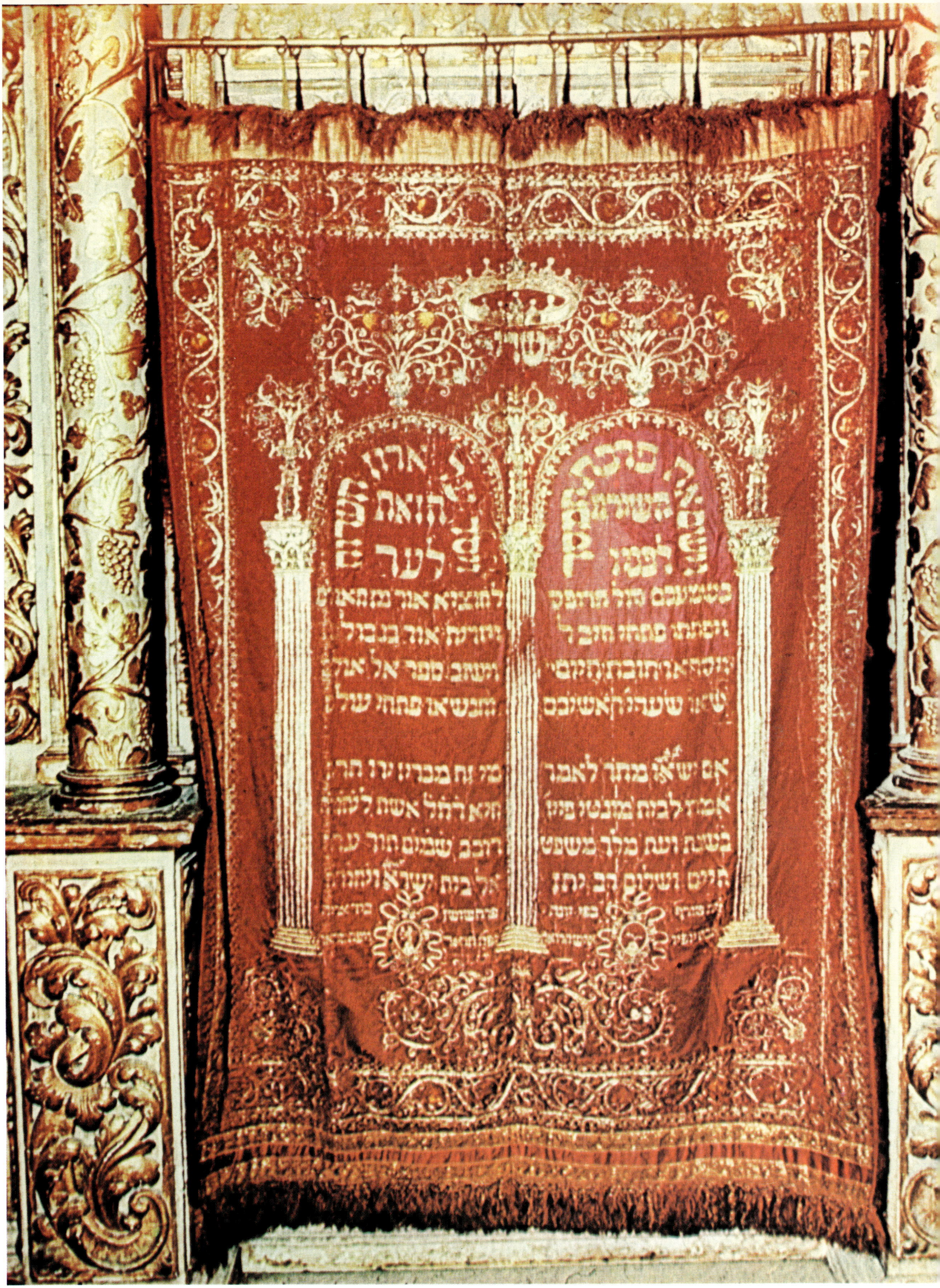
שדי

Die ersten gedruckten Pessach-Haggadot waren Holzschnitte. Gerschon Cohen stellte die erste gedruckte und illustrierte Haggada in Prag her (1526–1527). Auf dieser Seite aus der Prager Haggada steht der Anfang des zweiten Teils der häuslichen Pessachzeremonie nach dem Segensspruch. Innerhalb des Textes sieht man Elija, den Verkünder der Ankunft des Messias, auf seinem Esel. In der Umrahmung des Textes sind Darstellungen von Samson mit den Toren Gasas und von Judith mit dem Haupt des Holofernes. Darüber essen Adam und Eva von dem Apfel. Der Buchstabe schin unten auf der Seite, links von dem Schild mit dem sprungbereiten Löwen, steht wahrscheinlich für den Anfangsbuchstaben des Künstlers Schachor

dächtigten die Katholiken jetzt die Juden, die Bewegung, welche die Existenz der römischen Kirche bedrohte, zu unterstützen. Daher gehörten die Juden zu den Hauptopfern der in der Mitte des sechzehnten Jahrhunderts einsetzenden Gegenreformation.

Jetzt wollte man sie aus dem kulturellen Leben, zu dem sie vorher einen wichtigen Beitrag geleistet hatten, ausschliessen und sie von dem bis dahin so fruchtbaren Kontakt mit Nichtjuden abschneiden. In der Theorie war das nichts Neues, es hatte schon im Mittelalter angefangen. Beschlüsse des vierten Laterankonzils dienten diesem Ziel (1215). Aber im Mittelalter stellten Gesetze mehr ein Ideal als Verfahrensvorschriften auf, und diese genau ausgearbeiteten Anordnungen wurden nur örtlich, sporadisch und oft nur oberflächlich vollstreckt — am wenigsten im Herrschaftsbereich der Päpste selbst. Doch von nun an änderte sich die Lage, und die neuen unbarmherzigen Bestimmungen wurden in den katholischen Ländern absolut befolgt.

Die Generalrichtlinien hatte Papst Paul IV. 1555 in der Bulle Cum Nimis Absurdum niedergelegt. Durch dies päpstliche Edikt sollten die Juden von nun an gezwungen werden, in einem besonderen Viertel, dem Getto, streng abgeschlossen zu leben; sie durften es abends nicht verlassen und Christen es abends nicht betreten; deshalb mussten die Tore geschlossen und verriegelt werden. Den Juden war der Beruf des Arztes und jeder andere anständige Beruf verschlossen, sie durften keine Christen beschäftigen und mussten zum Gespött der Christen einen entstellenden Hut oder ein Abzeichen von besonderer Farbe tragen (auch die Laterankonzile hatten diese Vorschrift schon erlassen, sie wurde indessen bis dahin eher häufiger missachtet als beachtet). Hebräische Bücher unterlagen einer strengen Zensur. Der Talmud wurde verbrannt, und andere hebräische Bücher bedurften zur Verbreitung einer Bescheinigung, ihr Inhalt könne bei den Christen keinen Anstoss erregen. Apostaten hielten Predigten bei Bekehrungsveranstaltungen, an denen Juden teilnehmen mussten, und oft holte man jüdische Kinder und taufte sie.

So veränderte und verschlechterte sich also mit dem Ende der Renaissance das ganze Leben der Juden auf tragische Weise. Jetzt wurden in Italien und den Nachbarländern Gettos eingerichtet, die bis ins neunzehnte Jahrhundert bestehen blieben. Anderseits darf man nicht übersehen, dass es auch weiter noch Toleranz gab. In Italien waren zwar die Zustände im siebzehnten Jahrhundert viel schlechter als im fünfzehnten, aber doch unermesslich viel besser als in Spanien und Portugal, wo noch immer die Scheiterhaufen der Inquisition angezündet wurden. Die neuen von den Marranen in Nordeuropa gegründeten Gemeinden erlebten ihre Blüte erst später. Allerdings wurden die Juden von den Päpsten zu manchen Zeiten schlechter als zu anderen behandelt, doch durften sie in den unter päpstlicher Herrschaft stehenden Ländern wenigstens am Leben bleiben.

Im siebzehnten Jahrhundert, als in der westlichen Welt die Periode der Aufklärung begann, wohnte ein grosser Teil der europäischen Judenheit in Polen. Über ihren Ursprung weiss man nichts Genaues. Möglicherweise gründeten dort die Überbleibsel aus dem Königreich der Chasaren die ersten Gemeinden. Vielleicht siedelten sich einige der jüdischen Kaufleute, die zu Handelsgeschäften

ויראָ

מֵרִידוֹ אִי מוּגֵיר דוֹאֵירְמֵין אֵשְׁפַּרְטִירוֹשׁ · פוֹר נוֹ אֵינַאר אֵל רִיאוּ לוֹשׁ פִּינוֹשׁ נַאסִידוֹשׁ

Bruchstück einer Seite aus einer Pessach-Haggada, 1609 in Venedig gedruckt. Die venezianische Haggada war sehr klein gedruckt und enthielt Übersetzungen ins Spanische, Italienische oder Deutsche in hebräischen Buchstaben. Eine Erklärung in Versen in der Sprache, in die die Haggada übersetzt war, begleitete die Holschnittillustrationen. Hier sieht man ein Bruchstück aus einem ins Jüdisch-Spanische (Ladino) übersetzten Exemplar. Das Bild zeigt – so die Erklärung – "Mann und Frau, die getrennt schlafen, um nicht mit anzusehen, wie die Neugeborenen in den Fluss geworfen werden". Offenbar bestimmte das Wort separtidos (getrennt), einfach nur als Reim auf nacidos (Neugeborenes) gebraucht, die hier dargestellte Szene.

aus dem Byzantinischen Reich nach Polen kamen, hier an.

Es gibt einen Bericht über jüdischen Siedlern im Jahr 905 gewährte Sonderprivilegien. Die jüdische Gemeinde nahm an Umfang und Macht zu, besonders am Ende des elften und während des zwölften Jahrhunderts, als viele Juden aus Deutschland vor den Gewalttaten flohen, die von den Kreuzzügen ausgelöst wurden. Wirtschaftlich war das Land unterentwickelt, und ausser ihrer physischen Sicherheit fanden die Juden dort auch reiche Gelegenheit zu Handels- und Finanzgeschäften. Die Juden prägten im zwölften Jahrhundert die ersten polnischen Münzen, sie tragen hebräische Inschriften. Die polnischen Herrscher billigten die Geschäfte der Juden, die zur Entwicklung des Landes beitrugen, und sorgten dafür, dass ihr Status legalisiert wurde. Im Jahr 1264 gewährte der Herzog von Kalisz, Bolislaw der Fromme, ihnen eine Schutzcharta. Zuerst galt sie nur für Grosspolen, aber nach der Konsolidierung des Landes zu einem einheitlichen Staatsgebilde bestätigte Kasimir der Grosse sie 1334. Nach der Annexion Litauens durch Polen erklärte 1389 auch der Grossherzog Witold sie in seinem Lande für gültig.

Die Charta setzte die Rechte und Pflichten der Juden fest, ausserdem regelte sie die Rechtsverfahren zwischen Juden und Christen und unter den Juden. Sie garantierte den Juden Leben und Eigentum, wozu auch die religiösen Institutionen wie Synagogen und Friedhöfe gehörten, und drohte jedem, der diese Rechte verletzte, schwere Strafen an. Die Juden durften geschäftliche und finanzielle Transaktionen durchführen und hatten volle Freizügigkeit. Der Legende nach erweiterte König Kasimir die von Boleslaw gewährten Privilegien auf Drängen seiner jüdischen Mätresse Esther.

Das Anwachsen der jüdischen Gemeinden, ermöglicht durch die ihnen gewährten Privilegien, weckte Ressentiments bei dem katholischen Klerus, der grossen Einfluss auf die Massen hatte. Mehrere Kirchenkonzile forderten energisch die Vollstreckung der antijüdischen Beschlüsse der Kirche, besonders derjenigen, welche die Errichtung von Gettos, die Beschränkung der Kontakte zwischen Juden und Christen und die Kennzeichnung der Juden durch besondere Abzeichen an den Kleidern vorschrieben. Diese Forderungen wurden indessen ignoriert. In Polen blieben die Anordnungen der Kirche unvollstreckt, und der Schandfleck wurde hier niemals eingeführt.

EUROPA AM ENDE DER RENAISSANCE

POLEN IM FÜNFZEHNTEN UND SECHZEHNTEN JAHRHUNDERT

Unter der Herrschaft Wladyslaws II. Jagiello (1386–1434), des ersten Königs, der sich weigerte, den Juden ihre Schutzcharta zu bestätigen, verschlechterte sich ihre Lage in Polen. Als Nachrichten von der Verfolgung der Juden in Deutschland nach Polen kamen, begannen die Bürger, aktiv unterstützt von der Geistlichkeit, die jüdischen Konkurrenten zu belästigen. In der Regierungszeit Wladyslaws warf man den Juden zum ersten Mal Hostienschändung vor (in Posen, 1339). Im Jahr 1407 beschuldigten Priester in Krakau die Juden der Ermordung eines christlichen Kindes, und der aufgehetzte Pöbel griff die Juden der Stadt an, brachte viele von ihnen um und plünderte ihre Häuser und Warenlager. Das Konzil zu Kalisz (1420) legte den Juden Beschränkungen auf, besonders in bezug auf Geldgeschäfte.

König Kasimir IV. (1447–1492) war aufgeklärt und liberal, stand jedoch unter dem starken Einfluss des Kardinals Olesnicki, eines ausgesprochenen Judenfeindes. Dieser holte sogar den — wegen seiner in Italien und Deutschland verübten antijüdischen Taten berüchtigten — Dominikanermönch Johann von Capistrano nach Polen zu Hilfe in seinem Krieg gegen die Juden. Erst nach sechs Jahren gelang es den Juden, den König zur Wiedergewährung ihrer Privilegien zu bringen (1453). Doch schon im folgenden Jahr hob der König auf Drängen des Kardinals Olesnicki diese Privilegien wieder auf, und von da an verschlechterten sich die Zustände für die Juden immer mehr. Der Aufruf des Papstes Pius II. zum Kreuzzug gegen die Türken (1463) löste schwere Angriffe auf die Juden Lembergs, Krakaus und Posens aus.

Die Vergiftung der Atmosphäre durch die Agitation des Klerus und der wirtschaftlich motivierte Hass der Bürger veränderte die Lebensbedingungen der Juden erheblich. Bis dahin hatten sie völlige Niederlassungsfreiheit und Freizügigkeit für ihre Geschäftsreisen genossen. Nun bemühte sich eine Anzahl von Ortschaften eifrig um das Vorrecht, Juden aus ihren Bezirken ausschliessen zu dürfen. In den Städten, in denen sie wohnen durften, mussten sie sich in eigenen Vierteln zusammendrängen. Manche Städte wiesen ihre Juden aus, andere beschränkten sie in ihren Handelsgeschäften. Ihre Lage verschlechterte sich ausserordentlich, als Alexander Jagiello, Erzherzog von Litauen, die Juden 1495 aus seinem Land vertrieb. Einige der Vertriebenen zogen in die Türkei, andere nach Polen. Im Jahr 1503 durften die Juden wieder nach Litauen zurückkehren und man versprach ihnen die Rückgabe ihres Eigentums, aber inzwischen hatten sich Deutsche und Schweden dort angesiedelt, und die verdrängten die Juden aus Handel und Handwerk.

Trotz aller Schwierigkeiten, mit denen die Juden zu kämpfen hatten, entwickelten sie den Handel ihres Landes zum Vorteil der Volkswirtschaft und natürlich auch zu ihrem eigenen Besten. Jüdische Handelshäuser unterhielten

Gebet: Teil eines illuminierten Manuskripts des Jakob ben Ascher. Mantua, Italien, 1436. Privatsammlung

"Sei stark wie ein Panther, leicht wie ein Adler, schnell wie ein Hirsch, mutig wie ein Löwe, den Willen deines Vaters im Himmel zu erfüllen!" Diese Worte des Juda ben Tama aus den Sprüchen der Väter dienten in vielen jüdischen Gemeinden Europas als wichtige Quelle für die Dekorationen der Synagoge und des Toraschreins. Die Bilder zeigen die geschnitzten und bemalten Holztüren des Toraschreins der Krakauer Synagoge (achtzehntes Jahrhundert). Dor Va-Dor-Museum des Oberrabbinats, Jerusalem

enge Geschäftsbeziehungen zu den Märkten Mitteleuropas, Italiens und der Türkei. Sie spielten auch eine bemerkenswerte Rolle bei Finanztransaktionen, und in mehreren Städten gab es jüdische Banken. Die Zahl der Juden im Handwerk stieg ständig.

Die meisten polnischen Juden lebten in Kleinstädten, und ihre Gemeinden besassen eine gewisse Autonomie zur Regelung ihrer inneren Angelegenheiten und ihres religiösen Lebens. Natürlich hatten sie Rabbiner, und das Studium ihrer geistigen Güter bildete ohne Zweifel den Kern ihrer Existenz. Trotzdem findet man bis zum Ende des vierzehnten Jahrhunderts in den Quellen keine Namen hervorragender Gelehrter. Erst im fünfzehnten Jahrhundert kamen Rabbiner aus Westeuropa, welche die Grundlage für das Geistesleben schufen, das sich später entwickelte und Polen zum europäischen Zentrum des jüdischen Wissens machte. Ausserdem wandten die polnischen Juden schon früh ihr Interesse der Medizin zu; sie versprach ihnen ein gutes Einkommen und Ansehen in der christlichen Gesellschaft. Schon im fünfzehnten Jahrhundert studierten junge polnische Juden in Italien an der Universität Padua Medizin. Die polnischen Könige und der Adel hatten meistens jüdische Ärzte.

Im sechzehnten Jahrhundert, einer Glanzzeit in der Geschichte Polens, ging es auch den Juden etwas besser. Der aufgeklärte König Sigismund I. (1506–1548) vertrat liberale Ansichten. Sein jüdischer Arzt übte am Hofe grossen Einfluss aus. Ausserdem flossen der Staatskasse aus dem Handel der Juden beträchtliche Einnahmen zu. Deshalb beschützte der König sie und unterstützte sie gegen die Agitation des Klerus. Er billigte auch die Einwanderung von Juden nach Polen. Um die den Juden auferlegten Steuern wirksamer erheben zu können, versuchte der König, die Einziehung der Steuern zu zentralisieren. Er stellte jüdische Steuereinnehmer an und ernannte Rabbiner, die mit ihnen zusammenarbeiten und sie durch ihre geistliche Autorität unterstützen sollten. Die Gemeinden widersetzten sich jedoch der Durchführung dieser Anordnung, die in ihre Autonomie eingriff, und Sigismund Augustus (1548–1574) hob sie wieder auf und erneuerte das Privileg der Gemeinden, ihre Rabbiner selbst zu ernennen.

Der König wollte zwar die Juden schützen, aber es fehlte ihm oft an Macht zum Widerstand gegen den kombinierten Druck des Klerus und der Bürger, der wuchs, als die wirtschaftliche Lage der Juden sich besserte. Hier und dort wurde ihre Handelsfreiheit beschränkt, und manche Städte, darunter Warschau, bestanden auf ihrem Recht, auf ihrem Gebiet den Juden das Wohnrecht zu verweigern.

(Oben links): Diese holländische Chanukkalampe aus getriebenem Messing mit einer hinteren und zwei seitlichen Platten ist für das achtzehnte Jahrhundert charakteristisch. An holländischen Chanukkalampen ist das figürliche Ornament nichts Ungewöhnliches. Gabe von Werner Vadubinsky, Amsterdam, an das Israel-Museum, Jerusalem

(Unten links): Delfter Porzellan für Pessach mit jiddischen Inschriften. Von links nach rechts: "festlich", "Pessach", "glückliche Feiertage"

Im sechzehnten Jahrhundert veranlasste das Eindringen der Reformation aus Deutschland den katholischen Klerus, seinen Kampf gegen die Juden zu verdoppeln. Die Priester nannten die Mitglieder der reformierten Sekten "Anhänger des Judentums" und beschuldigten die Juden, Christen bekehren zu wollen. Zu dieser Zeit gab es wieder Ritualmord-Verleumdungen und Anklagen wegen Hostienschändung.

STEUEREINNEHMER UND "DIENER DER KÖNIGLICHEN STAATSKASSE"

Die Macht der Judenhasser nahm zu, besonders unter dem von den Jesuiten beeinflussten König Sigismund III. (1587–1632). Zwar bestätigte auch er bei seiner Thronbesteigung den Juden ihre Privilegien und verteidigte sie gelegentlich gegen Versuche, sie ihrer Rechte zu berauben, aber gegen die verstärkte Aktivität des Klerus und die Hartnäckigkeit der Bürger konnte er nicht viel ausrichten.

Die Beschränkungen ihrer Handelsgeschäfte in der zweiten Hälfte des fünfzehnten Jahrhunderts zwangen viele Juden, andere Erwerbsmöglichkeiten zu suchen. Schon früher hatte eine ganze Anzahl von ihnen als Agenten und Verwalter beim Adel Beschäftigung gefunden. Jetzt wurde solche Arbeit für sie noch wichtiger. Für die polnischen Aristokraten war es sehr bequem, mit der Verwaltung ihrer Güter und anderen Aufgaben Juden zu beauftragen, die Steuern und Zölle einzogen und es ihnen selbst ermöglichten, sich unbeschwert politisch zu betätigen oder dem Müssiggang und Vergnügen hinzugeben. Folglich beteiligte sich der Adel im allgemeinen nicht an dem von den Geistlichen und Bürgern geführten Krieg gegen die Juden. Für die Juden aber wurde das Einziehen von Steuern und Pacht verhängnisvoll. Sie standen zwischen den adligen Gutsherren, die auf ein möglichst hohes Einkommen Wert legten — und das führte zur höchsten Ausbeutung der Bauern — und den Bauern, die alles daran setzten, sich ihren Verpflichtungen zu entziehen. Der ganze Druck auf die Bauern wurde durch die jüdischen Agenten ausgeübt, und dieser Zustand weckte bei ihnen natürlich glühenden Hass gegen die Juden, denen sie die Verantwortung für ihre unglückselige Lage zuschoben.

Nach dem Gesetz unterstanden die Juden direkt dem König als "Diener der Staatskasse". Sie zahlten dem Monarchen jährlich eine Kopfsteuer (seit 1549 belief sie sich auf einen Zloty pro Person) und ausserdem je nach Gegenden verschiedene Abgaben in Form von Waren und Diensten. Erst Mitte des sechzehnten Jahrhunderts gab der König auf Druck des Adels das Einkommen auf, das er von Juden bezog, die auf privatem Grund wohnten; das trat er nun den Grundbesitzern, d.h. dem Adel, ab.

Die grossen Gemeinden erfreuten sich erheblicher Autonomie in ihren inneren Angelegenheiten; nur Streitigkeiten mit Christen kamen vor das Gericht der Woiwoden, das einen besonderen Vertreter als "Richter der Juden" berief. Die Rechtsprechung über Streitigkeiten zwischen Juden stand den nach jüdischem Recht richtenden jüdischen Gerichten zu. Die Rabbiner und Gemeindevorsteher hatten

Delfter Porzellan für die Feiertage. In jedem Land bedienten die Juden sich der konventionellen Mittel des künstlerischen Ausdrucks zur Verzierung ritueller Gegenstände für die jüdischen Bräuche. Bei besonderen Gelegenheiten benutzten sie in den Niederlanden im achtzehnten Jahrhundert Delfter Porzellan. Die für die Feiertage bestimmten Teller trugen die jeweils passenden Inschriften und Verzierungen. Zwar musste man nur zu Pessach besonderes Geschirr nicht nur zur Zierde, sondern auch für den täglichen Gebrauch haben, aber die holländischen Juden benutzten auch für andere Feiertage besondere Teller. Das obere Bild zeigt einen Pessachteller mit dem Wort Pessach in der Mitte, das untere einen Teller für das Versöhnungsfest mit der Inschrift: "Möge dir ein gutes Urteil bestimmt sein"

Torakrone mit Knäufen. Die Rollstäbe der Torarollen trugen silberne Knäufe und darüber eine silberne Krone. Diese Krone stammt aus San Daniele del Friuli. Geschenk des Dichters Isaak Luzzatto. Sammlung der römischen Synagoge, Jerusalem

Auf einem holzgeschnitzten Kapitell steht eine silberne Schale mit Krug für die rituelle Händewaschung der Priester, bevor sie die Gemeinde segnen. Sammlung der römischen Synagoge, Jerusalem

weitreichende Befugnisse und führten die Angelegenheiten der Gemeinden mit fester Hand. Sie kümmerten sich um jeden Lebensbereich im jüdischen Wohnquartier, regelten das Geschäftsleben, kontrollierten das Handwerk, hielten ein Auge auf den moralischen Lebenswandel der Gemeindemitglieder, unterhielten Synagogen und Wohlfahrtseinrichtungen usw. Zur Deckung ihrer Unkosten zogen sie mit Strenge Steuern von den Mitgliedern der Gemeinde ein.

DER VIERLÄNDERRAT

Die Gemeinden waren der Staatskasse für die Erhebung der von den Juden geschuldeten Steuern verantwortlich. Meistens schloss der Finanzbeamte mit den Gemeinden ein Abkommen über die Gesamtsumme ab und überliess den Gemeindevorstehern deren Aufteilung unter die einzelnen Mitglieder. Im Anfang verhandelte die Staatskasse mit jeder Gemeinde besonders. Später entwickelten sich in jedem Distrikt engere Beziehungen zwischen den Gemeinden, und sie zahlten nun ihre Steuern gemeinsam in einer Gesamtsumme durch die führende Gemeinde. Diese Verbindung für fiskalische Angelegenheiten führte auch zu Beratungen und wachsender Zusammenarbeit in religiösen, geistigen und sozialen Fragen in den Distriktausschüssen.

Daraus entstand eine ungewöhnliche Form der Vereinigung der polnischen Judenheit. Im Jahr 1580 entstand der Vierländerrat als Zentralstelle für die Bezahlung der jüdischen Kopfsteuer an die Staatskasse. Die Organisation hatte ihren Namen nach den vier Provinzen des polnischen Königreichs, die in dem Rat vertreten waren (Grosspolen, Kleinpolen, Rot- oder Russisch-Polen und Litauen). Auch als die litauischen Juden 1623 austraten und später die übrigen Provinzen in zwölf Distrikte aufgeteilt wurden, behielt der Rat seinen Namen. Er spielte eine wichtige Rolle bei der Bewahrung der Rechte der Juden, bei der Aufhebung strenger antijüdischer Gesetze, der Gestaltung des geistigen Lebens der polnischen Judenheit und bei der Anpassung der jüdischen Gesellschaft an die sich wandelnden Verhältnisse. Er bestand bis zu seiner Auflösung durch das polnische Parlament (1764).

DER TALMUD ALS LEBENSBASIS

Bildung war das Hauptanliegen der jüdischen Gemeinde. Jeder Knabe musste vom sechsten Lebensjahr bis zu seiner Bar Mizwa mit dreizehn Jahren die jüdische Elementarschule (Cheder) besuchen. Für die Kinder, deren Eltern das Schulgeld nicht bezahlen konnten, unterhielt die Gemeinde eine schulgeldfreie Schule (Talmud Tora). In der Elementarschule lernten die Kinder hebräisch lesen und schreiben, die Gebete, den Pentateuch mit Raschis Kommentar und etwas Mischna und Gemara. Die Unterrichtssprache war jiddisch, das mittelalterliche Deutsch, das die Flüchtlinge aus Deutschland nach Polen mitgebracht und mit zahlreichen hebräischen Wörtern und Ausdrücken bereichert hatten. Jiddisch, mit hebräischen Buchstaben geschrieben, war die Mundart im jüdischen Haus und Wohnviertel —

Toraschrein. Auf den silberverzierten Schiebetüren zwei Tafeln mit den Zehn Geboten. Im Innern vier Torarollen, umhüllt von bestickten Mänteln, mit Kronen und Knäufen. Auf dem Brustschild der zweiten (von links) ist "Sefer Schelischi" (dritte Torarolle) eingraviert; das bedeutet, dass diese Rolle am Sabbat als dritte gelesen werden soll. Das ist etwas Ungewöhnliches. Der Schrein stammt aus der Mantuaner Gemeinde.

eine Volkssprache im vollen Sinn des Wortes, und wer sie sprach, dem war sie teuer.

Nach Abschluss der Elementarschule konnten die Knaben in den Lehrhäusern (Jeschiwot), die es an vielen Orten gab, weiter lernen. Dort studierten sie den Talmud und seine Kommentare und erhielten eine Ausbildung, die sie zum Rabbiner qualifizierte. Viele Knaben besuchen jedoch ein Lehrhaus nur der Bildung wegen, ohne Absicht, Rabbiner zu werden. Auch Geschäftsleute und Handwerker verfügten über grosses jüdisches Wissen, und Talmudgelehrte genos-

Die Synagoge in Conegliano Veneto bei Venedig wurde zwischen 1701 und 1719 von einer kleinen, blühenden Gemeinde gebaut. Ihre Form ist für die italienischen bipolaren Synagogen des Barocks typisch: der Toraschrein und die Plattform mit dem Lesepult stehen einander gegenüber. Der Toraschrein aus vergoldetem Schnitzwerk steht an der Ostwand und die Plattform mit dem Lesepult an der Westwand. Das Innere war lang und eng, mit Bänken und Nischen entlang der Nord- und der Südwand. Die Frauengalerie, durch ein holzgeschnitztes Gitter von dem inneren Synagogenraum getrennt, befand sich im oberen Stockwerk.

sen grosses Ansehen. Die Blüte des Talmudstudiums begann in Polen im sechzehnten Jahrhundert, besonders intensiv nach der Ankunft von Rabbi Pollak, einem gebürtigen Prager, der 1503 in Krakau Rabbiner wurde. Zu seinen Schülern gehörte Rabbi Schalom Schakna, der Gründer des Lubliner Lehrhauses, das er zu einem bedeutenden geistigen Zentrum machte. Sein Schüler und Schwiegersohn Rabbi Moses Isserles erwarb sich Weltruhm als einer der grossen Kodifikatoren. Seine Glossen zu der volkstümlichen Kurzfassung des jüdischen Rechts (Joseph Karos Schulchan

Auf Veranlassung Federico Luzianos und mit aktiver Beteiligung Dr. S. A. Nachons wurde die Synagoge unter der sachverständigen Aufsicht des verstorbenen Mordechai Narkiss, damals Direktor des Bezalel-Nationalmuseums, 1952 nach Jerusalem gebracht. Um die Synagoge in dem für sie bestimmten Innenraum unterbringen zu können, stellte man die Frauengalerie auf einer höheren Ebene hinter dem Lesepult auf. Diese beiden Bilder zeigen den prächtigen Toraschrein aus Conegliano Veneto mit den Torarollen. Römische Synagoge, Jerusalem

Aruk — die gedeckte Tafel) — er nannte sie Mappa (Tafeltuch) — wurden ein wesentlicher Bestandteil dieses Werks für alle aschkenasischen Gemeinden und trugen dazu bei, dass dieses Gesetzbuch bei den Juden europäischer Herkunft als verbindlich galt.

Während Rabbi Isserles die Autorität des Schulchan Aruk anerkannte und ihm nur daran lag, ihn mit den Vorschriften der französischen und deutschen Gelehrten und den Bräuchen der Gemeinden in Deutschland und Polen in Einklang zu bringen, lehnte der osteuropäische

Kodifikator des sechzehnten Jahrhunderts, Rabbi Salomo Luria, den Schulchan Aruk ab. Er bezweifelte die Autorität der Kodifikatoren und stützte sich bei seinen Responsen auf Anfragen über halachische Probleme lieber auf Talmudquellen. Er war auch ein Gegner der dialektischen Methode. In seinem unvollständigen Kommentar zum Talmud "Salomos Meer" (Jam schel Schelomo), einem wichtigen Beitrag zur Verbesserung des Talmudtextes, beweist er seinen ungewöhnlich kritischen Verstand.

Auch in der zweiten Hälfte des sechzehnten Jahrhunderts gab es in Polen eine Anzahl berühmter Gelehrter, die als Rabbiner und Oberhäupter von Lehrhäusern amtierten und als Kodifikatoren Ansehen genossen. Sie verbreiteten das überlieferte jüdische Wissen, gaben dem Studium an den polnischen Lehrhäusern Prestige und hatten starken Einfluss auf die Entwicklung des Judentums.

Im sechzehnten Jahrhundert gelangte die Kunst des Buchdrucks auch nach Polen, und 1530 wurde der hebräische Pentateuch zuerst in Krakau gedruckt. Auch in anderen Städten entstanden Druckereien, die mit der Zeit ernst zu nehmende Konkurrenten der alt eingesessenen Drucker in Venedig und Prag wurden.

In Polen widmeten sich viele jüdische Gelehrte neben dem Studium des Talmuds auch dem der Kabbala. Auch Rabbi Moses Isserles gehörte zu ihnen. Einer der grössten polnischen Kabbalisten war Rabbi Jesaja Horowitz, der Verfasser der "Zwei Bundestafeln" (Schne Luchot ha-Berith). Er zog 1621 nach Palästina und starb in Safed.

DIE SCHRECKENSZEIT VON 1648-1657

Am Anfang des siebzehnten Jahrhunderts hatte die polnische Judenheit zahlreiche Prüfungen überstanden und sich gut organisiert. Sie wusste für ihr Recht einzustehen, sich gegen ihre Feinde zu verteidigen und den sich verändernden Verhältnissen anzupassen. Sie war stolz auf ihre Lehrhäuser und ihre Gelehrten, Leuchten für die ganze Judenheit. Über diese jüdische Gemeinde stürzte plötzlich eine Welle der Vernichtung, als sich die ukrainischen Bauern gegen ihre polnischen Unterdrücker und die ihnen dienenden Juden erhoben.

Die polnischen Adligen besassen in der Ukraine grosse

Toratuch aus der kastilischen Synagoge in Rom, 1790. In Italien war es üblich, die Torarolle zur Vorlesung auf ein besticktes Tuch zu legen. Die Tücher waren aus kostbaren golddurchwirktem Brokat mit herrlichen Barockornamenten. Im achtzehnten Jahrhundert pflegte man die Namen der Stifter und der es empfangenden Synagoge in das Tuch einzusticken. Sammlung der römischen Synagoge, Jerusalem

Die Frauengalerie aus der Synagoge aus Conegliano Veneto, wie sie in der römischen Synagoge in Jerusalem aufgestellt ist. Anstelle der zwei Türen, je eine zu Seiten des Lesepults am Westende der Synagoge, hat das rekonstruierte Innere nur eine. Das Holzgitter der Frauengalerie, die ursprünglich im oberen Stockwerk war, ist zu beiden Seiten des Eingangs sichtbar. Auf dem Lesepult auf der Plattform stehen, wie früher in der Synagoge in Conegliano Veneto, silberne Kerzenleuchter auf Füllhörnern.

Italienischer Ehekontrakt, oben mit traditionellen Szenen aus dem wieder erbauten Jerusalem und seitlich mit Zeichen des Tierkreises illuminiert. Privatsammlung

Silberner Einband eines Gebetbuchs für die Feiertage, 1750 in Venedig hergestellt. Israel-Museum, Jerusalem

Güter. Viele Juden arbeiteten als Agenten für sie. Um ihre Verpflichtungen gegenüber den Grundherren erfüllen zu können, mussten sie an die Leibeigenen grosse Forderungen stellen.

Der katholische polnische Adel verachtete den griechisch-orthodoxen ukrainischen Bauern. Er sah in dem Slawen den Angehörigen einer niedrigeren Rasse und behandelte ihn mit erbarmungsloser Brutalität. Darauf reagierte der ukrainische Bauer mit tödlichem Hass. Aber der polnische Herr war weit fort, den Juden dagegen hatte er ständig vor Augen. Ganz natürlich richtete sich die Feindschaft des Bauern zunächst gegen den fremden, ungläubigen Juden.

Schon in den Dreissigerjahren des siebzehnten Jahrhunderts konnte man die ersten Anzeichen des nahenden Sturmes spüren, als an verschiedenen Stellen Aufstände ausbrachen. In einem davon wurden 1637 etwa dreihundert Juden getötet und viele Synagogen zerstört. Zum allgemeinen Aufstand kam es 1648, als der Kosakenführer Chmelnycky, ein Verbündeter des Tartarenkhans aus der Krim, sich an die Spitze der Rebellen stellte. Eine grosse Armee von Tartaren und Kosaken, denen sich Scharen von Ukrainern anschlossen, marschierte gegen das Königreich Polen und schlug die polnischen Truppen. Bei ihrem Vormarsch brannten die Rebellen Häuser von Juden nieder und ermordeten Männer, Frauen und Kinder. Tausende von Juden, die sich durch die Flucht zu retten suchten, starben am Wege.

Die Kosaken und die Ukrainer kannten kein Erbarmen und misshandelten die Juden brutal. Wer in die Hände der Tartaren fiel, hatte Glück. Er wurde in die Türkei gebracht und von dort ansässigen Juden losgekauft. Das Lösegeld stifteten andere jüdische Gemeinden, die von den Schrecknissen gehört hatten.

In seinem "heiligen Krieg" wandte Chmelnycky jede nur denkbare Täuschung und Grausamkeit an. Als er hörte, mehrere hundert Juden hätten in Nemirow Zuflucht gefunden, schickte er Truppen mit polnischen Fahnen dorthin. In der Annahme, die Polen kämen zu ihrer Rettung, öffneten die Juden ihnen die Tore der Festung. Alle wurden massakriert. In Tulchin verpflichteten sich die Juden und die Polen, die Stadt zusammen zu verteidigen und einander treu zu bleiben. Aber schliesslich verrieten die Polen die Juden, als die Kosaken ihnen versprachen, ihr Leben zu schonen, wenn sie die Waffen niederlegten. Dort starben fast fünfzehnhundert Juden den Märtyrertod. Dann wurden auch die Polen, die sie verraten hatten, umgebracht. In Lemberg, dessen Bürgermeister sich weigerte, die Juden preiszugeben, begnügte Chmelnycky sich mit einem Lösegeld.

Als Chmelnyckys Truppen im November 1648 Warschau bedrohten, verhandelten die Polen mit ihnen und überredeten sie zur Rückkehr in die Ukraine. Das bedeutete aber nicht das Ende der Katastrophe, die das jüdische Volk traf. Der Vertrag zwischen Polen und der Ukraine trat erst Ende 1651 in Kraft, bis dahin und auch nach dem Abschluss des Friedensvertrags kam es zu weiteren Kämpfen. Im Jahr 1654 fiel Chmelnycky noch einmal in Polen ein, diesmal in Verbindung mit einem russischen Herr, und wieder waren die Juden die Hauptopfer.

Die schreckliche Lage wurde noch verwickelter, als 1655

auch die Schweden in Polen einfielen. Dass sie die Juden nicht benachteiligten, deuteten die polnischen Patrioten als Beweis für die Kollaboration der Juden mit dem Feind. Deshalb griffen sie die Juden an und verübten genau solche Greuel wie vorher Chmelnyckys Kosaken.

Erst nach Chmelnyckys Tod (1657) zogen sich die russische Armee und auch die Schweden zurück. Das beendete eine achtjährige Zeitspanne unbeschreiblicher Leiden. Mehr als siebenhundert jüdische Gemeinden waren ausgetilgt oder hatten schwer gelitten. Die Zahl der Opfer schätzte man auf Hunderttausende. In der ganzen östlichen Ukraine waren die jüdischen Gemeinden vernichtet, die polnische Judenheit war zerschlagen. Die Flüchtlinge, die entkommen konnten, verstreuten sich über ganz Europa und berichteten überall von der Auflösung der polnischen Judenheit.

DIE JUDEN ITALIENS IM SECHZEHNTEN JAHRHUNDERT

Viele der aus Spanien verbannten Juden hatten in Italien Zuflucht gefunden. Überall, wohin sie kamen, stärkten sie die jüdischen Gemeinden und regten die Juden zu aktiverer Beteiligung am geistigen und wirtschaftlichen Leben des Landes an. Ausser den Juden flohen auch Marranen aus Spanien und Portugal vor der Inquisition nach Italien, wo sie offen zum Judentum zurückkehren konnten.

Damals war Italien ein bedeutendes Zentrum jüdischer Gelehrsamkeit, vor allem dank der Gelehrten aus Deutschland und Polen. Rabbi Juda Münz aus Mainz, ein hervorragender Talmudkenner, war das Oberhaupt des Paduaer Lehrhauses; ihm folgten sein Sohn Rabbi Abraham Münz und Rabbi Meir Ellenbogen, der auch Vorsteher der Gemeinde in Venedig war. Das Mantuaer Lehrhaus wurde unter seinem Vorsteher Rabbi Joseph Kolon berühmt. Spanische Gelehrte brachten ausser talmudischem auch kabbalistisches Wissen nach Italien, ihrer neuen Heimat. Die italienischen Juden widmeten sich auch den profanen Wissenschaften, der Philosophie und der Poesie und hatten Anteil an dem dynamischen Geistesleben der Renaissance. Die spanischen Flüchtlinge folgten ihrem Beispiel.

Vorhang aus Brokat mit Blumenmuster von dem Toraschrein aus Conegliano Veneto. Die Inschrift in dem Medaillon wurde 1841 hinzugefügt. Sammlung der römischen Synagoge, Jerusalem

Prächtige Pessachschüssel aus Polen, achtzehntes Jahrhundert. Die unteren drei Teile – für je eine der drei zur Zeremonie gehörenden Mazzot – sind von einem verzierten Kupfergitter umschlossen. Im oberen Teil der Schüssel sind Behälter für das den Mörtel symbolisierende Gemisch von Früchten, den Knochen, Symbol für das Pessachlamm, das Ei, Symbol für das tägliche Opfer im Tempel und für die Petersilie, das bittere Kraut, zur Erinnerung an die Knechtschaft in Ägypten. Den oberen Teil der Schüssel schmücken drei Kronen, von sechs Löwen emporgehoben. Die Inschrift unter der Krone bezieht sich auf den von dem Talmudgelehrten Hillel im ersten Jahrhundert v. Chr. eingeführten Brauch, bei der Pessachzeremonie Mazza und bittere Kräuter zusammen zu essen. Die Sitte, Pessachteller und -schüsseln zu verzieren, war in allen europäischen jüdischen Gemeinden weitverbreitet, doch solch grossartige Stücke benutzte man nur in Deutschland und Polen. Jüdisches Museum, New York

Von der Renaissance bis zum Ende des achtzehnten Jahrhunderts war die Kultur der Juden in die allgemeine italienische Kultur eingebettet. Deren Einfluss zeigt sich ganz besonders deutlich in der Kunst der Synagogen und ihrem Zubehör. Geschnitzte Toraschreine erinnern mit ihren Dekorationen an italienische Renaissance- und Barockmöbel. Die Vorhänge der Schreine, die Mäntel und Bänder der Torarollen und die Decken der Lesepulte waren aus besticktem Brokat in typisch italienischem Stil. Die Brustschilde, Kronen und Knäufe der Torarollen wie auch die anderen Ritualgegenstände zum Gebrauch an Werk- und Feiertagen erinnern an die zeitgenössischen Gold- und Silberarbeiten.

DAVID RUBENI UND SALOMO MOLKO

Im Jahr 1523 kam ein seltsamer Fremder nach Venedig. Er rief grosse Aufregung unter den Juden hervor. Dieser Mann mit Namen David behauptete, er sei der Bruder Josephs, des Königs der jüdischen Stämme Ruben, Gad und Manasse, die in der Wüste Habur lebten. Daher sein Name Rubeni. Er bat die Juden Venedigs, sie möchten ihm helfen, nach Rom zu gelangen, er habe einen Auftrag seines Bruders an den Papst, und er fand hilfsbereite Juden, die ihm glaubten. Er ritt also auf einem weissen Pferd nach Rom. Papst Clemens VII. empfing ihn, und David schlug ihm vor, das jüdische Königreich und die christlichen Staaten Europas sollten sich zu einem Kampf gegen die Türken verbünden.

Die römisch-jüdische Gesellschaft stand im grossen ganzen dem seltsamen Fremden skeptisch gegenüber, trotzdem fand er dort zahlreiche Helfer, vor allem unter den Frauen der jüdischen Oberschicht.

Nach langem Zögern gab der Papst ihm einen Brief an den König von Portugal, und David Rubeni reiste nach Lissabon, um mit König Johann III. über den Abschluss eines Militärbündnisses zu beraten. Er blieb ungefähr fünf Jahre in Portugal, aber die Verhandlungen mit dem König blieben erfolglos. Schliesslich fiel er am Hofe in Ungnade. Seine Beziehungen zu den Marranen, bei denen seine Anwesenheit gespannte Hoffnung auf das Kommen des Messias weckte, missfielen den Behörden und er wurde ausgewiesen.

Auf den portugiesischen Marranen Diego Pires machte David Rubeni solchen Eindruck, dass er sofort Jude wurde. Er liess sich beschneiden, nahm den Namen Salomo Molko an und ging auf Rubenis Rat in die Türkei. In Saloniki und dann in Safed studierte er die Kabbala. Von Palästina reiste er nach Italien und kündigte das unmittelbar bevorstehende Kommen des Messias an. In Rom, Ancona und Venedig hatten seine Predigten und Prophezeiungen eine ausserordentliche Wirkung. Sein persönlicher Charme beeinflusste auch viele Christen, darunter den Papst, der ihn gegen seine Verfolger verteidigte. In Venedig traf Molko noch einmal David Rubeni, der nach seinen erfolglosen Verhandlungen in Portugal wieder nach Italien zurückgekehrt war. Die beiden beschlossen, Karl V. für ihren Plan zu gewinnen, nach dem die Juden der ganzen Welt zu einem Krieg gegen die Türken mobilisiert werden sollten. Im Jahr 1532 erschienen sie auf dem Reichstag zu Regensburg, wo der Kaiser sie empfing. Sie wurden jedoch verhaftet und an die Inquisition ausgeliefert. Salomo Molko wurde in Mantua verbrannt. David Rubeni brachte man nach Spanien, wo er anscheinend starb oder ermordet wurde. Bald nachher zirkulierte ein Gerücht, Molko sei auf dem Scheiterhaufen gar nicht umgekommen, sondern er werde bald als der König Messias erscheinen. Seine Fahne und andere Gegenstände aus seinem Besitz wurden als geheiligte Erinnerungen ehrfürchtig in der Pinklassynagoge in Prag aufbewahrt.

DIE INQUISITION UND DAS GETTO IN ITALIEN

In der Mitte des sechzehnten Jahrhunderts verschlechterte sich die Lage der italienischen Juden rapide. In Rom und Venedig verbrannte man 1553 Talmudmanuskripte. Infolge einer Ritualmord-Anklage drohten den Juden Roms die Ausweisung. Die Gemeinde wurde buchstäblich im letzten Augenblick vor diesem Unglück bewahrt, als der Mörder gefasst und damit die Unschuld der Juden bewiesen war.

Im Jahr 1555 wurde der fanatische Judenhasser Kardinal Caraffa als Paul IV. zum Papst ernannt. Während seines Pontifikats führte er alle Beschränkungen der Juden, welche die Kirche im Mittelalter angeordnet hatte, mit Strenge wieder ein. Schon bald nach seinem Amtsantritt wurden die Juden Roms in einem besonderen Wohnviertel am linken Tiberufer zusammengedrängt, in einem Getto, durch eine Mauer von der übrigen Stadt getrennt. Auch in den anderen Städten des Kirchenstaates mussten die Juden in Gettos wohnen. In Venedig, woher der Ausdruck Getto stammt, bestand diese Einrichtung schon seit 1516. Auf die Herrscher der übrigen italienischen Staaten wurde Druck ausgeübt, damit sie dem Beispiel des päpstlichen Herrschaftsgebiets folgten, und am Ende des sechzehnten Jahrhunderts wohnten alle italienischen Juden in Gettos. Dies Gesetz galt bis zur Mitte des neunzehnten Jahrhunderts, in Rom sogar bis 1870, dem Ende des Kirchenstaates.

Doch auch in den Gettos beschäftigten die Juden sich weiter mit geistigen Dingen. In Ferrara machte Asarja dei Rossi im sechzehnten Jahrhundert mit seinem Werk "Der Augenspiegel" (Meor Enajim) den ersten Versuch, die jüdische Tradition mit einer wissenschaftlichen, kritischen Methode zu studieren. Mit Recht gilt er als der erste Vertreter der modernen Wissenschaft des Judentums. An verschiedenen Orten studierten die Juden weiter Mathematik, Naturwissenschaften, Medizin und Philosophie. Rabbi Juda Leone Modena, Gelehrter, Prediger, Dichter und vielseitiger Schriftsteller war besonders mit Venedig verbunden. Sein Zeitgenosse Samuel David Luzzatto schrieb apologetische Werke auf italienisch. Debora Ascarelli in Rom und Sara Copia Sullam in Venedig verfassten italienische Gedichte. Aus dem Anfang des achtzehnten Jahrhunderts verdient der Dichter und Kabbalist Moses Chajim Luzzatto besondere Erwähnung; während seines kurzen Lebens schrieb er Gedichte, Dramen, Bücher über jüdische Ethik und andere Werke. Er starb mit vierzig Jahren in Akko an der Pest. In Ferrara kompilierte Rabbi Isaak

Eine jüdische Hochzeit, gemalt von dem Venezianer Pietro Longhi (1701–1785). Longhis Neigung zu Theatralik und übertriebener Prachtentfaltung zeigt sich auf diesem Gemälde deutlich. Der amtierende Rabbiner liest dem Paar, das auf der inneren Plattform sitzt, den Ehekontrakt vor, während der Bräutigam der Braut die Hand reicht. Die Mutter der Braut oder des Bräutigams legt ihre Hände mit liebevoller, schützender Geste auf die Häupter der Neuvermählten. Die Gäste und Verwandten sehen dabei nach verschiedenen Richtungen. Die Knaben zu Seiten der Plattform interessieren sich nicht für die Zeremonie. Das sind einige der für die Genrebilder des achtzehnten Jahrhunderts typischen Details. Links in einer Loge sieht man einen Musikanten. Israel-Museum, Jerusalem

Lampronti die Talmud-Enzyklopädie "Ehrfurcht Isaaks" (Pachad Jizchak), eine alphabetische Anordnung von halachischem Material.

Am Ende des achtzehnten Jahrhunderts, also zur Zeit der Französischen Revolution, als die Franzosen einen grossen Teil Italiens eroberten, wurden in den eroberten Gebieten alle den Juden auferlegten Beschränkungen aufgehoben, und sie erhielten das Bürgerrecht. Sie erfreuten sich dieser Rechte allerdings nur kurze Zeit. Nach der Niederlage Napoleons (1814) wurden an verschiedenen Orten die früheren Verhältnisse wieder hergestellt, und die Juden mussten ins Getto zurückkehren, anderwärts (im Lombardo-Venezianischen Königreich u.a.) blieb ihnen das Getto erspart.

DIE NIEDERLANDE

In der zweiten Hälfte des sechzehnten Jahrhunderts befreiten sich die Niederlande von der Herrschaft der Habsburger und der Macht der Kirche. Die neue Republik versprach ihren Bürgern Religionsfreiheit. Nach den Verfolgungen und Vertreibungen im vierzehnten Jahrhundert blieb eine sehr kleine jüdische Gemeinde in den Niederlanden, nun aber richteten die in anderen Ländern verfolgten Juden und Marranen, die sich danach sehnten, wieder zum Judentum zurückzukehren, ihren Blick auf dies Land der Freiheit. Auch die wirtschaftliche Prosperität der Niederlande, die ihnen Erwerbsmöglichkeiten bot, übte ihre Anziehungskraft aus. Ende des fünfzehnten Jahrhunderts begann die Auswanderung von Marranen aus Portugal. Nach langer abenteuerlicher Reise erreichte die erste Gruppe Amsterdam 1593, andere folgten, und 1597 wurde ihnen erlaubt, sich offen zum Judentum zu bekennen. Schon 1608 gab es zwei Gemeinden in Amsterdam.

Allen Einwohnern der Niederlande war zwar Religionsfreiheit zugesichert, doch trotzdem waren die Beziehungen zwischen den Juden und den Behörden nicht immer ungetrübt. Klagen von katholischen und armenischen Kaufleuten veranlassten die Amsterdamer Stadtverwaltung, nur dreihundert jüdischen Familien das Recht, in der Stadt zu wohnen, zu gewähren. Den Juden standen auch nicht alle Berufe offen. Die Kaufmannsgilden nahmen sie nicht auf, und an den Universitäten konnten sie sich nur schwer immatrikulieren lassen.

Trotz allem gelang den Juden mit der Zeit der Zutritt zu allen Wirtschaftszweigen, den freien Berufen und selbst der Armee. Viele jüdische Freiwillige dienten in der holländischen Armee, die 1624 zur Eroberung Brasiliens auszog.

Das Zentrum der jüdischen Gemeinde bildete Amsterdam, aber im Laufe des siebzehnten Jahrhunderts verstreuten die Juden sich über das ganze Land, und dank ihrer Dynamik belebten sie überall das Wirtschaftsleben. Sie trugen viel zur Entwicklung und Ausweitung des holländischen Handels bei und spielten auch als Bankiers eine wichtige Rolle. Der Reichtum der holländischen Juden widerspiegelte sich in den Palästen, die sich führende Juden bauen liessen, und vor allem in der grossen sephardischen Synagoge, die 1675 in einer eindrucksvollen Zeremonie eingeweiht wurde.

Zu den spanischen und portugiesischen Juden marranischer Abstammung, die so etwas wie einen reichen, stolzen jüdischen Adel bildeten, gesellte sich eine andere Art jüdischer Einwanderer, die in den Niederlanden Erwerbsmöglichkeiten und Freiheit suchten. Das waren aschkenasische Juden aus Deutschland und den slawischen Ländern. Schon Mitte des siebzehnten Jahrhunderts hatten sie ihre eigene Gemeinde mit Synagoge, Friedhof, Rabbiner und Schule. Die Aschkenasim waren einfache Leute mit beschränkten Mitteln; sie konnten sich nicht im internationalen Handel und bei Finanzgeschäften betätigen, sondern waren zum grössten Teil kleine Händler und Handwerker.

Im Gegensatz zu ihren Glaubensgenossen in allen anderen Ländern lebten die Juden in den Niederlanden frei und angesehen, und das Haus Oranien behandelte sie gut; es hatte sich ja oft von ihrer Treue zu ihm und dem Land, ihrer zweiten Heimat, überzeugen können. Die vollen Bürgerrechte erhielten sie jedoch erst 1795 nach der Französischen Revolution und der Errichtung der Batavischen Republik. Die Emanzipation wurde dann auch in Holland rascher als anderwärts vollzogen.

Die holländischen jüdischen Gemeinden wurden äusserst konservativ geführt. Mit starker Hand unterdrückten die Rabbiner und Gemeindebeamten jede Äusserung freier Gedanken, die in ihren Augen Ketzerei waren. Ein berühmtes Beispiel bietet der Fall Uriel Acosta, ein portugiesischer Marrane, der sich 1618 der Amsterdamer Gemeinde anschloss. Er kritisierte talmudische Traditionen, die dem Geist des Judentums, so wie er es verstand, nicht entsprachen. Die Rabbiner exkommunizierten ihn, und er lebte fünfzehn Jahre unter diesem Bann. Schliesslich widerrief er, zog sich aber bald aufs neue den Zorn der Rabbiner zu, als er Zweifel am Pentateuch äusserte. Wieder wurde er exkommuniziert. Sieben Jahre später widerrief er noch einmal und versprach, öffentlich Busse zu tun. Die Bedingungen für diese Busse waren aber so entwürdigend, dass er nach der Zeremonie Selbstmord beging. Er hat eine schreckenerregende Autobiographie hinterlassen.

Ein anderes Beispiel mit weniger tragischem Ausgang ist der Fall des Philosophen Baruch (Benedict) Spinoza, eines gebürtigen Amsterdamers. Neben seinen jüdischen Studien mit Einschluss der Werke der jüdischen Philosophen des Mittelalters lernte er Latein, das als Schlüssel zu den Naturwissenschaften und zur Philosophie Descartes' diente. Dem Judentum stand er frei und kritisch gegenüber. Vergeblich versuchten die Rabbiner und Gemeindevorsteher ihn zum jüdischen Glauben zurückzuführen oder ihn wenigstens zur Befolgung der Vorschriften in der Öffentlichkeit zu bringen. Schliesslich blieb ihnen keine andere Wahl, als ihn zu exkommunizieren (1656). Spinoza fand sich mit dem Bann ab, zog nach Den Haag und widmete sich dem Studium der Philosophie, das ihm Weltruhm und Unsterblichkeit in der Geschichte des menschlichen Geistes gebracht hat.

Aber zu solchen drastischen Massnahmen kam es selten. Im allgemeinen bewahrten die Juden in den Niederlanden die Traditionen ihrer Väter und hielten Disziplin in ihren Gemeinden, die unter der Führung ihrer als Gelehrte, Lehrer und Prediger berühmten Rabbiner dafür sorgten, dass die junge Generation im Geist der Tradition erzogen wurde.

ENGLAND

Nach ihrer Vertreibung aus England (1290) sah man nur noch ganz vereinzelt Juden im Lande. Doch nach dem Sturz der Monarchie (1649) und der Errichtung einer puritanischen Republik unter der Führung Oliver Cromwells zog ein neuer Geist in England ein. Die Puritaner, deren geistige Welt ganz auf der Heiligen Schrift basierte, waren aus religiösen Gründen geneigt, der Neugründung der jüdischen Gemeinde in ihrem Lande zuzustimmen. Aus ähnlichen Erwägungen mass Rabbi Manasse ben-Israel, der hervorragendste Rabbiner der Amsterdamer Gemeinde, der Rückkehr seines Volkes nach England grosse Bedeutung bei. Ihn erfüllte ein unerschütterlicher Glaube an die nahe bevorstehende Erlösung, aber er glaubte, ihre Vorbedingung sei die Zerstreuung der Juden in alle Länder der Welt. Diese Gedanken legte er in seinem Buch "Israels Hoffnung" (Tikwat Jisrael) dar, und die dem britischen Parlament gewidmete lateinische Übersetzung machte auf die Puritaner grossen Eindruck. Im Jahr 1655 reiste Manasse ben-Israel nach London und begann Verhandlungen mit Cromwell. Zur Diskussion seines Antrags wurde eine Versammlung von Geistlichen, Kaufleuten und Juristen einberufen. Sie stellte fest, dass der Rückkehr der Juden nach England kein gesetzliches Hindernis im Wege stünde, doch der starke Widerstand der Geschäftsleute, die vor den jüdischen Konkurrenten Angst hatten, veranlasste Cromwell, eine Entscheidung zu vermeiden. Enttäuscht verliess Manasse ben-Israel England 1657 und starb auf der Rückreise nach Amsterdam. Dennoch waren seine Bemühungen nicht vergeblich gewesen. Trotz des Widerstands der Kaufleute gaben die englischen Behörden der Errichtung einer jüdischen Gemeinde in London schweigend ihre Zustimmung. Sie bestand zunächst aus Marranen, die als Christen schon früher nach England gekommen waren und jetzt offen zum Judentum zurückkehrten.

Sie durften eine Synagoge eröffnen und einen Friedhof erwerben. Nach und nach wanderten aschkenasische und sephardische Juden vom Kontinent nach England ein. Nach der Wiederherstellung des Königtums (1660) bemühten sich die Kaufleute vergeblich, die Politik der Toleranz gegen die Juden wieder zu beseitigen. Die englischen Herrscher schützten sie und duldeten keine Verletzung ihrer Rechte. In London wurde 1690 eine aschkenasische und 1701 eine sehr schöne sephardische Synagoge eingeweiht.

Man duldete also die Juden, aber doch immer noch als Fremde und erhob von ihnen die Fremdensteuer. Erst allmählich erwarben sich die Juden die vollen Bürgerrechte — sie kämpften darum während des ganzen achtzehnten und der ersten Hälfte des neunzehnten Jahrhunderts. Englische Denker, z.B. John Toland, unterstützten sie bei ihrem Kampf um Gleichberechtigung. Der Erwerb von Grund und Boden wurde 1718 den in England geborenen Juden gestattet.

Im Jahr 1753 erliess das Parlament ein Gesetz, das jedem Juden, der drei Jahre lang im Lande gelebt hatte, das Recht auf Naturalisation gab. Die Opposition erreichte allerdings schon im folgenden Jahr die Aufhebung dieses Gesetzes, aber die Juden kämpften mit Hilfe ihrer 1760 gegründeten Vertretung (Jewish Board of Deputies) organisiert und

Die Kleine Amsterdamer Haggada heisst diese zum ersten Mal 1662 in Amsterdam gedruckte Pessach-Haggada. Illustrationen begleiten den Text, und auch die erste Seite ist reich verziert. Auf dem Titelblatt sind Moses und Aaron abgebildet; unten sieht man die Opferung Isaaks auf dem Altar. Die Haggada wurde 1756 in Fürth neu gedruckt und die erste Seite handkoloriert

systematisch weiter um ihre Rechte. Sie waren im Leben des Landes verwurzelt, und zahlreiche Familien erwarben nicht nur grossen Reichtum, sondern auch Ansehen und erheblichen Einfluss im öffentlichen Leben. Mit ihrem Sieg konnten sie schon am Ende des achtzehnten Jahrhunderts rechnen, und es war nur noch eine Frage der Zeit, wann sie ihr Ziel, die Gleichberechtigung, erreichen würden.

Ein Teller aus England. Porzellanservice, speziell als Hochzeitsgeschenke hergestellt, waren bei den aschkenasischen und den sephardischen Gemeinden in den Niederlanden in Gebrauch. Holländische Juden brachten diese Sitte bei ihrer Einwanderung mit nach England. Dieser Teller mit der Darstellung einer Hochzeitszeremonie trägt die Inschrift: "Dein Gott soll sich an dir freuen, wie der Bräutigam sich freut an der Braut". Die punktierten Buchstaben der Inschrift entsprechen den Zahlen des Datums 1769. An Material und Glasur erkennt man, dass der Teller in Staffordshire hergestellt ist. Jüdisches Museum, New York

AUFKLÄRUNG, SABBATIANER, INTELLEKTUELLE, CHASSIDIM

Illuminierte Esther-Rolle aus dem Elsass, achtzehntes Jahrhundert, Jüdisches Museum, Amsterdam

Für die Juden in Deutschland war das sechzehnte Jahrhundert eine Periode der Verfolgungen und Vertreibungen — eine Fortsetzung der dunkelsten Tage des Mittelalters. Sie wurden beschuldigt, Christen zu ermorden, um ihr Blut beim Backen von Mazzot zu verwenden, und man warf ihnen Hostienschändung vor. Jeder Vorwand war gut genug, um einen Schauprozess einzuleiten, die Juden bei Verhören zu foltern, sie auf dem Scheiterhaufen zu verbrennen und alle Überlebenden aus ihren Häusern zu verjagen. Man vertrieb die Juden aus Nürnberg (1499), aus ganz Brandenburg und Kolmar (1510), aus Regensburg (1519), aus verschiedenen Orten in Sachsen (1537), aus Bayern (1551) und noch einmal aus Brandenburg, nachdem man ihnen zwanzig Jahre vorher die Rückkehr erlaubt hatte.

Bis zu einem gewissen Grade halfen direkt an den Herrscher gerichtete Bitten, er möge die Leiden der Juden lindern und eine Anzahl der ihnen auferlegten Beschränkungen aufheben. Den grössten Erfolg bei den Interventionen zugunsten seines Volkes hatte in der ersten Hälfte des sechzehnten Jahrhunderts Josel von Rosheim aus dem Elsass. Er vertrat die Interessen der deutschen Juden vor den Kaisern Maximilian I. und Karl V., die ihn respektierten und schätzten und offiziell als "Befehlshaber und Obersten" der Juden anerkannten. Während der Herrschaft Maximilians I. erreichte Josel die Aufhebung der auf Betreiben des Konvertiten Pfefferkorn erlassenen Verordnung, welche die Verbrennung des Talmuds verlangte. Pfefferkorn, ein getaufter Jude aus Mähren mit krimineller Vergangenheit, hatte in Köln das Christentum angenommen und versprochen, den Dominikanern in ihrem Krieg gegen die Juden zu helfen. Zwischen 1507 und 1509 veröffentlichte er masslose Lügen über die Juden. Er erreichte sogar den Erlass einer kaiserlichen Verordnung, nach der ausser dem Talmud auch alle hebräischen Bücher verbrannt werden sollten, deren Inhalt im Widerspruch zum Christentum stand. Zahlreiche Proteste gegen diese Verordnung veranlassten den Kaiser indessen, ihre Vollstreckung zu verschieben und die Meinungen von Sachverständigen einzuholen. Zu diesen gehörte der christliche Humanist und Gelehrte Johann Reuchlin, der Hebräisch konnte und mit der jüdischen Literatur vertraut war. Er verteidigte die Juden und bewies Pfefferkorns Unwissenheit und die Unbegründetheit seiner Anklagen.

Auch in vielen anderen Fällen wehrte Josel erfolgreich Angriffe ab. Er verteidigte die elsässischen Juden im Bauernkrieg (1525), erreichte die Freilassung von Juden, die man zu Unrecht angeklagt hatte, setzte sich für die aus Brandenburg und Böhmen vertriebenen Juden ein usw. Doch trotz seiner unermüdlichen Bemühungen während eines halben Jahrhunderts blieb das Schicksal der Juden in Deutschland weiter unerträglich.

Zum Glück der Juden zerfiel Deutschland damals in zahlreiche grosse und kleine Staaten und Freie Städte, und je nach den Interessen und Launen des jeweiligen Herrschers verfolgte jeder eine andere Judenpolitik. Infolgedessen fanden die aus einer Ortschaft Vertriebenen meistens anderswo in Deutschland Zuflucht, gelegentlich nahe bei ihrem ursprünglichen Wohnsitz. So liessen sich, z.B., die aus Nürnberg ausgewiesenen Juden im benachbarten Fürth nieder, und die aus Köln vertriebenen zogen in die Nachbarstadt Deutz. Manche Gemeinden lösten sich durch die Vertreibungen auf, andere entstanden, und schon bestehende wuchsen, z.B. die in Frankfurt am Main, die Flüchtlinge aus anderen Ortschaften aufnahm. Auch in Hamburg bildeten die deutschen Juden zusammen mit den Marranen aus Spanien und Portugal eine bedeutende Gemeinde.

Die Reformation veränderte die stickige judenfeindliche Luft in Deutschland nicht. Im Anfang hoffte Luther, die Juden würden sich der protestantischen Kirche anschliessen, aber als sich diese Hoffnung nicht erfüllte, griff er die Juden wütend an und wiegelte in Wort und Schrift zum Hass gegen sie auf. Josel gelang es, die Veröffentlichung eines seiner Werke in Strassburg zu verhindern, doch Luther konnte es ohne Schwierigkeiten anderswo erscheinen lassen, und die giftige Saat, die er aussäte, fiel auf fruchtbaren Boden. So wurde die Lage der Juden in den deutschen Staaten, die sich der Reformation an-

Gewürzbehälter in der Form eines Turms mit einer Kuppel. Er ist aus teilweise durchlöchertem gehämmertem Silber. Zwischen Blättern und Blumen sind Vögel und andere Tiere. In dem unteren linken Feld sieht man ein Eichhörnchen, das eine Nuss knackt. Die frühen Gewürzbehälter datieren aus der Zeit des Zweiten Tempels. Damals war es üblich, am Abend nach dem Sabbat auf einem kleinen Weihrauchaltar Gewürze zu verbrennen, um den Duft des heiligen Tags zu bewahren. Daher hat das Gefäss wahrscheinlich seine traditionelle Form. Die Sitte, an Myrthenblättern in einem Glasbehälter zu riechen, stammt aus Deutschland im dreizehnten Jahrhundert, und seit dem vierzehnten Jahrhundert kennt man den Brauch, den Behälter zu verzieren. Doch der älteste noch existierende Behälter – auch in der Form eines Turms mit spitzem Dach – ist aus dem fünfzehnten Jahrhundert. Der hier gezeigte Gewürzbehälter dürfte am Ende des siebzehnten Jahrhunderts in Frankfurt angefertigt sein. Israel-Museum, Jerusalem

schlossen, nicht besser.

Die Unterdrückungen gingen auch im siebzehnten Jahrhundert in ganz Deutschland weiter. Im Jahr 1614 griffen Banden unter der Führung des tückischen Vinzenz Fettmilch die Frankfurter Juden an, und trotzdem Kaiser Matthias sich mit seiner ganzen Autorität für sie einsetzte, wurden sie aus der Stadt vertrieben. Erst zwei Jahre später konnte der Kaiser Fettmilch und seine Anhänger verhaften und hinrichten lassen und den Juden die Rückkehr nach Frankfurt gestatten. Ähnliches ereignete sich zur gleichen Zeit in Worms.

Während des Dreissigjährigen Krieges (1618–1648) litten die Juden noch viel mehr als die christliche Bevölkerung. Die Soldaten misshandelten sie, und die protestantischen wie die katholischen Herrscher belegten sie zur Deckung ihres grossen Finanzbedarfs mit hohen Steuern. Mit der Begründung, sie hätten Feuer an den kaiserlichen Palast in Wien gelegt, wurden die Juden 1670 aus Österreich ausgewiesen.

Geschmückte Torarolle in goldgesticktem Mantel mit teilweise vergoldeter silberner Krone; Italien, 1742. Zwei Knäufe aus Padua. Mantel, Krone und Knäufe, die zusammen den Schmuck der Rolle bilden, waren ursprünglich der Kleidung des Hohenpriesters im Tempel nachgebildet. Der vergoldete Zierrat an der Krone stellt Teile des Schmucks des Hohenpriesters dar, wie Mitra, Brustschild, Ephod, und verschiedene Gefässe aus dem Heiligtum, ferner den Altar, d.h. die Bundeslade und den goldenen Altar. Israel-Museum, Jerusalem

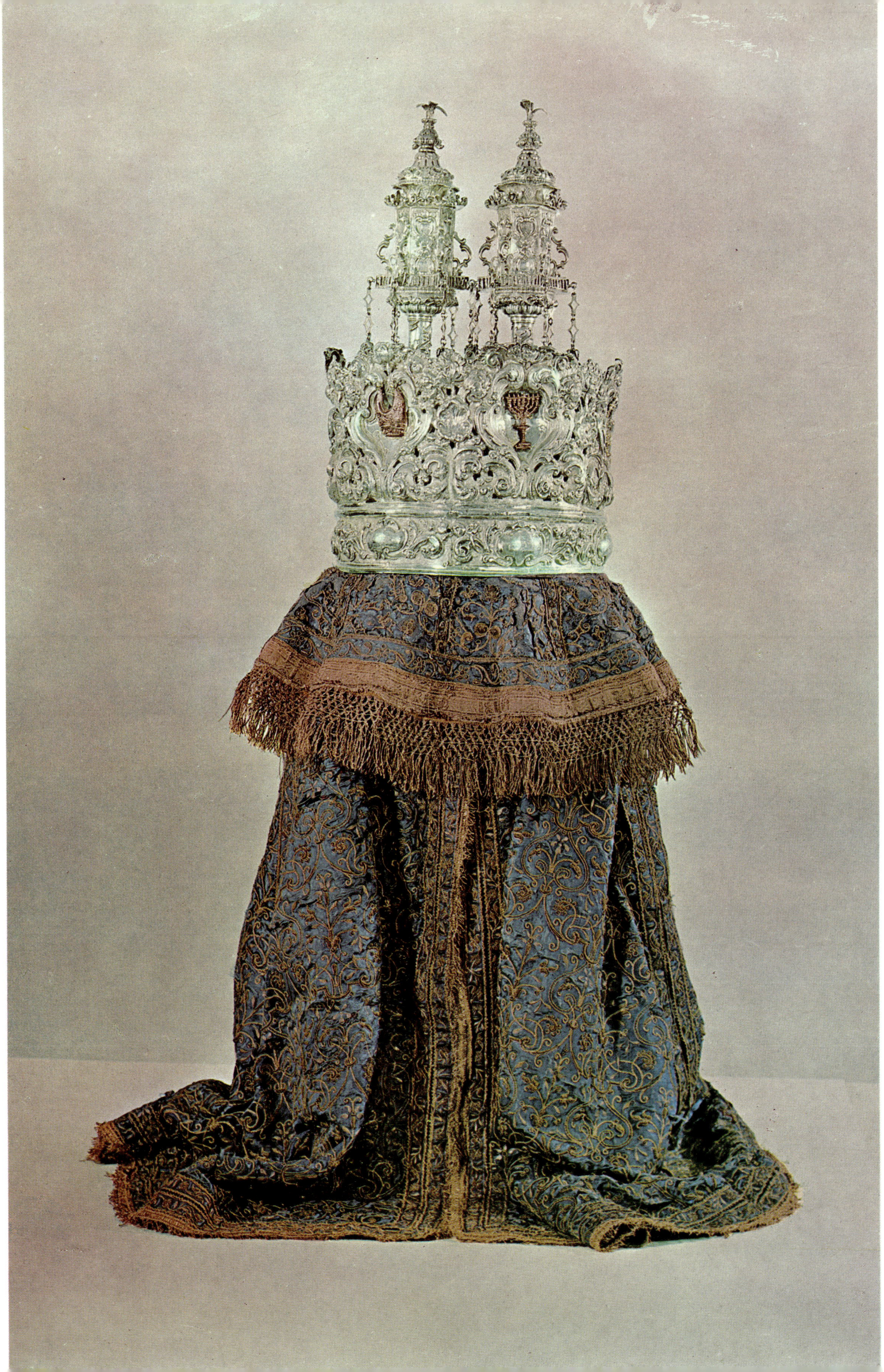

Der Stuhl, auf dem der Neugeborene beschnitten wurde, hiess Stuhl des Elija; er gilt als der Schutzheilige der kleinen Kinder, die er liebevoll schützt, besonders nach der Beschneidungszeremonie. In jüdischen Gemeinden in Deutschland und Italien gab es solche Stühle aus geschnitztem Holz mit einem Fussschemel für den Paten, der das Kind auf dem Schoss hielt. Dieser Stuhl ist aus Italien. Römische Synagoge, Jerusalem

DIE HOFJUDEN

Immerhin kam es im siebzehnten Jahrhundert zu einer interessanten Entwicklung, die in gewisser Weise das harte Schicksal der Juden milderte. Die Finanzlage der meisten deutschen Staaten war sehr schlecht, und ihre Herrscher brauchten grosse Geldsummen. Unter diesen Umständen liessen sich Könige und Fürsten — keineswegs aus Freundschaft für die Juden — dazu herab, den Juden Gunst zu erweisen und ihre finanziellen Talente zu benutzen. Als die Juden 1670 aus Österreich vertrieben wurden, erlaubte Kaiser Leopold dem Juden Samuel Oppenheimer, einem Heereslieferanten und Hofbankier, mit seiner Familie und einigen nützlichen Beamten in Wien zu bleiben. Zu dieser Gruppe kam später auch Samson Wertheimer, der nach Oppenheimers Tod (1703) dessen Position erbte. Um diese beiden Männer sammelte sich allmählich mit der schweigenden Zustimmung des Kaisers die Wiener Gemeinde aufs neue.

Andere Herrscher deutscher Staaten folgten diesem Beispiel, und die Anstellung von ''Hofjuden'' wurde allgemein gebräuchlich. Es gab in Deutschland kaum einen Hof ohne seinen Juden. Diese Hofjuden dienten ihren Herren treu und trugen in mehreren Staaten zur Gesundung der Volkswirtschaft und der Entwicklung von Handel und Industrie als Einkommensquellen für die Herrscher bei. Sie hatten Zugang zu den höchsten Kreisen, und die den übrigen Mitgliedern ihrer Gemeinde auferlegten Beschränkungen galten für sie nicht. Die meisten von ihnen interessierten sich weiter für das Schicksal ihrer Glaubensgenossen und benutzten ihren Einfluss zu deren Gunsten. Viele Hofjuden waren Philanthropen und Gönner jüdischer Gelehrter und Einrichtungen.

Natürlich weckten die Juden, die zu solch hohen Positionen gelangt waren, bei den Christen Neid und Hass. Zahlreiche Rivalen setzten alles daran, sie bei ihren Herren zu verdächtigen und ihre Entlassung zu erreichen. Manchmal nahmen die Hofjuden ein trauriges Ende, und als sie ihre Stellung verloren, brachten einige von ihnen auch Unheil über die jüdischen Gemeinden in ihren Ländern. Das geschah, um nur zwei der tragischsten und bekanntesten Beispiele zu nennen, im Fall von Leopold in Brandenburg und Süss Oppenheimer in Württemberg.

Mitte des sechzehnten Jahrhunderts gestattete Kurfürst Joachim II. auf Drängen Josels von Rosheim den Juden, die 1510 aus Brandenburg vertrieben waren, in sein Land zurückzukehren. Der Kurfürst unterstützte zwar die Reformation begeistert, ignorierte jedoch die antijüdischen Predigten Luthers und stellte den Juden Leopold aus Prag als Finanzminister an. Leopolds Treue zu seinem Herrn und sein Talent, Steuern für die Staatskasse einzuziehen, erfüllte die Bevölkerung mit Hass gegen ihn und verstärkte die allgemeine Judenfeindlichkeit, die der protestantische Klerus ständig schürte. Nach Joachims Tod klagte man Leopold an, er habe ihn vergiftet. In Berlin griff der Pöbel die Juden an, plünderte ihre Häuser und riss die Synagoge nieder. Auf der Folter gestand Leopold alle ihm zur Last gelegten Verbrechen, und er wurde auf die grausamste Art hingerichtet. Wieder wurden die Juden aus Brandenburg vertrieben und durften erst mehr als hundert Jahre später zurückkehren.

Jüdische Hochzeit, von einem unbekannten Maler der böhmischen Schule in Osteuropa, achtzehntes Jahrhundert. Die Pracht der Barock-Kostüme und der Stil des Künstlers verraten Ort und Zeit dieser Hochzeitszeremonie. Israel-Museum, Jerusalem

Joseph Süss Oppenheimer war ein Mitglied der reichen und angesehenen Familie, zu der auch der oben erwähnte Samuel Oppenheimer, der Bevollmächtigte des Kaisers Leopold, gehörte. Joseph Süss wurde 1732 zum Bevollmächtigten des Thronanwärters im Herzogtum Württemberg, Karl Alexander, ernannt. Nach seiner Thronbesteigung bestätigte der Herzog die Anstellung von Joseph Süss als Finanzminister. Oppenheimer genoss das uneingeschränkte Vertrauen des Herzogs. Er verbesserte das ganze Finanzsystem des Herzogtums, führte ein Staatsmonopol für den Handel mit verschiedenen Waren ein und entwickelte die Industrie des Landes.

Trotzdem seine Massnahmen der Wirtschaft des Herzogtums grossen Nutzen gebracht hatten, weckten sein hohes

173

Amt und sein Einfluss auf den Herzog in Hofkreisen und beim Volk glühenden Hass. Der wurde noch weiter angefacht durch Oppenheimers luxuriöses Leben und die Günstlingswirtschaft, durch die er gelegentlich Juden förderte. Er fühlte, dass er sich trotz der Unterstützung durch den Herzog nicht länger in seiner Stellung halten konnte und bat um seine Entlassung. Gerade zu dieser Zeit starb der Herzog plötzlich. Sofort verhaftete und folterte man Joseph Süss, und dieser gab alle Verbrechen, deren man ihn beschuldigte, zu. Das Gericht verurteilte ihn zum Tod durch den Strang. Bevor er das Schafott bestieg, bot man ihm an, ihm das Leben zu schenken, falls er sich taufen liesse. Das lehnte er ab und ging mutig in den Tod. Damals wurden die Stuttgarter Juden vertrieben. Sie durften erst Ende des achtzehnten Jahrhunderts zurückkehren.

Die Existenz von Hofjuden war also ein zweifelhafter Segen für die Juden Deutschlands. Immerhin hat sie häufig zur Verbesserung der Beziehungen zwischen Juden und dem jeweiligen Hof beigetragen und damit den Weg zur Emanzipation, d.h. zur bürgerlichen Gleichberechtigung, geebnet.

DIE TÜRKEI IM SIEBZEHNTEN JAHRHUNDERT

Nach ihrer Vertreibung aus Spanien (1492) fanden viele Juden im Osmanischen Reich Zuflucht. Sultan Bajezit II. begrüsste die Einwanderung der Flüchtlinge, denn er begriff, dass diese hochgebildeten und auf vielen Gebieten erfahrenen Juden einen wertvollen Beitrag zur Entwicklung des Landes leisten könnten. Während des sechzehnten Jahrhunderts kamen auch die Marranen, denen die Flucht aus Spanien und Portugal gelang, ins Osmanische Reich, wo sie offen zum Judentum zurückkehren konnten.

Die Regierungszeit von Sultan Suleiman dem Grossen (1520–1566) und Selim II. (1566–1574) kann man das Goldene Zeitalter der türkischen Judenheit nennen. Der Jude Schealtiel wurde zum Vertreter der Juden des Reichs ernannt; er durfte nach Belieben am Hof des Herrschers ein- und ausgehen. Die Mauern von Tiberias und Jerusalem wurden wieder aufgebaut. Der Arzt und Ratgeber Suleimans des Grossen war der Jude Moses Hamon, der sein Amt von seinem Vater Joseph Hamon dem Älteren aus Granada, ehemals Arzt der Sultane Bajezit II. und Selim I., übernommen hatte. Sein Sohn Joseph folgte ihm als Hofarzt Selims II. Moses Hamon benutzte seinen grossen Einfluss zugunsten der Juden. Als Griechen und Armenier versuchten, ihre jüdischen Konkurrenten durch eine betrügerisch ausgeheckte Ritualmord-Anklage auszuschalten, erlangte Moses Hamon den Erlass einer Verordnung, die bestimmte, dass künftig anstelle der gewöhnlichen Richter nur noch der Sultan persönlich über Ritualmord-Anklagen zu richten habe.

Auch ausserhalb der Türkei wusste man, dass Suleiman den Juden wohlgesinnt war. Als er 1543 Ungarn eroberte und in die Hauptstadt Buda kam, hielt es die Bevölkerung für angebracht, an die Spitze der Delegation, die den Eroberer empfing und ihm den Schlüssel zur Stadt überreichte, einen Juden, Joseph ben Salomon, zu setzen.

Während der Regierung Suleimans verlegte Doña Gracia mit ihrer Familie ihren Wohnsitz nach Konstantinopel (s. Kap. IX).

Nach dem Tode Selims II. begann der Verfall des Osmanischen Reichs und damit auch der Prestigeverlust der türkischen Judenheit. In dem Mass, wie die Macht der Zentralregierung abnahm, wuchs die der Provinzgouverneure, die nun aus den Juden Geld herauspressten und sie auf allerlei Weise bedrängten. Auch die Haltung der Sultane gegenüber ihren jüdischen Untertanen änderte sich. Sultan Murad III. (1574–1595) ordnete sogar einmal die Vernichtung aller Juden in seinem Reich an. Offenbar ärgerte er sich über die extravagante Eleganz der jüdischen Frauen in Konstantinopel. Das Eingreifen des jüdischen Arztes Salomon Aschkenasi, Vertrauter des Grosswesirs Mohammed Sokoli, verhinderte die Ausführung dieses Dekrets, aber der Sultan verbot den Juden, seidene Kleider und Turbane zu tragen.

Im sechzehnten Jahrhundert liessen sich viele spanische Mystiker mit grossen Kenntnissen der Kabbala in Safed nieder. Dazu gehörten Salomo Alkabez, der Dichter der liturgischen Hymne "Komme mein Freund, der (Sabbat-) Braut entgegen" (Lecha dodi likrat Kalla) zur Begrüssung des Sabbats, ferner Joseph Karo, der Verfasser des Schulchan Aruk, Elija de Vida, der den "Anfang der Weisheit" (Reschit Chochma) schrieb, Moses Cordovero, bekannt durch sein Werk "Granatäpfelhain" (Pardess rimmonim) und andere. Dank dieser Gelehrten wurde Safed ein kabbalistisches Zentrum. Im Jahr 1569 kam der in Jerusalem geborene Kabbalist Isaak Luria nach Safed. In den wenigen Jahren, die er dort lebte (er starb dort 1572), sammelten sich Schüler um ihn, die von seinen Lehren über theoretische und praktische Kabbala begeistert waren. Sein kabbalistisches System ist von der Sehnsucht nach Erlösung und der Hoffnung auf das Kommen des Messias erfüllt. Luria selbst hat nichts geschrieben, aber nach seinem Tode verbreitete sein Schüler Chajim Vital seine Lehren, die in der ganzen jüdischen Welt Gehör fanden. Sie bereiteten den Boden für die messianische Massenbewegung, die, verknüpft mit dem Namen Sabbatai Zwis, Mitte des siebzehnten Jahrhunderts entstand.

DIE MESSIANISCHE BEWEGUNG SABBATAI ZWIS

Sabbatai Zwi (geboren 1626 in Izmir) vertiefte sich schon in seiner Jugend ins Studium des mystischen Sohar und der lurianischen Kabbala. Der schöne, leidenschaftliche Mann zog einen Kreis von Bewunderern und Freunden an, die unter seiner Leitung die Kabbala studierten und mit ihm nach seiner Lehre ihr Leben in Gebet und Askese führten. Sie erwärmten sich an der Glut ihrer Sehnsucht nach Erlösung. Die Kabbalisten zweifelten nicht daran, dass die Erlösung nahe war; so deutete der Sohar den Vers: "In diesem Halbjahr sollt ihr ein jeder wieder zu seinem Besitz kommen" (3. Mos. 25, 13). Das zweite Wort in dem Vers ist das hebräische ha-sot (dieser), dem der Zahlenwert 408 im fünften Jahrtausend seit der Erschaffung der Welt, also das Jahr 1648, entspricht. In Wirklichkeit spricht der Sohar von der persönlichen Erlösung und der Rückkehr eines jeden zu seiner Seele, die sein Besitz ist, aber in

Porträt des Rabbi Sasportas; Öl auf Leinwand, gemalt von dem Holländer Izaak Luttichuys. Der Rabbiner und Kabbalist Jakob Sasportas war ein unerbittlicher Gegner des Sabbatianismus. Er wurde 1610 in Oran, Nordafrika, geboren und starb 1698 in Amsterdam. Er amtierte als Rabbiner in Tlemcen (im Alter von vierundzwanzig Jahren), in Fez und Salé. Auf Anordnung des Maurenkönigs wurde er 1649 verhaftet, konnte aber drei Jahre später mit seiner Familie nach Amsterdam fliehen. Hier blieb er, bis er nach der Beendigung der Unruhen in Nordafrika auf Einladung des Königs wieder dorthin zurückkehrte. Dann sandte ihn der König mit einem besonderen Auftrag an den spanischen Hof, um dort Unterstützung gegen die Rebellen zu erbitten. Nach seiner Rückkehr (1664) wurde er als Rabbiner der portugiesischen Gemeinde nach London berufen. Im Jahr 1673 bekleidete er das Amt des Rabbiners in Hamburg, und danach erhielt er wieder einen Ruf nach Amsterdam, wo er bis zum Tode das Amt des Rabbiners an der portugiesischen Synagoge innehatte. Izaak Luttichuys (1616–1673) hat sich durch seine Porträts, Landschaften und Stilleben einen Namen gemacht. Israel-Museum, Jerusalem

ihrer Ungeduld entfernten sich die Kabbalisten weit vom reinen Text und interpretierten in ihn das Kommen des Messias hinein.

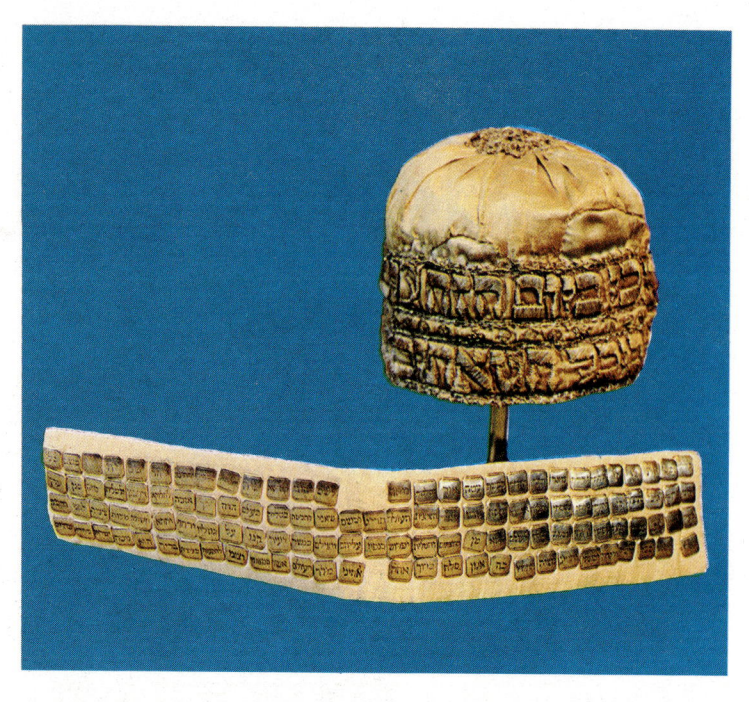

Als die Nachricht von den Massakern der Juden in der Ukraine die Türkei gerade in dem für die Erlösung errechneten Jahr erreichte, sah Sabbatai Zwi in diesen blutigen Ereignissen die Agonie, die dem Kommen des Messias vorausging. Er hielt sich für den erwählten Erlöser und beschloss zu handeln. Seine erste symbolische Tat bestand darin, das Tetragamm laut auszusprechen. Das ist der Gottesname, repräsentiert durch die vier Buchstaben JHWH; sie gelten nach der Tradition als so heilig, dass man sie so, wie sie geschrieben werden, nicht aussprechen sollte; das durfte allein der Hohepriester am Versöhnungstag im Allerheiligsten des Tempels. Die Rabbiner in Izmir exkommunizierten ihn wegen dieser Ketzerei. Sabbatai Zwi verliess seine Heimatstadt, blieb einige Zeit bei den Kabbalisten in Saloniki und ging dann nach Konstantinopel, wo der Kabbalist Abraham Jakini ihn in der Idee, er sei der Messias, bestärkte. Schliesslich gelangte er nach Palästina, wo er heilige Gräber besuchte, in Hebron bei den Gräbern der Patriarchen in der Höhle Machpela betete und sich zahlreichen asketischen Übungen unterzog. Viele Einwohner Jerusalems scharten sich um ihn, besonders, nachdem er der dortigen Gemeinde aus einer ernsten Schwierigkeit herausgeholfen hatte. Als der türkische Gouverneur von der Jerusalemer Gemeinde eine enorme Abgabe verlangte, reiste Sabbatai Zwi nach Kairo und erreichte mit Hilfe eines seiner Anhänger, des Steuereinnehmers Joseph Chelebi, die Aufhebung der Verordnung.

Bei einem zweiten Besuch in Kairo heiratete Sabbatai Zwi Sara, ein jüdisches Mädchen aus Polen, dessen Eltern 1648 bei den Massakern umgekommen waren. Sie war aus dem Kloster, wo sie als Christin erzogen war, fortgelaufen und nach Wanderungen durch die Niederlande und Deutschland nach Livorno gekommen. Dort hatte sie bekannt gemacht, es sei ihr bestimmt, den Messias zu heiraten. Daraufhin liess Sabbatai Zwi sie nach Kairo holen und feierte seine Hochzeit mit ihr mit grossem Pomp.

In Gasa traf Sabbatai Zwi Nathan Benjamin Levi, einen jungen Mann, der ihn als den Messias anerkannte und sein treuer Prophet wurde. Mit Energie und Enthusiasmus begann Nathan aus Gasa eine systematische, gross angelegte Propagandakampagne für den Messias. Im Jahr 1665 verschickte er an zahlreiche jüdische Gemeinden in vielen Ländern Briefe mit beredten, glühenden Prophezeiungen, bald werde der Messias Sabbatai Zwi dem Sultan die Krone vom Haupt nehmen, sie sich selbst aufsetzen und alle Juden

Verzierter Kragen eines Gebetsmantels und Kappe für den Versöhnungstag. In manchen Gemeinden trugen die Kantoren zum Gottesdienst am Versöhnungstag eine besondere Kappe und sogar einen Gebetsschal mit besonders verzierter oberer Kante, zur Erinnerung an das Kleid des Hohenpriesters in Jerusalem am höchsten Feiertag: In vielen Ländern ist es Sitte, am Versöhnungstag ein langes, weisses Gewand, ähnlich einem Totenhemd, zu tragen; als Andeutung dafür, dass man zur Annahme des göttlichen Urteils über die Zukunft bereit ist, und als Symbol für die Reinheit der Seele. In manchen Gemeinden trugen alle Männer am Versöhnungstag besondere Kappen und speziell verzierte Gebetsschals. Kappe und Kragen auf diesem Bild stammen aus Polen; Ende des achtzehnten Jahrhunderts. Israel-Museum, Jerusalem

Chanukkalampe aus dem achtzehnten Jahrhundert, verziert mit dem doppelköpfigen polnischen Adler und der Figur Judiths, in der Hand das Schwert, mit dem sie Holofernes enthauptete. Diese Motive und der Filigranschmuck sind im wesentlichen polnisches Barock. Typisch jüdisch ist nur die traditionelle Form der Lampe und ihr Gebrauch. Israel-Museum, Jerusalem

Waschbecken zum Händewaschen, eingebaut in die Aussenwand der Synagoge aus Conegliano Veneto bei Venedig; 1710. Römische Synagoge, Jerusalem

im Heiligen Land versammeln.

Während diese Briefe der messianischen Bewegung in Europa den Boden bereiteten, kehrte Sabbatai Zwi nach Izmir zurück. Der ihm auferlegte Bann war längst vergessen, und die Juden seiner Geburtsstadt begrüssten ihn begeistert als den König Messias. Vertreter europäischer jüdischer Gemeinden kamen, um ihm zu huldigen. Den Rabbiner, der gegen ihn opponierte, setzte er ab und übertrug dessen Amt einem seiner Anhänger. Zuerst führte er asketische Bussübungen ein, dann hielt er Bankette und Prozessionen ab, bei denen Lieder und religiöse Gedichte gesungen wurden. Die Fasttage ersetzte er durch Festtage.

In Europa fanden Nathans Prophezeiungen sowohl bei den Juden, die so viel Schreckliches durchgemacht hatten, als auch bei den Marranen, die sich nach Erlösung sehnten, leicht Gehör. Besonderen Enthusiasmus zeigten die Gemeinden der spanischen und portugiesischen Juden in den Niederlanden und Hamburg. In Amsterdam tanzten die Juden mit den Torarollen in der Synagoge und erzählten den Christen vom Kommen des Messias. Auch viele Christen interessierten sich für die Bewegung. Auf Grund gewisser Auslegungen des Evangeliums nach Johannes glaubte man nämlich in weiten Kreisen, im Jahr 1666 werde sich im Zusammenhang mit den Juden Wichtiges ereignen. Manche Leute glaubten, in diesem Jahr würden die Juden sich taufen lassen, andere nahmen an, nun bräche das Reich des Messias an, und die Juden könnten in ihr eigenes Land zurückkehren. Selbst Gelehrte nahmen Anteil an den Ereignissen, und ein Mann bat sogar Spinoza um seine Meinung.

Silberne Chanukkalampe, vergoldet; Polen, neunzehntes Jahrhundert. Die polnischen Juden hielten die mit der Chanukkalampe verknüpften Bräuche sehr gewissenhaft und benutzten sie als Schmuck des Hauses. Aus der Sammlung A. Burstein, Lugano, Israel-Museum, Jerusalem

Während sich in den Niederlanden namhafte Gelehrte von der Bewegung hinreissen liessen, gehörte der Hamburger Rabbiner Jakob Sasportas zu der kleinen Zahl der davon Unbeeindruckten. Aber sein Ruf nach klarem Denken verhallte ungehört. Das Volk glaubte an die Erlösung, weil es ihrer bedurfte.

Eine Hamburgerin hat die Atmosphäre in Hamburg sehr anschaulich auf jiddisch in ihren Memoiren, den "Denkwürdigkeiten der Glückel von Hameln", beschrieben: jeder Brief aus der Türkei wurde in der Synagoge laut vorgelesen. Junge portugiesische Juden kamen festlich gekleidet, geschmückt mit grünen Bändern, der Farbe Sabbatai Zwis. Viele Leute verkauften ihre Häuser und bereiteten die Wegzehrung für die Reise, um zum Aufbruch nach Palästina gerüstet zu sein, wenn der Tag käme. In Italien, Frankreich, Ungarn, Böhmen und Polen und auch in Nordafrika stieg die Erregung der Vorfreude, je näher das messianische Jahr 1666 heranrückte.

Als es anbrach, reiste Sabbatai Zwi aus Izmir nach Konstantinopel, um dem Sultan die Krone vom Haupt zu nehmen. Vor seiner Abreise verteilte er die Weltherrschaft unter seine engsten Anhänger und machte sie zu Königen, Ministern und Herzögen. Die türkischen Behörden sahen in der mit viel Publizität angekündigten Reise Sabbatai Zwis fast einen offenen Aufstand. Kein Wunder also, dass sie eingriffen und der Grosswesir Ahmad Kiuprili einen Haftbefehl erliess. Als das Schiff mit Sabbatai Zwi an Bord die Dardanellen erreichte, nahmen die türkischen Behörden ihn fest und brachten ihn nach Konstantinopel. Auf die Frage nach dem Zweck seiner Reise antwortete er, jüdische Gelehrte in Jerusalem hätten ihn geschickt, um Geld für die Armen in der Heiligen Stadt zu sammeln. Zunächst wurde er in der Hauptstadt in Gewahrsam genommen, als jedoch seine Anhänger zu dem Gefängnis pilgerten, um die gefasste Haltung des Messias zu bewundern, verlegten die Behörden ihn in ein Gefängnis bei Gallipoli an den Dardanellen. Seine Anhänger nannten es den "Turm der Stärke."

Seltsamerweise erschütterte die Inhaftierung des "Messias" den Glauben seiner Anhänger nicht im geringsten. Im Gegenteil, sie deuteten die Tatsache, dass die türkischen Behörden ihn nicht hinrichten liessen, als ein Wunder des Himmels und als Beweis für die Einzigartigkeit des Mannes. Jetzt wurde der "Turm der Stärke" das Zentrum der messianischen Bewegung. Sabbatai Zwi lebte dort mit seiner Frau und seinem Sekretär, und aus aller Welt kamen einzelne Gläubige und offizielle Abordnungen, um ihm Ehre zu erweisen. Sogar der Vierländerrat informierte ihn durch Abgesandte über die Leiden der polnischen Juden, und er versprach ihnen, der Jüngste Tag sei nahe. Es gärte in ganz Europa, und jeder wartete mit Ungeduld auf neue Entwicklungen.

Auf Sabbatai Zwis Einladung kam der polnische Kabbalist Nehemia Cohen nach Gallipoli, um den Messias kennen zu lernen. Nach dreitägigen Diskussionen kam der Kabbalist zu dem Schluss, Sabbatai Zwis Behauptung, er sei der Messias, sei unbegründet. Das erklärte er deutlich, und um Nachstellungen durch Sabbatai Zwis Anhänger zu entgehen, kündigte er an, er werde zum Islam übertreten. Der abtrünnige Kabbalist teilte den türkischen Behörden mit, Sabbatai Zwi sei ein Betrüger, der das jüdische Volk zum Aufstand aufwiegle.

Daraufhin beschlossen die Behörden, mit der Sache Schluss zu machen. Sabbatai Zwi wurde in Adrianopel Sultan Mohammed IV. vorgeführt. Was sich dabei im einzelnen abgespielt hat, ist nicht zuverlässig belegt. Anscheinend stellte man ihm die Wahl zwischen dem Todesurteil als Rebell und seinem Übertritt zum Islam. Möglicherweise hat der Arzt des Sultans, ein jüdischer Apostat, ihn zu dem Übertritt beredet. Jedenfalls setzte Sabbatai Zwi sich in Gegenwart des Sultans einen Turban auf und deutete damit an, er bekenne sich zum Islam. Er nannte sich Mehemet Effendi und erhielt als Türhüter eine angesehene Stellung am Hof des Sultans. Mit ihm traten auch seine Frau und eine Anzahl seiner Anhänger zum Islam über.

Bei den jüdischen Gemeinden rief die Nachricht von der Bekehrung des "Messias" überall bittere Enttäuschung hervor. Viele Leute gaben sofort den Glauben an den falschen Messias auf, andere konnten sich mit diesem schändlichen Ende der messianischen Bewegung, auf die sie all ihre Hoffnungen gesetzt hatten, nicht abfinden und fanden oder erfanden alle möglichen Erklärungen. Eine davon behauptete, die Bekehrung sei nur zum Schein erfolgt, und im Innern des Turbans sei die Königskrone versteckt gewesen. Eine andere Version lautete, nur Sabbatai Zwis Spiegelbild habe den Islam angenommen, er selbst aber sei zum Himmel emporgestiegen und werde, wenn die Zeit gekommen sei, erscheinen, um sein Volk zu erlösen. Nathan aus Gasa glaubte weiter an ihn und versuchte, durch Briefe an eine Anzahl von jüdischen Gemeinden die Gläubigen zu Geduld zu ermutigen.

Inzwischen hielt Sabbatai Zwi in Adrianopel die enge Verbindung mit seinen Anhängern aufrecht und ging sogar in die Synagogen. Obwohl er erklärte, es geschehe, um den Islam unter den Juden zu verbreiten und einige seiner Anhänger nun öffentlich Turbane trugen, schöpfte der Sultan Verdacht und verbannte ihn 1673 in die Festung Dulcigno in einer kleinen albanischen Stadt. Dort starb er 1675 im Alter von neunundvierzig Jahren. Vier Jahre später starb Nathan aus Gasa.

DIE NACHWIRKUNGEN DER SABBATIANISCHEN BEWEGUNG

Nach dem Tode Sabbatai Zwis wurde es still um die sabbatianische Bewegung, die ein jüdisches Königreich in Palästina errichten wollte. An verschiedenen Orten forschten kabbalistische Kreise indessen weiter nach der Bedeutung der grossen, seltsamen Ereignisse der letzten Jahre. Sie entwickelten Theorien zur Erklärung der kosmischen Funktion Sabbatai Zwis und der Ursachen seines Scheiterns und hofften sogar noch auf seine Rückkehr zur Vollendung der Erlösung.

Eine Handvoll seiner engsten Anhänger blieb in Saloniki und Adrianopel. Die Bekehrung und der Tod des "Messias" hatte ihren Glauben nicht erschüttert. Zweihundertfünfzig Familien traten 1683, dem Beispiel ihres Führers folgend, zum Islam über und begründeten damit die Sekte der Dönmeh (türkisch für "Apostaten"). Äusserlich waren sie Mohammedaner, aber unter sich hingen sie weiter an dem

Chanukkalampe aus Silberfiligran; Ukraine, achtzehntes Jahrhundert. Auch die russischen Juden benutzten die Chanukkalampe in der traditionellen Weise. Der überladene Stil ist charakteristisch. Gabe des verstorbenen J. Pnini. Israel-Museum, Jerusalem

Glauben, Sabbatai Zwi sei der Messias, und sie hielten eine Reihe jüdischer Vorschriften und besonderer Bräuche. Diese Sekte bestand gewiss noch bis in die jüngste Zeit, hatte sich aber bald in mehrere Faktionen gespalten, und nach der Auflösung ihres Zentrums in Saloniki, seit der Annexion der Stadt durch Griechenland, haben sich ihre Anhänger über die ganze Türkei verstreut und sind nun von der totalen Assimilation durch die türkische Umgebung bedroht. Die Mitglieder der Dönmeh-Sekte heiraten meistens Angehörige ihrer eigenen Gruppe.

Auch in Polen legte sich die von der sabbatianischen Bewegung ausgelöste Erregung nicht so bald. Kabbalisten blieben weiter mit den Kreisen der Dönmeh in Saloniki in Verbindung und verbreiteten den Glauben, Sabbatai Zwi werde vierzig Jahre nach seiner Bekehrung, also 1706, wieder erscheinen und sein Volk erlösen. An der Spitze dieser Bewegung standen Chajim Malach und Juda Chassid ("der Heilige"). Ihre Anhänger nannten sich "Chassidim" (die Frommen) und gaben sich dem Gebet und der Busse hin.

Die Mitglieder dieser Sekte kamen zwar nur im geheimen zusammen, aber trotzdem bemerkten die Führer der polnischen Judenheit ihre Verbindung mit der sabbatianischen Bewegung. Die Rabbiner sahen darin eine schwere Gefahr für das Judentum und bekämpften sie. Um dieser Verfolgung zu entgehen, beschlossen die Chassidim, in Palästina auf das in Kürze bevorstehende Kommen des Messias zu warten. Im Jahr 1700 machten sich etwa fünfzehnhundert

Die gewöhnlichen polnischen Chanukkalampen aus Messing waren nicht weniger schön verziert als die kostbaren aus Silber und Gold. Das symetrische Motiv von Tierpaaren gehört zu den traditionellen Charakteristiken solcher Lampen. Die Chanukkalampe datiert wahrscheinlich aus der Zeit der Mischna und Gemara, es existieren jedoch nur noch sehr wenige alte Stücke, und die meisten davon sind aus Ton oder Stein. Die älteste uns bekannte Metallampe mit einer Rückenplatte stammt aus Frankreich aus dem vierzehnten Jahrhundert. Privatsammlung

Personen auf den Weg. Nach einer langen, mühevollen Reise gelangten die Chassidim auf verschiedenen Wegen nach Palästina; etwa fünfhundert von ihnen waren unterwegs gestorben. Juda Chassid starb wenige Tage nach der Ankunft in Jerusalem. Die Chassidim waren dem Hungertod nahe, in Schmerz und Not warteten sie auf das Jahr der Erlösung. Aber 1706 kam und ging, ohne dass sich ihre Hoffnung erfüllte. Einige der enttäuschten Chassidim traten zum Islam über und schlossen sich den Dönmeh an, andere liessen sich in ihrer Verzweiflung taufen. Unter denen, die nach Polen zurückkehrten, war Chajim Malach, der sich, so heisst es, seinen Glauben an Sabbatai Zwi bis ans Lebensende bewahrte und ihn weiter zu verbreiten suchte.

Auch in Westeuropa hatte die sabbatianische Bewegung noch ein Nachspiel. Der palästinensische Kabbalist Nehemia Hija Hajun kam 1710 nach Italien, blieb eine Zeitlang in Livorno und reiste dann weiter nach Deutschland und den Niederlanden. Überall machte er heimlich für seinen sabbatianischen Glauben Propaganda. In Amsterdam entlarvten ihn zwei entschiedene Gegner des Sabbatianismus, die Rabbiner Zwi Aschkenasi und Moses Hagiz, und beschuldigten ihn der Ketzerei, doch dank der Zahl und Macht seiner Anhänger mussten beide Amsterdam verlassen. Erst die Intervention der Rabbiner von Izmir und Konstantinopel, die ihn exkommunizierten, zwangen Hajun, seine Tätigkeit in Europa einzustellen. Doch noch dreissig Jahre später hatte seine Reise durch Europa Nachwirkungen, als der Rabbiner Jakob Emden, der Sohn Zwi Aschkenasis, Rabbiner Jonathan Eibeschütz der Zugehörigkeit zu den Sabbatianern beschuldigte. Dieser bestritt den Vorwurf, und die Kontroverse dauerte viele Jahre.

MOSES MENDELSSOHN

Im achtzehnten Jahrhundert drang der neue Geist der Aufklärung aus England und Frankreich auch nach Deutschland. Ihr Ziel war Gedankenfreiheit, eine bessere Gesellschaft und die Lösung menschlicher Probleme durch Vernunft und Einsicht. Dieser Geist beeinflusste natürlich die Haltung der europäischen Völker zu den unter ihnen lebenden Juden und auch deren Haltung zu ihrer christlichen Umgebung.

Bis zum achtzehnten Jahrhundert lebten die Juden im allgemeinen noch in der völligen gesellschaftlichen und kulturellen Abgeschlossenheit des Gettos. Ihre Beziehungen zu ihrer christlichen Umgebung beschränkten sich auf das Wirtschaftsleben und waren von der Feindschaft der Christen und dem Mangel an Vertrauen bei den Juden geprägt. Den Mittelpunkt des jüdischen Lebens bildeten Synagoge und Schule. Höher als alles andere stand bei den Juden die Hingabe an das Studium der heiligen Schriften. Bei ihnen waren die Bekanntschaft und die oft gründliche Vertrautheit mit Büchern weiter verbreitet als bei anderen Leuten. Ihre Bildung unterschied sich zwar völlig von der ihrer Nachbarn, und mit profanen Wissensgebieten waren sie kaum vertraut, trotzdem hatten sie keine Minderwertigkeitskomplexe. Ihre Selbstachtung blieb ebenso unberührt von den negativen Meinungen ihrer christlichen Nachbarn über sie wie von der Diskriminierung, unter der sie litten.

Wie schon erwähnt, hatte die Reformation bis dahin die Lage der Juden kaum verbessert. Sie war jedoch ein sehr bedeutendes historisches Ereignis: durch sie befreite sich ein Teil der deutschen Staaten von der Macht der katholischen Kirche, die sich nach wie vor fanatisch für die Prinzipien der antijüdischen Diskrimination einsetzte. Die Reformation schuf die Voraussetzungen für die zukünftige Verbesserung der Lage der Juden, da sich die humanistischen Ideen der Aufklärung in Deutschland durch englische und französische Texte bei Schriftstellern und Gelehrten ausbreiteten. Diese Faktoren schufen langsam die Atmosphäre, die, mindestens theoretisch, eine neue Einstellung zum Problem der jüdisch-christlichen Beziehungen ermöglichte.

Unter den deutschen Juden wuchs der Wunsch nach engerer Verbindung mit dem deutschen Volk und nach der Kenntnis seiner Kultur. Diese Sehnsucht hatten begreiflicherweise vor allem die Reichen, die Hofjuden und ihre Familien und die Agenten, die durch ihre Geschäfte nähere Beziehungen zur gesellschaftlichen Oberschicht der Deutschen hatten. Die Kenntnis der Sprache der deutschen

Literatur und auch anderer Fremdsprachen drang allmählich in die jüdische Welt ein. In den Vierzigerjahren des achtzehnten Jahrhunderts konnte man deutsche Bücher und Zeitungen in jüdischen Häusern finden. Doch die Aufklärung (Haskala) als organische Bewegung mit fest umrissenen Zielen begann bei den deutschen Juden erst mit Moses Mendelssohn. Sein Werk gehört ins achtzehnte Jahrhundert, die Früchte seines Wirkens reiften allerdings erst im neunzehnten Jahrhundert während der Periode der Emanzipation.

Moses Mendelssohn wurde 1729 in Dessau geboren und nach der jüdischen Tradition erzogen. Als er 1743 seinem Lehrer, dem Rabbiner David Fränkel, nach Berlin folgte, tat sich ihm eine neue Welt auf. Er lernte Deutsch und andere Sprachen, erwarb sich eine umfassende Allgemeinbildung und widmete sich besonders philosophischen Studien. Seine Freundschaft mit Lessing und dem Schriftsteller und Verleger Nicolai öffnete ihm den Weg in die deutschen und ganz allgemein die europäischen Kreise der Intellektuellen. Eine Reihe von Büchern und Artikeln über philosophische Themen, in sehr gutem, geschliffenen Deutsch, die zwischen 1755 und 1770 erschienen, machten ihn in ganz Deutschland berühmt. Besonders grossen Erfolg hatte sein Buch "Phädon", in dem er die Unsterblichkeit der Seele zu beweisen suchte. Dies in viele Sprachen übersetzte Werk galt als der erhabenste Ausdruck der für die Aufklärung charakteristischen Idee der Humanität.

"Phädon" bezeichnet einen entscheidenden Wendepunkt im Leben Mendelssohns. Über dies Buch entstand eine Korrespondenz zwischen ihm und dem Schweizer Theologen Johann Kaspar Lavater. Dieser stellte eine Verwandtschaft der philosophischen Ideen Mendelssohns mit dem Christentum fest und forderte ihn auf, sich taufen zu lassen. Mendelssohn antwortete, seine philosophischen Studien hätten bei ihm keinen Zweifel an der Wahrheit der jüdischen Religion geweckt, und er werde ihr treu bleiben. Von da an widmete Mendelssohn sein ganzes Wirken seinem eigenen Volk. Im Mittelpunkt seines Werks stand die Übersetzung des Pentateuch ins Deutsche. Sie war mit hebräischen Buchstaben gedruckt, damit jeder Jude sie lesen und aus ihr Deutsch lernen konnte. Der ihr beigefügte Kommentar (Biur) versuchte, den Sinn des Textes mit Hilfe von Logik und Grammatik zu erklären. Bei der Abfassung des Kommentars unterstützten ihn seine Freunde Salomo Dubno, Naphtali Herz (Hartwig) Wessely und Herz Homberg. Das Buch erschien 1783 unter dem Titel "Wege des Friedens" (Netiwot Schalom). Weite jüdische Kreise begrüssten Übersetzung und Kommentar mit Begeisterung als Verkünder einer neuen Periode, doch bei den jüdischen Orthodoxen löste Mendelssohns Werk einen Sturm der Entrüstung aus. Die Rabbiner fürchteten die Gefahr der Assimilation und Auflösung des jüdischen Volkes als Folge der Lehren Mendelssohns, und sie erklärten der "deutschen Bibel" und der "Tora des Moses aus Dessau" den Krieg. Sie verboten die Lektüre des Werks und bedrohten die Übertretung dieses Verbots mit Exkommunikation; an manchen Orten wurden die Bücher öffentlich verbrannt.

Der Zorn der Rabbiner entsprang ihrer tiefen Besorgnis um das Schicksal ihres Volkes, und spätere Ereignisse zeigten, dass ihre Furcht nicht grundlos gewesen war. Sie konnten jedoch den historischen Prozess nicht aufhalten. Mendelssohns Pentateuch mit dem Kommentar fand in Deutschland und auch in Polen und Russland weite Verbreitung und gab Generationen wissensdurstiger junger Leute den Schlüssel zur europäischen Kultur.

Manchmal begleiteten den Erwerb einer fremden Kultur die Herabsetzung der traditionellen jüdischen Werte und die Bereitwilligkeit, sich durch die Taufe völlig mit der christlichen Umgebung zu verschmelzen. Ein Beispiel für diese bedauernswerte Entwicklung liefert Mendelssohns eigene Familie. Er selbst befolgte die traditionellen jüdischen Vorschriften, verteidigte das Judentum mit Stolz und fand für seine Lehren eine philosophische Grundlage, aber nach seinem Tod gaben seine Söhne und Töchter den Glauben ihrer Väter auf.

Natürlich lagen diese Folgen weder in der Absicht Mendelssohns, noch des Kreises der Berliner Intellektuellen. Sie wollten nicht zerstören, sondern aufbauen, das wurde in der Zeitschrift "Der Sammler" (Ha-Me'assef), dem Organ der Gesellschaft für die hebräische Sprache, die Freunde und Schüler Mendelssohns 1783 gründeten, besonders betont. Sie sollte das geistige Leben der Juden durch die Übersetzung französischer und deutscher Literatur in gutes Hebräisch bereichern. Als sich die Kenntnis der deutschen Sprache verbreitete, wurde allerdings Hebräisch als Mittel

Pessach-Sederteller. Der glasierte Teller zeigt die Mitglieder des Haushalts, die um den zur Sederfeier gedeckten Tisch herumgehen, mit dem Stock in der Hand, ihrem Gepäck auf dem Rücken und mit gegürteten Lenden, wie 2. Mose den Auszug der Israeliten aus Ägypten beschreibt. Der Teller wurde 1788 in Liverpool, England, angefertigt. Jüdisches Museum, New York

Becher einer Beerdigungsbrüderschaft; Böhmen, 1713. Er stammt aus der Synagoge in Unterberg-Eisenstadt, Ungarn. Die Brüderschaft benutzte den grossen Becher offenbar, um gemeinsam daraus zu trinken, ein von allen Zünften damals geübter Brauch. Er ist aus Glas mit schwarzer und grauer Emailmalerei; es ist ein seltenes Exemplar. Oben auf dem Becher sieht man eine Widmung und darunter eine Begräbnisprozession, bei der alle Mitglieder der Brüderschaft bei ihren verschiedenen Aufgaben gezeigt werden. Auch die Familie des Verstorbenen und sein Sohn, der Kaddisch (das Gebet der Leidtragenden) sagt, sind dargestellt. Der verstorbene M. Narkiss fand die Bruchstücke des Bechers nach dem Zweiten Weltkrieg in Deutschland. Israel-Museum, Jerusalem

zum Erwerb von Wissen überflüssig; die Zeitschrift stellte deshalb 1797 ihr Erscheinen ein.

Drei Jahre nach Mendelssohns Tod (1786) brach die Französische Revolution aus. Ihre Bannerträger zogen die logische Schlussfolgerung aus den Grundsätzen der Aufklärungsbewegung und gewährten den Juden die Bürgerrechte. In ihrem Triumphzug durch Europa brachten die Revolutionsarmeen den Juden überall die Erlösung von den mittelalterlichen Beschränkungen und öffneten die Tore der Gettos. Mancherorts folgte auf Napoleons Niederlage eine Zeit der Reaktion, aber die Juden liessen nun im Kampf um ihre Rechte nicht mehr nach. Mitte des neunzehnten Jahrhunderts war die Emanzipation der deutschen Juden eine vollendete Tatsache. Sie waren jetzt freie, ins Leben ihres Landes integrierte Bürger, und damals dachte keiner im Traum daran, dass etwa ein Jahrhundert später wieder eine Schreckenszeit kommen würde, die noch schlimmer war als das finstere Mittelalter.

DIE POLNISCHEN JUDEN IM ACHTZEHNTEN JAHRHUNDERT

Die polnischen Juden, die in den Jahren 1648–1657 so schwer gelitten hatten und durch die von der sabbatianischen Bewegung geweckten Hoffnungen und die ihnen folgenden Enttäuschungen zu tiefst erschüttert waren, fanden den Weg zur Normalität nur schwer wieder. Auch die äusseren Bedingungen, unter denen die Juden unter der Herrschaft der sächsischen Könige lebten, vergrösserten ihre Not. In den Jahren 1698 und 1710 wurden in Sandomir auf Grund von Ritualmord-Anklagen unschuldige Juden zum Tode verurteilt und hingerichtet, und der König konnte die Vertreibung der Juden aus der Stadt nur schwer verhindern. Die Anklagen wegen Ritualmord nahmen an verschiedenen Orten zu. In den Kriegen zwischen Polen und Schweden plünderten die Heere der beiden Seiten die jüdischen Gemeinden abwechselnd. In der Ukraine wurden Zehntausende von Juden massakriert. Die Gemeinden waren schwer verschuldet, und sie verloren an Autorität. Die Lehrhäuser, ehemals der Stolz der polnischen Judenheit, erreichten ihre frühere Blüte nie wieder. Anstelle des Talmud und der Gesetzsammlungen dienten nun Bücher über Ethik und Kabbala dem Volk als geistige Nahrung. Die Sehnsucht nach rascher Erlösung erfüllte alle Herzen. Sabbatianische Zirkel bestanden weiter, und ihre Boten reisten durch das Land und gewannen ihrer Bewegung Anhänger.

Die schwere Krise, welche die polnische Judenheit in der Mitte des achtzehnten Jahrhunderts durchmachte, brachte zwei mystische Bewegungen hervor. Die eine, die der Frankisten, war eine Art Erneuerung und Fortsetzung der sabbatianischen Bewegung. Wieder wurden die Gefahren offenbar, die der Versuch, das messianische Zeitalter mit falschen Methoden vorzeitig heraufzubringen, in sich birgt — die Frankistenbewegung endete ausserhalb des Judentums. Die andere Bewegung, der Chassidismus des Baalschemtow, war so etwas wie eine negative Reaktion auf den Sabbatianismus, die Suche nach einem neuen Zugang zum Judentum. Diese Erneuerungsbewegung sollte allem jüdischen Leben weit über die Grenzen Polens und

Gewürzbehälter, Becher zur Heiligung des Weins und Kerze für die Hawdala (Segensspruch am Sabbatausgang); Deutschland, achtzehntes Jahrhundert. Erworben aus Beiträgen zur Erinnerung an den verstorbenen M. Narkiss, fünfunddreissig Jahre lang Direktor des Bezalel-Museums, Jerusalem. Den goldenen Becher schmücken Szenen aus dem Leben Isaaks und Jakobs. Er wurde 1765 einer Synagoge in Frankfurt geschenkt auf Grund einer testamentarischen Bestimmung Michaels, Sohn von Rabbi Speier, "um darin den Wein an jedem Feiertag zu heiligen und zum ewigen Gedächtnis vor Gott. Und so wie er es in seinem Testament bestimmt hatte, handelten seine Erben, und sein letzter Wille wurde am 2. Tewet 5585 erfüllt". Auch der Ständer der Hawdalakerze kommt aus Frankfurt; er wurde 1741 hergestellt. Der Gewürzbehälter in Form eines Turms ist aus teilweise vergoldetem Silber; er wurde 1810 in Österreich angefertigt. Israel-Museum, Jerusalem

ihre Entstehungszeit hinaus ein unauslöschliches Siegel aufdrücken.

DIE FRANKISTEN

Mitte des Jahrhunderts übernahm ein ausserordentlicher Mann trotz seiner Unwissenheit die Führung der Sabbatianer, die in verschiedenen Teilen Polens ihre Bewegung im geheimen fortsetzten. Dieser Führer holte sie aus ihrem Versteck heraus und brachte sie und sich selbst ins Rampenlicht der Geschichte. Die von ihm erweckten Hoffnungen erfüllten noch einmal die Herzen der polnischen Juden und bedrohten die Existenz des traditionellen Judentums. Als er von der Bühne abtrat, verschwand mit ihm auch die sabbatianische Bewegung für immer von der Szene.

Jakob Leibowicz, bekannt als Jakob Frank, wurde 1726 in Podolien geboren, hundert Jahre nach der Geburt Sabbatai Zwis. Sein Vater war ein Sabbatianer. Bis zu seinem dreissigsten Lebensjahr reiste er oft geschäftlich in die Türkei und kam dort mit den Führern der Dönmeh-Sekte in Berührung. Hier kam die Erleuchtung über ihn. Er kehrte nach Polen zurück und erklärte, göttliche Inspiration habe ihn beauftragt zu handeln, und dann werde die

Tafeln mit den Zehn Geboten; Saluzzo, Italien. Diese Tafel aus farbigem Marmor war wahrscheinlich in der Ostwand der Synagoge eingemauert – nicht, wie sonst meistens, in den Türen des Toraschreins. Der Stil der Verzierung ist typisch für das achtzehnte Jahrhundert. Römische Synagoge, Jerusalem

Silberner Teller für die Pidjon-ha-Ben-Zeremonie zur Auslösung des Erstgeborenen, nach biblischem Gebot gewöhnlich dreissig Tage nach der Geburt des Kindes abgehalten. (Ein Cohen – ein Nachkomme der alten Priesterfamilie Aarons – erhält eine Geldsumme, die er im allgemeinen für wohltätige Zwecke gibt). Dieser Teller wurde im achtzehnten Jahrhundert in Polen hergestellt. Die Szene der Opferung Isaaks auf dem Altar ist typisch als Schmuck solcher Teller; sie ist in einem weitverbreiteten Stil im Zentrum erhaben getrieben. Der Vater legte die Münzen für die Auslösung des erstgeborenen Sohns auf den Teller. Israel-Museum, Jerusalem

Erlösung kommen. In Podolien und Galizien wurde er 1755 enthusiastisch als die Personifikation Sabbatai Zwis begrüsst. Gläubige scharten sich um ihn. Er lehrte sie seine Doktrin, die von dem mystischen Sohar ausging und die Autorität des Talmud verwarf. Er enthüllte ihnen das Geheimnis der Göttlichkeit, die nach ihm drei Prinzipien umfasst – den alten Schöpfergott, den heiligen König oder Messias (Sabbatai Zwi oder seine Verkörperung Jakob Frank) und die göttliche Anwesenheit (die Schechina), das weibliche Element. Er forderte seine Anhänger auf, den Geboten und Vorschriften des traditionellen Judentums nicht länger zu gehorchen. Erst wenn die Juden diese Gebote nicht mehr befolgten, werde der Gott der Wahrheit erscheinen und das Erlösungswerk vollenden.

Die Frankisten lebten nach einer Lehre, die alle konventionellen Massstäbe abschaffte. Sie gaben sich den schlimmsten Ausschweifungen hin, besonders bei ihren Zeremonien und Festen. Es kam zu einem öffentlichen Skandal, und die Rabbiner schickten sich an, die Krankheit, die sich im Volk ausbreitete, auszurotten. Im Jahr 1756 wurden Frank und seine Anhänger exkommuniziert und eine Verfolgungskampagne gegen sie eingeleitet. In ihrer Verzweiflung wandten sich Frank und seine Gruppe an den Bischof Dembowski, einen ausgesprochenen Judenfeind, der sich für diese Sekte wegen ihrer Opposition zum Talmud interessierte. Dembowski versprach ihnen Schutz und ordnete eine öffentliche Disputation zwischen den "antitalmudischen" Frankisten und den Vertretern des traditionellen Judentums an.

Die Disputation (Juni 1757 in Kamenets-Podolski) befasste sich hauptsächlich mit der Frage, ob der Talmud ein gefährliches Werk sei. Mehrere Monate später entschied sich der Bischof für die Frankisten, belegte die "Talmudisten" mit einer hohen Geldstrafe und liess den Talmud verbrennen.

Zum Unglück für die Frankisten starb Bischof Dembowski im gleichen Jahr. Sie konnten zwar von König August III. ein Edikt erlangen, das ihnen Sicherheit garantierte, begriffen indessen, dass sie als Sekte innerhalb des Judentums keine Zukunft mehr hatten. Deshalb schlug Frank vor, man solle die Schale ändern, doch die Frucht bewahren, d.h. äusserlich das Christentum annehmen. Zuerst versuchten Frank und seine Anhänger, sich der Kirche unter gewissen Bedingungen anzuschliessen: sie sollten sich weiter als Juden kleiden, Bärte tragen, jüdische Partner heiraten, den Sabbat halten dürfen usw. Gleichzeitig verlangten sie eine zweite öffentliche Disputation mit den "Talmudisten", in der sie die Berechtigung der Ritualmord-Anklage beweisen wollten. Auf ihre Bedingungen ging die Kirche nicht ein, aber die zweite Disputation fand statt (Juli-September 1759).

Vor den Christen beschuldigten die Frankisten alle Juden des Ritualmords. Sie wussten genau, dass sie logen, und selbst die als Richter fungierenden Christen liessen sich durch diese Verleumdung nicht überzeugen, aber die Debatte verschaffte den Judenfeinden eine Waffe zum Angriff auf die Juden.

Nach diesem schmachvollen Ereignis blieb den Frankisten keine Wahl mehr. Etwa tausend von ihnen traten mit ihrem Führer bedingungslos zum Christentum über. Viele Anhänger Franks scheuten sich vor diesem letzten Schritt und

Esther-Rolle, illuminiertes Pergament; Niederlande, achtzehntes Jahrhundert. Die Sitte, Rollen des Buches Esther zu malen, entstand anscheinend im fünfzehnten Jahrhundert in verschiedenen deutschen und italienischen Gemeinden, aber das älteste noch vorhandene Manuskript stammt aus dem sechzehnten Jahrhundert. Die hier abgebildete Rolle ist bei dem Abschnitt geöffnet, der zeigt, wie Haman und seine zehn Söhne auf Mordechais Befehl am Galgen hängen und die Juden ihre Feinde töten. Sammlung Charles Feinberg, Detroit, USA

blieben Juden. Führerlos stellten sie oder ihre Kinder engere Beziehungen zum traditionellen Judentum her und wurden wieder von ihm aufgenommen.

Da Frank sich immer noch für den Messias hielt und von seinen Anhängern als dieser verehrt wurde, veranlasste die Inquisition seine Verhaftung. Nach der ersten Teilung Polens liessen die Russen ihn frei, und er lebte zuerst in Brünn in Mähren und später in Offenbach in Deutschland. Bis zu seinem Lebensende (1791) bestritten seine polnischen Anhänger seine glänzende Hofhaltung. Nach seinem Tode übernahm seine Tochter Eva die Führung der Sekte, aber sie geriet in Schulden und starb 1816. Danach zerfiel die Bewegung. Die getauften Frankisten wurden von der polnischen Gesellschaft absorbiert; viele von ihnen heirateten in den polnischen Adel, und sie oder ihre Nachkommen erlangten hohe Positionen in Handel und Industrie, den freien Berufen und im öffentlichen Leben.

DER CHASSIDISMUS

Völlig verschieden von der Bewegung der Frankisten war der Chassidismus des Israel Baalschemtow. Auch er war in Podolien geboren, in Okup (1700). Bis zu seinem dreiunddreissigsten Jahr lebte er in grosser Armut, studierte heimlich die Kabbala und verdiente sich seinen Lebensunterhalt durch kleine Dienste. Er galt als Ignorant, sogar bei seinem Schwager Rabbi Gerschon Kuttower aus Brodny. In der Mitte der Dreissigerjahre des achtzehnten Jahrhunderts begann er mit der Verbreitung seiner Lehre, die er von der Kabbala Lurias ableitete. Er lehrte die Notwendigkeit der innigen Hingabe bei der Befolgung der Gebote und der Kommunion mit Gott im Gebet; er betonte die Wichtigkeit der Freude im Gottesdienst, der Nächstenliebe und des einfachen, durch keine der traditionellen Begründungen gestützten Glaubens. Die einfachen Leute, denen die leidenschaftslose Gelehrsamkeit der Rabbiner nichts bedeutete, fanden in den Lehren des Baalschemtow die Befriedigung ihrer seelischen Bedürfnisse und schlossen sich ihm zu Tausenden an. Er konnte auch eine Anzahl von Gelehrten, die bei ihm Inspiration suchten, für seine Lehre gewinnen, darunter Rabbi Dow Bär von Meseritz und Jakob Cohen von Polna.

Im Jahr 1740 liess der Baalschemtow sich in der Stadt Medziboz in Polonien nieder, die das Zentrum der neuen Bewegung wurde. Hier lebte er bis zu seinem Tode (1760), reiste aber auch viel im Land umher, um mit seinen Anhängern in Verbindung zu bleiben. Unter der Führung seines Nachfolgers Dow Bär, genannt der Maggid (Prediger), organisierte und verbreitete sich die Bewegung — bis in die Ukraine, nach Litauen und Zentralpolen. In der Lehre des Maggid von Meseritz kristallisierte sich die im Kern schon beim Baalschemtow existierende Idee vom Zaddik, dem heiligen Rabbi, dem Bindeglied zwischen der stofflichen und der geistigen Welt, dem Führer, Heiligen und Vermittler zwischen dem Gläubigen und Gott.

Als sich der Chassidismus ausbreitete, entstanden weitere Zentren mit ihren eigenen Zaddikim (Plural von Zaddik). So lange der Maggid lebte, unterstanden sie dem Meseritzer Zentrum, aber nach seinem Tode (1772) spaltete sich die Bewegung in verschiedene Gruppen. Jede hatte ihren eigenen Zaddik, denn es gab keinen Führer mehr, der fähig gewesen wäre, die Aufsicht über alle Chassidim auszuüben.

In der Generation nach dem Maggid gab es viele bedeutende Zaddikim, die den Chassidismus verbreiteten und stärkten. Unter ihnen waren z.B. Rabbi Levi Jizchak von Berditschew, Rabbi Israel von Rischin, Rabbi Nachman von Braslaw, Rabbi Ahron "der Grosse" von Karlin, Rabbi Schnëur Salman von Ladi, der Begründer der Chabat-Bewegung, Rabbi Elimelech von Lisensk und Rabbi Jaakob Jizchak von Pzysha.

Um jeden von ihnen scharte sich ein kleinerer oder grösserer Kreis von Schülern und Jüngern. Die Chassidim sahen in der Wiederbesiedlung von Palästina eine äusserst verdienstvolle Tat. Israel Baalschemtow machte sich also zur Reise ins Heilige Land auf, änderte aber unterwegs seinen Plan. Sein Schwager, Rabbi Gerschon Kuttower, gelangte nach Palästina; er siedelte sich zuerst in Hebron, später in Jerusalem an. Rabbi Menachem Mendel von Przemysl und Rabbi Menachem Mendel von Witebsk liessen sich in Tiberias nieder. Jeder von ihnen war von einem Kreis von Anhängern begleitet. Die europäischen Chassidim unterstützten die Mitglieder ihrer Gruppe in Palästina, und lange Zeit leitete Rabbi Schnëur Salman von Ladi diese Hilfsaktion.

Schon zu Lebzeiten des Baalschemtow standen die Rabbiner dem Chassidismus feindlich gegenüber. Rabbi Chajim Rappaport aus Lemberg, der Führer der jüdischen Seite bei der zweiten Disputation zwischen den "Talmudisten" und den Frankisten, nannte den Baalschemtow einen Scharlatan, und 1772 exkommunizierten einige Gemeinden die Chassidim. Einer ihrer heftigsten Gegner war Rabbi Elija, der Wilnaer Gaon. In den Vierziger- und Fünfzigerjahren des achtzehnten Jahrhunderts schlossen sich die Gegner der Chassidim zusammen, und die Kontroversen zwischen ihnen und den Chassidim wurden immer erbitterter. Diese wurden beschuldigt, von den religiösen Bräuchen abzuweichen, das Studium der heiligen Bücher zu vernachlässigen und sich von der Gesamtheit des jüdischen Volkes abzusondern. Noch waren es nur Streitigkeiten im Innern, aber sie nahmen eine entwürdigendere Form an, als beide Seiten ihre Gegner bei den Behörden verleumdeten. Rabbi Schnëur Salman wurde verhaftet, nachdem die Opponenten des Chassidismus (die Mitnaggedim) ihn bei den Behörden der Regierungsfeindlichkeit beschuldigt hatten. Er wurde freigesprochen und aus der Haft entlassen.

Die Chassidim ihrerseits verleumdeten den Führer der Wilnaer Gemeinde.

So endete das achtzehnte Jahrhundert im bittern Streit zwischen den Chassidim und ihren Gegnern. Dabei war keine Seite bei ihren Mitteln zum Angriff auf den Gegner wählerisch, doch muss man gerechterweise sagen, dass die Mitnaggedim den Konflikt hervorriefen und im allgemeinen die Angreifer waren.

Aber weder durch Angriffe noch Verfolgungen, weder durch Spott noch Verachtung und durch keinen Bann liessen sich die Chassidim aus dem jüdischen Volk vertreiben, wie es den Frankisten geschah. Sie hingen mit ihrer ganzen Kraft am Judentum und wollten es nicht aufgeben. Schliesslich wurde ihre Auffassung als einer der Wege des traditionellen Judentums akzeptiert, und sie hat allmählich sogar auf ihre Gegner eine gewisse Wirkung ausgeübt.

Gegen Ende des achtzehnten Jahrhunderts bemühten sich die Freunde und Anhänger Moses Mendelssohns darum, die Grundsätze der Aufklärung nach Galizien und später auch nach Polen und Russland zu bringen. In dem damals zu Österreich gehörenden Galizien begünstigte Kaiser Joseph II. diese Bestrebungen, und auch in Polen suchten die Behörden und einige christliche Intellektuelle nach Möglichkeiten, das jüdische Problem durch die Einschmelzung der Juden in die polnische Kultur zu lösen. Die Chassidim wie ihre Gegner glaubten indessen, die Bewegung der Aufklärung werde die Grundlagen des Judentums unterminieren und bekämpften sie leidenschaftlich. Dieser Kampf und die von ihm ausgelösten Entwicklungen gehören zur Geschichte des neunzehnten Jahrhunderts.

DAS NEUNZEHNTE JAHRHUNDERT

Eins der Felder einer faltbaren Sukka (Laubhütte zum Laubhüttenfest) aus Fischach, Süddeutschland. Für die ganze Hütte s. die Bilder, S. 188 ff.

Die jüdische Gemeinde in Frankreich hatte sich durch die Vertreibung von 1394 aufgelöst. Sie erneuerte sich indessen allmählich wieder, teils heimlich und teils durch die Annexion neuer Gebiete mit jüdischer Bevölkerung. Nach der Ausweisung der Juden aus Spanien und Portugal Ende des fünfzehnten Jahrhunderts siedelten sich Marranen aus beiden Ländern in Südfrankreich an. Äusserlich gaben diese Einwanderer sich als loyale Söhne der katholischen Kirche, doch ihre Maske war sehr durchsichtig. Nur der grosse Vorteil, den ihre Handelsgeschäfte der Wirtschaft des Landes brachten, veranlasste die Regierung, ihre Augen zu schliessen und sie sogar zu schützen. Langsam gewöhnte sich die Bevölkerung an sie, und in der ersten Hälfte des achtzehnten Jahrhunderts durften sie offen zum Judentum zurückkehren. Hinzu kamen die Juden aus den unter päpstlicher Herrschaft stehenden Gebieten (Avignon und die Grafschaft Venaissin); sie liessen sich überall in Frankreich nieder. Im Jahr 1648 erhielt Frankreich das Elsass und Lothringen, wo es eine grosse aschkenasische Gemeinde gab. Die Aschkenasim unterschieden sich durch ihre Sprache, Bräuche und ihre wirtschaftliche Situation von den sephardischen Juden. Die Wohlhabenden unter ihnen waren Geldverleiher, die Armen verdienten sich ihr Brot mit Hausier- und Viehhandel. Nach alter Tradition hasste die christliche Bevölkerung die Juden in diesen ehemals deutschen Gebieten.

Von allen Juden in Frankreich wurden Sondersteuern erhoben, und ihre Freizügigkeit wie auch ihre wirtschaftliche Betätigung waren eingeschränkt. Die Haltung der Regierung war jedoch nicht konsequent und von Ort zu Ort verschieden. Am schwierigsten war die Lage im Elsass und in Lothringen, wo dreiviertel aller französischen Juden lebten. Schon vor der Französischen Revolution empfand man das dringende Bedürfnis, die Verhältnisse zu verbessern. Abbé Henri Grégoire, ein liberaler katholischer Priester, der sich später den Revolutionären anschloss, schrieb einen Aufsatz über die physische, moralische und politische Verbesserung der Juden, in dem er die "Degeneration" der Juden ihrer Unterdrückung zuschrieb und als Mittel zu ihrer Normalisierung ihre Anerkennung als gleichberechtigte Bürger empfahl. Der liberale Graf Mirabeau, später einer der Führer der Revolution, veröffentlichte ein Buch über "Moses Mendelssohn et la réforme politique des juifs", in dem auch er für die Aufhebung jeder Diskriminierung eintrat; man sollte den Juden Gelegenheit geben, zu beweisen, dass sie gute Bürger wären.

DIE FRANZÖSISCHE REVOLUTION

Mit der Französischen Revolution 1789 begann eine neue Epoche für die Völker Europas und damit auch für die verstreut zwischen ihnen lebenden Juden. Als erste genossen natürlich die französischen Juden den Segen der Revolution: sie wurden als vollberechtigte Bürger des Landes anerkannt. Aber sie erhielten ihre Emanzipation nicht ganz schmerzlos. Zwar blieben Mirabeau und der Abbé Grégoire ihrer vor der Revolution geäusserten Gesinnung treu und bemühten sich in ihren Reden in der Nationalversammlung, den Juden zu helfen, doch die elsässischen Delegierten opponierten lange gegen ihre Anregungen. Als die sephardischen "Aristokraten" sahen, dass sich ihre Befreiung wegen ihrer aschkenasischen Glaubensgenossen verzögerte, rückten sie von ihnen ab und wandten sich ohne sie an die Nationalversammlung, die sie auf ihre besondere Stellung und die ihnen früher gewährten Privilegien aufmerksam machten. Ihre Bemühungen hatten Erfolg, und im Januar 1790 wurden ihre Anträge genehmigt. Nach diesem Verrat setzten die elsässischen Juden, unterstützt durch Freunde in der Nationalversammlung, ihren Kampf allein fort, bis Logik und Gerechtigkeit über die Opposition ihrer Feinde siegte: im September 1791 wurde die allgemeine Emanzipation der Juden in Frankreich verkündet.

Schnell bewiesen die Juden ihrem Heimatland ihre Dank-

Faltbare Sukka. Zu Beginn der jüdischen Emanzipation nahm bei den Juden schnell die Neigung zu, sich ihr häusliches Leben behaglicher einzurichten. Viele wohlhabende Juden konnten sich grosse Landhäuser ausserhalb der geschlossenen Gemeinde bauen und Freizeitvergnügungen wie Reiten und Jagen geniessen, die es vorher für die Juden in Deutschland kaum gegeben hatte. An den jüdischen Traditionen hielten sie meistens fest, manchmal sogar strenger als ihre Vorfahren hundert Jahre früher. Die bemalten Felder dieser faltbaren Sukka trugen Nummern, damit man sie jedes Jahr schnell zusammensetzen konnte. Die Felder der für einen reichen Juden aus Fischach zu Anfang des neunzehnten Jahrhunderts besonders angefertigten Sukka zeigen viele Szenen aus dem Haus und dem Leben des Eigentümers. Hier sieht man das Haus in einer idyllischen Landschaft. Ein anderes Feld (S. 189) zeigt den Vater mit dem Sohn oder Freund auf der Vogeljagd. Auf dem Bild S. 187 wartet die Frau auf die Rückkehr ihres Mannes. In der Mitte, dem Eingang gegenüber, liess der Eigentümer ein imaginäres Bild von Jerusalem und dem Tempel malen und daneben Szenen aus dem Leben der Gemeinde und des Propheten Elija. Auf dem Bild (unten rechts) empfangen die Juden die Tora auf dem Sinai, und die Leviten nehmen am Gottesdienst im Tempel teil (oben links). Geschenk der Familie Deller durch den verstorbenen Dr. H. Feuchtwanger zur Erinnerung an Abraham Deller, gestorben 1938. Israel-Museum, Jerusalem

barkeit und den Wunsch, Franzosen wie alle anderen Franzosen zu sein. Sie stifteten grosse Summen für die Revolutionsfonds und dienten mutig und opferbereit in der Nationalgarde und der Armee.

Die Revolutionsarmeen verbreiteten auf ihrem Zug durch Europa überall die neuen Grundsätze der Freiheit, Gleichheit und Brüderlichkeit. Zu den ersten Taten der Eroberer gehörte es, die Tore der Gettos zu öffnen und den Juden das Bürgerrecht zu gewähren. Die Juden Italiens wurden 1797 den italienischen Bürgern gleichgestellt. In den Niederlanden waren ein Jahr vorher alle gegen die Juden gerichteten Gesetze aufgehoben. In den eroberten deutschen Staaten rissen die Franzosen auch die Mauern der Gettos nieder, manchmal mit einer militärischen Zeremonie, und proklamierten die Freiheit der jüdischen Bevölkerung. In wenigen Jahren änderte sich die Lage der Juden in einem grossen Teil Europas radikal. Natürlich waren sie ihren Befreiern dankbar; viele von ihnen traten in die französische Armee ein.

NAPOLEON UND DIE JUDEN

Zwei der besetzten Länder widersetzten sich erfolgreich der Einführung des neuen Geistes, Bayern und das Herzogtum Warschau. Bayern hob zwar nach und nach viele Beschränkungen auf, gewährte den Juden jedoch nicht die Gleichberechtigung. Das von Napoleon 1807 errichtete Herzogtum Warschau (es bestand bis 1815) nahm den Grundsatz der vollen Gleichberechtigung in seine Verfassung auf, doch mit Rücksicht auf den Widerstand der Aristokraten und der Bürger wurde 1808 die Anwendung dieses Absatzes um zehn Jahre verschoben.

So brachte die Hingabe des jüdischen Kriegshelden Joselewicz Berek an die Sache der polnischen Freiheit in Kosciuszkos Rebellion (1794) den Juden keinen Gewinn. Später zeichnete Berek sich in der napoleonischen Armee aus. Er kehrte 1807 ins Herzogtum Warschau zurück und fiel als Anführer eines Kavallerie-Angriffs im Kampf gegen Österreich.

Bemerkenswerterweise opponierte im Herzogtum Warschau auch ein Teil der Juden gegen die Emanzipation. Die Chassidim unter der Führung von Rabbi Jaakob Jizchak ("Der Seher") von Lublin und Rabbi Israel von Kosnitz sahen darin den ersten Schritt zur Assimilation und zur Aufgabe des traditionellen Judentums und verbanden sich mit der Reaktion, um ihre Durchführung zu verhindern.

Napoleon wurde 1804 zum Kaiser von Frankreich gekrönt. Vor seiner Thronbesteigung zeigte er Interesse für das jüdische Volk, als er von 1798 bis 1799 in Palästina Krieg gegen die Türken und die Engländer führte. Nach der Eroberung Gasas und Jaffas rief er die Juden des Orients auf, sich ihm anzuschliessen und versprach ihnen, er werde das Königreich Jerusalem wieder errichten. Sein Aufruf fand kein Gehör, und es lässt sich schwer ermessen, wie ernst sein Versprechen gemeint war. Er bestand darauf, dass den Juden in allen europäischen Ländern, über die er Macht hatte, das Bürgerrecht erteilt werde, denn das entsprach den Grundsätzen der Revolution, die überall verwirklicht werden sollten. In Frankreich selbst behandelte der Kaiser die Judenfrage auf höchst originelle Weise.

Im Jahr 1806 nahmen die Klagen über die Geldgeschäfte der elsässischen Juden zu. Napoleon missfiel diese jüdische Gemeinde, weil er in dieser ethnisch und kulturell geschlossenen Gruppe eine "Nation in einer Nation" sah. Er beschloss, die jüdische Solidarität zu brechen und einen Schlag gegen die Juden zu führen, ohne ihre Rechte — wenigstens offen — zu verletzen. Das wollte er auf eine grossartige Art tun, die naive Juden als Zeichen des Respekts vor ihrem Volk und der Erhöhung seines Prestiges deuten konnten.

In Paris wurde im Juli 1806 eine Versammlung jüdischer Notabeln einberufen und zur Beantwortung von zwölf Fragen aufgefordert. Die Fragen betrafen Gesetze über die Haltung der Juden zur Polygamie, Scheidung und Ehen mit Nichtjuden, die Beziehungen zwischen den Juden und ihrem Geburtsland nach jüdischem Recht (ob sie die Franzosen als ihre Brüder und Frankreich als ihr Heimatland betrachteten und ob sie bereit wären, ihr Land zu verteidigen und seinen Gesetzen zu gehorchen), die Autorität der Rabbiner u.a.m. Die Befragten beantworteten alle Fragen zur Zufriedenheit des Kaisers. Ihre Antworten waren der Ausdruck ihrer Loyalität zu Frankreich und ihrer Bereitschaft, die Achtung vor den Gesetzen des Landes über alle anderen Verpflichtungen zu stellen.

Um diesen Antworten der Notabeln feierlich und offiziell einen religiösen Stempel aufzudrücken, berief Napoleon 1807 ein Grosses Synhedrin. Die scheinbare Wiedererweckung der höchsten Autorität des jüdischen Volkes machte in Frankreich und ganz Europa starken Eindruck. Der Glanz des Namens "Synhedrin" weckte geheiligte Erinnerungen und verbarg, dass dies Schauspiel einzig und allein den Absichten des Kaisers dienen sollte. Das Synhedrin trat unter der Präsidentschaft des Rabbiners David Sinzheim aus Strassburg mit grossem Pomp zusammen und tat, was der Kaiser von ihm erwartete, d.h. er bestätigte die Antworten der Notabeln und gab ihnen die Kraft "jüdischer Gesetze."

Nachdem er seinen Zweck erreicht hatte, enthüllte Napoleon seine wahren Absichten und erliess 1808 Bestimmungen zur Regelung der wirtschaftlichen Betätigung der Juden für einen Zeitraum von zehn Jahren. Diese Bestimmungen galten nicht nur für die Juden in Frankreich, sondern auch für die in den eroberten Ländern. Sie beschränkten die Freizügigkeit und die Handlungsfreiheit der Juden auf verschiedenen Gebieten.

Dieser diskriminierende Kodex traf die Juden als eine entwürdigende Beleidigung; sie nannten ihn le décret infâme. Später wurden gewisse harte Bestimmungen gemildert, aber die meisten Beschränkungen blieben bis zum Fall Napoleons in Kraft. In Frankreich hob sie die Regierung der Restauration 1818 auf. Es gehört zur Ironie der Geschichte, dass die Reaktion der Bourbonen den französischen Juden die Rechte zurückgab, die ihnen die Französische Revolution 1789 gewährt hatte.

DIE EMANZIPATION IN DEUTSCHLAND

Zur Zeit der napoleonischen Kriege bildete Preussen das Zentrum des deutschen Widerstands gegen den französischen Eroberer. Auf dem Schlachtfeld besiegt und mit verkleinertem Territorium war es dennoch weder erobert noch bezwungen.

In bezug auf den Status seiner Juden liess sich Preussen nicht von den Franzosen befehlen, wie es die anderen deutschen Staaten getan hatten. Kurz vor dem Ausbruch der Französischen Revolution wandten sich 1787 Vertreter der deutsch-jüdischen Gemeinden an den neuen König Friedrich Wilhelm II. mit der Bitte, er möge eine Anzahl der irritierendsten und entwürdigendsten diskriminierenden Gesetze aufheben. Zwei Jahre lang erörterten Beamte der preussischen Regierung diese Frage. Als sie 1789 schliesslich nur einige belanglose, von der Regierung konzedierte Reformen ankündigten, hatten die jüdischen Repräsentanten den Mut und das Ehrgefühl, diese herablassende Gunstbezeugung abzulehnen.

Unter dem Eindruck der Emanzipationserklärung Frankreichs verlangte der König nochmals eine Prüfung der Lage der Juden und die Vorbereitung einer grundlegenden Reform. Aber auch diesmal wurde kein bemerkenswerter Fortschritt gemacht. Das Problem komplizierte sich noch mehr, als infolge der Annexion früher polnischer Gebiete nach den Teilungen Polens (1793 und 1795) die Zahl der Juden in Preussen zunahm. Inzwischen brach der Krieg mit Frankreich aus, und jetzt hatte die preussische Regierung dringendere Sorgen als die Verbesserung der Lage der Juden.

Aktueller wurde das Problem nach der Niederlage der preussischen Armee bei Jena (1806), als es unbedingt nötig wurde, für eine höchste Anstrengung im Krieg gegen Napoleon den Staat zu reorganisieren und die ganze Bevölkerung, einschliesslich der jüdischen Minderheit, zu einigen. Mit der Ausführung dieses Plans wurden die Minister Stein und Hardenberg beauftragt, zwei Staatsmänner, deren liberale Neigungen sich auch auf die Lösung der Judenfrage bezogen. Auf Hardenbergs Empfehlung erliess König Friedrich Wilhelm III. im Jahr 1812 sein "Edikt betreffend die bürgerlichen Verhältnisse der Juden in dem Preussischen Staate", das alle diskriminierenden Gesetze aufhob, den Juden das volle Bürgerrecht gab und ihnen alle Bürgerpflichten, darunter auch den Militärdienst, auferlegte. Nur die Entscheidung über die Eignung der Juden, in Regierungsstellen zu dienen und damit obrigkeitliche Funktionen auszuüben, behielt sich der König persönlich für einen späteren Termin vor. Die Juden Preussens waren glücklich. Um ihre Dankbarkeit zu beweisen, traten sie in die preussische Armee ein und gaben enthusiastisch ihr Leben für die Befreiung ihres Landes hin.

Nach der Niederlage Napoleons (1814) traten die Vertreter der europäischen Mächte in Wien zusammen, um Ordnung in das Chaos zu bringen, das als Folge der Französischen Revolution und der langwierigen Kriege auf dem Kontinent herrschte. Die Diskussionen auf dem Wiener Kongress berührten auch das Problem der Rechte der Juden. Anhänger der "alten Ordnung" sahen in der Judenemanzipation eine der Taten Napoleons und wollten sie wieder abschaffen. An dem Kongress nahmen jedoch auch liberale Staatsmänner teil, vor allem die Vertreter Preussens, Hardenberg und Alexander von Humboldt. Sie traten dafür ein, die den Juden erteilten Rechte zu erhalten, und sogar der konservative österreichische Ministerpräsident Metternich neigte zu ihrer Auffassung — allerdings nicht für sein eigenes Land. Schliesslich setzten sich aber die Konservativen durch. Der Abschnitt über die Rechte der Juden im Wiener Vertrag war sehr schlau formuliert: danach sollten die Juden alle Rechte geniessen, die ihnen *von* den verschiedenen Staaten gewährt worden waren (die zuerst vorgeschlagene Fassung lautete *in* den verschiedenen Staaten). Da ausser Preussen kein Staat den Juden freiwillig, vielmehr nur unter dem Druck der Besatzungsmächte irgendwelche Rechte eingeräumt hatte, wurde die Emanzipation überall aufgehoben und der ursprüngliche Zustand wiederhergestellt. Auch Preussen beschnitt die Rechte der Juden. Die Propheten des deutschen Patriotismus, besonders Universitätsprofessoren, überfluteten das Land mit antijüdischer Literatur, und die Studenten übersetzten ihre Lehren in Taten. Unter ihrer Führung griffen Pöbelbanden in vielen Städten Juden auf den Strassen an, brachen in ihre Häuser ein und plünderten oder zerstörten ihr Eigentum. Diese Ausbrüche von Gewalttätigkeit gegen die Juden im Jahr 1819 sind als die Hep-Hep-Unruhen bekannt (nach den Ausrufen der wüsten Horden). Das Wort Hep soll auf die Kreuzfahrer zurückgehen; es ist ein Akronym für Hierosolyma est perdita — Jerusalem ist verloren.

Diese vergrösserte Aufnahme der faltbaren Sukka aus Fischach, Süddeutschland, zeigt Details der bemalten Felder.

Nach dem Wiener Kongress waren Frankreich und die Niederlande die einzigen Länder, in denen die Juden die volle bürgerliche Gleichberechtigung genossen.

Natürlich akzeptierten die Juden in Deutschland die Rückkehr zu ihrem früheren Status nicht, vor allem deshalb, weil inzwischen im jüdischen Leben wichtige Änderungen eingetreten waren.

DAS REFORMJUDENTUM

Zur Zeit der napoleonischen Kriege wurden einige jüdische Finanziers berühmt, besonders die Familie Rothschild aus Frankfurt am Main. Sie übten wachsenden Einfluss auf die Politik Europas aus. Die Söhne Meyer Amschel Rothschilds, loyaler Hofjude des Landgrafen von Hessen-Kassel und

Einer der ersten jüdischen Künstler der Emanzipation war Isaak Iljitch Levitan aus Litauen (1860–1900). Mit Recht wird Levitan zu den grössten russischen Landschaftsmalern seiner Zeit gezählt. In den vier letzten Jahren seines Lebens lehrte er als Professor für Landschaftsmalerei an der Moskauer Akademie. Dies Bild heisst "Russisches Dorf". Israel-Museum, Jerusalem

Gründer der Bank Rothschild in Frankfurt, finanzierten die Kriege gegen Napoleon und hatten gute Beziehungen zu Staatsmännern, Fürsten und Königen. Ausser den Rothschilds erlangten damals auch andere Juden als angesehene und einflussreiche Finanziers Machtpositionen; diese Gesellschaftsschicht war in der deutschen Kultur verwurzelt. Viele ihrer Mitglieder erwarben sich eine umfassende europäische Bildung, und die Salons schöner, intelligenter Jüdinnen, z.B. von Rahel Varnhagen van Ense und Henriette Herz in Berlin und von Fanny von Arnstein in Wien waren Mittelpunkte des literarischen Lebens. Aristokraten, Staatsmänner, Schriftsteller und Gelehrte, Deutsche und Ausländer, strömten begeistert in ihre Salons. Die Juden,

oder wenigstens manche von ihnen, verfeinerten sich und wurden in ihrer Erscheinung weniger fremdartig und daher den Deutschen weniger unsympathisch.

Veränderungen auf dem Gebiet der Religion waren dazu bestimmt, den Abstand zwischen Juden und Deutschen zu verringern. Als sich der von Moses Mendelssohn und seinen Freunden vertretene Geist der Aufklärung ausbreitete, bestrebte man sich, die Grundsätze des Judentums der herrschenden rationalistischen Philosophie anzugleichen, unmodern und rückständig wirkende Bräuche und Glaubenslehren abzuschaffen und dem Gottesdienst in der Synagoge eine ästhetischere und modernere Form zu geben. David Friedländer, ein Schüler Mendelssohns, war der

Die orthodoxen Kreise opponierten natürlich gegen diese Reformen, in denen sie eine Nachahmung der christlichen Gottesdienste und die Abweichung von der geheiligten jüdischen Tradition sahen. Aber ihr Widerstand nützte nichts. Die Reformbewegung breitete sich in verschiedenen Formen mit mehr oder weniger extremen Änderungen von Lehren und Bräuchen in ganz Deutschland aus. Akademisch gebildete Rabbiner standen an der Spitze der Reformgemeinden und verschafften ihnen in den Kreisen der Intellektuellen Ansehen. Viele von ihnen, z.B. der liberale Abraham Geiger und der gemässigt konservative Zacharias Frankel, waren hervorragende Vertreter der neuen von Leopold Zunz (1794–1886) begründeten "Wissenschaft des Judentums." Zunz und seine Mitarbeiter und Schüler studierten mit den Methoden der Geschichtswissenschaft systematisch und kritisch Geschichte und Literatur des Judentums. Durch die Veröffentlichung ihrer Forschungsergebnisse erschlossen sie auch deutschen Gelehrten den Zugang zu den Schätzen des Judentums.

DER "NEUE JUDE"

Nun zeichneten sich viele Juden auf den Gebieten der deutschen Literatur, Philosophie und Wissenschaft aus. Ephraim Moses Kuh schrieb Gedichte im Stil des deutschen Rokoko. Ludwig Börne, der zum Protestantismus übertrat, gehörte zu den Führern der Schriftstellergruppe "Junges Deutschland." Heinrich Heine, ebenfalls getauft, doch im Herzen bis zum Tode Jude, trug durch seine neuen Formen der lyrischen Poesie wesentlich zu ihrer Entwicklung bei. Salomon Maimon war einer der strengsten Kritiker der Philosophie Kants. Lazarus Ben David zeichnete sich als Philosoph und Mathematiker aus. So gehörte der Jude jetzt mit in die deutsche Kultur.

In dieser Periode entstand ein neuer Typ — der Jude, der sich vom Deutschen nicht mehr durch Sprache, Bildung und Benehmen unterschied, der sich als deutscher Staatsbürger jüdischen Glaubens betrachtete und gelegentlich auch bereit war, das immer dünner werdende Band mit dieser Religion zu lösen, um sich völlig mit den Deutschen zu identifizieren und sich ihnen zu assimilieren. Selbst Juden, die noch fest im traditionellen Judentum wurzelten, zogen einen Trennungsstrich zwischen der Sphäre der Religion, in der sie der Tradition ihrer Väter treu blieben, und dem Reich des Profanen, in dem sie sich bemühten, genau so deutsch wie die anderen Deutschen zu sein.

Der neue Jude wollte die ungerechte Diskriminierung nicht länger ertragen und forderte energisch die Anerkennung seiner vollen Bürgerrechte. Um ihre Emanzipation zu erlangen, schlossen sich die Juden den Liberalen an, auf deren Programm auch die Gleichberechtigung der Juden stand.

An der Revolution von 1848 nahmen die Juden aktiv teil, und in der Deutschen Nationalversammlung in Frankfurt sassen vier Juden. Der bedeutendste war Gabriel Riesser, Mitglied des gemässigt liberalen Linken Zentrums und einer der Vizepräsidenten der Versammlung. Riesser (geb. 1806 in Hamburg) fand nach seinem juristischen Studium die Türen zum juristischen Beruf wie zur akade-

erste Theoretiker der jüdischen religiösen Reformbewegung. Nach dem Scheitern seines Versuchs (1799), die protestantische Kirche zur Aufnahme einer Gruppe von Juden zu bewegen, ohne von ihnen die Annahme des christlichen Dogmas zu verlangen, konzentrierte er sich darauf, das Judentum im Geist der Zeit zu reformieren. Er forderte, die Juden sollten ihren Glauben an messianische Hoffnungen aufgeben und im Gottesdienst die hebräische Sprache durch die deutsche ersetzen. Einen Teil seiner Forderungen erfüllte Israel Jacobsohn. Er kürzte die hebräischen Gebete, fügte deutsche hinzu und führte nach dem Vorbild der protestantischen Kirchen den Gemeindegesang und 1810 auch Orgelmusik in den Gottesdienst ein.

Selbstporträt des holländischen Malers Jozef Israels (1824–1911). Sein jüdischer Romantizismus ist vom Geist des französischen Realismus der Barbizonschen Richtung geprägt. Seine Selbstporträts zeigen den reifen Stil seiner letzten Lebensjahre, als er schon unter dem Einfluss der Impressionisten stand. Israel-Museum, Jerusalem

Der Norddeutsche Bund gewährte den Juden schon 1869, also vor Ausbruch des Krieges mit Frankreich, in den ihm angeschlossenen Gebieten Gleichberechtigung. Nach dem Sieg über Frankreich und der Gründung des Deutschen Reichs erhielt das Emanzipationsgesetz im gesamten Reichsgebiet Gültigkeit. Damals konnte sich niemand vorstellen, dass diesen von den Juden nach langem Kampf errungenen Sieg nach nur siebzig Jahren eine verheerende Tragödie zunichtemachen würde.

ÖSTERREICH

Am Ende der Sechzigerjahre des achtzehnten Jahrhunderts gab es eine Anzahl jüdischer Familien in Wien, mehrere Gemeinden in Böhmen und Mähren und einige zehntausend Juden in ungarischen Städten und Dörfern. Im Reich der Habsburger galten immer noch die diskriminierenden Gesetze und Beschränkungen aus dem Mittelalter.

Ein neues Problem entstand, als 1772 bei der ersten Teilung Polens ein grosser Teil Galiziens mit einer Viertelmillion Juden an Österreich fiel. Diese Gemeinde unterschied sich sozial und kulturell von den übrigen österreichischen Juden. Zunächst bestand die jüdische Selbstverwaltung, wie sie im Königreich Polen funktioniert hatte,

mischen Karriere verschlossen. Von da an sah er es als seinen Auftrag an, für die Emanzipation zu kämpfen. In leidenschaftlichen Artikeln debattierte er mit den Kritikern des Judentums, brandmarkte die den Juden zugefügte Ungerechtigkeit und forderte Gleichberechtigung für sie. In der Nationalversammlung hielt er eine feurige, eindrucksvolle Rede, und die Verfassung vom Frühling 1849 enthielt einen Absatz, in dem den Angehörigen aller Bekenntnisse gleiche Rechte versprochen wurden. Doch die Nationalversammlung wurde im Juni 1849 mit Gewalt aufgelöst, und ihre Entscheidungen blieben auf dem Papier.

In den auf das Scheitern der Revolution folgenden Jahren setzte Riesser seinen Kampf für die Emanzipation fort. Dank der günstigen wirtschaftlichen Entwicklung in den Fünfziger- und Sechzigerjahren festigte sich auch die Position des jüdischen Mittelstandes. Auf dem Schlachtfeld konnten die Juden ihren Patriotismus in den Kriegen Preussens mit Dänemark (1864), mit Österreich (1866) und im deutsch-französischen Krieg (1870–1871) beweisen.

Selbstporträt von Jozef Israels (1824–1911), Israel-Museum, Jerusalem

weiter. Doch das änderte sich mit der Thronbesteigung Josephs II. Der neue Kaiser hatte sicherlich viele gute Absichten. Durch sein Toleranzedikt von 1782 bewies er seinen Wunsch, die Juden zu nützlichen Untertanen zu machen: er führte Änderungen im Erziehungssystem ein, förderte die Ausbildung von Handwerkern, gab den Juden die Freiheit der Berufswahl und schaffte auch den Schandfleck und die Kopfsteuer ab. Er erweiterte die Autorität der Gemeinden, machte für die Juden den Gebrauch der deutschen Sprache obligatorisch und verlangte von ihnen den Militärdienst.

Die Befürworter der Aufklärung billigten die Reformen. Naftali Herz Wessely, der Freund Moses Mendelssohns, schrieb die "Worte des Friedens und der Wahrheit" (Diwre schalom we'emet), in denen er die Juden zur Befolgung des Toleranzedikts aufforderte. Herz Homberg, ebenfalls aus dem Kreis um Mendelssohn, trat sogar in den Dienst der österreichischen Regierung. Als Oberschulinspektor und Zensor für Bücher versuchte er, den galizischen Juden die Segnungen der Aufklärung im Sinn des Kaisers mit Gewalt aufzuzwingen. Diese sahen indessen in den Reformen einen Angriff auf die Grundlagen des Judentums und widersetzten sich ihnen heftig. Schliesslich zwangen sie den enttäuschten Homberg zum Verlassen der Gegend. Mit dem Tode Josephs II. erlosch auch das Toleranzedikt und gleichzeitig der Wunsch der Behörden und Kaiser, die gesetzliche Stellung der Juden zu verbessern.

Zur Zeit der Französischen Revolution und der napoleonischen Kriege war Österreich eins der Hauptbollwerke des Konservatismus in Europa, und es behielt diese Stellung auch nach der Niederlage Napoleons. Während des Wiener Kongresses wandten sich die Juden mit der Bitte um Gleichberechtigung an Kaiser Franz II., erhielten jedoch keine Antwort. Der österreichische Ministerpräsident Fürst Metternich, kein Judenfeind und mit der Familie Rothschild und anderen Juden befreundet, opponierte aus Furcht vor einer liberalen Revolution aus Prinzip gegen Reformen und setzte sich eifrig für die Erhaltung des bestehenden Regimes ein. Infolgedessen schlossen sich natürlich viele Juden den Revolutionären an.

Was das Toleranzedikt mit Druck von oben nicht erreichte, vollzog sich inzwischen als natürliche Entwicklung. In Wien und Prag setzte sich allmählich die Assimilierung an die deutsche Kultur fort. Die Juden nahmen immer häufiger wichtige Positionen im wirtschaftlichen und geistigen Leben ein. In Galizien, dem Bollwerk der jüdischen Konservativen, wo die Chassidim und die Mitnaggedim in bitterem Kampf lagen, waren beide Gegner bereit, gemeinsame Front gegen das Eindringen der "ketzerischen" Aufklärung zu machen. Doch auch hier ebneten die Anhänger der Aufklärung ihren neuen Ideen langsam den Weg. Salomo Juda Löb Rapoport studierte die Literatur der Periode der Gaonen und liess seine Forschungsergebnisse in hebräischen wissenschaftlichen und literarischen Publikationen erscheinen. Nachman Krochmal verbreitete seine philosophischen und historischen Lehren hauptsächlich mündlich. Aus Furcht vor den Fanatikern veröffentlichte er sein wichtiges Werk "Führer der Verirrten dieser Zeit" (More Newuche ha-Seman) nicht; es erschien erst nach seinem Tode. Juda Leib Mieses, Joseph Perl und Isaak Erter griffen den Chassidismus in ihren Schriften an.

1848 UND DIE FOLGEN

An der Märzrevolution von 1848 beteiligten sich viele Juden. Sie gehörten zu ihren Führern und ihren ersten Opfern. Für die Minderheiten in Österreich war die Revolution zugleich liberal und — zum Schaden der Juden — national. In Böhmen griffen die Tschechen die Juden an,

Selbstporträt Leonid Pasternaks (1862–1945), Vater des Autors Boris Pasternak. Der Stil des Malers wurde hauptsächlich vom deutschen Expressionismus beeinflusst. Israel-Museum, Jerusalem

weil sie angeblich auf der Seite der verhassten Deutschen standen. In Ungarn forderten die nationalistischen Revolutionäre, die Juden sollten ihre Individualität aufgeben und sich den Ungarn assimilieren. In Galizien teilte sich die jüdische Gemeinde in Anhänger Deutsch-Österreichs und der polnischen Befreiungsbewegung. Von Ende des Jahres war die Revolution unterdrückt, doch sie hatte ihr Hauptziel erreicht, wenigstens was die Juden betraf. Franz Joseph, der neue Kaiser, fügte in die 1849 erlassene Verfassung einen Absatz ein, der den Juden Gleichberechtigung versprach. Wenn damit auch noch nicht alle Behinderungen verschwanden, so war es doch ein wichtiger Schritt nach vorn.

Österreichs militärische Niederlagen in den Kriegen mit Italien (1859) und mit Preussen (1866) überzeugten den Kaiser davon, dass etwas geschehen müsse, um das Reich

Ein sehr romantischer Maler war Maurycy Gottlieb (1856–1879), geboren in Drogobič, einem Zentrum der jüdischen Aufklärungsbewegung in Galizien. Mit sechzehn Jahren kam der begabte Junge auf die Malakademie in Krakau und studierte dort bei Jan Matejko, einem der grössten polnischen Maler. Dies Bild "Junge Frau" ist eins von Gottliebs Werken (1877). Israel-Museum, Jerusalem

im Innern zu stärken. Deshalb verkündete Franz Joseph 1867 eine neue Verfassung, durch die er allen Minderheiten in seinem Reich volle Rechte gewährte. Dazu gehörten auch die Juden, denen nun die durch keinerlei Bestimmungen beschränkte Emanzipation zugesagt wurde.

Sie sahen in der Verfassung die Erfüllung ihrer Erwartungen und reagierten darauf mit rückhaltloser Loyalität zu ihrem Land und dem Kaiser, trotzdem es im Volk weiter Antisemitismus gab und auch die Behörden es gelegentlich noch am guten Willen den Juden gegenüber fehlen liessen.

Der Akkulturationsprozess ging weiter. Während in Galizien die Gegner der Aufklärungsbewegung, darunter Abraham Krochmal und Isaak Hirsch Weiss, ihre Gedanken weiter auf hebräisch verbreiteten, schrieben die Wissenschaftler und Schriftsteller im übrigen Österreich auf deutsch. Gelehrte Rabbiner, z.B. Adolf Jellinek und Moritz Güdemann, veröffentlichten wichtige Arbeiten über jüdische Themen. Dichter wie Ludwig August Frankl und Schriftsteller wie Karl Emil Franzos, der später nach Deutschland zog, bereicherten die deutsch-österreichische Literatur.

ITALIEN

Im Jahr 1796 eroberten die Franzosen unter der Führung des Generals Napoleon Bonaparte Norditalien. Zwischen 1797 und 1799 kam auch das übrige Italien unter französische Herrschaft. Das Land bestand aus einer Anzahl von Republiken. Als Napoleon 1804 Kaiser wurde, hob er die Republiken auf und errichtete zwei Königreiche, das Königreich Italien im Norden mit Napoleon als König und das Königreich Neapel im Süden, regiert von seinem Bruder Joseph und später von seinem Schwager Joachim Murat.

Überall, wohin die französische Armee kam, öffnete sie die Gettos und gewährte den Juden volle Gleichberechtigung. Begeistert begrüssten diese die Änderung ihres Status, beteiligten sich aktiv an der neuen Regierung und schlossen sich sogar der Armee Napoleons an. Als der Kaiser 1806 in Paris die Versammlung der jüdischen Notabeln und ein Jahr danach das Grosse Synhedrin einberief, kamen dazu auch Vertreter aus dem Königreich Italien.

Nach Napoleons Fall übernahmen die früheren Herrscher wieder die Macht über ganz Italien und stellten noch einmal die alten Lebensbedingungen der Juden her, wenn sie auch nicht alle Verbesserungen aus der napoleonischen Zeit aufhoben. Im Königreich Lombardo-Venetien unter österreichischer Herrschaft und im Herzogtum Toskanien wurden zwar verschiedene Beschränkungen wieder eingeführt, doch mussten die Juden nicht ins Getto zurück, und es wurden ihnen auch keine Sondersteuern mehr auferlegt. In Piemont dagegen, wo die Jesuiten grossen Einfluss hatten, und im Kirchenstaat zeigten die reaktionären Kräfte ihre ganze hässliche Gewalt: die Juden wurden in die Gettos zurückgetrieben und die Tore nachts geschlossen. Sie durften keine Christen beschäftigen und mussten wieder einmal regelmässig Bekehrungspredigten anhören. Jüdische Kinder wurden entführt, gegen den Willen der Eltern getauft und als Christen erzogen.

Ein Aufstand der italienischen Freiheitsbewegung, an dem auch Juden teilnahmen, wurde durch die Intervention der österreichischen Armee niedergeworfen (1831). Aber 1848 brach der Aufstand aufs neue aus, wieder mit aktiver Beteiligung der Juden. Daniele Manin aus Venedig, ein Führer der Revolution, war jüdischer Abkunft, und eine der ersten Taten der Republik Venedig bestand darin, den Juden Gleichberechtigung zu gewähren. Der König von Sardinien, Karl Albert, versuchte durch einen Krieg gegen Österreich ganz Italien zu befreien und zu einigen. Nach einigen ersten Niederlagen und einer zehnjährigen spannungsreichen Pause erneuerte Viktor Emanuel II. 1859 den Befreiungskrieg. Er endete schliesslich (1861) mit dem Sieg über Österreich und der Errichtung des geeinten Königreichs Italien. An all diesen Kriegen beteiligten sich Juden. Viele von ihnen kämpften mit Hingabe und Tapferkeit an der Seite der Patrioten. Jüdische Bankiers, darunter die Rothschilds, lieferten die Mittel für den Kampf. Isaak Artom arbeitete im Ministerium des Grafen Cavour, Ministerpräsident während der Kriege des Risorgimento, und Guiseppe Finzi war der Freund und Mitstreiter des italienischen Nationalhelden Guiseppe Garibaldi. Im liberalen Geist der Führer der italienischen Wiedergeburt erteilte die neue italienische Regierung den Juden nun wirklich auch in der Praxis die vollen Bürgerrechte.

Der berühmteste deutsch-jüdische Maler des neunzehnten Jahrhunderts war Moritz Daniel Oppenheim (1801–1882). Beeinflusst von seinem Pariser Lehrer Jean-Baptiste Regnault, malte er zahlreiche historische Gemälde, besonders zu biblischen Themen. Seine traditionelle jüdische Erziehung und sein vierjähriger Aufenthalt im römischen Getto drücken seinen jüdischen Genrebildern, die ihn berühmt machten, den Stempel auf. Sein Bild "Rückkehr eines jüdischen Freiwilligen aus den Freiheitskriegen" (1883) erschien zur Zeit der heissen Debatten über die Erteilung der Bürgerrechte an die deutschen Juden, und es hatte grossen Einfluss auf den Kampf um ihre Rechte. Unmittelbar danach malte er eine Folge von dreiundzwanzig Genrebildern aus dem jüdischen Familienleben mit Kostümen aus der fünfzig Jahre zurückliegenden Periode. Die Bilder von Sabbatbräuchen, Bar Mitzwa-Feiern, Hochzeiten, Beschneidungszeremonien und ähnlichem waren in ihrer romantisch sentimentalen Stimmung im vergangenen Jahrhundert in jüdischen Kreisen sehr beliebt. Auf Veranlassung eines Verlegers machte Oppenheim aus den Gemälden Grisaille-bilder, die sich gut reproduzieren liessen. Dieser "Sabbatnachmittag" ist solch eine Reproduktion. Israel-Museum, Jerusalem

"Wintertag in Berlin" von Lesser Ury (1861–1931), einem der bedeutendsten deutsch-jüdischen Impressionisten. S. auch S. 199

DIE JUDEN ROMS UND DIE NATIONALE EINHEIT

Ein Jahrzent lang blieb Rom ausserhalb des Königreichs Italien. Der von Napoleon III. protegierte Papst beherrschte die Stadt. Garibaldis Versuche, Rom 1848 zu erobern, scheiterten.

Papst Pius IX., der 1848 liberale Neigungen gezeigt hatte und damals sogar die Gettomauern niederreissen liess, änderte 1850 seine Politik völlig. Alle antijüdischen Dekrete wurden erneuert und streng vollstreckt.

Während sich die Italiener auf einen Entscheidungskrieg gegen Österreich vorbereiteten und die Juden in Österreich und Deutschland noch auf die Emanzipation warteten, schockierte ein Vorfall in Bologna, im Kirchenstaat, die Weltmeinung. Hier erklärte ein christliches Kindermädchen, es hätte heimlich das jüdische Kind Edgardo Mortara getauft. Auf Grund dieser Aussage entführten päpstliche Gendarmen das Kind aus seinem Heim und übergaben es der Kirche, damit es als Katholik erzogen würde. Die Presse Italiens und ganz Europas protestierte, und die deutschen Rabbiner beklagten sich beim Papst. Moses Montefiore, der englische Philanthrop und Vermittler zugunsten seiner jüdischen Glaubensgenossen, reiste nach Rom, aber der Papst weigerte sich, ihn zu empfangen. Der Papst lehnte sogar die Forderungen Kaiser Napoleons III. und des österreichischen Kaisers Franz Joseph ab. Das Kind erhielt eine christliche Erziehung und wurde später katholischer Priester.

In Bologna wurden die Juden 1860 emanzipiert, in Rom dagegen litten sie noch weitere zehn Jahre unter Erniedrigungen in einer Atmosphäre, die der des Mittelalters glich. Erst die Eroberung Roms durch die Armee Viktor Emanuels II. (September 1870), durch die Rom zur Hauptstadt des geeinten Italiens wurde, brachte dort den Juden die Gleichstellung mit den anderen Italienern und die Befreiung von einem Terrorregime.

Italien war vielleicht das einzige Land, in dem zugleich mit den diskriminierenden Gesetzen auch alle antijüdischen Gefühle verschwanden. Zwischen den Juden und den anderen Italienern herrschte eine Atmosphäre der Freundschaft, der Zusammenarbeit und des Verstehens. Die Juden konnten sich auf allen Gebieten — in der Politik, der Armee, in Handel und Industrie und im Geistesleben — frei betätigen und zu den höchsten Posten aufsteigen. In solch einer Atmosphäre nahm die Assimilierung natürlich zu. Doch gleichzeitig entwickelte sich ein dynamisches kulturelles Leben in den jüdischen Gemeinden, die ihre alten Traditionen pflegten und prächtige Synagogen, Volksschulen und Rabbinerseminare errichteten.

ENGLAND

Am Ende des achtzehnten Jahrhunderts lebten mehr als zwanzigtausend Juden in England. Einen Teil dieser Gemeinde, vor allem die sephardische Aristokratie in London, ergriff nach der Aufhebung des Naturalisierungsgesetzes von 1753 tiefe Verzweiflung. Zahlreiche Familien schlossen sich der anglikanischen Kirche an, um dadurch das letzte Hindernis zu ihrer völligen Integrierung in die englische Gesellschaft zu beseitigen. Die meisten Juden blieben dagegen dem Judentum treu, hofften darauf, ihr Ziel in der Zukunft zu erreichen und fanden sich inzwischen mit ihrer Lage ab, sie war immerhin besser als in anderen europäischen Ländern. Das Judentum bewies seine Anziehungskraft auf Nichtjuden, als Lord George Gordon, ein Mitglied des englischen Adels, 1787 zum jüdischen Glauben übertrat. Vorher hatte er den Protestantismus in seinem fanatischen Kampf gegen den Katholizismus vertreten.

Im allgemeinen herrschte in England Toleranz, und niemand belästigte die jüdischen Händler oder Handwerker. Grosskaufleute und reiche Bankiers wurden von der englischen Oberschicht akzeptiert und hatten im Wirtschafts-

Ury, ein moderner Nachkomme der französischen Impressionisten, malte die meisten seiner Werke in Berlin, wo er lebte und starb. Seine grosse emotionale Sensibilität fand Ausdruck in Kaffeehausszenen und winddurchwehten Strassen mit dahin eilenden Wagen und Menschen. Er skizzierte seine Stadtbilder im Freien und vollendete sie später in seinem Atelier. Bei seinen Kompositionen legte er grossen Wert auf Farbe und Empfindung. Er stammte aus einer armen Familie, litt sein ganzes Leben lang unter Entbehrungen und starb arm und zurückgezogen in seinem Atelier. Dies Bild stellt "Eine breite Allee an einem Regenabend" dar. Israel-Museum, Jerusalem

leben ihres Landes hohe Positionen inne.

Die Französische Revolution und die napoleonischen Kriege brachten den englischen Juden nicht vorübergehend die Emanzipation, die sie den Juden des Kontinents verschafft hatten. Aber diese Ereignisse gaben ihnen immerhin die Chance, ihre wirtschaftliche Stellung zu festigen und ihren gesellschaftlichen Status zu heben. Jüdische Finanziers unterstützten die Kriegführenden und trugen damit zum Sieg über Napoleon bei. Besonders viel leistete in dieser Beziehung Nathan Meyer Rothschild, der Sohn Meyer Amschel Rothschilds aus Frankfurt. Er hatte schon zu Lebzeiten seines Vaters in London eine Filiale der Familienbank eröffnet. Im Jahr 1814 lieh er nicht nur England, sondern auch seinen Verbündeten riesige Summen zur Finanzierung des Krieges. In dieser Zeit wurden auch andere jüdische Bankiers, z.B. Moses Montefiore und die Brüder Goldsmid, berühmt.

Die Situation war paradox. Einerseits lebten die engli-

Dieses Landschaftsbild von Isaak Levitan bringt die Melancholie des weiten russischen Horizonts zum Ausdruck. Israel-Museum, Jerusalem

schen Juden wie alle anderen Bürger ohne jede Diskriminierung im wirtschaftlichen, gesellschaftlichen und religiösen Bereich, anderseits waren sie gerade des Privilegs beraubt, nach dem sie strebten und in dem sie mit Recht die formelle Anerkennung als gleichberechtigte Bürger sahen — des Rechts auf aktive Beteiligung am kommunalen und nationalen politischen Leben. Das Haupthindernis bildete die ausgesprochen christliche Eidesformel, die jeder auf ein öffentliches Amt reflektierende Engländer benutzen musste. Apostaten wie der Wirtschaftswissenschaftler David Ricardo, 1819 ins Parlament gewählt, oder Benjamin Disraeli, der 1837 Mitglied des Unterhauses wurde, konnten ohne Schwierigkeit als loyale Christen eingeschworen werden. Doch Juden, die nicht zum Christentum übergetreten waren, konnten, da das Parlament sich weigerte, den offiziellen Text zu ändern, den Amtseid nicht leisten. Anfang der Dreissigerjahre wurden dem Parlament viele Gesetzentwürfe vorgelegt, durch die den Juden die Übernahme öffentlicher Ämter ermöglicht werden sollte, aber während das Unterhaus sie meistens annahm, lehnte das

weil er aber den christlichen Eid nicht leisten wollte, konnte er seinen Sitz nicht einnehmen.

Den Sieg in der parlamentarischen Arena errang Lionel Nathan Rothschild, der Sohn Nathan Meyers. Er war schon 1847 als Vertreter der Liberalen ins Parlament gewählt, hatte aber seinen Sitz nicht eingenommen, da er die Eidesformel ablehnte. Das Unterhaus war bereit, den Text zu ändern, besonders nach einer feurigen Rede Benjamin Disraelis bei dieser Gelegenheit, doch im Oberhaus gab es wieder Opposition. Hartnäckig wählten die Liberalen in London Lionel immer wieder. Schliesslich blieb dem Parlament keine Wahl mehr. Im Jahr 1858 durfte der jüdische Abgeordnete seine Funktionen ausüben, nachdem er einen besonderen Eid geleistet hatte, und 1860 wurde die Eidesformel durch ein Gesetz geändert.

Damit war die völlige Gleichberechtigung offiziell anerkannt. Der Sohn Lionels, Nathaniel Meyer, der erste Baron Rothschild, 1885 zum Lord ernannt, wurde damit der erste Jude im Oberhaus.

BENJAMIN DISRAELI UND MOSES MONTEFIORE

Dass die völlige Emanzipation erreicht wurde, war zum grossen Teil das Verdienst von Benjamin Disraeli, Earl of Beaconsfield. Obwohl er als Kind getauft war, bewahrte er dem jüdischen Volk sein Leben lang Sympathie und Bewunderung und verhehlte seine Gefühle nicht, brachte sie vielmehr in seinen Reden und Schriften zum Ausdruck. Nach schwierigem Anfang in seiner parlamentarischen Laufbahn — seine Gegner liessen es an Hinweisen auf seine jüdische Herkunft nicht fehlen — wurde Disraeli dank seiner Begabung zum Redner und Staatsmann, dank seiner kühnen visionären Kraft und seiner Ausstrahlung der Führer der konservativen Partei, der Partei der britischen Aristokratie. Er war zweimal Ministerpräsident, das zweite Mal mehr als sechs Jahre. Mit Hilfe der Rothschilds erlangte er eine Machtposition in der Suezkanalgesellschaft. Disraeli vertrat sein Land würdig auf dem Berliner Kongress (1878), brachte Zypern unter britische Herrschaft, verschaffte Königin Viktoria den Titel einer Kaiserin von Indien, gewann ihr Vertrauen und ihre Freundschaft und brachte eine romantische Note in die britische imperialistische Politik. Den Kampf der Juden um Gleichberechtigung unterstützte er uneingeschränkt und benutzte auf dem Berliner Kongress seinen Einfluss auch zugunsten der Juden auf dem Balkan.

Eine der interessantesten Persönlichkeiten jener Zeit ist Moses Montefiore. Er gehörte einer angesehenen Familie italienischer Herkunft an und war der Schwager Nathan Meyer Rothschilds. Nachdem er als Börsenmakler in Partnerschaft mit Rothschild ein Vermögen erworben hatte, zog er sich mit vierzig Jahren (1824) vom Geschäft zurück und widmete sich in den folgenden sechzig Lebensjahren dem Wohl des jüdischen Volkes. Er war vierzig Jahre lang der Präsident des Board of Deputees of British Jews.

In der sogenannten Damaskus-Affäre bewies er zum erstenmal sein Talent, für die Juden einzutreten. Im Jahr 1840 klagte man die Juden von Damaskus an, einen katholischen Priester zu religiösen Zwecken ermordet zu haben. Der französische Konsul in Damaskus hatte bei

---

Oberhaus sie ab.

In London wurde 1837 David Salomons zum Ratsherrn gewählt. Er trat als erster Jude in die Kommunalverwaltung ein, nachdem er nach hartem Kampf durchgesetzt hatte, sein Amt zu übernehmen, ohne den christlichen Eid zu schwören. Im Jahr 1855 wurde er der erste jüdische Oberbürgermeister von London. Er scheiterte jedoch bei seinem Versuch, die Schranken zu durchbrechen, die den Juden den Eintritt ins Parlament verwehrten. Er wurde zwar 1851 als Mitglied der Liberalen Partei ins Unterhaus gewählt,

201

Dies Selbstporträt Max Liebermanns (1847–1935) lässt die grosse Leistung dieses deutschen Malers des späten neunzehnten und frühen zwanzigsten Jahrhunderts erkennen. Er kämpfte mit Erfolg gegen die Sentimentalität des etablierten akademischen Stils. Als die französischen Impressionisten in den Zwanzigerjahren zur Geltung kamen, trat Liebermann als einer der Meister des deutschen Impressionismus hervor. Israel-Museum, Jerusalem

dieser Beschuldigung seine Hand im Spiel. Angesehene Juden wurden verhaftet und gefoltert. Zwei von ihnen starben an den Folterungen, und den übrigen drohte die Todesstrafe. Die antijüdische Agitation bedeutete für die Juden in Damaskus eine ernste Gefahr. Montefiore reiste mit dem französischen Staatsmann Adolphe Crémieux nach Ägypten und in die Türkei, um sich für die Angeklagten zu verwenden. Er erreichte nicht nur ihren Freispruch, sondern brachte auch den türkischen Sultan dazu, durch einen Erlass Ritualmord-Anklagen in Zukunft zu verbieten.

Moses Montefiore war stets bereit, überall hinzureisen, wo Juden in Not waren. In Rom versuchte er, seinen Einfluss für die Freigabe des getauften Kindes, Edgardo Mortara, geltend zu machen; in anderen Fällen reiste er nach Marokko und Russland. Seine grösste Liebe gehörte indessen der jüdischen Gemeinde in Palästina. Er besuchte das Land siebenmal und machte grosse Anstrengungen, die Lebensbedingungen der alten jüdischen Siedlung zu verbessern. Er stärkte sie, indem er Gelegenheiten zu produktiver Arbeit schuf. Schon damals träumte Moses Montefiore von der Möglichkeit, das Land Palästina politisch für sein Volk zurückzugewinnen.

DER RUSSISCHE ANSIEDLUNGSBEZIRK (PALE-DISTRIKT)

Jahrhundertelang versuchte Russland, die Errichtung einer jüdischen Gemeinde auf seinem Territorium zu verhindern. Die Juden, die trotzdem in Russland lebten, wurden von den Zaren unterdrückt und mit allen möglichen Beschränkungen gequält. Im achtzehnten Jahrhundert wurden sie zweimal ausgewiesen. Dabei war die Zahl der Juden in dem weiten Russischen Reich nicht gross, und das Problem kam tatsächlich mehr von einem pathologischen Hass gegen alle Juden als von der Existenz einer andersartigen jüdischen Minderheit.

Am Ende des achtzehnten Jahrhunderts änderte sich die Lage. Die Teilung Polens brachte Russland ausser ausgedehnten Gebieten eine dichte jüdische Bevölkerung von über 700.000 Menschen. Im Anfang standen die Behörden dieser grossen Minderheit, für die sie jetzt die Verantwortung trugen, ratlos gegenüber. Zunächst schufen sie auf Grund eines Dekrets einen "Ansiedlungsbezirk" — er fiel ungefähr mit den neuen Provinzen zusammen — als einziges Gebiet, in dem die Juden wohnen und arbeiten durften. So entstand an der Westgrenze Russlands ein ausgedehntes Getto. Man trieb die Juden aus den Dörfern in dies Getto hinein, "um den russischen Bauern vor ihrem schädlichen Einfluss zu schützen" und zwang sie, sich in den kleinen Städten zusammenzudrängen, ohne daran zu denken, wie sie sich ihr Brot verdienen könnten. In der Theorie genossen sie in der städtischen Kommunalverwaltung begrenzte Rechte, in der Praxis hatten sie aber davon keinen Vorteil und mussten ausserordentlich hohe Sondersteuern zahlen.

Die Juden setzten gewisse Hoffnungen auf den Zaren Alexander I. (1801–1825), der als liberal galt. Ihre Loyalität zu Russland während der Invasion Napoleons (1812) gab ihnen das Recht, auf eine Verbesserung ihrer Lage nach dem russischen Sieg zu hoffen. Ihre Hoffnungen erfüllten sich jedoch nicht. Der Zar sah die Lösung der Judenfrage in der Christianisierung der Juden, war aber nicht bereit, auch nur einen Finger zu rühren, um ihre Lage zu verbessern. Im Gegenteil, in seinen letzten Regierungsjahren nahm der Geist der Reaktion zu.

Unermesslich verschlechterten sich die Lebensbedingungen unter dem Nachfolger Alexanders I., seinem Bruder Nikolaus I. (1825–1855), der die traditionelle russische Opposition gegen den liberalen Geist des Westens verkörperte. Er war fest entschlossen, die Juden zur Aufgabe ihrer Individualität zu zwingen. Sie sollten sich der allgemeinen Bevölkerung in bezug auf Religion und Kultur assimilieren, und er schreckte vor keinem ihm dazu dienlich scheinenden Mittel zurück. Unter der Regierung dieses Zaren wurden etwa sechshundert die Juden betreffenden Dekrete und Bestimmungen mit immer neuen Beschränkungen erlassen. Ihre geringen Rechte wurden noch mehr beschnitten: sie durften keine Christen in ihren Dienst nehmen und keine neuen Synagogen bauen; hebräische und jiddische Bücher wurden zensuriert, unautorisierte Werke verbrannt u.a.m.

Am schlimmsten und unmenschlichsten war jedoch das "Kantonisten"-Gesetz. Dadurch wurden zwölfjährige Jungen für einen Zeitraum von fünfundzwanzig Jahren zum

Militärdienst eingezogen, und die jüdischen Gemeinden mussten die Rekruten stellen. In den Kasernen taten die Offiziere ihr Möglichstes, um den Geist der Kinder zu brechen und sie zur Annahme des Christentums zu zwingen. Viele brachen unter der Qual zusammen, doch die meisten hielten in dieser schrecklichen Prüfung durch und blieben dem Judentum treu.

Keiner der Proteste der Juden in anderen europäischen Ländern gegen die Verfolgung ihrer Glaubensgenossen in Russland hatte Erfolg. Selbst der Besuch Moses Montefiores (1846) blieb ohne Resultat, obwohl seine Persönlichkeit auf den Zaren Eindruck gemacht hatte.

Inzwischen versuchte der Zar etwas anderes, um den Widerstand der Juden gegen die Assimilierung zu brechen. Mit Hilfe eines jungen deutschen Juden, Max Lilienthal, der das wahre Ziel des Zaren nicht erkannte, und mit Zustimmung eines kleinen Kreises von Juden, die für die Verwestlichung waren, wurde ein Plan für die Errichtung eines Netzes von Staatsschulen für Juden entworfen. Der Plan bezweckte, die Kinder dem Einfluss der jüdischen Volksschulen zu entziehen und sie im Geist der russischen Kultur zu erziehen. Man versuchte, die Eltern dadurch für den Plan zu gewinnen, dass man die Schüler dieser Staatsschulen vom Militärdienst befreite. Diese Bemühungen blieben erfolglos, nichts konnte die Juden, mit Ausnahme einer unbedeutenden Minderheit, dazu bringen, ihre Kinder in eine Schule zu schicken, in der sie den Anfang eines Weges zur Bekehrung sahen.

ZAR ALEXANDER II., "DER BEFREIER"

Beim Tode von Nikolaus I. (1855) atmeten nicht nur die Juden auf, auch die russischen Massen, müde der Tyrannei und voll Scham über die entwürdigenden militärischen Niederlagen auf der Krim, fühlten sich erleichtert. Ganz Russland hoffte auf bessere Tage unter dem neuen Zaren Alexander II. (1855–1881), der als Vertreter liberaler Ideen galt. Alexander rechtfertigte seinen Beinamen "der Befreier", als er über vierzig Millionen Leibeigene befreite. Jetzt wagten russische, vom Westen beeinflusste Intellektuelle ihre Stimme zu erheben und eine veränderte Haltung gegenüber den Juden zu fordern. Die Abschaffung des Kantonistensystems (1856) wurde als Hinweis auf bevorstehende bessere Zeiten mit Begeisterung begrüsst. Gewisse Klassen von Juden — Grosskaufleute, Akademiker und Angehörige bestimmter Berufe — durften sich nun ausserhalb des Ansiedlungsbezirks in den grossen russischen Städten niederlassen. Die Juden erhielten begrenzte Rechte in der Distriktverwaltung und durften den Beruf des Juristen ausüben. Während das alles das armselige Leben der von der Hand in den Mund lebenden Juden im Ansiedlungsbezirk kaum berührte, profitierten die wohlhabenden Juden von der Lockerung der Gesetze, und in kurzer Zeit entstand eine Klasse von Juden, die russische Schulen besucht und sich ihrer Umgebung angepasst hatten.

Der polnische Aufstand von 1863 beendete alle Hoffnungen, die man auf den freilich langsamen Fortschritt bei der Lösung der Judenfrage gesetzt hatte. Wieder war die Opposition obenauf. Der Hass gegen die Juden nahm bei der Bevölkerung und in den Kreisen der Regierung wieder zu. Die Presse hetzte gegen die Juden und warnte vor der "jüdischen Gefahr". Die Behörden benutzten sogar Informanten vom Schlag des Apostaten Jakob Brafman, der sensationelle "Enthüllungen" über eine jüdische Verschwörung gegen Russland veröffentlichte.

DER POGROM

Im Jahr 1881 ermordeten Nihilisten Alexander II., und zum Unglück für die Juden gehörte zu der für den Mord verantwortlichen Gruppe auch eine Jüdin. Dies wurde von antisemitischen Propagandisten natürlich aufs äusserste ausgebeutet. Die Früchte dieser Agitation reiften in kurzer Zeit. Der neue Zar, Alexander III. (1881–1894) verbarg seinen Hass gegen die Juden nicht, und man interpretierte seine Einstellung als Erlaubnis, unbehelligt praktische Massnahmen gegen die "Feinde des Vaterlandes" treffen zu dürfen. Im Frühling und Sommer des Jahres 1881 überflutete eine Welle von Pogromen viele Städte. Ein Jahr später wurden die Pogrome wiederholt. Ermuntert und aktiv unterstützt von den Behörden verwundete und ermordete der Pöbel Juden, plünderte und riss Häuser und Synagogen nieder und zerstörte viel Eigentum.

In London, New York und anderen Städten hielt man Protestversammlungen ab, bei denen christliche Persönlichkeiten ihre Empörung über diese Greuel zum Ausdruck brachten. Aber diese Blossstellungen blieben ohne Wirkung auf die russische Regierung. Seitdem war in Russland der Pogrom eine der anerkannten Methoden zur Behandlung der Judenfrage, und sie wurde bei jeder sich bietenden

Dies "Porträt einer jungen Frau" stammt von dem holländischen Maler Isaak Israels (1865–1934), Sohn des berühmten Jozef Israels. Wie sein Vater genoss auch er wegen seiner unverkennbar impressionistischen Porträts Achtung. Israel-Museum, Jerusalem

Der Genremaler und Porträtist Isidor Kaufmann (1854–1921), widmete den kleinen Details seiner Werke grosse Aufmerksamkeit. Er wollte auf seinen Bildern Vitalität und Ausdruck realistisch herausbringen. Das zeigt z.B. dies "Porträt eines Rabbiners". Nach einer Photographie aus dem Archiv der Massada Press Ltd.

Gelegenheit wieder angewandt.

Auf Empfehlung des Innenministers Ignatiev, eines eingeschworenen Judenhassers, billigte der Zar im Mai 1882 die berüchtigten "Maigesetze", die das Leben der Juden in Russland regulierten. (Sie blieben bis zum Zusammenbruch der Zarenherrschaft in der Revolution von 1917 in Kraft.) Jetzt durften die Juden nicht mehr ausserhalb der Städte wohnen, selbst nicht innerhalb des Ansiedlungsbezirks. Die örtlichen Behörden durften die Juden aus ihrem Territorium ausweisen, sogar ohne sie vorher von der bevorstehenden Massnahme zu benachrichtigen. Die höheren Schulen und die Universitäten waren ihnen fast völlig verschlossen. Auch in ihrer wirtschaftlichen Betätigung wurden sie stärker beschränkt. Die Juden, die sich ausserhalb des Ansiedlungsbezirks niedergelassen hatten, wurden mit grösster Grausamkeit wieder hineingetrieben. Im Jahr 1891 wurden die Juden aus Moskau verbannt, und ihre Vertreibung aus St. Petersburg, Charkov und anderen Städten wurde mit Sadismus durchgeführt.

DIE MODERNE HEBRÄISCHE LITERATUR

Trotz der Schreckensherrschaft und der zunehmenden Armut blieb der Geist der russischen Juden ungebrochen. Im Ansiedlungsbezirk bildeten Synagoge, Rabbiner oder chassidischer Zaddik die wichtigsten Mittelpunkte des dynamischen jüdischen Lebens. Auch die Freude war aus dem jüdischen Heim nicht verschwunden, vor allem in den Kreisen der Chassidim. Gesang und Tanz begleiteten Sabbat- und Festtage.

Den Juden lag die Bildung ihrer Kinder sehr am Herzen. In den Volksschulen lernten die Kinder fleissig die Gebete und den Pentateuch und machten ihre ersten Schritte im Studium der Gemara. In den Lehrhäusern vertieften sich die Knaben in den Talmud und die halachischen Gesetze.

Scheinbar existierte hier eine kleine, in sich geschlossene Welt, isoliert gegen die Winde von draussen. Tatsächlich war jedoch der Geist der Aufklärung auch in sie schon eingedrungen, zuerst heimlich, hatte sich dann aber allmählich trotz der Opposition der konservativen Chassidim und Mitnaggedim ausgebreitet. In Russland führte die Aufklärungsbewegung nicht zur Assimilierung an die russische Umgebung, sie erläuterte vielmehr die neuen Werte auf hebräisch und legte damit den Grund für die moderne hebräische Literatur. Isaak Bär Levinson trat in seinen Schriften für die Ideale der Aufklärung ein und versuchte zu beweisen, dass sich Judentum und profane Bildung nicht widersprechen. Abraham Mapu begründete mit seinem Werk "Zionsliebe" (Ahawat Zijon) den hebräischen historischen Roman; Juda Löb Gordon begann seine literarische Laufbahn als romantischer Dichter und wandte sich dann der beissenden Satire mit revolutionären Untertönen zu. Moses Löb Lilienblum kämpfte für die Kristallisation einer neuen sowohl positivistischen als auch profanen Philosophie des Judentums. Perez Smolenskin zog nach Wien. Dort gab er eine Monatsschrift für Literatur und Tagespolitik heraus und schuf die hebräische realistische Erzählung.

Mendele Mocher Sforim (Schalom Jakob Abramowitz) schrieb seine ersten Geschichten auf hebräisch, später ging er zum Jiddisch, der Umgangssprache der osteuropäischen Juden, über und begründete damit die moderne jiddische Literatur. Seine Werke sind vorwiegend satirisch, während sein jüngerer Zeitgenosse Scholem Alejchem (Schalom Rabinowitsch) die Juden des Ansiedlungsbezirks in seinen Geschichten mit Humor, Wärme und Liebe zu seinem Volk beschreibt. Nach ihnen haben Schriftsteller wie Isaak Leib Perez, Scholem Asch und andere der jiddischen Literatur einen ehrenvollen Platz in der Weltliteratur erworben.

ZWISCHEN NATIONALISMUS UND ASSIMILATION

Maurycy Gottlieb: "Kopf einer jüdischen Frau". Israel-Museum, Jerusalem

Nachdem das neunzehnte Jahrhundert den Juden in den europäischen Kulturstaaten nach ihrem langen Kampf um Gleichberechtigung endlich den Sieg gebracht hatte, schien man für das zwanzigste auf die völlige Integrierung in das Leben der Länder hoffen zu können, die ihnen die Bürgerrechte gewährt hatten, und darauf, dass wenigstens in diesen Ländern die schmerzliche "Judenfrage" für immer gelöst sei.

DER NEUE ANTISEMITISMUS

Die Erinnerung an die vergangenen Stürme war noch nicht erloschen, als andere ominöse Wolken am Horizont auftauchten. In Frankreich wurde der "jüdische Verräter" Alfred Dreyfus freilich nach fünfjähriger Gefangenschaft auf der Teufelsinsel freigelassen, aber es dauerte noch sechs Jahre, ehe die Richter öffentlich zugaben, sie hätten einen völlig Unschuldigen bestraft. In Deutschland lebte die mittelalterliche Ritualmord-Anklage wieder auf: die Juden im damals preussischen Konitz wurden 1900 beschuldigt, einen jungen Deutschen ermordet zu haben, um sein Blut bei einem religiösen Ritus zu gebrauchen. Die Angeklagten wurden zwar mangels Beweis freigesprochen aber die antisemitische Presse veröffentlichte Hetzartikel, und im Sommer des Jahres 1901 kam es in Konitz und einer Reihe anderer Städte zu Pogromen. Der Pogrom von Kischenew löste in Osteuropa einen Schrei der Agonie und des Zorns aus.

Trotzdem herrschte bei den Juden im allgemeinen eine optimistische Stimmung. Um die Jahrhundertwende lebten in Deutschland etwa sechshunderttausend Juden. Die meisten waren im Handel und in der Industrie beschäftigt, sie spielten ausserdem auch eine Rolle im Bankwesen, in den freien Berufen, der Presse, Literatur, dem Theater, der Musik und den bildenden Künsten. Es gab kaum ein Kulturgebiet, auf dem sie keinen bemerkenswerten Beitrag leisteten. Ihre wirtschaftlichen Verhältnisse waren im grossen ganzen gesund, einige von ihnen waren sogar reich geworden. Soweit die Juden aktiv in der Politik waren, gehörten sie überwiegend zu den liberalen und sozialdemokratischen Parteien. Hier und da wurden sie in den Reichstag oder die Länderparlamente der verschiedenen deutschen Staaten gewählt. Diese Abgeordneten betrachteten sich als Vertreter des ganzen deutschen Volks und dienten treu den Interessen ihrer Wähler. Im allgemeinen fühlten sie sich nicht verpflichtet, sich besonders zu den speziell die Juden betreffenden Problemen zu äussern. Die deutschen Juden wurzelten in der deutschen Kultur, fühlten sich in jeder Beziehung als Deutsche und zeigten glühenden Patriotismus. Dennoch weckte der aufrichtige Wille der Juden, wie alle anderen Deutschen zu sein, bei ihren deutschen Mitbürgern nicht das dem entsprechende Echo, in den Juden ihre Brüder zu sehen.

Kaum hatten sie die Gleichberechtigung erhalten, als sich die Reaktion fühlbar machte. Die Deutschen betrachteten die Juden als Fremde, welche die Reinheit ihrer Kultur gefährdeten und ihren Geist verdarben. Der deutsche Historiker Treitschke erklärte öffentlich: "Die Juden sind

Amadeo Modigliani (1884–1920) galt schon als Kind in seiner Geburtsstadt Livorno, Italien, als Genie. Nach seinem Studium der klassischen akademischen Kunst in Venedig begann er, einen eigenen Stil zu entwickeln, der von dem akzeptierten akademischen Realismus weit abwich. Seine ersten Werke waren hauptsächlich von afrikanischen Skulpturen und dem Kubismus beeinflusst. Seine in die Länge gezogenen menschlichen Figuren lassen den einzigartigen Stil eines der grossen Maler unserer Zeit erkennen. Während seines sechsunddreissigjährigen Lebens litt Modigliani unter Trauer, Hunger und Armut; er starb 1920 in einem Pariser Hospital an Tuberkulose. Erst fast ein Jahrzehnt nach seinem Tod wurde er als der menschlichste und sensibelste Künstler der Pariser Schule anerkannt. Dies Porträt eines Mädchens – der Tochter seines Hauswarts in Paris – malte er 1917. Sammlung Joseph H. Hazen, New York

unser Unglück'' (1879). Die wirtschaftliche Krise Deutschlands in den Siebzigerjahren bereitete den Boden für die antisemitische Propaganda, die auf den Juden als den Sündenbock hinwies. An der Spitze der antisemitischen Bewegung stand der Hofprediger des Kaisers, der protestantische Pfarrer Adolf Stoecker. Er gründete die Christlich-Soziale Partei, die bald Sitze im Reichstag gewann und auch die Konservative Partei dazu brachte, ihrer antisemitischen Einstellung zu folgen. Bismarck, Kanzler und jahrelang allmächtiger Ministerpräsident, teilte die Ideen der Antisemiten nicht, aber im geheimen ermutigte er sie als Gegengewicht gegen die Liberalen, deren jüdische Führer ihn mit ihrer scharfen Kritik an seiner Politik verärgerten. Die pseudo-wissenschaftliche Grundlage für den Antisemitismus lieferte der aus England stammende Schriftsteller Houston Stewart Chamberlain in seinem Werk ''Die Grundlagen des neunzehnten Jahrhunderts'' (1898). Er behauptete, die Juden seien die verachtungswürdigsten Vertreter der minderwertigen semitischen Rasse und führten ununterbrochen Krieg gegen die Kultur der arischen Rasse, die glänzend und in höchster Reinheit durch das deutsche Volk repräsentiert werde. Die Gegenpropaganda des ''Vereins zur Bekämpfung des Antisemitismus'' hatte wenig Erfolg.

Zu Beginn des zwanzigsten Jahrhunderts äusserte der Antisemitismus sich zwar weniger laut, aber um nichts schwächer und zeigte seine ganze Macht auf verschiedenen Gebieten. Bei der Zulassung als Anwälte und Richter wurden die jüdischen Anwärter diskriminiert, und Anfragen im Parlament, Proteste und Petitionen blieben wirkungslos. Die Armee war den Juden verschlossen. Die Zahl der Regierungsbeamten und Lehrer, besonders der Universitätsprofessoren, war unbedeutend. Nur in aussergewöhnlichen Fällen erhielten berühmte Wissenschaftler einen Lehrstuhl an einer Universität. Auch gesellschaftlich machte sich die negative Haltung deutlich bemerkbar.

''DEUTSCHE STAATSBÜRGER JÜDISCHEN GLAUBENS''

So lang wie die herrschenden Kreise die Rassentheorie nicht annahmen, gab es zu den vielen den Juden verschlossenen Türen noch einen Zauberschlüssel. Wenn ein Jude sich taufen liess, prüfte niemand seine Herkunft. Selbst eine oberflächliche Bekehrung eröffnete neue Möglichkeiten. Nicht wenige Juden traten zum Christentum über, um sich Steine des Anstosses aus dem Weg zu räumen. Andere heirateten Christinnen und erzogen ihre Kinder im christlichen Glauben. Die Zahl der Getauften war zwar nicht unerheblich, gesamthaft gesehen beschränkte sich der Austritt aus dem Judentum jedoch auf Einzelfälle. Die meisten Juden Deutschlands blieben dem Judentum treu, verachteten den Glaubenswechsel aus materiellen Gründen und hielten die Hoffnung aufrecht, Fortschritt und gesunder Menschenverstand würden schliesslich siegen.

Diejenigen Juden, welche die völlige Assimilierung als Lösung der Judenfrage ablehnten, organisierten sich inzwischen zur Verteidigung ihrer Rechte. In Berlin wurde 1893 eine Organisation mit dem bezeichnenden Namen ''Centralverein deutscher Staatsbürger jüdischen Glaubens''

Leopold Gottlieb (1883–1930) wurde vier Jahre nach dem frühen Tod seines Bruders Maurycy geboren. In der Hoffnung, den Ruhm des Genies für die Familie zurückzugewinnen, ermutigten seine Eltern ihn, dem Beispiel seines Bruders zu folgen. Leopold Gottlieb tat sich vor allem durch seine Skizzen hervor, und mit impressionistischen Mitteln gelang es ihm, Gestalten grosser Intensität zu schaffen, so z.B. auf diesem Porträt. Israel-Museum, Jerusalem

207

gegründet; ihr folgte 1904 die Gründung des "Verbands der deutschen Juden". Die Hauptaufgaben derartiger Vereine bestanden in dem Kampf zur Beseitigung antisemitischer Vorurteile und in der Ausübung von Druck auf die Behörden, um die juristische Anerkennung der Juden als einer Bekenntnisgemeinschaft mit denselben Rechten zu erlangen, wie die katholische und die protestantische Kirche sie genossen. Beide Vereine betonten demonstrativ ihre Treue zum Deutschen Reich und seiner Kultur und traten bei ihren Mitgliedern für diesen Grundsatz ein. Diese Einstellung kam mit aller Schärfe zum Ausdruck, als 1897, nach dem ersten Zionistenkongress, der Allgemeine Rabbinerverband in Deutschland eine Erklärung veröffentlichte, in der er die jüdische nationale Bewegung öffentlich missbilligte.

Der Kampf des Centralvereins gegen den Zionismus konnte die nationale Bewegung nicht unterdrücken. Gerade in Deutschland unterstützten geistige Führer wie Martin Buber und Politiker und Männer der Tat wie David Wolffsohn, Otto Warburg, Arthur Ruppin und andere die Bewegung mit Enthusiasmus.

Trotzdem manche deutsche Juden gelegentlich dazu neigten, sich von dem übrigen jüdischen Volk fernzuhalten und sich als Teil der deutschen Nation zu betrachten, zwang das Leben sie zu der Einsicht, dass alle Juden wohl oder übel füreinander verantwortlich seien. Wegen der schwierigen Verhältnisse in Osteuropa floss von dort ständig ein Strom von Emigranten nach Deutschland. Vom jüdischen Standpunkt gesehen, bedeuteten diese im Judentum verwurzelten Einwanderer einen Segen für die Gemeinden in Deutschland. Sie stärkten dort das jüdische Selbstbewusstsein und brachten geistige Unruhe ins Leben der Gemeinde. Gleichzeitig waren diese Ostjuden der älteren deutsch empfindenden jüdischen Bevölkerung ein Dorn im Auge, weil sie meinten, diese Einwanderer trügen Zündstoff zu dem Feuer des Antisemitismus. Aus Menschlichkeit und Verantwortungsbewusstsein — und auch, weil sie diese Einwanderung für die Antisemiten weniger augenfällig machen wollten — bemühten sich jüdische Organisationen, diesen Einwandern zu helfen und ihnen die Anpassung zu erleichtern. Der 1901 gegründete "Hilfsverein deutscher Juden" unterstützte die Opfer der Pogrome von 1903 und 1905 und verhandelte auch mit der russischen Regierung über die Verbesserung der Lage der Juden.

In den jüdischen Gemeinden Deutschlands ging der Kampf zwischen den Orthodoxen und dem liberalen Judentum weiter. In den von — religiös liberalen jüdischen Gemeinden durch grosse Radikalität getrennten Reformgemeinden suchte man extreme Veränderungen einzuführen, z.B. die Verlegung des Sabbats auf den Sonntag, die Verringerung der Zahl der Vorschriften (Abschaffung der Beschneidung), die Eliminierung des Hebräischen aus dem synagogalen Gottesdienst und die Festlegung eines Minimalglaubens. Die meisten reformfreudigen Juden wiesen diese extremen Neuerungen jedoch zurück, da sie fürchteten, sie würden zu einer Spaltung der deutschen Judenheit führen. Die liberalen Juden und die Orthodoxen vermochten in der Einheitsgemeinde miteinander zu leben. Diese besass meist Synagogen verschiedener religiöser Richtungen. In den Siebziger Jahren allerdings hatten orthodoxe Juden unter der Führung des Frankfurter Rabbiners Samson Raphael Hirsch in verschiedenen Orten separate Gemeinden gegründet (sogenannte Austrittsgemeinden). Die deutschen Orthodoxen dieser Samson-Raphael-Hirsch-Richtung riefen 1912 die orthodoxe Organisation Agudas Jisrael ins Leben, vielleicht ohne sich klar zu machen, dass sie selbst dadurch eine Spaltung in der deutschen Judenheit vergrösserten.

MITTELEUROPA

Die österreich-ungarische Monarchie schloss sich dem neuen deutschen Antisemitismus der Siebziger Jahre schnell an. Hier fiel die antijüdische Agitation auf fruchtbaren Boden und trug rasch Früchte. In Tisza-Eszlar in Ungarn heckte man 1882 eine Ritualmord-Anklage aus und verhörte die Verdächtigen mit den im Mittelalter üblichen Methoden. Die Angeklagten wurden zwar schliesslich freigesprochen, und das Urteil betonte, die Beschuldigung sei eine Lüge gewesen, aber inzwischen war die Atmosphäre vergiftet, und an einigen Orten kam es fast zu Gewalttätigkeiten gegen die Juden. Einer der "Sachverständigen", der im Stil des Mittelalters falsche Anklagen gegen die Juden ausgestreut hatte, darunter die Beschuldigung, sie benutzten Blut für religiöse Zwecke, war August Rohling, Professor der Theologie an der Universität Prag. Gegen ihn wandte sich Rabbiner Joseph Bloch, Mitglied des österreichischen Parlaments. Er bewies in einer Artikelreihe die Unwissenheit des Professors und stellte seine Fälschungen bloss. Rohling erhob eine Verleumdungsklage gegen Bloch. Die Verhandlung verlief jedoch nicht zu Rohlings Gunsten, und hätte er die Klage nicht zurückgezogen, würde das Urteil ihm grosse Schande bereitet haben. Auf jeden Fall musste er seine Professur niederlegen.

Diese Niederlage eines ihrer Hauptvertreter schwächte indessen die antisemitische Bewegung nicht; sie hatte tiefe Wurzeln in grossen Teilen der Bevölkerung. Der Rechtsanwalt Karl Lueger, der in den Neunzigerjahren an der Spitze der Bewegung stand, wurde mehrfach zum Bürgermeister von Wien gewählt. Kaiser Franz Joseph bestätigte seine Wahl 1897 nur nach langem Zögern.

In Österreich-Ungarn gab es über zwei Millionen Juden, davon waren etwa neunhunderttausend in Ungarn, etwa achthunderttausend in Galizien und einige hunderttausend in der kleinen Bukowina. Diese grosse jüdische Bevölkerung — die meisten davon waren orthodoxe und nationalbewusste Juden, die jiddisch sprachen und in der jüdischen Kultur verwurzelt waren — konzentrierte sich auf einem einzigen Gebiet. Diese Bevölkerung hätte vielleicht die offizielle Anerkennung als eine Nationalität innerhalb der Monarchie erreichen können (wie die Tschechen, Polen oder Rumänen), hätte sie in Einigkeit auf dies Ziel hingearbeitet. Als sich 1906 bei der Änderung des Wahlsystems dazu eine Gelegenheit bot, wurde sie wegen der Zwietracht unter den Juden des Reichs verpasst.

In Österreich selbst, d.h. in den deutschen Ländern der Doppelmonarchie, errang die aus der antisemitischen Bewegung hervorgegangene Christlich-Soziale Partei die Vorherrschaft, und ihr Einfluss machte sich im gesellschaft-

Max Liebermann: "Garten im Sommer". Liebermann war der Sohn der Generation, die nach einer Synthese jüdischer, deutscher und europäischer Kultur strebte (S. Bild Seite 202)

lichen Leben wie in der Wirtschaft deutlich fühlbar. Am stärksten war der Antisemitismus in Wien, wo hundertfünfzigtausend Juden lebten.

Ein grosser Teil der österreichischen Juden, besonders die, deren Familien schon lange dort gelebt hatten, war assimiliert und betrachtete sich, wie ihre assimilierten deutschen Glaubensgenossen, als Bestandteil der deutschen Nation. Alle Führer der Gemeinden waren für die Assimilierung und vertrauten auf den Schutz durch Kaiser Franz Joseph, auf den die antisemitische Bewegung ohne Wirkung blieb. Sie hofften, der Judenhass sei nur eine vorübergehende Erscheinung. Viele glaubten, er sei eine Folge der Einwanderung der Ostjuden aus Galizien, Ungarn und der Bukowina in die Hauptstadt und andere österreichische Städte, und einflussreiche jüdische Persönlichkeiten bestritten öffentlich das Bestehen einer nationalen Solidarität der fortschrittlichen österreichischen Juden mit den fremden rückständigen Ostjuden.

Immerhin gab es in Wien eine Handvoll national empfindender Juden, viele davon Studenten, die von den Theorien nationalbewusster Schrifsteller wie Perez Smolenskin, Leo Pinsker und Nathan Birnbaum beeinflusst waren. Sie sammelten sich um die Vereinigung jüdischer Studenten "Kadima" und Pinskers Schrift "Autoemanzipation". Als Theodor Herzl, selbst ein Wiener (obzwar in Budapest geboren), seine politische Tätigkeit für den Zionismus be-

Porträt des Schriftstellers Beschewiss. Der Humanist der Pariser Schule war Benzion Rabinowitz, geboren 1884, bekannt unter dem Pseudonym "Benn". Der Ausdruck von Würde und Menschlichkeit bringen ihn in die Nähe der modernen italienischen "metaphysischen Malerei". Israel-Museum, Jerusalem

gann, entstand eine starke zionistische Bewegung, die grossen Einfluss auf das Leben der Juden in der Politik und der Gemeinde hatte.

In Galizien waren die meisten Juden Orthodoxe. Seit den Achtzigerjahren wuchs hier die nationale Bewegung der Freunde Zions (Chowewe Zion), und am Ende des Jahrhunderts entstanden die ersten zionistischen Vereine. Die Führung der Gemeinden lag im allgemeinen in den Händen der Freunde der Assimilierung, die sich mit den führenden Polen identifizierten und bei den Wahlen polnische Kandidaten unterstützten. Mit dem Hinweis auf die drohende Gefahr des wachsenden Antisemitismus gewannen die Führer der Gemeinden auch die Orthodoxen, besonders die Chassidim dafür, die Forderungen der Polen zu unterstützen und gegen die jüdische nationale Bewegung zu opponieren. Diese Selbstverleugnung blieb jedoch ohne Wirkung auf die Polen, die jüdische Kaufleute boykottierten und systematisch aus allen Wirtschaftszweigen verdrängten. Die Lebensbedingungen der galizischen Juden verschlechterten sich dadurch rapide und erreichten am Ende des ersten Jahrzehnts des zwanzigsten Jahrhunderts einen beunruhigenden Tiefstand. Aus Galizien stammte aus diesem Grund natürlich ein grosser Teil der nach Wien, dem übrigen Europa und über den Atlantischen Ozean emigrierenden Juden.

In Ungarn waren die assimilierten Juden ungarische Patrioten, die mit Leidenschaft für die Sprache und Kultur ihres Vaterlandes eintraten. Auch die orthodoxen Juden folgten ihrem Beispiel in ihrer Loyalität zur ungarischen Nation. Hier hatten die Orthodoxen und die Reformjuden getrennte Gemeinden. Vom Ende des neunzehnten Jahrhunderts an nahm die Assimilierung zu. Die Zahl der Mischehen und besonders der Taufen wurde grösser, doch trotzdem gewann die nationale Bewegung auch in Ungarn Anhänger, freilich nur bei einem kleinen Kreis.

Infolge der Uneinigkeit der Juden konnte man nur eine unbedeutende Vertretung im Parlament erwarten. Die meisten jüdischen Abgeordneten, als Vertreter nichtjüdischer Parteien gewählt, traten für Ziele ein, die nicht immer den Interessen des jüdischen Volkes dienten. Aber trotz der Uneinigkeit und Unsicherheit war die Lage der Juden in Österreich-Ungarn im grossen ganzen nicht immer düster. Juden hatten wichtige und angesehene Positionen im Handel, Bankwesen und in der Industrie inne. Es gab auch zahlreiche Juden in den freien Berufen, darunter im Journalismus. Sie waren auch Beamte, Lehrer auf allen Stufen des Unterrichtswesens und dienten sogar in der Armee, obwohl dagegen noch starke Hindernisse bestanden. Auf das geistige Leben übten sie durch Literatur, Theater und Musik einen bemerkenswerten Einfluss aus.

Gewiss waren sich viele Menschen der grundlegenden Schwäche des jüdischen Lebens in der Diaspora bewusst, hatte doch der politische Zionismus sein Zentrum in Wien, trotzdem ignorierte die überwiegende Mehrzahl die Gefahren und Drohungen. Übersprudelnde Vitalität, Optimismus und heitere Zufriedenheit charakterisierten die österreich-ungarische Judenheit.

FRANKREICH UND DER FALL DREYFUS

In Frankreich war die natürliche Reaktion auf die militärische Niederlage im deutsch-französischen Krieg von 1870–1871 ein Aufwallen von fanatischem Nationalismus. Man mass die Schuld am Versagen selbstverständlich "verräterischen Elementen", darunter den Juden zu. In der nationalistischen Presse und Literatur erklang wütender Antisemitismus. Der Journalist Edouard Drumont veröffentlichte 1886 ein sensationelles Buch, "La France juive", das beweisen wollte, die Juden hätten sich mit den Freimaurern verbündet, um die Herrschaft über Frankreich zu übernehmen. Das Buch hatte unerhörten Erfolg. Die Spannung verschärfte sich, und sie fand ein Ventil in dem welterschütternden Spionageprozess, der als der Fall Dreyfus bekannt geworden ist.

Im Jahr 1894 wurde der jüdische Hauptmann Alfred Dreyfus verhaftet und der Spionage für Deutschland angeklagt. Auf Grund eines gefälschten Dokuments erklärte das Gericht ihn für schuldig, degradierte ihn und verur-

"Ansicht von St. Paul", von Adolph Milich (1886–1964). Der in Polen geborene Schweizer malte in einem nach-impressionistischen Stil. Seine Bilder sind voll Poesie und Gefühl, wenn ihre Themen auch meistens Landschaften und Stilleben nach der Natur sind. Dies Bild malte er 1920. Israel-Museum, Jerusalem

teilte ihn zu lebenslanger Haft auf der Teufelsinsel. Als die Fälschung entdeckt und der wirklich Schuldige, Major Esterhazy, vor Gericht gebracht war, sprach ein Militärgericht ihn frei. Die Armee weigerte sich nämlich, ihre Reputation durch das Zugeständnis zu beflecken, vorher sei ein Justizirrtum vorgekommen. Dass hierbei auch Antisemitismus mitspielte, war nur allzu klar. Aus der Affäre wurde ein öffentlicher Skandal. Nicht nur Juden, sondern auch führende französische Persönlichkeiten wie der bekannte Politiker Georges Clémenceau und der berühmte Schriftsteller Emile Zola verlangten die Wiederaufnahme des Verfahrens, doch reaktionäre Kreise opponierten heftig dagegen. Das ganze Land war in zwei Lager gespalten, für und gegen Dreyfus, und sie griffen einander heftig an. An verschiedenen Orten, besonders in Algerien, kam es zu schweren physischen Angriffen auf die Juden. Im Jahr 1899 zwang die öffentliche Meinung die Regierung, Dreyfus nach Frankreich zurückzubringen und eine neue Gerichtsverhandlung zu veranlassen. Auch diesmal wurde er verurteilt, aber seine Strafe wurde in zehnjährige Haft umgewandelt. Wieder entbrannte der Zorn auf beiden Seiten. Die Parteigänger Dreyfus' forderten absolute Gerechtigkeit und gaben sich mit der Begnadigung durch den Präsidenten der Republik nicht zufrieden. Sie ruhten nicht, bis Dreyfus entlastet war und wieder seinen früheren Rang in der Armee erhalten hatte.

Zu den Journalisten, die über den Anfang der Dreyfus-Affäre berichteten, gehörte Theodor Herzl, Korrespondent einer Wiener Zeitung. Sein Buch "Der Judenstaat" (1896), das einen Wendepunkt in der jüdischen Geschichte darstellt, geht auf den tiefen Eindruck zurück, den der Fall Dreyfus auf Herzl machte.

Dreyfus' Freispruch bedeutete einen schweren Schlag für die antisemitische Bewegung, aber ihre Anhänger gaben sich nicht geschlagen. Eine Gruppe von Schriftstellern, die den Judenhass propagierten, sammelten sich um die monarchistische Zeitung "L'Action française".

In Frankreich lebten etwa hundertfünfundsechzigtausend Juden, davon etwa hunderttausend in Paris. Die in Frankreich herrschende kirchenfeindliche Stimmung, die 1905 zur völligen Trennung von Kirche und Staat führte, kam in der alteingesessenen jüdischen Bevölkerung in grosser Gleichgültigkeit in religiösen Fragen zum Ausdruck. Auch die jüdische nationale Bewegung fand in Frankreich nur geringen Widerhall. Die Juden, die schon längere Zeit dort gelebt hatten, waren im allgemeinen assimiliert, und Mischehen und Taufen waren an der Tagesordnung. Immerhin waren im ersten Jahrzehnt des Jahrhunderts etwa fünfzigtausend Juden als Flüchtlinge vor den Verfolgungen in Russland nach Frankreich gekommen. Sie liessen sich in Paris nieder und stimulierten die Entstehung eines neuen jüdisch nationalen und religiösen Bewusstseins bei der indifferenten französischen Judenheit.

Das Ende der Dreyfus-Affäre brachte den Juden Frankreichs eine Zeit des Friedens und volles Selbstvertrauen. Bei Berufungen als Universitätsprofessoren begegneten sie keiner Diskriminierung mehr. Jüdische Gelehrte wurden Mitglieder der Académie française, man fand Juden in hohen Regierungsstellen und in der Justiz, der Armee (bis zum Generalsrang), auf allen Gebieten der Kultur und der Kunst und auch in Handel und Industrie. Sie wurzelten in der französischen Kultur und nahmen in den verschiedenen Parteien aktiv am politischen Leben teil.

ENGLAND

In England lebten 1880 etwa sechzigtausend Juden, die meisten davon in London. Diese etablierte Bevölkerung hatte schon lang am Leben des Landes teilgenommen. Viele von ihnen hatten hohe Stellungen in der Gesellschaft und im Wirtschaftsleben erlangt. Diese Integration in die britische Gesellschaft hatte in weiten Kreisen die Verbundenheit mit dem Judentum geschwächt. In diese behagliche Welt brachen plötzlich die Massen der vor den Tod und Zerstörung bringenden Pogromen aus Russland fliehenden Juden ein. Zwischen 1881 und dem Ausbruch des Ersten Weltkriegs (1914) kamen über zweihunderttausend Ostjuden nach England. Im Hinblick auf das religiöse und nationale Bewusstsein der Juden war diese Einwanderung ein Segen, sie brachte neues Leben in das stagnierende britische Judentum.

Diese Masseneinwanderung schuf aber natürlich zahlreiche schwierige Probleme, vor allem, weil diese Einwanderer mittellos kamen und ihr Leben unter unerfreulichen Bedingungen in einer fremden Umgebung neu aufbauen mussten. Einerseits belastete ihre Integrierung die jüdischen Gemeinden und ihre Wohlfahrtsorganisationen schwer, anderseits weckte ihre Bereitschaft, für jeden Lohn zu arbeiten, um ihr Leben zu fristen, den Widerstand der organisierten britischen Arbeiterschaft. In der Presse und in Parlamentsdebatten erklangen antisemitische Töne. Meistens vermieden die wohlerzogenen Briten das Wort "Juden" und sprachen von "Ausländern", doch jeder wusste, wer gemeint war. Es fehlte auch nicht an Gewalttaten und antijüdischen Boykotterklärungen. Im Jahr 1905 erliess das Parlament ein neues Einwanderungsgesetz mit strengen Vorschriften über die Visa-Erteilung. Durch die Intervention des Board of Deputies der britischen Juden wurden diese Vorschriften zugunsten der Opfer von Verfolgungen aus politischen oder religiösen Gründen gemildert. Dennoch erreichte das Gesetz seinen Zweck und schränkte die Einwanderung beträchtlich ein. Diejenigen Ostjuden jedoch, denen es gelang, sich in England niederzulassen, brachten es ziemlich schnell zu etwas.

RUSSLAND UND DIE POGROME

Im Jahr 1894 bestieg Nikolaus II. den russischen Thron. Der neue Zar verbarg weder seinen Judenhass noch seine Absicht, die brutale Unterdrückungspolitik seines Vaters, Alexanders III., fortzusetzen. Alle Beschränkungen des Wohnrechts, der Freizügigkeit und der wirtschaftlichen Betätigung innerhalb des Ansiedlungsbezirks mit einer Einwohnerzahl von über dreieinhalb Millionen und für die über eineinhalb Millionen ausserhalb dieses Bezirks lebenden Juden wurden streng durchgeführt. Erschreckend schnell vollzog sich der Prozess ihrer Verarmung und Proletarisierung. In keiner Regierungsstelle gab es Juden, und den jüdischen Ärzten und Rechtsanwälten machte man ebenfalls Schwierigkeiten. Aus den höheren Schulen und den Universitäten hielt man die jungen Juden fern. Die eindeutige Haltung der Regierung ermutigte die Massen zu wildem Antisemitismus. Zwischen 1897 und 1899 kam es noch zu Pogromen und 1900 zu einer Ritualmord-Anklage. In Wilna legte man dem jüdischen Barbier David Blondes zur Last, er habe versucht, ein christliches

Camille Pissaro (1830–1903): "Die Frau mit dem roten Kopftuch". Pissaro, als Sohn jüdischer Eltern portugiesischer Herkunft auf den Antillen geboren, wurde in Paris erzogen. Er gilt als einer der Väter des Impressionismus und drückt das Wesen dieser Richtung vielleicht am klarsten aus. Privatsammlung

213

Dienstmädchen zu verwunden, um ihr Blut beim Mazzotbacken zu verwenden. Sein Rechtsanwalt Oscar Grusenberg erreichte schliesslich die Wiederaufnahme des Verfahrens und seinen völligen Freispruch.

Verständlicherweise sympathisierten unter diesen Verhältnissen viele junge Juden mit revolutionären Bewegungen. Im Jahr 1902 wurde von Plehwe, vormals Polizeichef und ein ausgesprochener Antisemit deutscher Herkunft, Innenminister. Er beschloss, die revolutionären Bewegungen dadurch zu zerbrechen, dass er die Juden zum Feind des russischen Volkes erklärte. Mit dem Schlagwort "Ertränkt die Revolution in jüdischem Blut" fachte eine lügnerische Hetzkampagne in der Presse die Leidenschaften des Pöbels an und löste im April 1903 einen gross angelegten Pogrom in Kischinew aus.

Heute, nach den Schrecken der Naziperiode, erscheint der Kischinewer Pogrom, bei dem siebenundvierzig Menschen getötet und über sechshundert verletzt wurden, als geringfügiger Vorfall, doch 1903, als die Welt sich noch nicht derart an Greuel gewöhnt hatte, rief die Nachricht von dem blutigen Massaker nicht nur in anderen Ländern, sondern auch in fortschrittlichen Kreisen in Russland selbst Empörung und Wut hervor. In Europa wurden Massenversammlungen von Christen und Juden abgehalten. Berühmte Persönlichkeiten drückten ihren Schock und energischen Protest in Reden und Artikeln aus. Der deutsche Kaiser Wilhelm II., der österreichungarische Herrscher Franz Joseph und der Präsident der Vereinigten Staaten Theodore Roosevelt wandten sich direkt an den Zaren. In ganz Russland waren die Juden tief erschüttert. Damals schrieb der hebräische Dichter Chaim Nachman Bialik seine Gedichte "Über das Schlachten" (Al ha-Schehita) und "In der Stadt des Mordens" (Ba-Ir ha-Hariga).

Die russische Regierung traf zwar einige unbedeutende Massnahmen zur Wiederherstellung der Ordnung, aber tatsächlich hatte die Weltmeinung keinen Einfluss auf von Plehwe und seine Methoden. Ende August wurden die Gomeler Juden angegriffen, und weitere Pogrome folgten in verschiedenen Teilen von Weissrussland und der Ukraine. Zum Glück für die Juden brach im Februar 1904 der russisch-japanische Krieg aus. Ein Jahr lang hatte die Regierung andere Sorgen, und inzwischen wurde von Plehwe ermordet.

Russische Rückschläge im Krieg mit Japan stärkten die revolutionären Bewegungen. Im Jahr 1905 wurden Terrorakte verübt und Demonstrationen abgehalten; es kam auch zu Streiks und Unruhen. Die Behörden versuchten Unterdrückungsmethoden und scheuten auch nicht vor Blutvergiessen zurück, doch schliesslich sah sich der Zar gezwungen, eine Verfassung zu versprechen und Wahlen zu einer Nationalversammlung, der Duma, zuzustimmen. In dieser Revolution spielten die Juden eine bemerkenswerte Rolle. Eine in Wilna im April abgehaltene jüdische Versammlung forderte nicht nur völlige Gleichberechtigung, sondern auch weitreichende nationale und religiöse Autonomie. Ein Versuch der Regierung, die Revolution im Oktober 1905 durch eine Welle von Terror, der vor allem die Juden traf, niederzuschlagen, forderte zahlreiche Opfer, aber die Revolutionäre einschliesslich der Juden setzten den Kampf fort. Trotz des Terrors und der Boykottierung der Wahlen durch den jüdischen sozialistischen Arbeiterbund (den "Bund"), wurden zwölf jüdische Abgeordnete in die Duma gewählt. Doch noch ehe die Duma ein Gesetz über die Gleichberechtigung der Juden verabschieden konnte, brach ein neuer Pogrom in Bialystok aus (Juni 1906), und als die Duma die Behörden dafür verantwortlich machte und den Rücktritt des Zaren forderte, löste dieser die Duma auf.

Wieder wurden Pogrome organisiert. Viele Juden wurden in Gerichtsverfahren zum Tode verurteilt und durch Militärgerichte hingerichtet. In der zweiten Duma, die im Februar 1907 zusammentrat und vier Monate später aufgelöst wurde, sassen nur noch drei jüdische Abgeordnete, und die wagten nicht den Mund aufzutun.

In den folgenden Jahren quälte die Regierung die Juden systematisch und grausam. Alle Beschränkungen und Unterdrückungsmassnahmen wurden wieder eingeführt und streng durchgeführt. Wieder wurden die jungen Juden weder zur höheren Schule noch zur Universität zugelassen.

In dem in jenen Jahren herrschenden mittelalterlichen Klima kam es natürlich auch wieder zu Ritualmord-Anklagen. Mendel Beilis, Angestellter in einer Ziegelfabrik in Kiew, wurde beschuldigt, er habe einen russischen Jungen zu rituellen Zwecken ermordet. Die antisemitische Presse hetzte die Bevölkerung auf. Professoren der Medizin bezeugten, das Blut sei dem Körper des Jungen bei lebendigem Leibe entnommen, und der Vertreter der Anklage tat sein Bestes, um die Verurteilung des Angeklagten durchzusetzen. Katholische und griechisch-orthodoxe Priester und "Gelehrte" erklärten, Bibel und Talmud schrieben die Verwendung von Blut bei der Herstellung von Mazzot vor. Immerhin gab es sowohl in Russland als auch im Ausland Gelehrte, Intellektuelle und ehrliche Geistliche, die gegen die Wiederbelebung einer längst als sinnlos bewiesenen Verleumdung protestierten. Oscar Grusenberg, der Verteidiger des ein Jahrzehnt vorher wegen eines ähnlichen Verbrechens angeklagten David Blondes, erreichte auch in diesem Fall durch eine glänzende Verteidigung den Freispruch.

DIE VEREINIGTEN STAATEN

Die meisten Juden sahen nur einen einzigen Ausweg zur Rettung vor dem russischen Terrorregime — die Flucht aus dieser Hölle in die freie Welt. Die Massenauswanderung, die schon in den Achtzigerjahren begonnen hatte, dauerte bis zum Ausbruch des Ersten Weltkriegs ohne Unterbrechung fort. In den ersten vierzehn Jahren dieses Jahrhunderts verliessen etwa viereinhalb Millionen Juden Russland, nachdem im letzten Jahrhundert schon ungefähr fünfhunderttausend ausgewandert waren. Die meisten von ihnen zog es in die Vereinigten Staaten von Amerika, das Land der Freiheit. Ein verhältnismässig kleiner Teil ging im Transit oder für die Dauer in andere Länder — nach Frankreich, Deutschland und England. Die Siedlung des Barons de Hirsch in Argentinien nahm etwa dreissigtausend Menschen auf. Russische Auswanderer gelangten auch nach Südafrika und in verschiedene Länder Süd- und

Jules Pascin (1885–1930), in Bulgarien als Sohn einer sephardischen Familie Pincas geboren, studierte in München und bereiste Spanien, Belgien, die Niederlande, Amerika und Nordafrika, ehe er sich in Paris niederliess. Im Lauf seiner zahlreichen Reisen machte er sehr viele Skizzen, aus denen sein besonderes Interesse für die realistische menschliche Gestalt deutlich wird. Seine Skizzen sind überreich an exotischen Geschehnissen und Figuren und vor allem an Frauen. Geschenk von Joseph Pincas, dem Bruder des Malers. Israel-Museum, Jerusalem

Mittelamerikas. Seit den letzten zwei Jahrzehnten des neunzehnten Jahrhunderts zogen nationalbewusste Auswanderer nach Palästina.

Von den Vereinigten Staaten von Amerika träumten die unterdrückten Juden als vom Land der Freiheit, Sicherheit und der unbegrenzten Möglichkeiten. Aber der Weg dorthin war mit Hindernissen gepflastert. Die ihnen unterwegs von jüdischen Organisationen und Wohlfahrtseinrichtungen gewährte Hilfe befreite die Flüchtlinge kaum von ihren Ängsten, verliessen sie Russland doch meistens mittellos. Wenn sie schliesslich ihr Ziel erreicht hatten, begannen andere Schwierigkeiten — Anpassungsschmerzen in einer fremden Umgebung und Ausbeutung als billige Arbeitskräfte.

Bei ihrer Ankunft in den Vereinigten Staaten in den Achtzigerjahren fanden die ersten Einwanderer aus Russland hier schon eine etwa eine Million zählende ansässige jüdische Bevölkerung vor.

Eine erste Gruppe von dreiundzwanzig sephardischen Juden liess sich 1654 in Neu-Amsterdam nieder. Sie waren aus Brasilien geflohen, nachdem die Holländer das Land den Portugiesen zurückgegeben hatten. Zehn Jahre später eroberten die Engländer die Stadt und gaben ihr den Namen New York. Dieser ersten Gruppe folgten andere, sowohl sephardische wie aschkenasische, die sich in anderen englischen Kolonien in Nordamerika ansiedelten. Die Bürgerrechte erhielten sie freilich nicht, aber sie genossen doch Religionsfreiheit, und keiner kümmerte sich um ihre wirtschaftliche Tätigkeit. Am Vorabend des amerikanischen Unabhängigkeitskriegs (1775) lebten in den dreizehn englischen Kolonien etwas mehr als zweitausend Juden. Die meisten von ihnen unterstützten die Patrioten, und viele traten in die Armee George Washingtons ein. Die Unabhängigkeitserklärung sicherte ihnen die Gleichberechtigung zu, und dies Versprechen wurde nach dem Krieg eingelöst.

In der ersten Hälfte des neunzehnten Jahrhunderts kamen viele Juden aus Deutschland, Österreich, Ungarn und Galizien in die Vereinigten Staaten, wo sie der erstickenden Reaktion zu entgehen und Freiheit zu finden hofften. All diese Einwanderer kamen ganz mittellos an und mussten viele Jahre lang schwer um ihren Lebensunterhalt ringen. Aber sie brachten eine reiche Kultur aus Europa mit und drückten dem Leben der amerikanischen jüdischen Gemeinde ihren Stempel auf.

Zur Zeit des Bürgerkriegs (1861–1865), den etwa zehntausend Juden auf beiden Seiten mitmachten, gab es im Norden wie im Süden zahlreiche Gemeinden. In vielen neuen Ortschaften gehörten die Juden zu den ersten Pionieren.

Ein Teil der Einwanderer nahm die Ideen des Reformjudentums in die neue Heimat mit. Rabbiner aus Deutschland, z.B. David Einhorn und Gustav Gottheil, gründeten Reformsynagogen. Besonders erwähnt sei der Rabbiner Isaak Mayer Wise aus Böhmen. Er vereinigte die verschiedenen Richtungen im Reformjudentum zu einer umfassenden Landesorganisation und gründete das Seminar für Reformrabbiner (the Hebrew Union College) in Cincinnati. Nicht alle amerikanischen Juden folgten den kühnen Reformern. Die Konservativen fanden in Isaak Leeser, auch er ein Deutscher, einen hervorragenden Führer. Sie gründeten ebenfalls ein eigenes Rabbinerseminar (the Jewish Theological Seminary of America) in New York.

Die deutschen Einwanderer bemühten sich noch um ihre Anpassung in dem neuen Land, als in den Achtzigerjahren die Masseneinwanderung aus Russland einsetzte. Auch für diese Einwanderer bot die erste Begegnung mit den Verhältnissen in den Vereinigten Staaten ausserordentliche Schwierigkeiten. Viele von ihnen arbeiteten für schlechte Löhne in Fabriken und der berüchtigten Heimarbeit mit den schier endlosen Arbeitstagen. Andere verdienten sich ihr Brot als Hausierer, kleine Händler und Handwerker.

Die Wohlfahrtseinrichtungen der ersten jüdischen Gemeinden gaben sich grosse Mühe, den Neu-Einwanderern über die Anpassungsschwierigkeiten hinwegzuhelfen. Mit Geduld und Beharrlichkeit gelang den Flüchtlingen die Eingliederung. Manche von ihnen wurden sogar reich. Viele erwarben sich eine höhere Bildung und gingen in die freien Berufe. Zu diesen Erfolgen kam es erst nach langwierigen Bemühungen, andere Vorteile dagegen genossen sie als Selbstverständlichkeiten sogleich: physische Sicherheit, Gleichberechtigung und Hoffnungen für die Zukunft ihrer Kinder. Auch nachdem sie Englisch gelernt hatten, hingen die Ostjuden noch weiter an ihrem geliebten Jiddisch. Bald gab es eine jiddische Presse, Theatertruppen bedienten sich der jiddischen Sprache, und Schriftsteller schufen jiddische Werke.

Doch gleichzeitig bemühten sich die Einwanderer, sich der amerikanischen Umgebung anzupassen und sich in ihr zu integrieren. Viele Juden betätigten sich im öffentlichen Leben und gingen in die lokale und nationale Politik; sie widmeten sich kulturellen Aufgaben und der Arbeiterbewegung und gelangten zu hohen wichtigen Positionen.

Natürlich pflegten die Einwanderer weiter ihre Beziehungen zu ihren noch in Russland lebenden Freunden und Verwandten und hatten für deren Schwierigkeiten teilnahmsvolles Verständnis. Die Pogrome der Jahre 1903–1905 lösten bei den Juden der Vereinigten Staaten starke Proteste aus. Die Äusserungen der russischen Brutalität schockierten auch die Christen und die Regierungskreise. Man hielt Massenkundgebungen ab, sammelte Geld zur Unterstützung der Pogromopfer, und die amerikanischen Juden trafen Vorbereitungen, um Einwanderer in grösserer Zahl aufzunehmen. Selbst als der Umfang der Einwanderung (nicht nur von Juden) gewisse Kreise in den Vereinigten Staaten erschreckte und sie ihre Beschränkung forderten (1913–1914), stimmten sie der besonderen Berücksichtigung der Opfer von Verfolgungen aus religiösen Gründen zu. Doch inzwischen war der Erste Weltkrieg ausgebrochen, und das bedeutete vorübergehend das Ende aller Einwanderung.

Im grossen ganzen stärkten die Ostjuden den orthodoxen Flügel der amerikanischen jüdischen Gemeinde. Als die Einwanderer jedoch in ihrer neuen Heimat Wurzel fassten, gaben viele die Orthodoxie auf und schlossen sich den Konservativen oder der Reformbewegung an. Die Institutionen der verschiedenen Richtungen blühten. Als eine der wichtigsten Lehrstätten in der Welt für das Studium der jüdischen Kultur gelangte das Jewish Theological Seminary of Conservative Judaism zu ganz besonderer Bedeutung, als 1902 der aus Rumänien stammende Gelehrte Solomon Schechter in den Lehrkörper eintrat und bis zu

Michel Kikoïne (1892–), einer der Führer der Pariser Malerschule und naher Freund Chaim Soutines, malte Landschaften und Porträts. Dies Bild eines Gartenteichs ist typisch für Kikoïnes Eindruck vom organischen Leben der Natur. Israel-Museum, Jerusalem

seinem Tod (1915) Präsident des Seminars blieb. Er zeichnete sich durch das Studium alter Manuskripte aus, die man in einer aus dem neunten Jahrhundert stammenden Kairoer Synagoge (der Geniza) gefunden hatte. Die russischen Pogrome führten zur Gründung des American Jewish Committee zur Verteidigung der bürgerlichen und religiösen Rechte aller Juden.

Gleichzeitig mit der Integration der Juden in das amerikanische Wirtschaftsleben, in dem sie es zu Ansehen und hohen Positionen brachten, nahm ihre aktive Beteiligung am Geistesleben ihrer neuen Heimat stetig zu. Sie spielten eine Rolle in der Literatur, dem Theaterwesen, der Presse und auf allen Wissensgebieten. Ausserdem blühte das spezifisch jüdische Geistesleben. Wissenschaftliche Arbeiten — erwähnt sei The Jewish Encyclopedia — bereicherten und verbreiteten jüdisches Wissen. Das stark ausgeprägte jüdische Bewusstsein fand seinen Ausdruck in lebhafter Beteiligung an der nationalen Bewegung.

DIE RÜCKKEHR NACH ZION

In der Mitte des neunzehnten Jahrhunderts, als viele deutsche Juden in der Assimilierung die einzige Lösung der Judenfrage sahen, hatte ein assimilierter deutscher Jude eine revolutionäre Idee. In seinem Buch "Rom und Jerusalem", erschienen 1862, vertrat Moses Hess, einer der Begründer des Sozialismus, den Gedanken, die Juden wären eine Nation und hätten das Recht, ihr nationales Leben in ihrer geschichtlichen Heimat zu erneuern. Sein Aufruf fand jedoch in seiner Generation noch kein Echo. Den gleichen Appell enthielt die 1882 in Deutschland anonym veröffentlichte Broschüre "Autoemanzipation". Ihr Verfasser, der Odessaer Arzt und politische Schriftsteller Leo Pinsker, hatte sie glühend vor Zorn nach den Pogromen von 1881 geschrieben. Nach Pinskers Meinung gab es nur ein einziges Mittel zur Beendigung des schmerzlichen Antisemitismus — die Wiederherstellung der nationalen Unabhängigkeit der Juden in ihrem eigenen Land. Auch Perez Smolenskin in Wien und Elieser Ben-Jehuda, der Erneuerer der hebräischen Sprache, setzten sich in ihren Artikeln für die nationale Theorie ein, und die blutigen Ereignisse in Russland bereiteten ihren Ideen fruchtbaren Boden. In Russland und Rumänien wurden Vereine der "Freunde Zions" gegründet; sie wollten in der jüdischen Heimat ihrer Vorfahren ein geistiges und politisches Zentrum und eine neue, auf Landwirtschaft und körperlicher Arbeit beruhende Gesellschaft schaffen. In Charkov schloss sich 1882 eine Gruppe unter dem Namen Bilu zusammen (Akronym für "Beit Jaakow, Lekhu Wenelecha", d.h. "Haus Jakobs, auf, lasset uns wandeln" [Jes. 2, 5]), die sich als Pioniere in Palästina ansiedeln und dort ihre Ideale verwirklichen wollten.

Noch im gleichen Jahr gelangten die ersten Bilu-Mitglieder nach Palästina, und trotzdem die türkischen Behörden Schwierigkeiten machten, folgten andere. Im Jahr 1882 wurde der Grund zur landwirtschaftlichen Besiedlung des Landes gelegt. Es wurden drei Siedlungen gegründet (Rischon Lezion, Zikhron Ja'akow, Rosch Pinna), und Petach Tikwa (1878 gegründet, aber wieder aufgegeben) wurde wieder besiedelt. Im Jahr 1884 gründeten Bilu-Mitglieder Gedera. Die Situation der neuen Siedlungen war jedoch ausserordentlich entmutigend: den Siedlern fehlten Mittel und Erfahrung, und die Verhältnisse im Land waren schwierig. Da erschien den Siedlern ein Retter aus der Not — der berühmte Philanthrop Baron Edmond de Rothschild aus Paris. Er nahm die Siedlungen unter seinen Schutz, förderte ihre wirtschaftliche Gesundung und half bei der Ausdehnung der Besiedlung. Trotz der zahlreichen und teilweise gewiss berechtigten Klagen über die Agenten des Barons war seine Intervention ein Segen. Zu Ende des Jahrhunderts gab es in Palästina ungefähr dreissig landwirtschaftliche Siedlungen mit etwa sechstausend Siedlern.

Mittlerweile erschien ein neuer Führer, dem es in wenigen Jahren gelang, alle konstruktiven Kräfte des jüdischen Volkes auf ein einziges Ziel zu lenken — die Errichtung eines jüdischen Staates in Palästina. Mit der Veröffentlichung des Buches "Der Judenstaat" von Theodor Herzl (1896) begann in der jüdischen Geschichte eine neue Ära.

Boris Schatz (1867–1932): Selbstporträt. Pinselskizze auf Leinwand. Israel-Museum, Jerusalem

Nachum Gutman (1898–): Hütten in Newe Scha'anan. Gutman hat auf hervorragenden Ölbildern und Aquarellen die romantische Frühzeit aus den Anfängen Tel Avivs dargestellt. Auch auf diesem Bild herrscht diese optimistische Stimmung und ein Hauch von Poesie. Privatsammlung

DIE ZIONISTISCHE WELTBEWEGUNG

Die zionistische Weltorganisation wurde 1897 auf dem ersten Zionistenkongress in Basel gegründet und leitet seitdem alle Bestrebungen zur Verwirklichung der jüdischen nationalen Bewegung. Fast alle Vereine der "Freunde Zions" schlossen sich ihr an und sahen in Herzl ihren Führer. Von Anfang an opponierte die Organisation gegen die Fortsetzung der heimlichen Besiedlung Palästinas. Herzl wollte, dass die türkische Regierung durch eine Charta den Zionisten ausdrücklich ihre Zustimmung zur Besiedlung des Landes geben sollte. Doch all seine Bemühungen, diese Charta zu erlangen, waren erfolglos.

Immerhin machte man wichtige Fortschritte auf dem Weg zur zukünftigen Besiedlung durch die Gründung zweier Institutionen, nämlich einer Bank (Jewish Colonial Trust) (1889) und des Jüdischen Nationalfonds (1901) für den Ankauf von Land in Palästina als Eigentum des ganzen jüdischen Volkes.

Das erste politische Angebot an die junge Bewegung zeigte, dass sie ernst genommen wurde, beschwor aber zugleich ihre erste Krise herauf. Die britische Regierung bot ihr 1903 die Errichtung einer autonomen jüdischen Siedlung in Britisch-Ostafrika an. Herzl sah in diesem Ugandaplan eine Möglichkeit, den Ostjuden sofort zur Hilfe zu kommen, bis eine gross angelegte Besiedlung Palästinas zustande käme, und er befürwortete ihn auf dem sechsten Zionistenkongress in Basel. Seine Worte entfesselten einen Sturm der Entrüstung. Vergeblich protestierte Herzl, er sähe in diesem Plan nur eine vorläufige Lösung, eine Haltestelle auf dem Weg nach Zion. Ein grosser Teil der Delegierten widersetzte sich diesem Vorschlag aus Prinzip, weil sie darin einen Verrat des zionistischen Ideals sahen. Die Bewegung war ernstlich von einer Spaltung bedroht. Nur mit Mühe wurde der Friede wiederhergestellt, und man beschloss, eine Delegation sollte in Uganda die Verhältnisse an Ort und Stelle untersuchen. Ungefähr ein Jahr später starb Herzl in der Blüte seiner Jahre, und die Juden in aller Welt trauerten um ihn.

Der siebte Kongress (1905) strich den Ugandaplan endgültig von der Tagesordnung und beschloss darüber hinaus, in Zukunft keinen Besiedlungsplan mehr zu berücksichtigen, der sich auf ein anderes Land als Palästina bezöge.

Nach Herzls Tod bemühte David Wolffson, sein Nachfolger im Präsidium der Zionistischen Weltorganisation, sich weiter um eine Charta von der türkischen Regierung. Nach einer Reihe von Jahren musste man indessen erkennen, dass die Sache hoffnungslos war. Der Einfluss der

Im Jahr 1908 wurde in Jaffa das Palästinaamt eröffnet, und die Pioniere der zweiten Einwanderungswelle (Alija), die zwischen 1904 und 1914 nach Palästina kamen, gründeten eine Anzahl von Kollektiv-Siedlungen (Kewuzzot).

In dem Zeitraum von 1904–1914 stieg die Gesamtzahl der Juden in Palästina von siebzigtausend auf hunderttausend. Im Jahr 1907 gab es siebenundzwanzig landwirtschaftliche Siedlungen mit siebentausend Menschen, 1914 lebten zwölftausend in dreiundvierzig landwirtschaftlichen Siedlungen. Die meisten Einwanderer der zweiten Alija hatten sozialistische Ideen und beabsichtigten, in Palästina den Grund für die Bildung einer neuen Gesellschaft auf der Basis der sozialen Gerechtigkeit zu legen. Man machte mit verschiedenen Arten kooperativer Siedlungen praktische Versuche. Viele sahen ihren geistigen Führer in Aaron David Gordon, der den Gedanken vertrat, die körperliche Arbeit, vor allem in der Landwirtschaft, sollte das grundlegende Element der jüdischen nationalen Wiedergeburt in der Heimat ihrer Väter sein. Die neuen Einwanderer kämpften um das Recht, in den ersten jüdischen Siedlungen die produktive körperliche Arbeit zu verrichten, die bis dahin die Araber getan hatten, ferner um das Recht, das jüdische Eigentum zu bewachen, was bis dahin ebenfalls die Aufgabe der Araber gewesen war. Zu diesem Zweck wurde 1909 die Wächterorganisation (Ha-Schomer) geschaffen. Im gleichen Jahr gründeten Juden aus Haifa eine Gartenvorstadt mit Namen Tel Aviv (Frühlingshügel, das ist der hebräische Titel von Herzls zweitem Buch über die Verwirklichung des Zionismus, von ihm "Altneuland" genannt).

DER ERSTE WELTKRIEG (1914-1918)

Der Tag, an dem der Erste Weltkrieg ausbrach (der dritte August 1914), bedeutet auch einen Wendepunkt in der jüdischen Geschichte. In allen am Krieg beteiligten Ländern bewiesen die Juden Loyalität, mehr noch, patriotische Begeisterung. Über hunderttausend Juden dienten in der deutschen und etwa dreihunderttausend in der österreichungarischen Armee. Mindestens sechshunderttausend waren in der russischen Armee und etwa dreihunderttausend in den Armeen anderer Länder (England, Frankreich, Vereinigte Staaten, Rumänien, Türkei, Bulgarien). Über hunderttausend jüdische Soldaten fielen, und eine grosse Anzahl wurde verwundet. Die Zahl der zu Offizieren

Reuwen Rubin (1893–): Reiter mit Blumenstrauss (1923). Rubin, einer der im Ausland bekanntesten israelischen Maler, bringt in seinen idealisierten Landschaften die Gefühle zum Ausdruck, die das geistige Klima des Landes Israel weckt. Einfachheit und Anpassung an die ihn umgebende sichtbare Welt sind für seinen romantischen Stil charakteristisch. Sammlung H. Richter, New York

Kreise, die unmittelbar praktische Arbeit für die weitere Besiedlung des Landes forderten, vergrösserte sich ständig, bis er den zehnten Zionistenkongress (1911) beherrschte. Wolffsohn legte sein Amt nieder, und Professor Otto Warburg, ein begeisterter Anhänger des "praktischen Zionismus", übernahm das Amt des Präsidenten.

Der grösste Maler der Pariser Schule ist ohne Zweifel Marc Chagall (1887–). Schon als junger Mann erwarb er sich in Russland Ruhm, und heute gehört er in der ganzen Welt zu den führenden Künstlern. Durch seine Themen und seinen Stil gilt sein Werk als Hauptrepräsentant der zeitgenössischen jüdischen Malerei. Gegenstände und Charaktere seiner Bilder hat Chagall meistens aus der Welt seiner Kindheit in Witebsk genommen; in ihnen mischen sich Phantasie und Wirklichkeit, Humor und Trauer, Grausamkeit und Albdruck. Die rechtsstehende Illustration zeigt den Stamm Asser, eines der zwölf Chagallfenster in der Synagoge des Universitätskrankenhauses Hadassah, Jerusalem.

221

Max Band (1900–) ist von der deutschen impressionistischen Malerei beeinflusst. Seine realistischen Bilder von Zirkusszenen, Clowns und Marionetten gefallen wegen ihrer starken Farbkontraste und der Eindringlichkeit der Wahrnehmung. Band hat dies "Porträt eines Jungen" 1935 gemalt. Israel-Museum, Jerusalem

beförderten Juden war gross, und viele erhielten Auszeichnungen "für Tapferkeit vor dem Feind".

Auf beiden Seiten trugen Juden auch durch wissenschaftliche Leistungen Bedeutendes zur Kriegführung bei. Fritz Haber, ein getaufter deutscher Jude, lieferte der deutschen chemischen Industrie die wissenschaftlichen Grundlagen für die Munitionsherstellung indem er die synthetische Herstellung von Ammoniak erfand, und Walter Rathenau organisierte die Rohstoffversorgung für die deutsche Kriegsindustrie. In Grossbritannien leitete Chaim Weizmann die Forschungslaboratorien der Admiralität und erfand eine neue Methode zur Herstellung von Azeton.

Den Beitrag, den die Juden in Wissenschaft, Wirtschaft und im Feld zur Kriegführung leisteten, würdigten nicht alle am Krieg beteiligten Mächte. In der deutschen Armee, vor allem in den preussischen Einheiten, gab es erheblichen Antisemitismus. Im Sommer 1916 wurde eine besondere Zählung durchgeführt, die den Anteil der Juden an den Fronteinheiten und den Hilfstruppen feststellen sollte. In der russischen Armee war die Situation der jüdischen Soldaten ausserordentlich bedauernswert, und auch die jüdische Zivilbevölkerung litt in Russland mehr als in irgendeinem anderen Land. Einige der heftigsten militärischen Operationen fanden in dem jüdischen Ansiedlungsbezirk statt und brachten Tod und Zerstörung über das dicht besiedelte Gebiet. Ausserdem misstrauten die Russen den Juden hinter der Front und kompensierten ihre militärischen Niederlagen durch Racheakte gegen sie.

Die Revolution stürzte 1917 die Herrschaft des Zaren. Jetzt wurden die gesetzlichen antijüdischen Behinderungen aufgehoben. Viele Juden bekleideten in der neuen Regierung wichtige Posten, und alle hofften, ihre Leiden seien nun beendet. Aber dem Bürgerkrieg und dem damit verbundenen Chaos fielen bestürzend viele Juden zum Opfer. Sowohl die reaktionären weissen als auch die kommunistischen Armeen verwüsteten jüdische Gemeinden. Zu der grossen Zahl von Juden, die an Krankheit und Hunger starben, kamen etwa fünfzigtausend, die bei Pogromen den Tod fanden.

DIE BALFOUR-ERKLÄRUNG UND DIE BEFREIUNG PALÄSTINAS

Der Erste Weltkrieg brachte zunächst die Tätigkeit der Zionistischen Organisation zum Stocken, da ihre Mitglieder und Führer auf beiden Seiten der kriegführenden Parteien standen. Einige der Führer traten dafür ein, in dem europäischen Kampf neutral zu bleiben. Als Beweis dafür sollte die 1915 im neutralen Dänemark eröffnete Kopenhagener Geschäftsstelle dienen. Doch nach dem Eintritt der Türkei in den Krieg glaubten andere Zionistenführer, die aktive Teilnahme auf Seiten der Alliierten, besonders auf dem nahöstlichen Kriegsschauplatz, und die militärische Eroberung Palästinas könnten den nationalen Forderungen des jüdischen Volkes zugute kommen.

Von Anfang an brachte der Krieg den Juden Palästinas grosse Leiden. Die Türkei hob ihre vertraglichen Bindungen auf und beraubte dadurch die ausländischen Juden des Schutzes ihrer Heimatländer. Die Bürger aus Feindesländern mussten entweder die osmanische Staatsangehörigkeit annehmen oder Palästina verlassen. Zu Tausenden gingen die Flüchtlinge nach Ägypten und wohnten dort vorübergehend in Lagern. Aus diesen Flüchtlingen wurde auf Anregung von Wladimir Jabotinsky und Joseph Trumpeldor das erste Bataillon jüdischer Freiwilliger gebildet. Die britischen Behörden lehnten eine jüdische Kampfeinheit ab und schlugen stattdessen die Aufstellung eines Maulesel-Korps zur Versorgung der Truppen in der Gallipoli-Kampagne vor. Trumpeldor war mit dieser bescheidenen Aufgabe einverstanden, und das zionistische Maulesel-Korps führte gefährliche, lebenswichtige Aufträge aus. Jabotinsky gab dennoch den Gedanken an eine Kampfeinheit nicht auf. Er propagierte sie bei den russischen Juden in England und wandte sich auch an die britischen Behörden. Im Jahr 1917 entschlossen sich die Briten endlich, in England ansässige Russen zum Heeresdienst einzuziehen, und im gleichen Jahr wurde die erste jüdische

Alfred Aberdam (1894–1965): "Besuch im Atelier des Künstlers". Er gehört zur zweiten Generation der Pariser Schule. Wie viele seiner jüdischen Freunde malte er gern Bilder mit düsterer Stimmung. Seine in die Länge gezogenen dünnen Figuren verstärken den Eindruck dieses typisch romantischen Gemäldes. Israel-Museum, Jerusalem

George Kars (1882–1945) war der harmonischste der jüdischen Maler der Pariser Schule. Seine trotz seines unglücklichen Schicksals optimistische Lebensauffassung kommt in der Landschaft "Dorf an der Rhône" (1939) klar zum Ausdruck. Durch die bunte Farbenharmonie seines Werks gehört er in die erste Reihe der Maler seiner Richtung. Israel-Museum, Jerusalem

Kampfeinheit aufgestellt, zu der auch Freiwillige aus den Vereinigten Staaten gehörten. Sie nahm 1918 an den Kämpfen in Palästina und dem östlichen Transjordanien teil.

Mittlerweile behandelten die türkischen Behörden unter der Führung von Djemal Pascha die jüdische Gemeinde in Palästina mit grösster Rücksichtslosigkeit. Dieser türkische Gouverneur hasste die Zionisten, in denen er potentielle Verbündete der Feinde der Türkei sah, und verfolgte sie grausam. Sein Verdacht war tatsächlich nicht unbegründet. Viele palästinensische Juden sahen, dass das Türkische Reich am Rand des Zusammenbruchs stand und seine Kontrolle über das Land verlieren werde. Einige von ihnen glaubten, sie dürften nicht tatenlos bleiben. Unter der Führung des Agronomen Aaron Aaronson organisierten sie zugunsten der Briten einen Spionagering, der dem britischen Hauptquartier in Ägypten wichtige militärische Informationen gab. Er wurde jedoch 1917 entdeckt, und eine Anzahl seiner Mitglieder bezahlten ihre Hingabe an den zukünftigen Aufbau der jüdischen Gemeinde in Palästina mit dem Leben.

In die gleiche Zeit fällt ein Ereignis von entscheidender Bedeutung für die Geschichte des jüdischen Volkes. Man erzählt, der Ministerpräsident Lloyd George habe einmal den britischen Zionistenführer Chaim Weizmann gefragt, was er sich als Anerkennung für seine Verdienste während des Krieges wünsche. Da habe Weizmann nichts für sich selbst haben wollen, nur etwas für sein Volk — ein Land. Auf alle Fälle wurden hinter der Szene unermüdliche Anstrengungen zur Erreichung dieses Ziels gemacht. Sie führten dazu, dass der britische Aussenminister Arthur James Balfour am zweiten November 1917 ein Dokument veröffentlichte, das besagte, die britische Regierung befürworte die "Errichtung einer nationalen Heimstätte für das jüdische Volk in Palästina". Diese Verlautbarung bezeichnet man als die "Balfour-Erklärung".

EUROPA IN DER NACHKRIEGSZEIT

Nach der Niederlage Deutschlands und seiner Verbündeten kamen die Vertreter der Siegermächte in Versailles zusammen und entwarfen den Vertrag, der dazu bestimmt war, der Welt den dauernden Frieden zu sichern. Aus den eroberten Staaten und Russland wurden neue Länder herausgeschnitten — Polen, die Tschechoslowakei, Ungarn, Litauen, Lettland, Estland und Jugoslawien; andere Länder, z.B. Rumänien, vergrösserten ihr Territorium beträchtlich. In den meisten dieser Länder gab es eine grosse jüdische Bevölkerung, die darum besorgt war, in den neuen Staaten bürgerliche Gleichberechtigung und kulturelle Autonomie zu erhalten. Den Kampf um diese Ziele führten in Versailles die Führer der im American Jewish Congress organisierten amerikanischen Juden. Es gelang ihnen, die Unterstützung des Präsidenten Wilson und führender Staatsmänner anderer verbündeter Mächte zu gewinnen. Alle neugegründeten Staaten wurden aufgefordert, die Juden als nationale Minderheit anzuerkennen und ihnen Gleichberechtigung zu gewähren.

Auch Zionistenführer waren bei der Friedenskonferenz aktiv. Die Regierungen der Alliierten und der 1920 gegründete Völkerbund bestätigten die Balfour-Erklärung. Grossbritannien wurde durch das ihm übertragene Mandat dafür verantwortlich, das durch die Balfour-Erklärung gegebene Versprechen zu erfüllen. Nach dem Albtraum des Weltkriegs hofften viele Juden, sie könnten von nun an Frieden und Achtung geniessen und ohne Furcht vor Gewalttätigkeiten und Verfolgung in der Diaspora leben, während die Pioniere in Palästina die nationale Heimstätte vorbereiteten.

DIE SOWJETUNION

Die dunkle Wolke am heller werdenden Himmel war immer noch das Schicksal der russischen Judenheit mit etwa drei Millionen Menschen. Nach den Schrecken des Bürgerkriegs passten die Juden sich langsam den neuen Verhältnissen an. Das Gesetz sicherte zwar allen Bürgern ohne Rücksicht auf Rasse oder Religion gleiche Rechte zu, konnte aber den tief eingewurzelten Antisemitismus der Russen nicht über Nacht auslöschen. Er existierte in verschiedenen Formen weiter, trotzdem er von nun an als strafbare Handlung galt. Unter den Führern und Mitgliedern der Kommunistischen Partei gab es Juden, und viele Mitglieder der Gemeinde fanden sich mit dem neuen Regime ab und beteiligten sich daran. Wer jedoch dem jüdischen Erbe treu bleiben wollte, entdeckte bald, dass für ihn kein Platz in der kommunistischen Gesellschaft war. Das Festhalten an der jüdischen Tradition und der Glaube an das zionistische Ideal galten bei den Behörden als schwere Vergehen. Ausserdem misstrauten die Kommunisten den Juden, da sie grösstenteils zum Mittelstand gehörten.

In den Zwanzigerjahren wurden mit Ermutigung durch die Regierung und der finanziellen Unterstützung durch die amerikanischen Juden in verschiedenen Teilen Russlands jüdische landwirtschaftliche Versuchssiedlungen gegründet. Aber sie entwickelten sich nicht richtig und gingen nach kurzer Zeit wieder ein, hauptsächlich wegen des Widerstands der örtlichen Bevölkerung. Da dieser Versuch gescheitert war, entschloss sich die Regierung zur Schaffung eines jüdischen Territoriums in Birobidzan an der mandschurischen Grenze und hoffte, die Juden würden darin einen Ersatz für die nationale Heimstätte in Palästina sehen. Hier wollte man eine religionsfreie, von der jüdischen Tradition abgeschnittene Gesellschaft aufbauen, deren Sprache statt Hebräisch Jiddisch sein sollte. Der Plan weckte keine Begeisterung. Die Gemeinde wurde zwar gegründet und umfasste einmal sogar fünfzigtausend Menschen, aber später ging ihre Zahl zurück, und 1959 lebten weniger als fünfzehntausend dort, die meisten in der Hauptstadt des Gebiets. Die Idee einer nationalen Heimstätte in der Sowjetunion scheiterte also. In der antireligiösen Atmosphäre assimilierte die jüngere Generation sich zum Teil, ein Rest jedoch gab sich Mühe, die jüdische Kontinuität zu bewahren.

DIE RECHTE DER MINDERHEIT IN DEN NACHFOLGESTAATEN

Von allen neuen Staaten war die Tschechoslowakei der einzige, der seine Verpflichtung gegenüber der jüdischen Minderheit von etwa dreihundertfünfzigtausend Menschen streng erfüllte. Hier genossen die Juden völlige Gleichberechtigung und kulturelle Autonomie. Die jüdische natio-

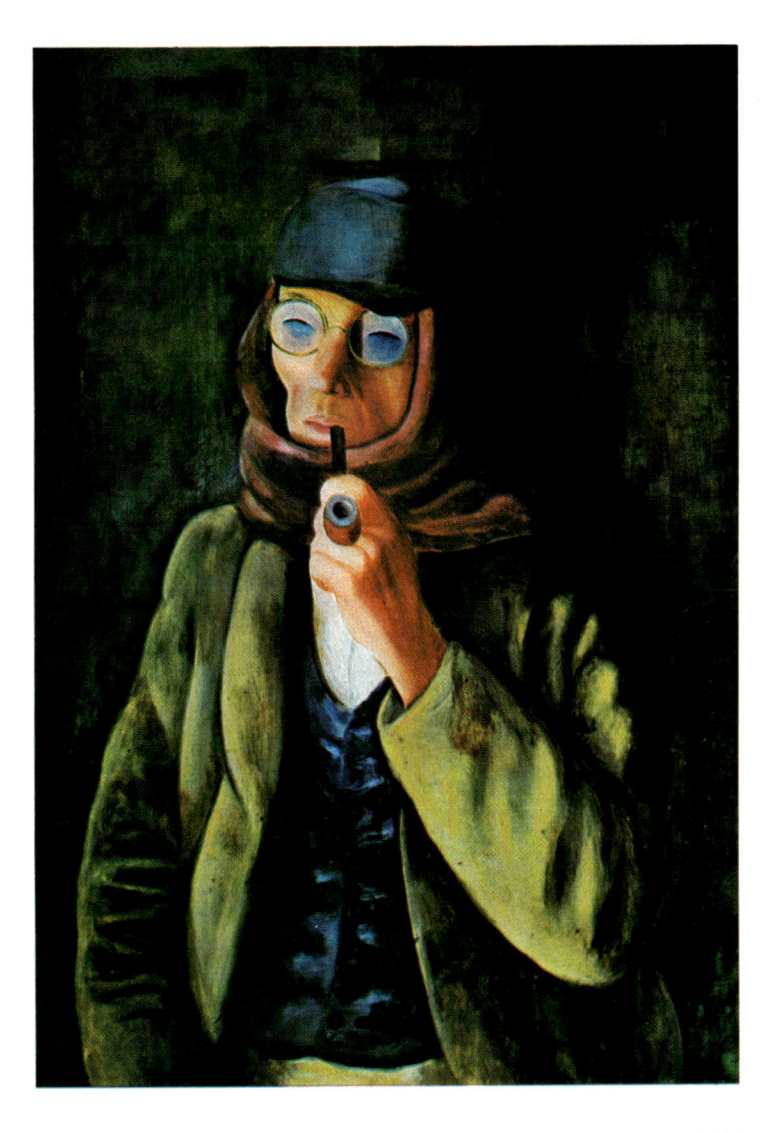

Einfachheit und Monumentalität kennzeichnen das Werk Moïse Kislings (1891–1952). Seine Verwendung von kontrastierenden Farben, um Licht und Schatten herauszubringen, ist typisch für sein Werk im Stil der Pariser Schule, zu der die meisten jüdischen Künstler der ersten Hälfte dieses Jahrhunderts gehören. Kisling hat sich niemals zu einer bestimmten Künstlergruppe gerechnet, doch sein Bild: "Mann mit einer Pfeife" (1923) zeigt den Einfluss des Kubismus. Israel-Museum, Jerusalem

nale Bewegung arbeitete ungehindert; sie hatte ihre Verwaltung und ihr geistiges Zentrum in der Hauptstadt Prag. Dies Idyll bestand, bis die Nazis 1939 die Tschechoslowakei überwältigten.

Ganz anders waren die Verhältnisse in Polen mit seinen über drei Millionen Juden. Schon bald merkten die polnischen Juden, dass die Zusage ihrer Regierung, ihnen die Rechte einer Minderheit zu gewähren, eine Täuschung gewesen war. In Wirklichkeit herrschte der traditionelle fanatische polnische Antisemitismus im Land. An den Universitäten hinderten christliche Studenten die Juden am Betreten der Vorlesungssäle, und die Professoren zeigten deutlich, dass sie mit diesen judenfeindlichen Massnahmen sympathisierten. Im Wirtschaftsleben nahm der Judenhass die Form eines gut organisierten antijüdischen Boykotts an, der die Verarmung vieler Juden zur Folge hatte.

Auch in Rumänien mit etwa neunhunderttausend Juden wurde die Gewährung der Rechte, wie sie der Minderheit zustanden, zu einer Farce. Ein Teil der Juden besass überhaupt keine Bürgerrechte, und alle waren die Zielscheibe für eine böswillige antisemitische Kampagne.

Auch die sechshunderttausend Juden Ungarns und die zweihunderttausend Litauens und Lettlands lebten teilweise unter unerfreulichen Bedingungen. Bald erwachten sie in all diesen Ländern aus ihren Illusionen und standen vor der bitteren Wirklichkeit — noch schwereres Unheil warf seine Schatten voraus.

DIE VEREINIGTEN STAATEN NACH DEM ERSTEN WELTKRIEG

Den grössten Gegensatz zu den Lebensbedingungen der Juden in der Sowjetunion und den meisten osteuropäischen Ländern fand man in den Vereinigten Staaten. Hier genoss eine jüdische Gemeinde von mehr als dreieinhalb Millionen uneingeschränkte Gleichberechtigung und völlige kulturelle und religiöse Freiheit, und die nationale Bewegung konnte sich ungehindert entwickeln.

Die Jahresquote für die Einwanderung in die Vereinigten Staaten war allerdings beschränkt, und in den Nachkriegsjahren machte sich ein gewisser Antagonismus gegen Ausländer bemerkbar. Er stieg während der Depression zu Beginn der Dreissigerjahre, richtete sich aber weniger spezifisch gegen die Juden als vielmehr gegen die Ausländer im allgemeinen, z.B. Italiener, Slawen, Griechen, usw. Die Juden wehrten sich gegen diese Einstellung. Der American Jewish Congress und die Anti-Defamation-League des B'nai Brith wiesen unerschrocken auf jede sich bemerkbar machende Diskriminierung hin und opponierten dagegen. Als sich die wirtschaftliche Lage besserte, legte sich die Agitation, und die antijüdische Bewegung schwächte sich ab. Die negative Reaktion auf den sich in Deutschland ausbreitenden Nationalsozialismus beschleunigte die Rückkehr der Nichtjuden zu einer liberaleren Haltung.

Die amerikanischen Juden standen nun an der Spitze der zionistischen Bewegung. Schon früher hatten sie den Präsidenten Wilson und den Kongress veranlasst, die Balfour-Erklärung in Proklamationen zu bekräftigen. Chaim Weizmann wurde 1921 mit königlichen Ehren empfangen.

Zwischen 1921 und 1929 sammelte die Finanzabteilung der Zionistischen Organisation, der Keren Hajessod (der Grundfonds) ungefähr zehn Millionen Dollar. Der United Jewish Appeal, die Zusammenfassung aller einzelnen Fonds, leistete viel für den Wiederaufbau Palästinas. In dem Kampf, der hier gegen die antizionistische britische Politik geführt wurde, gaben die Juden der Vereinigten Staaten der jüdischen Gemeinde im Heiligen Land ihre volle Unterstützung.

JÜDISCHE GEMEINDEN IN ANDEREN AUSSEREUROPÄISCHEN LÄNDERN

Nach dem Ersten Weltkrieg zogen jüdische Auswanderer infolge der von den Vereinigten Staaten erlassenen Beschränkung der Einwanderung in steigendem Masse in andere Länder. Zwischen 1920 und 1940 verdoppelte sich die Zahl der Juden in Argentinien — sie stieg von hundertsechzigtausend auf dreihundertzwanzigtausend. Auch in anderen Teilen Latein-Amerikas wuchsen die Gemeinden an Zahl, Grösse und Bedeutung.

In diesem Zeitraum nahmen auch die jüdischen Gemeinden im British Commonwealth — in Kanada, Südafrika und Australien — beträchtlich zu. In all diesen Ländern integrierten sich die Einwanderer in kurzer Zeit in ihre neue Umgebung und erlangten angesehene Stellungen in Wirtschaft und Politik.

FRANKREICH, ENGLAND UND ITALIEN

In Europa war Frankreich eins der Zufluchtsländer für die Juden, die aus der Ukraine und vor dem sie zerreibenden Krieg zwischen Polen und der Sowjetunion (1920–1921) flohen. Ungefähr fünfzigtausend Flüchtlinge liessen sich in Frankreich, vor allem in Paris, nieder. Zusammen mit den etwa hunderttausend Juden, die dem Terror der Vorkriegszeit entflohen waren, machten die Neuankömmlinge aus Osteuropa fast die Hälfte der jüdischen Bevölkerung Frankreichs aus. In dem hier herrschenden Klima von Freiheit und Toleranz vollzog sich der Anpassungsprozess schnell. Nach der Überwindung der Anfangsschwierigkeiten etablierten die Einwanderer sich wirtschaftlich, und die jüngere Generation machte sich die Werte der französischen Kultur mit Begeisterung zu eigen. Die soziale Kluft zwischen der alten assimilierten und seit Generationen verwurzelten Gemeinde und den neuen Einwanderern verringerte sich. Beide betrachteten sich als in jeder Weise französisch und nahmen aktiv am öffentlichen und politischen Leben teil. Juden wurden ins Abgeordnetenhaus und in den Senat gewählt und stiegen zum Rang von Ministern und sogar bis zum Posten des Ministerpräsidenten auf (Léon Blum). Sie leisteten einen glänzenden Beitrag zum geistigen Leben. Erwähnt seien z.B. die Namen Henri Bergsons, Philosoph und Mitglied der Académie française und Empfänger des Nobelpreises für Literatur, des Archäologen Salomon Reinach und seines Bruders, des Historikers Théodore Reinach, der Soziologen Emile Durkheim und Lucien Lévy Bruhl, des Orientalisten Joseph Halévy,

"Jüdische Dorfbewohner begrüssen den Messias" (1937). Der Karikaturist Ezekiel David Kirszenbaum (1900–1953) führte die Stimmung des Volkschassidismus in die jüdische Malerei der Pariser Schule ein. Sein dichterisches Empfinden liess Kirszenbaum die alten hebräischen Propheten als die jüdischen Volkstypen malen, die ihm in seiner Kindheit in einer polnischen Stadt vertraut waren. Hier schildert er in fröhlichen Farben, beinahe einer Karnevalatmosphäre, eine imaginäre Szene bei der Ankunft des Messias in der Stadt. Nach einer verbreiteten Vorstellung reitet der Messias, hier offenbar ein Chassid, einen weissen Esel; in seiner Hand hält er einen Beutel mit den Gebetsriemen, und seine Satteltasche enthält die 613 Gebote. Als Autoritätsperson kommt der Messias natürlich am Bahnhof an, dessen Wächter ein Nichtjude ist. Zu dem Empfangskommittee gehören einige Chassidim des Rabbis von Kotsk und Mitglieder eines Vereins zur Rezitation der Psalmen. Beide Gruppen identifizieren sich durch ihre Plakate. Israel-Museum, Jerusalem

der Dichter Gustave Kahn, André Spire und Edmond Fleg, des Dramatikers Henri Bernstein, des Komponisten Darius Milhaud, der Maler Modigliani, Kisling, Pascin, Soutine und Chagall und Mané Katz.

In England waren die Jahre nach dem Ersten Weltkrieg für die jüdische Gemeinde eine Periode der inneren Festigung. Die russischen Einwanderer, die sich vor dem Krieg im Osten Londons zusammendrängten und sich sowohl von den Mitgliedern der alten Gemeinde als auch von der englischen Bevölkerung unterschieden, verbesserten ihre wirtschaftliche Stellung, lernten Englisch, nahmen die örtlichen Sitten an und gliederten sich völlig in das Leben des Landes ein.

Schon seit langem hatten Juden sehr angesehene Positionen im Handel und Bankwesen und in der Industrie innegehabt. Auf all diesen Gebieten schlossen sich die Söhne der Einwanderer bald den Alteingesessenen an, und in Anerkennung ihrer Leistungen für den wirtschaftlichen Fortschritt erhielten viele von ihnen Titel. In der Beamtenlaufbahn bestanden für fähige Juden keine Hindernisse. Lord Reading wurde Vizekönig von Indien, und Herbert Samuel war Mitglied des Kabinetts und später Hochkommissar für Palästina. Im Parlament und in der Regierung, bei den Gerichten und den übrigen Institutionen des Landes bewährten sich Juden bei wichtigen Aufgaben. Der jüdische Volkswirtschaftler Harold Laski legte die theoretischen Grundlagen für die Umwandlung Englands in einen Wohlfahrtsstaat, und wie in Frankreich zeichneten sich auch in England Juden in allen Zweigen der Wissenschaft, Literatur und bildenden Kunst aus.

In Italien ergriff 1922 die faschistische Partei Benito Mussolinis die Macht. Das die Demokratie ablösende faschistische totalitäre Regime berührte weder die Rechte der Juden noch die guten Beziehungen zwischen Juden und Italienern. Die Regierung erkannte die jüdischen Gemeinden und ihre Institutionen an. Juden waren Mitglieder der faschistischen Partei und einzelne bekleideten in ihr hohe Positionen. Sie dienten ihrem Land wie vorher auf allen Stufen der Verwaltung, in der Armee und im Unterrichtswesen. Die Koexistenz von Italienern und Juden bestand auch nach der nationalsozialistischen Machtergreifung in Deutschland noch weiter, und eine Anzahl deutscher Flüchtlinge fand sogar in Italien Zuflucht. Erst 1938 änderte sich die Lage, als die italienische Regierung sich eng mit dem nationalsozialistischen Deutschland verbündete und Mussolini auf Druck der Nationalsozialisten antijüdische Gesetze im Stil der Nürnberger Gesetze erliess.

DEUTSCHLAND NACH DER NIEDERLAGE

Die militärische Niederlage Deutschlands im Ersten Weltkrieg beendete das Kaiserreich. An seine Stelle trat eine parlamentarisch-demokratische Republik. Die erste Nationalversammlung trat in Weimar zusammen und wurde nach der Beendigung der Unruhen in Berlin dorthin verlegt (1919). Die Verfassung der Weimarer Republik sicherte den Juden volle Gleichberechtigung zu, und man bemühte sich ernstlich um die Beseitigung der im Verwaltungsapparat noch weit verbreiteten antijüdischen Vorurteile. Überall wurde versucht, eine liberale Politik zu verwirklichen. Die Juden nahmen aktiv am politischen Leben teil. In Bayern stand Kurt Eisner an der Spitze einer Revolutionsregierung, an der sich nach seiner Ermordung (Februar 1919) eine Anzahl jüdischer Intellektueller beteiligte. Walter Rathenau, Minister für Wiederaufbau und später Aussenminister, hat viel für die Gesundung der deutschen Wirtschaft und den Eintritt Deutschlands in die europäische Völkerfamilie getan. Viele jüdische Wissenschaftler studierten und arbeiteten an Universitäten und Forschungsinstituten. Albert Einstein und andere erwarben der deutschen Wissenschaft Weltruhm. Jüdische Dichter, Schriftsteller und Kritiker bereicherten die deutsche Literatur und gaben ihr neuen Glanz.

Auch auf dem Gebiet der jüdischen Kultur herrschte in der Zeit nach dem Ersten Weltkrieg in Deutschland eine rege Tätigkeit. In diesen Jahren trat Martin Buber für einen jüdischen Humanismus ein, für eine Vertiefung des religiösen Empfindens und eine neue Einstellung zur Bibel und dem Chassidismus. Mit seinem Freund Franz Rosenzweig begann er eine neue Bibelübersetzung, in der die Übersetzer Charakter und Geist des hebräischen Originals bei der Übertragung ins Deutsche zu erhalten suchten. Franz Rosenzweig gründete 1920 in Frankfurt das Freie Jüdische Lehrhaus. In seinen letzten Lebensjahren (1922 erkrankte er schwer und starb 1929) entwickelte er eine neue Auffassung des Judentums, die das Ernstnehmen der jüdischen Tradition mit ungehinderter Gedankenfreiheit verbindet. In Rabbinerseminaren in Berlin und Breslau widmeten sich die Gelehrten dem Studium der Wissenschaft des Judentums. Auch die zionistische Bewegung war sehr aktiv, wenn auch die Mehrheit der deutschen Juden eine Integrierung ins Leben des deutschen Volkes erstrebte.

Aber gerade der Wunsch der deutschen Juden, genau so zu sein wie alle anderen Deutschen, ferner ihr Einfluss auf das wirtschaftliche und kulturelle Leben, rief eine wachsende negative Reaktion hervor. Nach seiner Niederlage auf dem Schlachtfeld suchte das deutsche Volk nach einem Sündenbock und fand ihn in der jüdischen Minderheit.

Im Jahr 1919 wurde in München die Nationalsozialistische Deutsche Arbeiterpartei gegründet. Zu ihren ersten Mitgliedern gehörte ein aus Österreich stammender ehemaliger Gefreiter der deutschen Armee, der damals fast unbekannte Adolf Hitler. Diese Partei kündete ihre Absicht an, die Juden Deutschlands "auszuschalten". Alle Mittel zur Schürung des Judenhasses und der Furcht der Deutschen vor den ihnen angeblich drohenden Gefahren waren erlaubt. In jenen Tagen fand ein verleumderisches Werk, "Die Protokolle der Weisen von Zion", weite Verbreitung. Es war die Übersetzung des Machwerks eines russischen Schriftstellers vom Anfang des Jahrhunderts. Das Buch behauptete, es sei ein Komplott jüdischer Führer aufgedeckt, die mit Hilfe von Zionismus und Kommunismus die Weltherrschaft übernehmen wollten. Die "Protokolle" waren zwar schon 1921 als eine grobe Fälschung entlarvt worden, aber das minderte in den Augen der Deutschen ihren Wert nicht.

Eine Woge des Schreckens überflutete Deutschland, und zwischen 1921 und 1922 wurden mehrere Führer der Republik, darunter auch Walter Rathenau, ermordet. Im Jahr 1923 versuchte Hitler in München, die Macht zu ergreifen, doch sein Putsch scheiterte. Er sass danach ein Jahr auf der Festung Landsberg. Zunächst wurde seine Partei aufgelöst, doch Hitler reorganisierte sie 1925 und übernahm ihre Führung.

Deutschlands wirtschaftlicher Aufschwung der Jahre von 1924–1929 hielt nicht an. Im Jahr 1930 wurde die Lage wieder ausserordentlich ernst.

Die Bankrotte nahmen zu, und die Arbeitslosigkeit stieg beängstigend. Die Zahl der Arbeitslosen betrug 1933 fast sechs Millionen. Die wirtschaftliche Not und die Furcht vor einer kommunistischen Revolution veranlassten den Präsidenten Paul von Hindenburg und seinen Stab zu drastischen Massnahmen. Am dreissigsten Januar 1933

Mané-Katz (1894–1962): "Jüdische Volksmusikanten" (1959). Der Maler, der sich hauptsächlich auf jüdische Themen konzentrierte, war ein hervorragendes Mitglied der Pariser Schule. Er liess sich 1958 in Haifa nieder. Privatsammlung

wurde Hitler zum Reichskanzler ernannt. Die NSDAP wurde der "alleinige Träger des politischen Willens des deutschen Volkes". Das Hakenkreuz, bis dahin das Parteiabzeichen, wurde jetzt das Symbol des Staates und Adolf Hitler der allmächtige Führer des "Dritten Reichs". Damit war das Schicksal der fünfhunderttausend deutschen Juden besiegelt. Konzentrationslager, diskriminatorische Gesetzgebung — die Nürnberger Gesetze — Zerstörung von Eigentum, Massenverhaftungen, völlige Ausschaltung aus der deutschen Gesellschaft, Kultur, Wirtschaft und Politik, körperliche Gewaltanwendung und wahlloser Mord charakterisierten die Existenz des deutschen Juden. Die Hälfte der deutschen Judenheit rettete sich durch die Flucht, der Rest wurde schliesslich ermordet.

ÖSTERREICH NACH DEM KRIEG

In Deutsch-Österreich, nach dem Ersten Weltkrieg ein von Ungarn getrennter Staat, gab es zweihunderttausend Juden, von denen hundertfünfundsiebzigtausend in der Hauptstadt Wien lebten. Während der Wirtschaftskrise, mit der das kleine, verarmte Land zu kämpfen hatte, lebte der traditionelle österreichische Antisemitismus wieder auf. Die Mitarbeit von Juden in der Sozialdemokratischen Partei, die die Lage zu verbessern suchte, verstärkte den blinden Judenhass in den kirchlichen und konservativen Kreisen. Mit dem Aufstieg der NSDAP in Deutschland nahm auch in Österreich der Antisemitismus zu. Nach und nach wurden die Juden vom öffentlichen Leben und aus jeder wirtschaftlichen Tätigkeit ausgeschlossen. Solange jedoch die herrschende Christlich-Soziale Partei gegen die Unterwerfung unter Nazi-Deutschland und den Anschluss Österreichs an das Deutsche Reich opponierte, fühlten sich die österreichischen Juden noch einigermassen sicher. Aber nach der Ermordung des österreichischen Bundeskanzlers Engelbert Dollfuss (1934) — er bot ein Beispiel für die Verbindung von antidemokratischer Ideologie und stolzem Antinazismus — war das Schicksal der österreichischen Judenheit entschieden.

DAS ANWACHSEN DER JÜDISCHEN GEMEINDE IN PALÄSTINA

In geringem Grade schützte die Balfour-Erklärung das jüdische Volk vor dem bevorstehenden überwältigenden Unheil, das es fast zermalmt hätte. Nachdem das Mandat über Palästina Grossbritannien übertragen war, wurde der englisch-jüdische Staatsmann Herbert Samuel 1920 zum ersten Hochkommissar ernannt. Dadurch wollte die britische Regierung ihre Bereitschaft beweisen, das Versprechen zu halten und bei der Errichtung einer jüdischen nationalen Heimstätte in Palästina mitzuhelfen.

Arabische Führer opponierten indessen von Anfang an dagegen. Schon vor der Ankunft Herbert Samuels wurden 1920 verschiedene jüdische Siedlungen angegriffen. Bei der Verteidigung von Tel Hai in der nord-östlichen Ecke des Landes wurden sieben Juden getötet, darunter Joseph Trumpeldor, der im Ersten Weltkrieg die jüdische Legion aufgestellt und die Pionierorganisation Hechaluz (zur Vorbereitung und Ausbildung junger Juden für die Arbeit in Palästina) gegründet hatte. Auch in Jaffa und Petach Tikwa und anderen Siedlungen wurden 1921 Juden angegriffen. Viele fanden dabei den Tod, so auch der Schriftsteller Joseph Chaim Brenner.

Im Gegensatz zu dem guten Willen des Hochkommissars und seiner Sympathie für das zionistische Ideal zeigte die britische Beamtenschaft kein Verständnis für die Interessen der jüdischen Gemeinde, dagegen grosse Sensibilität für die Position und die Reaktionen der Araber. Nicht wenige Vertreter der Mandatsregierung ermunterten sogar die Araber zur Opposition gegen das den Juden in der Balfour-Erklärung gegebene Versprechen. Auf den Druck der Araber hin wurde Transjordanien 1922 aus jenem Gebiet herausgenommen, auf das sich die Balfour-Erklärung ebenfalls bezog.

All diesen Schwierigkeiten zum Trotz wuchs die jüdische Gemeinde in den fünf Jahren, in denen Herbert Samuel Hochkommissar war, beträchtlich. Von 1920 bis 1925 verdoppelte sich die Bevölkerung von fünfundfünfzigtausend auf hundertachttausend Einwohner, und die Zahl der landwirtschaftlichen Siedlungen stieg von vierundvierzig auf hundert. Auch während der Amtszeit des zweiten Hochkommissars, Lord Plumer, der auch noch mehr oder weniger erfolgreich die Ordnung im Land aufrechtalten konnte, ging die Entwicklung weiter. Der Jüdische Nationalfonds erwarb und erschloss neue Landstriche, ehemals Sümpfe und Brutstätten für Malaria. Hier wurden neue landwirtschaftliche Siedlungen gegründet. Tel Aviv entwickelte sich zu einer dynamischen jüdischen Grossstadt, seine Einwohnerzahl stieg von sechsunddreissighundert im Jahr 1919 auf vierzigtausend Ende 1929. Die jüdische Gemeinde hatte zahlreiche Schulen. Die Zahl der Zeitungen und Zeitschriften vervielfältigte sich. Im Jahr 1926 wurde das Ohel-Theater, 1927 das satirische Theater Ha Matatei eröffnet. Ein Jahr später wählte das schon 1916 in Moskau gegründete und inzwischen in Europa und den Vereinigten Staaten zu Ruhm gelangte Habima-Theater Tel Aviv als dauernden Sitz. Chaim Nachman Bialik, bewundert als nationaler Dichter, liess sich 1924 in Tel Aviv nieder. Schon seit 1922 lebte hier Achad Haam, der Philosoph des jüdischen Nationalismus und des Kulturzionismus.

Auch die jüdische Gemeinde in Haifa wuchs beträchtlich. Hier wurde 1925 das Technikum eröffnet. Man gründete wichtige Industrieunternehmen, und die Mandatsregierung baute den modernen Hafen, geplant als Haupthafen für Palästina. In Jerusalem fand 1925 die Eröffnung der Hebräischen Universität statt, deren Grundstein Chaim Weizmann schon 1918 gelegt hatte.

Mit der Ankunft des dritten Hochkommissars, Sir John Chancellor, verschlechterte sich die Lage. Während seiner Amtszeit verstärkte sich der Einfluss jener Mandatsbeamten, denen es sowohl an Verständnis als auch an Sympathie für die zionistischen Ziele fehlte. Die Araber spürten den Wandel im politischen Klima und unternahmen im Sommer 1929 einen gross angelegten Angriff auf die jüdische Gemeinschaft. In Jerusalem, Hebron, Safed und vielen Siedlungen wurden hundertdreiunddreissig Juden getötet und dreihundertneununddreissig verwundet. Drastische Massnahmen gegen die arabischen Aufrührer hätten vielleicht die Wiederholung der Unruhen verhindern können. Stattdessen wurden Untersuchungsausschüsse ins Land geschickt, die darüber entscheiden sollten, ob Palästina noch Raum für die Ausdehnung der jüdischen landwirtschaftlichen Besiedlung böte.

Die Ausschüsse kamen zu einem negativen Ergebnis, und infolgedessen wurden die jüdische Einwanderung und die Errichtung weiterer Siedlungen eingeschränkt. Die Juden akzeptierten die veränderte Haltung der Mandatsregierung nicht. Die 1920 gegründete Verteidigungsorganisation (Hagana), die ihre Stärke in den Unruhen von 1929 bewiesen hatte, wuchs weiter und bereitete sich auf alle Eventualitäten vor. Zu ihren Aufgaben gehörte die Umgehung der Einwanderungsbegrenzung: sie half Einwanderungswilligen, denen keine Einreisezertifikate erteilt worden waren, auf Umwegen ins Land zu gelangen. Diese Jahre

Käte Ephraim Marcus (1892–1970): Karusell. Die Gemälde von Käte Ephraim Marcus gewinnen ihre eindrückliche Sprache durch kräftige Farben und lebenswahren Rhythmus. Sie war auch eine sehr geschätzte Bildhauerin. Privatsammlung

kennzeichnet der Anfang der sogenannten "illegalen Einwanderung", die später zum grössten Ärger der Mandatsregierung gewaltigen Umfang annahm. Gleichzeitig fanden in London wichtige und zum Teil erfolgreiche diplomatische Verhandlungen statt. Im Jahr 1931 übernahm Sir Arthur Wauchope das Amt des Hochkommissars. Dieser ehrliche und energische Mann zeigte Verständnis für den Zionismus und die Ziele der palästinensischen Juden. So lange er im Amt war (bis 1938), blieb es im Land relativ ruhig. Zahlreiche vor den Nazis geflüchtete deutsche Juden liessen sich in Palästina nieder. Bis 1939 gelangten fünfundfünfzigtausend Juden aus Deutschland nach Erez Israel.

DIE GEGENWART

Der siebenarmige Leuchter (Menora), das traditionelle Symbol des Judentums und jetzt des Staates Israel, steht stolz vor dem neuen Parlamentsgebäude (Knesset) in seiner Hauptstadt Jerusalem

Ehe Deutschland am 1. September 1939 den Zweiten Weltkrieg mit einem plötzlichen Überfall auf Polen entfesselte, hatte es schon sechs Jahre lang Krieg gegen die Juden geführt. In dieser Zeit gelang es den Nationalsozialisten, das jüdische Leben in Deutschland, Österreich und der Tschechoslowakei völlig zu zerstören. Die Nürnberger Gesetze beraubten die Juden ihrer Bürgerrechte, schnitten sie von ihren nichtjüdischen Nachbarn ab und schlossen sie brutal aus dem Wirtschafts- und Geistesleben der Länder aus, in denen sie jahrhundertelang gelebt hatten. Aber sie bedeuteten nur den Anfang des Krieges gegen die Juden. Nach der Besetzung Polens begannen die NS-Verbrecher systematisch mit den von ihnen euphemistisch als "Endlösung der Judenfrage" bezeichneten Massnahmen. Besonders zu diesem Zweck erbaute Todeslager dienten den Nazis zur teuflischen Austilgung des jüdischen Volkes.

Als die deutsche Armee nach der Unterzeichnung eines Nichtangriffspaktes zwischen der Hitler-Regierung und der UdSSR von Westen her in Polen einbrach, drangen sowjetische Truppen aus dem Osten ein. Zehntausende von Juden, die vor der nazistischen Zerstörungsmaschinerie in die von den Sowjets annektierten Gebiete geflohen waren, wurden nun von den vorrückenden deutschen Armeen bei ihrer Invasion der Sowjetunion 1941 gepackt.

In den von ihnen besetzten Gebieten pferchten die Nazis ganze jüdische Bevölkerungsgruppen in überfüllten Gettos zusammen, die sie nur zur Arbeit in Zwangsarbeitslagern oder zur letzten Reise in die Gaskammern verlassen durften. Niemand wurde verschont, weder Kinder, Frauen, noch Greise. Oft brachten die Deutschen die Juden zu Tausenden um und begruben sie in Massengräbern (z.B. Babi Yar).

Mit diabolischer Findigkeit bemühten sich die Nazis, ihre Pläne zur Ausrottung des jüdischen Volkes zu verheimlichen, damit sie ihre Opfer umso leichter zur Schlachtbank führen konnten. Die Kleider, Haare, Brillen und sogar die falschen Zähne der ermordeten Juden wurden sorgfältig registriert und zur Weiterverarbeitung verteilt. Das jüdische Eigentum fiel an die deutschen Behörden. In vielen Fällen half die örtliche Bevölkerung — Litauer, Polen, Ukrainer — voll Gier und Hass den Nazis. Seitdem repräsentiert eine Liste bisher kaum bekannter Namen die Verkörperung des Bösen: Auschwitz, Treblinka, Belzec, Maidanek, Sobibor, Chelmno, Buchenwald, Dachau, Bergen-Belsen.

Vollkommen vermochte die Nazi-Okkupation das innere jüdische Leben indessen nicht zu zerbrechen. Zusammengedrängt in den Gettos hielten die Juden Vorträge, spielten Theater, veröffentlichten Zeitungen und setzten dauernd ihr Leben aufs Spiel, um mit anderen Gemeinden und dem Zentrum der jüdischen Wiedergeburt in Palästina in Verbindung zu bleiben. Dichter und Prosaisten schilderten ihre seelische Unruhe, die Hoffnungslosigkeit ihres Daseins, die tiefste Degradierung des Menschen durch den Menschen. Zahlreiche Maler in Gettos, Konzentrationslagern und Waldverstecken hinterliessen Darstellungen der unaussprechlichen Greuel, deren Zeugen sie täglich waren.

Langsam drangen Berichte über die Ausrottung des jüdischen Volkes durch. Jetzt griffen die Juden in letzten verzweifelten Versuchen zu den Waffen, um die Woge der Zerstörung zu dämmen und die Welt auf die Geschehnisse aufmerksam zu machen. Über eine der grössten Heldentaten gibt es einen Bericht aus dem Warschauer Getto. Dort kämpften die Juden mit Verbissenheit vom 19. April bis zum 16. Mai 1943 gegen die Nazis, bis die Deutschen Tanks und Artillerie einsetzten. Nur eine Handvoll entkam. Sie schloss sich den auf dem Land gegen die Deutschen kämpfenden Partisanen an.

Wo sonst in Europa die Juden ihre Mörder angriffen — in Bialystok, Tarnow, Wilna, Treblinka, Tschenstochau — führte es immer zu totaler Vernichtung. In Polen und den besetzten Gebieten der Sowjetunion, in den Widerstandsbewegungen in Frankreich, Belgien und den Niederlanden und bei den Partisanen in der Tschechoslowakei und

Italien spielten die Juden im Kampf gegen die NS-Verbrecher eine wichtige Rolle. Ausserdem dienten eine Million dreihunderttausend Juden in den Armeen, die gegen die Truppen der Achse Berlin-Rom kämpften. Davon waren fünfhundertfünfzigtausend bei den sowjetischen, sechzigtausend bei den britischen, siebzehntausend bei den kanadischen und zehntausend bei den südafrikanischen Truppen. Die palästinensische jüdische Gemeindschaft von vierhunderttausend Menschen sandte dreissigtausend Männer und Frauen als Freiwillige in die verschiedenen Truppengattungen der britischen Armee und schliesslich, nachdem die offizielle Erlaubnis erteilt war, in die jüdische Brigade, die bei der Rettung der überlebenden Juden aus dem kriegsverwüsteten Europa und bei ihrem Transport nach Palästina aktiv mitwirkte.

Mitglieder einer besonderen Fallschirmtruppe aus Palästina sprangen in den von den Nazis besetzten Territorien in Europa ab, um möglich viel Juden zu retten und dort Widerstandsbewegungen zu organisieren.

Nach der Machtübernahme durch Hitler (1933) suchten sich immer mehr Juden durch die Flucht zu retten. Doch nur wenige Länder waren bereit, ihnen Zuflucht und Möglichkeiten zum Aufbau eines neuen Lebens zu gewähren. Da der Völkerbund und private Organisationen den heimatlosen Flüchtlingen kaum helfen konnten, berief der Präsident der Vereinigten Staaten, Franklin D. Roosevelt 1938 eine Konferenz zur Behandlung des Flüchtlingsproblems nach Evian. Einzig die Dominikanische Republik erklärte sich zur Aufnahme einer grösseren Anzahl jüdischer Flüchtlinge bereit.

Die für die Verwaltung Palästinas verantwortliche britische Regierung weigerte sich, die Einwanderungsbeschränkungen zu lockern, trotzdem die Juden in Erez Israel ungeduldig darauf warteten, alle Flüchtlinge bei sich aufzunehmen. Im Jahr 1939 veröffentlichte die britische Regierung ein Weissbuch, das die jüdische Einwanderung

Nachtansicht des neuen Parlamentsgebäudes, Sitz der Legislative. Davor weht die blaugestreifte israelische Fahne mit dem sechszackigen Davidsstern

Jakob Wechsler (1912–) Ölbild ohne Titel (1962). Unter dem Einfluss von Braque und Picasso hat er einen dekorativen und abstrakten Stil entwickelt: Israel-Galerie, Tel Aviv

Michael Argov: Ölbild ohne Titel (1962). Argov gibt seinen Farben eine neue Dimension des Ausdrucks durch den phantasievollen Gebrauch der Struktur. Israel-Galerie, Tel Aviv

stoppte und den Verkauf von Land an Juden in fast ganz Palästina drastisch einschränkte.

Trotzdem gelangten die Juden zu Tausenden nach Palästina, legal oder illegal, über Land oder in Schiffen aller Art übers Meer. Die Zionisten hatten eine grosse Bewegung organisiert, um die britische Luft-, Meer- und Landblockade der jüdischen nationalen Heimstätte zu brechen. Die Auflösung des jüdischen Lebens in Europa wurde freilich nur teilweise durch die beschleunigte Entwicklung in Palästina kompensiert. Hier wuchsen Städte und Dörfer, Industrien dehnten sich aus, neue Unternehmen entstanden, man gründete ein philharmonisches Orchester, baute Museen in den bedeutendsten Städten und sogar in Kibbuzim, und Künstler nahmen ihre schöpferische Arbeit unter neuen und stimulierenden Bedingungen wieder auf.

Viele der europäischen Künstler, die nach Palästina kamen, hatten sich in der Welt der Kunst bereits einen Namen gemacht, z.B. die Expressionisten Isidor Aschheim, Jakob Steinhardt und Miron Sima. Jakob Pins, Jona Mach und Ruth Bamberger entwickelten ihren eigenen stilisierten Expressionismus in Palästina. Mordechai Ardon (früher Bronstein), einer der Pioniere der abstrakten Kunst, war eine zentrale Figur unter den Malern. Mordechai Levanon bietet ein hervorragendes Beispiel für die Wirkung der israelischen Landschaft auf einen europäischen Künstler. Diese Künstler fanden in Palästina einen fruchtbaren Boden für ihre Arbeit und kunstbewusste, aufnahmefreudige Menschen. Maler wie Marcel Janco, Nachum Gutman, Joseph Zaritzki, Ruben Rubin, Mosche Castel, Mosche Mokady und Anna Ticho hatten schon die Grundlagen für neue Trends in der israelischen Kunst geschaffen. Die Bezalel-Kunstschule mit ihrem Museum ist weltberühmt, und sie hat das Interesse der Öffentlichkeit an der Kunst ausserordentlich gefördert.

Die Behandlung der Juden durch die Nazis veranlasste manche jüdische Künstler, sich in ihrem Werk rein jüdischen Motiven zuzuwenden. Zu ihnen gehört Ben Shan in den Vereinigten Staaten, dessen Bilder Berühmtheit erlangt haben. Im Zweiten Weltkrieg ermordeten die Nazis nach der Invasion Frankreichs viele jüdische Künstler, darunter den Maler Adolphe Feder und den Bildhauer Moise Kogan. Marc Chagall, Jacques Lipschitz, Mané Katz und einigen anderen Grossen gelang die Flucht aus dem von den Nazis besetzten Gebiet. Eine Reihe französisch-jüdischer Künstler, z.B. Michel Kikoine, verstanden es, sich während der Zeit der Besetzung zu verstecken, doch nach dem Krieg kehrten nur einige wenige Überlebende der französisch-jüdischen Künstlerkolonie nach Paris zurück.

Als sich der Rauch des Weltbrandes des Zweiten Weltkriegs verzogen, wurde sich die Welt plötzlich der Grösse der Tragödie bewusst, die ein Drittel des jüdischen Volkes ausgelöscht und das jüdische Leben in Europa zerstört hatte. Von den drei Millionen Juden, die vor dem Krieg in Polen gelebt hatten, waren nur noch einhundertzwanzigtausend übrig. In der Tschechoslowakei überlebten fünfzigtausend von dreihundertsechzigtausend, in Belgien gab es statt einhunderttausend nur noch dreissigtausend und in Griechenland statt siebzigtausend noch zehntausend. Den vierhundertfünfzigtausend Juden in den Lagern für Verschleppte, die Heim und Familie verloren hatten, blieb nur die Auswanderung. Die meisten von ihnen richteten ihren Blick auf Palästina, entschlossen, endlich bei ihrem eigenen Volk Frieden und Sicherheit zu suchen. Da die Briten ihre Bemühungen, Juden von Palästina fernzuhalten, wieder verdoppelten, wuchs die Opposition gegen ihre Politik. Sie reichte von passivem Widerstand bis zu bewaffneten Angriffen auf Anlagen der Regierung und das Personal des Sicherheitsdienstes.

Während der Hitler-Periode und der ihr folgenden kritischen Jahre stellten die fünf Millionen Juden der Vereinigten Staaten den Opfern des Nationalsozialismus ihre Organisationsfähigkeit, ihre wirtschaftlichen Mittel und kulturellen und sozialen Institutionen zur Verfügung. In besonders zu diesem Zweck geschaffenen Büros half man den Neuankömmlingen, sich in den Vereinigten Staaten eine Existenz aufzubauen und sich in die amerikanisch-jüdische Gemeinschaft und die neue Umgebung einzugliedern. Altbewährte religiöse und kulturelle Institutionen, die in Europa zerstört waren, fassten in der neuen Welt von Kanada bis Argentinien neue Wurzeln. In den Vereinigten Staaten gewährten die Juden dem Wiederaufbau des jüdischen Lebens in Palästina von ganzem Herzen ihre Unterstützung und versuchten — mit Ausnahme einer kleinen wohlhabenden Minderheit — die britische Regierung zur Änderung ihrer restriktiven Politik zu bewegen.

Die neu errichteten kommunistisch eingestellten Staaten in Osteuropa haben die Organisationsformen des jüdischen Lebens aufgelöst. In den von der Sowjetunion inspirierten Ländern wird der Zionismus als nationale Verirrung abgelehnt, verboten und hart verfolgt. In Hunderten dezimierter Gemeinden fehlen jüdische Schulen, die Mischehen haben stark zugenommen, Jiddisch verschwindet als einigendes Band, und es mangelt an ausgebildeten Führern und Lehrern. Infolgedessen nimmt die Assimilierung zu und bedroht die noch verbliebene osteuropäische Judenheit mit Untergang. In der UdSSR wird der Prozess noch verstärkt durch eine gezielte Politik, das jüdische Volk als kulturelle Einheit auszulöschen. Offiziell geförderter Antisemitismus, Drohungen gegen die jüdische Religion, die hebräische Sprache und den Zionismus und giftige Angriffe auf Israel, verbunden mit umfangreicher finanzieller, militärischer und politischer Unterstützung der arabischen Staaten machen das jüdische Leben in der Sowjetunion und ihren Satellitenstaaten immer prekärer. Einzig die Zeit von 1947–1949 bildete eine Ausnahme: damals setzte sich die UdSSR mit lebenswichtiger politischer und militärischer Unterstützung für die Errichtung eines jüdischen Staates in Palästina ein, und die Tschechoslowakei sandte Waffen und erlaubte die Auswanderung.

Wegen der Zunahme der Gewalttätigkeiten gegen die britische Herrschaft im Nachkriegspalästina wurden ver-

Aharon Giladi: "Frauen" (1962). Giladi gehörte zu der Gruppe "Neue Horizonte", die 1949 ihre erste Ausstellung in Tel Aviv hatte. Ohne auf die figurative Kunst zu verzichten, stilisiert Giladi seine Bilder sehr stark. Israel-Galerie, Tel Aviv

Mordecai Ardon (1896–): "Rollen" (1960). Ardon gehört zu den bemerkenswertesten lebenden israelischen Malern. Nach einer expressionistischen Periode hat er eine Art jüdischen surrealistischen Symbolismus entwickelt. Privatsammlung

Léa Nickel: Ölbild ohne Titel (1960). Léa Nickel ist eine sehr sensible Malerin, deren an Ton und Struktur reiche Farben das Gefühl stark ansprechen. Sammlung Frau Zafrir, Tel Aviv

schiedene Ausschüsse dorthin entsandt, um die Konflikte zwischen den Juden, Arabern und der britischen Regierung zu lösen. In dieser Zeit übernahm die Arabische Liga, von den Briten zur Erhaltung ihrer Macht in der arabischen Welt gegründet, die Leitung des Kampfes gegen den Zionismus. Dennoch kam es zu einem offenen Zusammenstoss zwischen den Juden Palästinas und der britischen Regierung. Diese weigerte sich, die Empfehlungen eines englisch-amerikanischen Ausschusses anzunehmen, nach der hunderttausend heimatlose europäische Juden nach Palästina gebracht werden sollten. Alle Juden hingegen, die den Versuch machten, ohne Einwanderungszertifikate ins Land zu gelangen, wurden in Lagern interniert. Da die Gewalttätigkeiten zunahmen, brachte Grossbritannien die Palästinafrage 1947 vor die Vereinten Nationen. Die Vollversammlung nahm am 29. November 1947 die Empfehlungen an, welche die Mehrheit der Mitglieder eines Sonderausschusses gebilligt hatten, das Land in einen jüdischen und einen arabischen Staat zu teilen und Jerusalem zu internationalisieren. Sofort machten die palästinensischen Araber ihre Drohung wahr, die Entscheidung blutig zu bekämpfen.

Die Juden schlugen die weit verbreiteten Angriffe auf jüdische Wohnzentren und Verkehrsmittel durch arabische Banden, die manchmal von den Behörden offen unterstützt wurden, zurück und bauten den Verwaltungsapparat auf, mit dem sie nach dem Abzug der Briten am 15. Mai 1948 ihr Land selbst regieren wollten.

Mosche Mokady (1902–): "Tisch und Bild" (1949). Mokady, ein Meister der Farbe, versteht es, scheinbar einfache Gegenstände erregend darzustellen. Sein Werk ist in hohem Mass sinnenfreudig und impulsiv. Privatsammlung

Jossl Bergner (1920–): "Landschaft" (1961). Ausgehend vom Expressionismus begann Bergner zu Anfang der Fünfzigerjahre mit abstrakten Farbwerten zu experimentieren, und sein Werk entwickelte sich zum Surrealismus hin. Sammlung Frau Zafrir, Tel Aviv

Marcel Janco (1895–, Rumänien): "Ein brennendes Dorf" (1959). Während des Ersten Weltkriegs lebte er in der Schweiz, wo er zu den Gründern des Dadaismus gehörte. Sein Werk, manchmal abstrakt, manchmal figurativ, immer originell, hat internationale Anerkennung gefunden und die jüngere Generation der israelischen Maler stark beeinflusst. Sammlung Jankelivici, Paris

Am 14. Mai 1948 verkündeten die Führer der jüdischen Bevölkerung die Errichtung des unabhängigen Staates Israel. Am folgenden Morgen drangen die arabischen Nachbarn mit Waffengewalt gegen den neuen Staat vor, um ihn mit vereinten Kräften bei der Geburt zu erwürgen. Israels junges Heer — es war aus der Hagana hervorgegangen — rüstete sich zum Gegenschlag. Ende 1948 hatte es das dem jüdischen Staat durch die Vereinten Nationen zugesprochene Territorium von allen Invasoren befreit und sie auch noch aus einigen Gebieten vertrieben. Innerhalb der nächsten Monate stimmte ein arabischer Staat nach dem anderen zwar einem Waffenstillstand, jedoch keinem dauernden Frieden zu.

ISRAELS AUFSTIEG ZU EINER MACHT IM NAHEN OSTEN

Zu Beginn des ersten jüdischen Staates seit Bar Kochba (132–135 n. Chr.) wurden die gesamten jüdischen Gemeinden aus dem Jemen und dem Irak nach Israel transferiert. Als dann die Juden in Israel ihre Gürtel enger schnallten und strenge Sparmassnahmen akzeptierten, damit sie alle Einwanderungswilligen aufnehmen konnten, zogen zahlreiche Juden aus Nordafrika und mehreren kommunistischen Ländern Europas in den neuen jüdischen Staat. Durch Beiträge der jüdischen Gemeinden in Nordamerika und der jüdischen Zentren in Latein-Amerika, Westeuropa, Südafrika, Australien und anderen Ländern erhielt Israel den finanziellen und moralischen Rückhalt, der es in den Stand setzte, die vielen Einwanderer zu absorbieren und die wirtschaftlichen Möglichkeiten des Landes und seiner Bewohner zu entwickeln. Private Investitutionen, ausländische Anleihen, amerikanische Subventionen und deutsche Wiedergutmachungsleistungen trugen zur Erweiterung der wirtschaftlichen Kapazität Israels und damit zur Ausdehnung seiner Ausfuhr bei.

Die amerikanische Judenheit spielte beim Wachstum Israels weiter eine wichtige Rolle. Sie entwickelte eigene Organisationen für Geldsammlungen, die zahlreichen israelischen Institutionen aller Art zuflossen. Im übrigen

Rachels Grab, Bethlehem, ist eine heilige Stätte für die Weltreligionen, die ihre Wurzeln im Heiligen Land haben

erhöhte sich auch der Einfluss auf die allgemeine amerikanische Kultur, vor allem in der Literatur und im Unterhaltungswesen.

Im Westeuropa der Nachkriegszeit wurde Frankreich allmählich zum wichtigsten jüdischen Zentrum des Kontinents. Im Westen und Südwesten des Landes bildeten sich neue Gemeinden, hauptsächlich aus nordafrikanischen Juden. Während die Assimilierung in den kommunistischen Staaten von aussen her erzwungen wurde, wuchs sie in den westlichen Ländern als natürliche Entwicklung aus der zunehmenden Identifizierung der Juden mit den Ländern, in denen sie lebten. Ein gewisses Gegengewicht gegen diese Säkularisierungstendenzen bildete jedoch die Wiederbelebung der jüdischen Tradition bei einem Teil der Jugend, das Interesse an Israel und der Stolz auf seine Leistungen. Für die ganze jüdische Welt ist heute der Fortbestand des Judentums gleichbedeutend mit der Konsolidierung und der Existenz des Staates Israels.

In den beiden Jahrzehnten seines Bestehens konnte Israel in seiner Wachsamkeit gegen die dauernden Versuche der arabischen Staaten, es zu vernichten, niemals nachlassen. Ununterbrochene Überfälle von raubgierigen und mordlustigen Terroristen von jenseits der Grenze trieben es 1956 in einen Krieg mit Ägypten. Damals durchquerten seine Truppen in weniger als einer Woche den Gasastreifen — ein Teil des ehemaligen Palästina, (seit 1948 unter ägyptischer Herrschaft) — und die Sinaihalbinsel. Im Jahr 1967 sah sich Israel wieder gezwungen, seine Armee zu mobilisieren, als Ägypten grosse Streitkräfte auf die Sinaihalbinsel brachte und die Meerenge von Tiran blockierte. In einem sechstägigen Blitzkrieg brachen die israelischen Verteidigungskräfte bis zum Suezkanal durch, eroberten die ganze Sinaihalbinsel, öffneten die Meerenge von Tiran, zogen nach Osten, um das neunzehn Jahre lang geteilte Jerusalem wieder zu vereinen und stiessen bis zu den Golanhöhen vor, von wo aus syrische Artillerie die israelischen Dörfer im Tal viele Jahre lang beschossen hatte, ohne dass irgendeine internationale Körperschaft dagegen wirksame Massnahmen ergriff.

Der Sechstagekrieg hat die Juden in aller Welt im Gefühl der Zusammengehörigkeit verbunden. Das beweist, in welchem Mass die Judenheit überall Israels Fortbestand als das Rückgrat der eigenen jüdischen Existenz ansieht. Als Israel von Vernichtung bedroht war, fühlte sich jeder Jude, mochte er auch anderen Juden und jüdischem Leben noch so fernstehen, persönlich betroffen, und handelte entsprechend: er gab weit über alles Erwarten hinaus moralische, finanzielle und politische Unterstützung. Aus diesem spontanen Verlangen, Israel zu helfen, entstand auch eine Bewegung von Freiwilligen, die nach Israel eilten, um es, wenn nötig, mit ihrem Leben zu verteidigen. Sie haben gesiegt. Israel lebt.

Ein israelischer Soldat schreibt den hebräischen Namen auf ein Strassenschild, das vorher nur die arabische Bezeichnung "Klagemauerstrasse" trug

Zahllose Israelis, Soldaten wie Zivilisten, drängten sich um die Klagemauer in der Jerusalemer Altstadt, nachdem die israelischen Verteidigungstruppen sie im Sechstagekrieg von den Jordaniern zurückerobert hatten. Im Vordergrund mischt sich der frühere Ministerpräsident David Ben-Gurion unter die glückliche Bevölkerung

In Begleitung eines israelischen Soldaten bläst Rabbiner Schlomo Goren, der oberste Armee-Geistliche der israelischen Verteidigungstruppen, das Widderhorn, um die Rückeroberung der Klagemauer von den Jordaniern anzuzeigen